Reden,
schreiben,
überzeugen

Reden, schreiben, überzeugen

schreiben,
überzeugen

Die passenden **Worte** für jede Situation

Vorwort

Die Sprache, das gesprochene Wort als Verständigungsmittel, ist nur dem Menschen eigen. Sie formt unsere Gedanken und die Art und Weise, wie wir die Welt sehen. Sie bringt uns mit anderen Menschen in Kontakt, lässt sie an unserem Wissen und Befinden teilhaben. Und seit es Menschen gibt, haben sie Sprache nicht nur zum Austausch von Informationen benutzt, zum Benennen reiner Fakten, sondern auch, um zu unterhalten, zu beeindrucken, zu überzeugen, zu erheitern und um in Erinnerung zu bleiben.

Rhetorik, also die Kunst der Rede, umfasst in diesem Sinne weit mehr als die Kunst der richtigen Formulierung, der Überzeugung oder des guten Sprachstils. Sie kommt nicht nur in einer reinen Redesituation, sondern auch im Dialog zur Anwendung, mündlich ebenso wie schriftlich. Immer misst sich eine gelungene Ansprache am Gegenüber. Sie findet nicht im luftleeren Raum statt, sondern richtet sich an den Zuhörer, Gesprächspartner oder Leser. Und auch, wenn es Menschen gibt, die von Natur aus talentierte Redner, beredte Sprecher oder wortgewandte Schreiber sind – die Kunst der Rhetorik lässt sich erlernen, üben und vervollkommnen.

Denn sicher, es liegt nicht jedem im Blut, ein großer Redner oder begnadeter Schreiber zu sein. Soweit die schlechte Nachricht. Doch die gute ist: Rhetorik ist kein Hexenwerk. Die Regeln zum Abfassen interessanter Briefe und zur Konzeption einer überzeugenden Rede sind erlernbar, und das Lernen kann sogar viel Freude bereiten.

Hierbei soll Ihnen dieses Buch ein Ratgeber und Begleiter im Alltag sein. Es soll Sie inspirieren und Ihnen eine Stütze sein, wenn Sie vor der Aufgabe stehen, eine Rede zu halten – egal, ob zu einem beruflichen oder zu einem privaten Anlass –, oder wenn Sie einen

Brief oder eine E-Mail schreiben möchten. Sie erfahren alles Wichtige und Wissenswerte zu privater und Geschäftskorrespondenz, zur Geschichte der Rhetorik und der Briefkultur.

Zugleich bietet Ihnen dieser Band ein umfassendes Nachschlagewerk: Die zahlreichen Musterbriefe und -reden zu privaten und beruflichen Anlässen können Sie als Vorgabe und zur Inspiration verwenden, nach Herzenslust abwandeln und Ihren eigenen Bedürfnissen anpassen.

Sie möchten einen lustigen Eintrag ins Gästebuch formulieren, finden nicht die richtigen Worte für

Ihr Kondolenzschreiben, suchen Ratschläge für einen gereimten Glückwunsch oder ein zu Herzen gehendes Gedicht? Dann erhalten Sie hier ebenfalls viele Ideen, Anregungen und natürlich handfestes Wissen.

Und zum guten Schluss finden Sie ein ausführliches Kapitel zu den Besonderheiten der Kommunikation im Internet und den sozialen Medien. Falls Sie bisher noch Scheu hatten, hier aktiv zu sein, können Sie diese mithilfe der Tipps und Ratschläge in diesem Kapitel getrost ablegen. Und selbst, wenn Sie schon ein alter Hase auf diesem Gebiet sind, werden Sie noch allerhand Neues erfahren.

Viel Freude mit diesem Buch wünscht Ihnen

die Redaktion

Inhalt

Reden und Ansprachen – überzeugend sprechen 8

Entwicklung der Redekunst	10
Eine Rede vorbereiten	20
Aufbau einer guten Rede	30
Eine Rede ausarbeiten	43
Körpersprache und Stimme	50
Keine Angst vor Lampenfieber!	55
Die Kunst der Improvisation	61
Reden auf Privatveranstaltungen	67
Reden zu offiziellen Anlässen	82
Reden im Beruf	86
Der Dialog	95
Diskussionen und Debatten	118

Briefe, Karten & Co. – erfolgreich schreiben 122

Ursprung und Geschichte der Schrift	124
Der private Brief – eine aussterbende Gattung?	126
Briefkultur vergangener Epochen	128
Inhalt und Form eines gelungenen Briefes	136
Auf einen privaten Brief antworten	144
Die Postkarte	146
Glückwunschschreiben	148
Trauer und Anteilnahme	158
Entschuldigungsschreiben	162
Einladungen	164
Danksagungen	168
Liebesbriefe	170

Geschäftliche Briefe und Schreiben an Behörden 172
Briefe an die Schule 182
Schreiben als Vermieter 184
Schreiben als Mieter 186
Schreiben als Kunde 188
Bewerbungen schreiben 198
Schreiben als Arbeitgeber 210
Zeitungsannoncen 216

Verse und Zitate – mit Freude reimen 222

Reime und Gedichte 224
In der Verseschmiede 240
Und nun: an die Praxis! 247
Aphorismen und Zitate 255

Internet, E-Mail & Co. – elektronische Kommunikation 260

Das Internet – eine Erfolgsgeschichte 262
Die Schattenseiten des Internets 266
Mit dem Smartphone unterwegs 270
Twitter, Facebook & Co. – soziale Medien 276
Websites, Blogs und Foren 297
Berufliche Vernetzung in sozialen Medien 301
Elektronische Post – E-Mails 303

Register 314
Impressum und Bildnachweis 320

Reden und Ansprachen –
überzeugend sprechen

Den wenigsten Menschen ist es in die Wiege gelegt, gute Redner zu sein. Für die meisten ist eine erfolgreiche Rede das Resultat harter Arbeit – und Übung. Schon zu Zeiten der alten Griechen machten sich Philosophen darüber Gedanken, was eine gute Rede ausmacht. An ihren Erkenntnissen hat sich bis heute wenig geändert, selbst die sprachlichen Mittel, die sie anwandten, können auch heutzutage noch zum Erfolg führen.

Sie finden im folgenden Kapitel viel Wissenswertes zum Thema Reden. Sie lernen, wie man einen Vortrag aufbaut, systematisch plant und schließlich erfolgreich hält. Auch zu den Bereichen Dialog, Kommunikation und Sprechen werden Sie einiges Überraschende erfahren. Obwohl es gerade bei öffentlichen Reden viele Fallstricke gibt, möchte Sie dieses Kapitel ermutigen, auch einmal ins kalte Wasser zu springen und einen Auftritt zu wagen. Mit der richtigen Vorbereitung wird Ihre Rede mit Sicherheit zum Erfolg! Zusätzlich finden Sie eine Auswahl an hilfreichen Musterreden für zahlreiche Gelegenheiten – ob geschäftlich oder privat –, die Sie nach Ihren eigenen Bedürfnissen abwandeln können.

Entwicklung der Redekunst

Vermutlich haben bereits die frühen Menschen am Lagerfeuer Reden geschwungen. Sicherlich wurden Reden zur Geburt, zum Tod, zum Jagd- und Kriegsglück gehalten. Bereits in Homers „Ilias" ergehen sich die Helden in längeren, geschliffenen Reden. Auf der ganzen Welt gehört die Kunst, mit Worten zu überzeugen, zu den Grundfertigkeiten von Menschen.

Die alten Griechen erschlossen die Redekunst dann systematisch. Der Hintergrund: Jeder freie griechische Bürger musste in der Lage sein, vor Gericht sein Anliegen selbst vorzutragen. Denn jeder Bürger Athens durfte sich in der Volksversammlung äußern und Politik aktiv mitbestimmen.

Eines der Hauptwerke des griechischen Philosophen Aristoteles ist die „Rhetorik".

▼

Wie man sich vorstellen kann, gelang dies nicht allen Menschen gleich gut. Diejenigen, die über Charisma verfügten, sich geschliffen und wortgewandt ausdrücken konnten, hatten bessere Chancen als andere. Aus diesem Grund zogen freie Redenschreiber durch das Land. Diese Praxis wurde vom großen Philosophen Platon (ca. 427–348 v. Chr.) abgelehnt, der die Redekunst als manipulativ brandmarkte. Gegen diese Auffassung wandte sich Platons Schüler Aristoteles (384–322 v. Chr.). Sein Werk „Rhetorik" gehört bis heute zu den Standardwerken der Redekunst. Er formulierte ein grundlegendes, bis heute gültiges Regelwerk, in dem er die Manipulation klar von der Fähigkeit abgrenzt, Menschen mit Argumenten zu überzeugen. Er stellt fest, dass für eine gute Rede drei Dinge wichtig sind:

■ Wahrheit und Wissen *(Logos)*,
■ die Emotionen der Zuhörer, aber auch des Redners *(Pathos)*,
■ die Glaubwürdigkeit des Redners *(Ethos)*.

Auch heute noch, mehr als 2000 Jahre später, haben diese Erkenntnisse nichts von ihrer Aktualität eingebüßt. Die alten Griechen erhoben auf dieser Grundlage die Rhetorik zur Wissenschaft, ein Rang, den sie jahrhundertelang innehatte.

Rhetorik – die „Königin der Künste"

Auch im antiken Rom hatte die Kunst der Rede einen hohen Stellenwert. Die römische Antike brachte viele berühmte Redner hervor, allen voran Cicero (106 bis 43 v. Chr.), Anwalt, Philosoph, Politiker und Konsul. 58 seiner politischen und juristischen Reden sind bis heute erhalten, außerdem etliche Werke, in denen er sich der Rhetorik vor allem aus philosophischer Warte nähert. Er befasst sich darin ausführlich mit der Kunst der Argumentation, den verschiedenen Stilebenen der Sprache und der Wichtigkeit, die Sympathie des Zuhörers zu gewinnen. Dabei steht das „Belehren" *(docere)* im Vordergrund, wird aber flankiert von der Fähigkeit des Redners, beim Zuhörer Gefühle hervorzurufen.

Während Aristoteles zunächst in Vergessenheit geriet, bezog sich das gesamte europäische Mittelalter auf Cicero. Die Rhetorik wurde zu den sieben freien Künsten gezählt und gehörte selbstverständlich zu einer guten Bildung – die allerdings nur von Geistlichen erworben wurde. Ähnlich wie in der Antike kannte man die Lob- und Preisrede, die Rede vor Gericht und die beratende Rede, neu hinzu kam die Predigt.

In der frühen Neuzeit wurde die Rhetorik gar zur Königin der Künste gekrönt. Doch Martin Luther, Professor der Theologie, umriss die Maximen einer gelungenen Rede mit einem einzigen Satz: „Tritt fest auf, mach's Maul auf, hör bald auf!" – ein Rat, der heute noch genauso aktuell ist wie damals.

Die Humanisten entdeckten Aristoteles neu, und das spätere Barock und Rokoko waren für ihre geschliffene Rhetorik bekannt. Möglicherweise geriet sie aber hierdurch auch leicht in Verruf. Der Grat zwischen Überzeugen und Überreden, zwischen Manipulation und Zuwendung ist manchmal schmal, und hinter gedrechselten Worten droht auch schon einmal die Wahrheit ganz zu verschwinden. Im Zeitalter der Aufklärung ließ man deswegen die Gefühle lieber außen vor und verließ sich ganz auf die Vernunft. Besonders der Philosoph Immanuel Kant hatte aus ethischen Erwägungen seine Probleme mit der Redekunst – für ihn war Rhetorik vor allem eine Kunst der geschickten Manipulation.

Dies ist auch eine Erfahrung unserer jüngeren Geschichte. Während vor allem in der Weimarer Republik berühmte Reden gehalten wurden – etwa die des sozialdemokratischen Politikers Friedrich Ebert zur Eröffnung der Weimarer Nationalversammlung oder die Ausrufung der Republik von Philipp Scheidemann –, zogen später die Nazis alle Register, das gesprochene Wort zur Manipulation der Bevölkerung zu benutzen.

Die Schattenseiten der Redekunst

Demagogen wie Goebbels und Hitler überließen dabei nichts dem Zufall, bis in die Beleuchtung und die einzelnen Gesten hinein. In Deutschland haderte man deshalb zu Recht mit den Schattenseiten der Redekunst. Zu den am häufigsten zitierten politischen Reden gehört nicht umsonst eine Ansprache, die gar kein Politiker gehalten hat, sondern der berühmte Schauspieler und Regisseur Charlie Chaplin in seinem Film „Der große Diktator". Auch gab es kein Publikum – mit Ausnahme der Kinobesucher. Hier versuchte der Film die nationalsozialistische Propaganda auf ihrem eigenen Terrain zu schlagen, den Medien, in diesem Fall: dem Kino. Dies gehört zu den Anzeichen der Moderne: Gerade Politikerreden müssen nicht mehr nur die Zuhörer – und eventuell Leser – überzeugen, sondern ein großes Publikum vor dem Bildschirm oder Radio.

Als Paradebeispiel der NS-Rhetorik gilt die 109-minütige „Sportpalastrede" des damaligen Reichspropagandaministers Joseph Goebbels vom 18. Februar 1943 mit der berühmten Frage „Wollt ihr den totalen Krieg?".

Die Wiederentdeckung der Rhetorik

Es dauerte bis weit in die 1960er-Jahre, bis es in Deutschland wieder einen Lehrstuhl für Rhetorik gab: 1967 wurde er von dem Schriftsteller und Altphilologen Walter Jens (1923–2013) in Tübingen eingerichtet; bis heute ist dieses Institut das einzige seiner Art in Europa. Für Walter Jens war gute Rhetorik nur in einer Demokratie möglich – wodurch er die Redekunst von den Propagandareden in totalitären Systemen deutlich abgrenzt. „Deshalb kann es in Diktaturen keine große Rhetorik geben, weil jede Gegenrede mit dem Knüppel oder dem Revolver unwirksam gemacht wird", brachte er seine Sichtweise auf den Punkt.

Im französischen und angelsächsischen Raum nahm die Geschichte eine andere Wendung. Eine lebendige Demokratie benötigt auch engagierte, überzeugende Redner. Und so stammen viele berühmte Reden unserer Zeit von amerikanischen und britischen Rednern. Bahnbrechend war etwa die Rede des Bürgerrechtlers Martin Luther King, in der er mit den Zuhörern seinen Traum von einer gerechten Welt ohne Rassismus teilt. Und der amerikanische Präsident John F. Kennedy erhielt seine bis heute ungebrochene Popularität auch durch seine Redekunst – in Deutschland bleibt seine Rede vom 26. Juni 1963 vor dem Rathaus Schöneberg in West-Berlin unvergessen.

Berühmte Redner

Es gibt Reden, die haben nicht nur die Zuhörer berührt, sondern noch weit in die Geschichte hineingewirkt. Reden, von denen die Menschen noch Jahre später sprachen, die den Lauf der Geschichte verändert haben und sogar das Denken in den Köpfen von Menschen, die noch gar nicht geboren waren, als sie gehalten wurden. Reden, die jahrzehnte-, ja, jahrhundertelang überliefert wurden. Sie vorzustellen, würde eine ganze Bibliothek umfassen. Doch einige Ausschnitte von Reden möchten wir Ihnen nicht vorenthalten. Sie inspirierten andere Redner, sogar Staatsmänner bis in die heutige Zeit – und vielleicht inspirieren sie ja auch ein wenig Sie.

Die Gefallenenrede des Perikles

Die berühmte Gefallenenrede wird dem griechischen Staatsmann Perikles (490–429 v. Chr.) zugeschrieben, und sie wurde bis in unsere Zeit tradiert. Selbst aus dem Mittelalter gibt es Abschriften. Sie startet als eine typische Trauerrede – um dann, in einem raffinierten Schwenk, auf die aktuelle politische Lage und die eigene Vision zu kommen: in politischen Reden ein häufiger Schachzug. Lassen Sie sich nicht von der altertümlichen Sprache abschrecken, sondern beachten Sie die Raffinesse, mit der der Redner mit nur wenigen Sätzen das Gemeinschaftsgefühl eines demokratischen Staatengebildes heraufbeschwört.

Die Gefallenenrede des Perikles

Wir leben nämlich unter einer Verfassung, die nicht die Einrichtungen anderer nachäfft; vielmehr dienen wir eher selbst als Vorbild, als dass wir andere nachahmen sollten. Der Name, den sie trägt, ist zwar der der Volksherrschaft, weil die Macht nicht in den Händen weniger, sondern einer größeren Zahl von Bürgern ruht; ihr Wesen aber ist, dass nach den Gesetzen zwar alle persönlichen Vorzüge keinem ein Vorrecht verleihen, aber jeder, wie er sich gerade in etwas auszeichnet, hinsichtlich seiner wirklichen Geltung im Staatsdienst seine volle Anerkennung findet: eine Anerkennung, die nicht auf Parteigetriebe, sondern auf wirklichem Verdienst beruht.

Mag daher jemand arm sein, so ist ihm doch, sofern er nur dem Vaterland Nutzen stiften kann, durch keine Niedrigkeit der Geburt der Weg zur Auszeichnung verschlossen. ... Wir unterscheiden uns aber auch in unseren Vorbereitungen auf den Krieg von unseren Gegnern. Wir öffnen nämlich allen den Zutritt zu unserer Stadt und suchen nicht gelegentlich durch Ausweisung von Fremden jemanden daran zu hindern, etwas zu lernen oder zu sehen, wovon, wenn es nicht verheimlicht wird, einer unserer Feinde Nutzen ziehen könnte; denn wir vertrauen weniger auf Vorbereitungen und Heimlichkeiten als auf unseren eigenen Mut im Augenblick des Kampfes.

Hintergrund der Rede: der Peloponnesische Krieg. Die Rede wurde im ersten Kriegsjahr – 431/30 v. Chr. – gehalten, und sie ehrt die Gefallenen des Krieges gegen Sparta ebenso wie die Werte der attischen Demokratie, für die die Männer gefallen sind: Bildung, Kunst, Freiheit, Wohlstand. Die Rede endet mit einem Plädoyer für die Fortführung des Krieges – dessen spätes Ende im Übrigen Perikles' Hoffnungen nicht erfüllen sollte, führte er doch zum Niedergang Athens. Dennoch ist die Gefallenenrede des Perikles immer noch eine Blaupause, wenn es um Ansprachen für die Errungenschaften der Demokratie geht.

Ciceros Reden gegen Catilina

Cicero hielt im Jahr 63 v. Chr. als römischer Konsul vier Reden im Senat gegen den Senator Catilina,

Ciceros erste Rede gegen Catilina

Wie lange noch, Catilina, willst du unsere Geduld missbrauchen? Wie lange soll dieser dein Wahnsinn Gespött mit uns treiben? Bis zu welchem Ende soll deine Verwegenheit sich frech in die Brust werfen? Hat die nächtliche Besetzung des Palatins keinen Eindruck auf dich gemacht, nicht die Besorgnis des Volkes, der Auflauf aller Gutgesinnten, keinen diese so stark gesicherte Versammlungsstätte des Senats, keinen die Blicke und Mienen der hier Anwesenden? Merkst du nicht, dass deine Pläne offenkundig sind? Siehst du nicht, dass durch das Einvernehmen all dieser Männer hier deiner Verschwörung die Hände gebunden sind? Was du in der letzten und in der vorletzten Nacht getrieben hast, wo du gewesen bist, welche Personen du zusammengerufen und welchen Plan du gefasst hast – wer von uns, meinst du, wüsste das nicht?

Welche Zeiten, welche Sitten! Der Senat erkennt dies Treiben, der Konsul sieht es, und dennoch lebt dieser Mensch. Er lebt? Ja wahrhaftig, er kommt sogar in den Senat, nimmt an einer öffentlichen Beratung teil und bestimmt und bezeichnet mit seinen Blicken jeden Einzelnen von uns zur Hinrichtung. Wir aber glauben schon, tapfere Männer zu sein und unsere Pflicht gegenüber dem Gemeinwesen zu erfüllen, wenn wir dem Wahnsinn und den Mordwaffen dieses Mannes ausweichen!

die alle überliefert sind. Cicero war, einen Tag vor der ersten Rede, nur knapp einem Mordanschlag Catilinas entgangen. Vor dem Senat deckte er die Umsturzpläne Catilinas auf und forderte seine Hinrichtung. Tatsächlich wurde Catilina wenig später mit dem Tode bestraft.

Jede der vier Reden ist ein rhetorisches Meisterwerk. Die erste leitet er ein mit einer Reihe rhetorischer Fragen, einem auch heute noch häufig gebrauchten Stilmittel, um die Aufmerksamkeit der Zuhörer zu erlangen und ihre Gefühle zu wecken.

Bertha von Suttners Rede vor dem Nobelpreis-Komitee

Bertha von Suttner (1843–1914) wurde durch ihren Antikriegs-Roman „Die Waffen nieder!" fast über Nacht zur Berühmtheit und zur wichtigsten Vertreterin der damaligen Friedensbewegung. Sie war eng befreundet mit Alfred Nobel, den sie dazu anregte, 1901 den Friedensnobelpreis ins Leben zu rufen. 1905 bekam sie für ihre Verdienste selbst diesen Preis, und sie hielt zu diesem Anlass eine viel beachtete Rede. Bertha von Suttner umreißt klar und prägnant ihre Vision für die Zukunft, beginnt ihre Rede mit einer persönlichen Anekdote und dem Zitat einer berühmten Persönlichkeit – auf die sie am Ende der Rede, rhetorisch überaus geschickt, wieder zurückkommt.

Bertha von Suttners Nobelpreisrede

Als mich Roosevelt am 17. Oktober 1904 im weißen Hause empfing, sagte er zu mir: „Der Weltfriede kommt, er kommt gewiss, aber nur Schritt für Schritt."

Und so ist es auch. So deutlich erkannt, so scheinbar naheliegend und leicht erreichbar ein Ziel auch winkt, der Weg dahin kann nur Schritt für Schritt zurückgelegt, und unzählige Hindernisse müssen dabei überwunden werden.

Und hier handelt es sich noch dazu um ein Ziel, das von vielen Millionen noch gar nicht gesehen wird, von dem unzählige Menschen entweder nichts wissen, oder das sie als eine Utopie betrachten. Mächtige Interessen sind auch damit verbunden, dass es nicht erreicht werde, dass alles beim Alten bleibe. … Es ist also kein leichter Kampf, der noch vor dem Pazifismus liegt. Von allen Kämpfen und Fragen, die unsere so bewegte Zeit erfüllen, ist diese Frage, ob Gewaltzustand oder Rechtszustand zwischen den Staaten, wohl die wichtigste und folgenschwerste. Denn ebenso unausdenkbar wie die glücklichen segensreichen Folgen eines gesicherten Weltfriedens, ebenso unausdenkbar furchtbar wären die Folgen des immer noch drohenden, von manchen Verblendeten herbeigewünschten Weltkrieges. Die Vertreter des Pazifismus sind sich wohl der Geringfügigkeit ihres persönlichen Machteinflusses bewusst, sie wissen, wie schwach sie noch an Zahl und Ansehen sind, aber wenn sie bescheiden von sich selber denken, von der Sache, der sie dienen, denken sie nicht bescheiden. Sie betrachten sie als die größte, der überhaupt gedient werden kann. … Das Ziel nämlich, welches, um Roosevelts Worte zu wiederholen, die Pflicht seiner Regierung, die Pflicht aller Regierungen darstellt:

„Die Zeit herbeizuführen, wo der Schiedsrichter zwischen den Völkern nicht mehr das Schwert sein wird."

Charles de Gaulles Rede an die deutsche Jugend 1962

Charles de Gaulle (1890–1970), General und französischer Ministerpräsident, hatte 1940 in London das Komitee „Freies Frankreich" gegründet und wurde nicht nur eine wichtige Person für den französischen Widerstand, sondern auch für die Nachkriegsordnung. Er engagierte sich in seinen späteren Jahren für die Versöhnung von Frankreich und Deutschland und setzte so einen Grundstein für ein geeintes, friedliches Europa. Die „Rede an die deutsche Jugend" hielt er in Ludwigsburg, auf Deutsch mit stark französischem Akzent, und die anwesenden jungen Menschen brachen in Jubel aus. Besondere Eindringlichkeit erhält die Rede durch die persönliche und wertschätzende Ansprache de Gaulles.

Charles de Gaulles Rede an die Jugend 1962

Sie alle beglückwünsche ich! Ich beglückwünsche Sie zunächst, jung zu sein. Man braucht ja nur die Flamme in Ihren Augen zu beobachten, die Kraft Ihrer Kundgebungen zu hören, bei einem jeden von Ihnen die persönliche Leidenschaftlichkeit und in Ihrer Gruppe den gemeinsamen Aufschwung mitzuerleben, um überzeugt zu sein, dass diese Begeisterung Sie zu den Meistern des Lebens und der Zukunft auserkoren hat.

Ich beglückwünsche Sie ferner, junge Deutsche zu sein, das heißt, Kinder eines großen Volkes. Jawohl! Eines großen Volkes, das manchmal im Laufe seiner Geschichte große Fehler begangen hat. Ein Volk, das aber auch der Welt fruchtbare geistige wissenschaftliche, künstlerische und philosophische Wellen beschert hat, das die Welt um zahlreiche Erzeugnisse seiner Erfindungskraft, seiner Technik und seiner Arbeit bereichert hat; ein Volk, das in seinem friedlichen Werk, wie auch in den Leiden des Krieges, wahre Schätze an Mut, Disziplin und Organisation entfaltet hat. Das französische Volk weiß das voll zu würdigen, da es auch weiß, was es heißt, unternehmens- und schaffensfreudig zu sein, zu geben und zu leiden. ...

John F. Kennedys Rede in Berlin 1963

Zu den berühmtesten zeitgenössischen Reden in Deutschland gehört die schon erwähnte Rede des amerikanischen Präsidenten John F. Kennedy (1917–1963) in Berlin. Kennedy war ein brillanter Redner, und es gelang ihm, in einer sehr kurzen Ansprache nicht nur die Zuhörer vor dem Schöneberger Rathaus, sondern die gesamte Bundesrepublik zu begeistern. Obwohl er kein Wort Deutsch sprach – und ihm der berühmte Satz „Ich bin ein Berliner" in Lautschrift aufgeschrieben werden musste –, schafft er mit den Sätzen in gebrochenem Deutsch Zusammengehörigkeit. Er skizziert in wenigen knappen Sätzen prägnant die Unterschiede zwischen dem kommunistischen und dem freiheitlichen demokratischen System, hebt immer wieder

John F. Kennedys Rede in Berlin 1963

Meine Berliner und Berlinerinnen,

ich bin stolz, heute in Ihre Stadt zu kommen als Gast Ihres hervorragenden Regierenden Bürgermeisters, der in allen Teilen der Welt als Symbol für den Kampf- und Widerstandsgeist West-Berlins gilt. … Vor zweitausend Jahren war der stolzeste Satz, den ein Mensch sagen konnte, der: Ich bin ein Bürger Roms. Heute ist der stolzeste Satz, den jemand in der freien Welt sagen kann: Ich bin ein Berliner. …

Es gibt Leute, die sagen, dem Kommunismus gehöre die Zukunft. Sie sollen nach Berlin kommen. Und es gibt wieder andere in Europa und in anderen Teilen der Welt, die behaupten, man könne mit dem Kommunismus zusammenarbeiten. Auch sie sollen nach Berlin kommen. …

Ich möchte Ihnen im Namen der Bevölkerung der Vereinigten Staaten, die viele tausend Kilometer von Ihnen entfernt lebt, auf der anderen Seite des Atlantiks, sagen, dass meine amerikanischen Mitbürger stolz, sehr stolz darauf sind, mit Ihnen zusammen selbst aus der Entfernung die Geschichte der letzten 18 Jahre teilen zu können. Denn ich weiß nicht, dass jemals eine Stadt 18 Jahre lang belagert wurde und dennoch lebt in ungebrochener Vitalität, mit unerschütterlicher Hoffnung, mit der gleichen Stärke und mit der gleichen Entschlossenheit wie heute West-Berlin. …

Sie leben auf einer verteidigten Insel der Freiheit. Aber Ihr Leben ist mit dem des Festlandes verbunden, und deshalb fordere ich Sie zum Schluss auf, den Blick über die Gefahren des Heute hinweg auf die Hoffnung des Morgen zu richten, über die Freiheit dieser Stadt Berlin und über die Freiheit Ihres Landes hinweg auf den Vormarsch der Freiheit überall in der Welt, über die Mauer hinweg auf den Tag des Friedens mit Gerechtigkeit. Die Freiheit ist unteilbar, und wenn auch nur einer versklavt ist, dann sind nicht alle frei. Aber wenn der Tag gekommen sein wird, an dem alle die Freiheit haben und Ihre Stadt und Ihr Land wieder vereint sind, wenn Europa geeint ist und Bestandteil eines friedvollen und zu höchsten Hoffnungen berechtigten Erdteiles, dann, wenn dieser Tag gekommen sein wird, können Sie mit Befriedigung von sich sagen, dass die Berliner und diese Stadt Berlin 20 Jahre die Front gehalten haben.

Alle freien Menschen, wo immer sie leben mögen, sind Bürger dieser Stadt Berlin, und deshalb bin ich als freier Mann stolz darauf, sagen zu können: Ich bin ein Berliner.

Helmut Schmidts Rede zum Deutschen Herbst 1977

Vier tote Bürger unseres Staates verlängern seit heute Abend die Reihe der Opfer von blindwütigen Terroristen, die, wir waren uns darüber stets im Klaren, noch nicht am Ende ihrer kriminellen Energie sind.

Uns alle erfüllt nicht bloß tiefe Betroffenheit angesichts der Toten, uns erfüllt alle auch tiefer Zorn über die Brutalität, mit der die Terroristen in ihrem verbrecherischen Wahn vorgehen. Sie wollen den demokratischen Staat und das Vertrauen der Bürger in unseren Staat aushöhlen.

Der Staat – ob die Organe des Bundes oder der Länder oder der Städte –, der Staat muss darauf mit aller notwendigen Härte antworten.

Jedermann weiß, dass es eine absolute Sicherheit nicht gibt. Aber diese Einsicht kann nicht die staatlichen Organe davon abhalten und hat sie schon bisher nicht davon abgehalten, mit allen verfügbaren Mitteln gegen den Terrorismus Front zu machen. ...

Für jeden Bürger, dem der freiheitliche Rechtsstaat etwas gilt, ist inzwischen klar, dass es für die Schuldigen keine Ausreden mehr gibt.

Während ich hier spreche, hören irgendwo sicher auch die schuldigen Täter zu. Sie mögen in diesem Augenblick ein triumphierendes Machtgefühl empfinden, aber sie sollen sich nicht täuschen. Der Terrorismus hat auf die Dauer keine Chance, denn gegen den Terrorismus steht nicht nur der Wille der staatlichen Organe, gegen den Terrorismus steht der Wille des ganzen Volkes.

Dabei müssen wir alle trotz unseres Zornes einen kühlen Kopf behalten. Doch mit kühlem Kopf will ich sagen, dass sich einer, der jetzt noch verharmlost, der jetzt noch nach Entschuldigungen sucht, von der Gemeinschaft aller Bürger isoliert, die sich mit unserer Rechts- und Gesellschaftsordnung identifizieren und die sie erhalten wollen.

Wer von Ihnen auch immer nur die kleinste Information über den Hintergrund der Morde hat oder auch nur den kleinsten sachdienlichen Hinweis auf den Hintergrund des heutigen Verbrechens und auf die Entführung von Hanns-Martin Schleyer geben kann, der hat als Bürger unseres Rechtsstaats die unabweisbare moralische Pflicht, die Polizei bei ihrer Fahndung nach den Mördern und Entführern aktiv zu unterstützen.

Dies ist meine Bitte an Sie alle.

die positiven Begriffe „Stolz" und „Freiheit" hervor, mit denen sich die Zuhörer identifizieren können. Trotz bzw. gerade wegen der Kürze der Rede ist sie bis ins i-Tüpfelchen durchdacht – und nimmt sogar Anleihen beim großen Rhetorik-Vorbild Cicero und seinem berühmten Zitat: „Ich bin ein Bürger Roms".

Helmut Schmidts Rede zum Deutschen Herbst 1977

Ein trotz seiner hanseatischen Nüchternheit brillanter Redner war auch Altbundeskanzler Helmut Schmidt (1918–2015), wegen seines schnoddrigen Tonfalls vom Volk liebevoll und etwas respektlos „Schmidt Schnauze" genannt. Seine Rededuelle mit dem CSU-Vorsitzenden Franz Josef Strauß im Bundestag gelten noch heute als legendär. Dennoch speiste sich seine Redekunst vor allem aus einem hohen Maß an persönlicher Glaubwürdigkeit und Souveränität.

Eine eindringliche Rede hielt er 1977 als Fernsehansprache an die Nation anlässlich des Terrors der RAF im „Deutschen Herbst". Schmidt liest vom Blatt ab, setzt Mimik und Gestik sparsam ein – und dennoch hat seine Rede Wirkung aufgrund ihres Ernstes und der Wucht des gesprochenen Worts. Die Rede ist bis heute so eindrucksvoll, dass sie nach den Anschlägen des islamistischen IS in den sozialen Medien Tausende Male geteilt wurde.

Was uns historische Reden lehren

In den Reden unterschiedlicher Zeitalter lässt sich ablesen, dass sich die Kunst der Rhetorik, die Verwendung der Stilmittel bis heute nicht grundsätzlich geändert hat. Noch heute erzielen Sie Aufmerksamkeit, wenn Sie Ihre Rede mit provokanten rhetorischen Fragen starten – wie es Cicero tat –, oder wenn Sie, wie Bertha von Suttner, Ihre Rede mit einem zum Thema passenden, eindrücklichen Zitat beginnen.

Es lohnt sich übrigens, nicht nur den Text von Reden zu lesen, sondern sich auch einige der neueren Reden auf Video anzuschauen – z.B. auf dem Portal YouTube. Denn Reden sollen nicht nur gelesen, sondern nach Möglichkeit auch gehört werden. Die Betonung der Worte, die Pausen beim Sprechen unterstreichen das Gesagte. Und Reden wollen auch gesehen werden: Gestik und Mimik sind wichtige Begleiter menschlicher Kommunikation und sprechen ihre eigene klare Sprache. Sie werden feststellen: Trotz aller Gemeinsamkeiten hat jeder Redner seinen eigenen, unverwechselbaren Stil. Fühlen auch Sie sich ermutigt, Ihren eigenen Stil zu entwickeln. Wenn Sie ein eher nüchterner Redner-Typ sind, versuchen Sie nicht zu reden wie ein Kennedy. Bleiben Sie authentisch.

Eine Rede vorbereiten

Die wenigsten Menschen stehen so gerne im Rampenlicht, dass sie gerne und freiwillig Reden halten. Zum Trost: Wer sich selbst gern reden hört, zählt nicht unbedingt zu den besten Rednern. Doch gibt es immer mal wieder Situationen, in denen man entweder gebeten wird, eine Rede zu halten, oder selber den Drang hat, dies zu tun.

Dabei kann man grob private und öffentliche Reden unterscheiden, Letztere können eher einen beruflichen Hintergrund haben oder einen offiziellen, etwa im Rahmen eines Ehrenamtes oder der Vereinsarbeit. Wenn Sie vor der Aufgabe stehen, eine Rede zu halten, grenzen Sie zunächst das Thema ein, damit Sie nicht vom Hundertsten ins Tausendste kommen. Gute Reden sind vor allem eins: so lang wie nötig und so kurz wie möglich. Wenn Sie ein Auftraggeber oder Gastgeber bittet, eine Rede zu halten, fragen Sie ihn am besten, was konkret

Keine Angst vor dem Rednerpult – mit guter Vorbereitung gelingt Ihre Rede, ob privat oder geschäftlich.
▼

Sie zum Thema der Veranstaltung beitragen können. Was genau wird von Ihnen erwartet?

Wenn es um Reden bei privaten Veranstaltungen geht, ist diese Frage leicht zu beantworten: Bei einer Geburtstagsfeier wird das Geburtstagskind geehrt, bei einem Junggesellenabschied steht der Bräutigam im Vordergrund etc. Komplizierter wird es bei gesellschaftlichen Anlässen wie Firmenfeiern oder beruflichen Präsentationen. Erfragen Sie möglichst weit im Vorfeld, welches Thema bzw. welche Themen genau von Ihnen abgehandelt werden sollen, damit Sie sich optimal vorbereiten können. Grenzen Sie Ihr Thema bzw. Ihre Themen ein, und halten Sie sich bei der anschließenden Stoffsammlung und Recherche möglichst streng daran.

Diese Arbeitsschritte für eine gute Rede nach Cicero sind bis heute sinnvoll:

- Finden der Argumente *(inventio)*
- Gliederung des Vortrags *(dispositio)*
- sprachliche Ausgestaltung *(elocutio)*

- Auswendiglernen *(memoria)*
- Vortrag *(actio)*

Die Redezeit

Wichtig für Ihre Planung ist es auch zu wissen, wie lang die Rede sein soll. Nur ein kurzer Toast von drei Minuten, eine kleinere Ansprache von zehn Minuten – oder ist tatsächlich ein längerer Redebeitrag von zwanzig Minuten oder mehr geplant? Fragen Sie genau nach. Bedenken Sie hierbei bitte unbedingt, dass auch kürzere Redebeiträge genug Vorbereitungszeit benötigen. Es ist ein Trugschluss, dass kurze Reden weniger Arbeit machen als lange. Denn hier kommt es tatsächlich auf jeden Satz an, jedes überflüssige Wort sollte getilgt werden. Bevor Sie also der Bitte, eine Rede zu halten, nachkommen, überlegen Sie kurz: Habe ich genügend Zeit zur Vorbereitung? Bin ich wirklich Experte für das Thema oder muss ich sehr viel und aufwendig recherchieren, um eine gute Rede halten und eventuellen Nachfragen standhalten zu können?

Das Publikum

John F. Kennedy hielt am 26. Juni 1963 zwei Reden. Beide waren brillant, auch wenn die Rede vor dem Schöneberger Rathaus heute mit Abstand die berühmtere ist.

 **Vorbereitungszeit einer Rede**

Für gewöhnlich unterschätzt man eher die Zeit, die man benötigt, um eine gute Rede auszuarbeiten. Natürlich ist für eine kleine Ansprache im Rahmen einer Hochzeit weniger Zeit erforderlich als für eine Präsentation im beruflichen Kontext. Fangen Sie aber in jedem Fall frühzeitig mit Ihren Planungen an, d. h.: mindestens drei Wochen, besser vier Wochen vor dem Redetermin! Bei einer wichtigen Rede widmen Sie mindestens vier bis fünf Stunden wöchentlich der Stoffsammlung, der Ausarbeitung und dem Feinschliff der Rede. Vergessen Sie auch nicht, dass Sie einige Stunden Zeit benötigen, um die Rede einzustudieren und zu proben.

Während sich diese Rede an ein breites Publikum richtete, hielt er die zweite Rede eher vor einem Fachpublikum – Studenten, Universitätsangehörige und Politiker – an der Freien Universität Berlin. Diese Rede ist zwar ebenso eindringlich, doch weit gesetzter und weniger emotional. Kennedy hat also sowohl Redeweise als auch Inhalt und Sprachduktus dem jeweiligen Publikum angepasst – und genau das sollten Sie auch tun.

Rein technisch ist eine Rede zwar ein Monolog – doch einer, der genau auf die Zuhörerschaft abgestimmt sein muss, der also Qualitäten eines Dialogs hat. Wenn die Rede zünden soll, ist es daher sinnvoll, bereits vor der Vorbereitung in Erfahrung zu bringen, was für ein Publikum Sie erwartet. Dies ist bei privaten Veranstaltungen und

Achten Sie darauf, dass Ihre Rede auf das Publikum zugeschnitten ist und sich jeder Zuhörer angesprochen fühlt.

Feiern im Familienkreis natürlich kein Problem. Hier kennt man sich, und vor allem: Hier hat der Redner für gewöhnlich die Sympathien von Anfang an auf seiner Seite.

Dies ist bei Reden im öffentlichen Raum oder im Arbeitsumfeld nicht unbedingt eine Selbstverständlichkeit. Ein Controller beispielsweise, der einem Gremium die Umsatzzahlen der Firma vorstellen und unliebsame Vorschläge unterbreiten muss, hat unter Umständen mit Gegenwind der Belegschaft zu rechnen. Hierauf sollte er vorbereitet sein.

Doch auch andere Begebenheiten sollten bedacht werden. Mit wie vielen Zuhörern haben Sie zu rechnen? Sind zwanzig Leute in Ihrem Publikum oder zweihundert? Wenn Sie als Experte sprechen, müssen

Sie wissen, auf welchem fachlichen Niveau sich Ihr Publikum mehrheitlich befindet. Handelt es sich um interessierte Laien oder werden Sie ein Expertenpublikum vor sich haben? Diese Frage stellt sich auch im beruflichen Kontext oder im Rahmen von Vereinsarbeit und Ehrenamt. Je nach den Vorkenntnissen Ihres Publikums müssen Sie Ihren Vortrag anpassen, Grundlagen erläutern und Sachverhalte entsprechend auswählen, damit Sie einerseits von allen verstanden werden und andererseits niemanden langweilen.

Bedenken Sie bitte auch, dass sehr unterschiedliche Personengruppen im Publikum sein können. Dies trifft umso eher zu, je größer die Zuhörerschaft ist. Sie sollten alle Gruppen möglichst mit Ihrem

Vortrag ansprechen. D. h., es sollte für jeden Zuhörer etwas dabei sein. Dies betrifft sowohl die thematische Auswahl als auch das Niveau ihres Vortrags.

Ziele einer Rede

Es ist wichtig, dass Sie sich schon vor der eigentlichen Stoffsammlung im Klaren sind, was Sie bzw. Ihr Auftraggeber mit dieser Rede bezweckt. Das betrifft nicht nur das Redethema, sondern auch das Redeziel. Was erwartet man von Ihnen? Was genau ist Ihr Anliegen? Was möchten Sie beim Publikum erreichen? Denn das Redeziel kann nur im Hinblick auf das Publikum bestimmt werden.

- Möchten Sie an Ihr Publikum appellieren?
- Oder wollen Sie zum Nachdenken anregen?
- Wollen Sie einen Sachstand erklären?
- Möchten Sie Ihr Publikum von etwas überzeugen?
- Oder Ihr Publikum nur unterhalten, erheitern, zum Staunen bringen?
- Wollen Sie jemanden oder etwas ehren?
- Möchten Sie eine Diskussion anstoßen?
- Oder wollen Sie für etwas werben?

All diese verschiedenen Redeziele benötigen eine etwas andere Redestrategie. Eine Rede, die in erster Linie unterhalten soll, darf ruhig aus einer losen Folge von Witzen und humorvollen Episoden bestehen. Eine Laudatio benötigt dagegen viele persönliche Daten und soll dem Publikum auch ein wenig zu Herzen gehen. Doch selbst hier können Sie jeweils andere Schwerpunkte setzen: Möchten Sie das Lebenswerk von jemandem ehren, seine berufliche Karriere oder seine persönlichen Eigenschaften? Oder möchten Sie seine Freundschaften oder Familie in den Vordergrund stellen? Seine Herkunft oder die zeitlichen Umstände seines Lebens hervorheben? Wollen Sie beim Publikum Sympathie auslösen, Bewunderung oder Interesse?

Nicht nur auf das eigentliche Redethema, sondern auch auf das Redeziel hin – manchmal können es auch zwei oder drei solcher Ziele sein – sollten Sie bereits Ihre Stoffsammlung ausrichten.

Die Stoffsammlung

Um eine Rede zu erarbeiten, sind ganz grundlegende Schritte vonnöten – Arbeitsschritte, die auch möglichst sorgfältig ausgeführt werden sollten, damit die Rede zündet. Bitte verlassen Sie sich im Vorfeld einer Rede auf keinen Fall darauf, dass Ihnen schon das Richtige einfällt und Sie ein wenig improvisieren werden. Natürlich kann es passieren, dass Sie während einer Rede improvisieren müssen – weil unvorhergesehene Fragen aus dem Publikum gestellt werden, sich die Rednerliste kurzfristig geändert hat etc. Doch um gut improvisieren zu können, benötigen Sie Erfahrung, und Sie müssen sehr gut vorbereitet sein.

Der erste und grundlegende Schritt der Vorbereitung ist die Stoffsammlung. Sie sollten für diesen Arbeitsgang genügend Zeit einplanen.

Nicht in jeder Rede ist es notwendig, andere Menschen zu überzeugen. Möchten Sie etwa eine Hochzeitsrede, eine Laudatio oder eine Grabrede halten, ist die Stoffsammlung dennoch dringend geboten – nur sieht Ihre Faktensammlung natürlich anders aus als bei einer öffentlichen Rede. So werden Sie sich z. B. vorbereiten, indem Sie mit Freunden und Verwandten sprechen, um gemeinsame schöne Erlebnisse zu erfragen, Sie werden alte Tagebücher und Fotoalben wälzen und prägnante Zitate und Lebenssituationen sammeln. Wenn Ihnen kleine Anekdoten und Geschichten einfallen – wunderbar. Sie sind das Salz in der Suppe jeder Rede. Wichtig: Machen Sie sich in jedem Fall Notizen, damit Sie nichts vergessen.

Auch bei solchen privaten Redeanlässen macht es Sinn, ein wenig im Internet oder einer Bibliothek zu recherchieren. Bei einer Ge-

burtstagsansprache könnten Sie nachschauen, was alles an diesem Tag geschehen ist. Bei einer Laudatio im Firmenkreis können Sie die Geschichte Ihrer Firma oder des Heimatortes des Geehrten recherchieren etc.

In vielen anderen Redesituationen, vor allem öffentlichen und beruflichen, gehört es zu den ganz wesentlichen Aufgaben, das Publikum zu überzeugen, für eine Sache einzunehmen oder umfassend zu informieren. Sammeln Sie hierfür erst einmal alle Punkte, die Ihnen einfallen. Sie können sie auf Karteikarten aufschreiben, sodass Sie darunter weitere Punkte auflisten können. Alternativ können Sie auch eine Mindmap anfertigen, wenn Sie mit diesem Werkzeug vertraut sind.

Suchen Sie zu jedem einzelnen Punkt auf Ihrer Liste, Ihrer Mindmap oder den Karteikarten in einem zweiten Schritt gezielt nach Informationen im Internet, in Büchern und Zeitschriften.

Bewerten Sie diese zunächst nicht! Beschränken Sie sich dabei auch keineswegs auf Argumente, die Ihre Meinung bekräftigen, sondern suchen Sie auch Gegenstandpunkte. Es kann sinnvoll sein, in einer Rede das Für und Wider einer Angelegenheit anzusprechen, denn auf diese Weise können Sie Gegnern von vornherein den Wind aus den Segeln nehmen oder sie auf Ihre Seite ziehen. Auch sind Sie besser gewappnet, falls nach der Rede

☞ Mindmap

Um eine Mindmap zu erstellen, schreiben Sie das eigentliche Redethema in die Mitte und umranden es. Um dieses Feld herum erstellen Sie assoziativ und in loser Reihenfolge weitere Stichpunkte, die mit dem Thema in Zusammenhang stehen. Auf diese Weise erhalten Sie eine umfangreiche Ideensammlung und eine regelrechte thematische Landkarte.

Fragen aus dem Publikum kommen sollten. Beachten Sie bitte: Es geht hierbei nicht um Manipulation, sondern um Überzeugung! Mit überzeugenden, glaubwürdig vorgebrachten Argumenten und einer soliden Faktenbasis haben Sie hierfür schon den ersten Schritt getan.

Genauso wichtig: Werden Sie konkret! Finden Sie Beispiele. Je lebensnäher und greifbarer Ihre Themen aufbereitet werden, umso besser. Aber auch hier gilt: Die genaue Auswahl sollte auf den Erfahrungshorizont Ihrer Zuhörer abgestimmt sein. Und natürlich sollte Ihre Zuhörerschaft möglichst auch etwas Neues, Aufregendes, Inspirierendes aus Ihrem Vortrag mitnehmen.

Doch sollte eine Rede keineswegs nur aus einer Faktensammlung bestehen. Lockern Sie die Rede

▲

In einer Mindmap können Sie Ihre Ideensammlung für die Rede festhalten.

auf mit Zitaten von bekannten Personen – möglichst mit solchen, die mit dem Redethema oder dem Publikum in Zusammenhang stehen –, mit kleinen Geschichten und Anekdoten. Auch wichtig: Suchen Sie nach Zahlen und Statistiken, die Ihre Argumente untermauern.

Wenn Sie mit diesem Arbeitsschritt fertig sind – am besten setzen Sie sich hierfür ein Limit von wenigen Tagen –, sortieren Sie Ihr Material. Und zwar nicht nur thematisch. Gibt es einen inneren Zusammenhang? Eignet sich eine bestimmte Anekdote oder ein Zitat besonders gut für den Einstieg, gibt es eine Statistik, die Ihre These optimal untermauert? Bringen Sie Ihre Sammlung in eine erste, noch spielerische Reihenfolge. Manches werden Sie sicherlich verwerfen – heben Sie sich dieses Material für einen späteren Anlass auf oder für den Fall, dass auf Ihre Rede Rückfragen kommen.

Material für Ihre Rede

✓ Zitate bekannter Persönlichkeiten

✓ Anekdoten

✓ Statistiken

✓ Meinungs- und Fachartikel

✓ Lexikonartikel

✓ persönliche Erinnerungen

▲

Um nicht von der Masse an Suchergebnissen erschlagen zu werden, geben Sie möglichst mehrere Suchbegriffe in die Suchleiste ein. Sie erhalten auf diese Weise viel präzisere und brauchbarere Ergebnisse.

Internetrecherche

Die größte Fundgrube für Informationen aller Art stellt in unserer Zeit natürlich das Internet dar. Je tiefer Sie für Ihren Vortrag in ein Thema einsteigen müssen, umso wichtiger werden aber auch andere Quellen, etwa Bücher oder Fachzeitschriften. Aber auch dann ist die Internetrecherche ein sinnvoller erster Schritt, um sich einen Überblick zu verschaffen. Für viele Themen benötigen Sie kaum eine andere Quelle. Sollten Sie keinen eigenen Internetzugang besitzen, lohnt es sich, in Ihrer örtlichen Bücherei nachzufragen. Viele Stadt- und Universitätsbibliotheken bieten einen kostenlosen Zugang zum Internet an. Die dortigen Mitarbeiter sind in aller Regel sehr hilfsbereit und helfen Ihnen gerne weiter.

Doch wie kommen Sie überhaupt an Ihr Material für eine Rede? Hierfür ist in aller Regel eine gründliche Recherche vonnöten.

Recherche

Es gibt Redebeiträge, für die Sie die Themen gewissermaßen aus dem Ärmel schütteln können. Doch sind diese normalerweise eher selten. Aber auch für solche Reden kann eine gründliche Recherche das A und O Ihres Redeerfolgs sein. Für andere Themen ist die Recherche eine grundlegende Arbeit.

Hierbei sollte man sich nicht auf die reine Faktensuche beschränken. Ebenso wichtig sind schöne Redeeinstiege in Form von Anekdoten, auflockernde Witze, interessante Zitate und spannende Hintergrundinfos. Doch wo findet man solche Informationen?

Das Internet hat trotz aller Vorzüge einen gravierenden Nachteil: Es birgt die Gefahr, dass man vor lauter Bäumen keinen Wald mehr sieht. Die bekannteste Suchmaschine Google listet etwa Ergebnisse nicht unbedingt nach Seriosität und Wichtigkeit auf, sondern nach Aufrufen. Deshalb sollte man immer prüfen, ob die Quelle auch wirklich brauchbar und vor allem auch glaubwürdig ist – denn leider gibt es im Netz immer wieder sogenannte Fake News (vgl. S. 284), die falsche Behauptungen in die Welt setzen. Suchen Sie möglichst gezielt nach renommierten Blogs oder nach Artikeln aus seriösen Zeitungen und Zeitschriften, die auch sehr häufig ein Archiv besitzen, in dem man unentgeltlich oder für eine kleine Gebühr recherchieren kann. Bei Google Books, wo man gezielt nach Bucheinträgen suchen kann, können Sie auch häufig einen ersten Blick in eine relevante Publikation werfen.

Eine wunderbare Datenbank ist Wikipedia, das größte Online-Lexikon. Hier können Sie auch nach konkreten Jahres- und sogar Tagesdaten suchen, sodass Sie einen schönen Aufhänger zum Auftakt Ihrer Rede leicht finden können.

Auch gibt es etliche Seiten, die Aphorismen und interessante Zitate sammeln (etwa www.zitate.de oder www.aphorismen.de), mit denen Sie Ihren Vortrag interessant und abwechslungsreich gestalten können. Auf Seiten wie Pixelio (www.pixelio.de) oder Everystockphoto (www.everystockphoto.com) können Sie kostenlos nach Fotos recherchieren und diese für Ihren Vortrag nutzen. Auch kostenlose Vorlagen für das Präsentationsprogramm Powerpoint lassen sich im Internet zu allen möglichen Themen finden, geben Sie einfach die entsprechenden Stichworte in die Suchmaske Ihrer Suchmaschine ein.

Andere Websites bringen sehr brauchbare Ergebnisse, wenn Sie Statistiken suchen, die Sie allerdings in Reden möglichst gezielt, aber sparsam einsetzen sollten. Die meisten dieser Portale sind kosten-

pflichtig, doch lassen sich manche Bereiche auch unentgeltlich durchsuchen. Hier wären z. B. das Portal www.statista.de zu nennen oder die Website des Statistischen Bundesamtes www.destatis.de.

Bibliotheken

Gerade bei Recherchen zu umfangreicheren Reden sollten Sie auch Ihrer örtlichen Bücherei einen Besuch abstatten. Eventuell haben Sie auch schon einige wichtige Bücher

Suchmaschinen

Die wichtigste und bekannteste Suchmaschine ist momentan **Google**, die aber aus Datenschutzgründen etwas ins Gerede gekommen ist. Hier bieten sich als Alternativen **Startpage** oder **DuckDuckGo** an, die beide auf Google basieren, aber Ergebnisse anonymisieren. Wer bei der Recherche der Umwelt etwas Gutes tun möchte, kann die Suchmaschine **Ecosia** verwenden, die ebenfalls gute Ergebnisse liefert.

Mit all diesen Suchmaschinen kann die Suche weiter eingegrenzt werden, etwa auf Bilder, auf Zeitungsartikel oder sogar auf Bücher. Für die meisten Suchen sind diese Suchmaschinen völlig ausreichend.

Neben diesen allgemeinen gibt es auch Suchmaschinen für bestimmte Aufgaben. Die unabhängige Suchmaschine **Paperball** etwa eignet sich für die Suche nach Zeitungsartikeln. Wissenschaftliche Texte können mit der Suchmaschine **BASE** (www.base-search.net) recherchiert werden. Hierfür eignet sich auch **Google Scholar** (https://scholar.google.de).

Die Seite **Internet Archive** (https://archive.org) ist eine wahre Fundgrube und bietet vor allem historische Quellen. Die Seite ist zwar auf Englisch, doch lassen sich problemlos auch deutschsprachige Seiten recherchieren.

Wenn Sie ein wichtiges Buch gefunden haben, ist es häufig sinnvoll, sich auch die Bücher in der näheren Nachbarschaft auf dem Bücherregal anzuschauen. Zumindest Stadtbibliotheken sind thematisch sortiert, sodass Sie auf diese Weise oft sehr brauchbare Literatur finden können.

oder Zeitschriften bei Ihrer Internetrecherche gefunden, die Sie sich hier ausleihen können.

Die meisten örtlichen Bibliotheken und alle Universitätsbibliotheken stellen einen digitalen Katalog (sogenannter OPAC-Katalog) zur Verfügung, in dem Sie auch bequem von zu Hause aus online recherchieren können. Hier können Sie auch sehen, ob die Bücher, die Sie interessieren, eventuell bereits verliehen sind.

Das alte Zettelkasten-System gibt es inzwischen kaum noch, alle Bibliotheken haben zwischenzeitlich auf einen digitalen Katalog umgestellt, entsprechende Computer für die Recherche werden den Besuchern zur Verfügung gestellt. Sie können sowohl nach Autorennamen – falls Sie ein bestimmtes

Buch suchen –, nach Titeln oder nach Schlagwörtern suchen. Sie finden das entsprechende Buch dann unter dem Bibliothekskürzel. In Stadtbibliotheken sind diese Kürzel grob alphabetisch sortiert. Im Zweifel hilft Ihnen ein Mitarbeiter gerne weiter.

Auf diese Weise können Sie leicht Bücher zu verschiedenen Themenkomplexen finden. Um sich in ein Thema erst einmal einzulesen, können Sie sich Einführungsbände ausleihen. Suchen Sie Fachbücher und wollen Sie noch tiefer in ein Thema einsteigen, sollten Sie auch die Recherche in einer Universitätsbibliothek in Erwägung ziehen. Die meisten sind auch für Nicht-Studenten nutzbar, hier sollten Sie die genauen Konditionen vor Ort erfragen.

In der Bibliothek finden Sie Bücher zu den verschiedensten Themenkomplexen. Es lohnt sich, dort für Ihre Rede zu recherchieren.

Machen Sie sich Notizen oder arbeiten Sie mit Kopien Ihrer Quellen, indem Sie die wichtigsten Stellen unterstreichen oder am Seitenrand Anmerkungen anbringen.

Viele örtliche Bibliotheken besitzen auch einen Zeitschriftenlesesaal oder zumindest eine Ecke, in der man sich einige aktuelle Zeitungen und Zeitschriften durchschauen kann. Oft finden sich hier schöne Einstiege für Ihre Rede, mit der Sie gleich die Aufmerksamkeit der Zuhörer gewinnen können.

Eigene Erinnerungsschätze

Das eigene Leben ist voll von Anekdoten, Wissen und Erlebnissen. Gerade wenn Sie eine Rede im persönlichen Umfeld halten möchten, sollten Ihre eigenen Erinnerungen die erste und wichtigste Quelle sein. Durchforsten Sie Tage- und Notizbücher, alte Briefe oder Mails. Sprechen Sie mit Freunden und Bekannten, die häufig Ihrer Erinnerung auf die Sprünge helfen oder mit eigenen Erlebnissen aufwarten können. Vergessen Sie nicht, sich hierbei Notizen zu machen! Bei der Niederschrift von persönlichen Erinnerungen sollte nur darauf geachtet werden, dass sie keine kleinen Peinlichkeiten enthalten, mit denen unabsichtlich die Gefühle der Zuhörer verletzt werden könnten. Dies kann beispielsweise vorkommen, wenn Sie Menschen schon seit dem Kleinkindalter kennen.

Kleine Geschichten schaffen Sympathie

Auch im beruflichen Kontext oder bei anderen öffentlichen Reden kann der persönliche Erinnerungsschatz Gold wert sein. Überlegen Sie z. B., was Sie mit dem Ort verbinden, an dem Sie die Rede halten, oder mit Ihrem Arbeitgeber. Wenn Sie als Meister oder Abteilungsleiter arbeiten, erinnern Sie sich an die Zeit, in der Sie als kleiner Lehrling starteten. Wenn Sie eine Rede vor dem Schulkollegium oder der Elternpflegschaft halten, können Sie Erinnerungen Ihrer eigenen Schulzeit oder der Ihrer Kinder aufgreifen. Solche kleinen Geschichten schaffen Sympathie und bleiben den Zuhörern im Gedächtnis haften.

Und nicht zuletzt: Auch für einen Fachvortrag sollten Sie nicht nur auf geschriebene Quellen, sondern auch auf Ihren eigenen Wissensschatz zurückgreifen. Dies kann durchaus mit viel Humor geschehen. So kann eine begnadete Köchin von ihrer ersten, grandios misslungenen Sauce béarnaise berichten oder ein Einkaufsleiter aus der Zeit, als sämtliche Archive noch aus Papierakten bestanden und man sich bei der Suche im Keller verlief. Denken Sie daran, dass solche kleinen Geschichten auch Fachvorträge auflockern und Sie auf diese Weise die Zuhörer mit Leichtigkeit auf Ihrer Seite haben.

Aufbau einer guten Rede

Sie haben nun eine umfangreiche Stoffsammlung beisammen, Fakten, Zitate, Anekdoten, Zahlen, Statistiken. Was genau fangen Sie damit an? Wie gliedern Sie sie? Und vor allem: Welches Material verwenden und welches verwerfen Sie bzw. heben Sie sich zu einem späteren Zweck auf?

Die wichtigste Richtschnur dieser Überlegungen ist immer das Publikum! Was könnte das Publikum interessieren? Was würde es überfordern oder langweilen? Sortieren Sie dieses Material aus.

Die zweite Richtschnur ist vor allem thematischer Natur. Bedenken Sie bitte, dass Ihre Zuhörer nur begrenzt aufnahmefähig sind. Wie der Philosoph Voltaire einmal geschrieben hat: „Das Geheimnis der Langeweile ist es, nichts ungesagt

Auch eine lange Rede von 30 bis 45 Minuten sollte nicht mehr als fünf bis sieben Unterthemen behandeln. Mehr würden die Konzentration und Geduld Ihrer Zuhörerschaft nur unnötig strapazieren. Bei einer kürzeren Rede von etwa 20 Minuten setzen Sie möglichst nicht mehr als drei Unterthemen an.

So sollte es während Ihrer Rede nicht im Publikum aussehen – überfordern Sie die Aufmerksamkeit der Zuhörer nicht.

zu lassen." Gerade Experten für ein Thema neigen dazu, ihr Spezialgebiet allzu gründlich auszuleuchten. Doch in der Beschränkung liegt das Geheimnis einer guten Rede. Sie sollten daher auch bei einem längeren Redebeitrag – von ca. 30 Minuten Länge – die Zahl Ihrer Unterthemen und Argumente einschränken. Interessierte Fragen zu Einzelpunkten können Sie danach immer noch beantworten.

Die genaue Länge einer Rede sollte beim Gastgeber bzw. Veranstalter erfragt und dann auch eingehalten werden. Sicher ist es kein Problem, wenn Sie fünf Minuten unter der vereinbarten Zeit bleiben. Sie haben dann noch Gelegenheit, Fragen zu beantworten. Doch bleiben Sie nicht wesentlich unter der Zeitvorgabe, da sonst der Zeitplan der Veranstaltung aus den Fugen gerät, und vor allem: Überziehen Sie nicht. Das Publikum könnte sonst schnell ungeduldig werden.

Wenn Ihnen die Redezeit freigestellt ist, entscheiden Sie sich möglichst für eine mittlere Redezeit. In einer 20- bis 25-minütigen Rede haben Sie genug Zeit, alles Wichtige unterzubringen, aber zu wenig, um abzuschweifen und die Zuhörer überzustrapazieren – eine optimale Redezeit also.

Gliederung einer Rede

Grob lässt sich eine Rede – so wie ein Aufsatz – in Einleitung, Mittelteil und Schluss unterteilen. Anders jedoch als bei einem Aufsatz fällt Einleitung und Schluss ein ganz besonderes Gewicht zu, ja, sie sind in gewisser Weise sogar wichtiger als der viel umfangreichere Mittelteil. Dies vergessen viele Redner bei der Konzeption ihres Vortrags. Der Auftakt einer Rede entscheidet, ob die Zuhörer Ihnen Aufmerksamkeit schenken oder lieber gleich wegdösen, der Schlussteil, ob sie Ihre Rede in Erinnerung behalten.

Dennoch sollten Sie den Mittelteil bei der Ausarbeitung der Rede zuerst angehen, und zwar aus zwei Gründen: Er ist erstens umfangreich und macht insofern am meisten Arbeit, und zweitens kommen Ihnen die besten Ideen für Einleitung und Schluss meist bei der Arbeit, wenn Sie sich schon länger mit dem Thema beschäftigt haben.

Wir alle haben schon schlechte Reden gehört, die mit einem ausufernden Auftakt und einem einschläfernden Schluss glänzten. Kurt Tucholsky bringt hierfür ein herrliches Beispiel (siehe Kasten rechts).

Ratschläge für einen schlechten Redner

Fang nie mit dem Anfang an, sondern immer drei Meilen vor dem Anfang! Etwa so: „Meine Damen und meine Herren! Bevor ich zum Thema des heutigen Abends komme, lassen Sie mich Ihnen kurz …"

Hier hast du schon so ziemlich alles, was einen schönen Anfang ausmacht: eine steife Anrede; der Anfang vor dem Anfang; die Ankündigung, dass und was du zu sprechen beabsichtigst, und das Wörtchen kurz. So gewinnst du im Nu die Herzen und die Ohren der Zuhörer. Denn das hat der Zuhörer gern: dass er deine Rede wie ein schweres Schulpensum aufbekommt; dass du mit dem drohst, was du sagen wirst, sagst und schon gesagt hast. Immer schön umständlich!

Sprich nicht frei – das macht einen so unruhigen Eindruck. Am besten ist es, du liest deine Rede ab. Das ist sicher, zuverlässig, auch freut es jedermann, wenn der lesende Redner nach jedem viertel Satz misstrauisch hochblickt, ob auch noch alle da sind.

Wenn du gar nicht hören kannst, was man dir so freundlich rät, und du willst durchaus und durchum frei sprechen: Sprich, wie du schreibst. Und ich weiß, wie du schreibst.

Zu dem, was ich soeben über die Technik der Rede gesagt habe, möchte ich noch kurz bemerken, dass viel Statistik eine Rede immer sehr hebt. Das beruhigt ungemein, und da jeder imstande ist, zehn verschiedene Zahlen mühelos zu behalten, so macht das viel Spaß.

Kündige den Schluss deiner Rede lange vorher an, damit die Hörer vor Freude nicht einen Schlaganfall bekommen. Kündige den Schluss an, und dann beginne deine Rede von vorn und rede noch eine halbe Stunde. Dies kann man mehrere Male wiederholen.

Sprich nie unter anderthalb Stunden, sonst lohnt es gar nicht erst anzufangen. Wenn einer spricht, müssen die andern zuhören – das ist deine Gelegenheit. Missbrauche sie.

(Gekürzt)

Einleitung einer Rede

In der Einleitung muss einiges untergebracht werden: die Begrüßung, der Redeanlass, eventuell eine kurze Danksagung an den Gastgeber für die Einladung. Gleichzeitig sollte sie die Zuhörer auf die eigentliche Rede vorbereiten und auch ein wenig neugierig machen.

Eine Einleitung sollte grundsätzlich nicht länger sein als 15 Prozent der Gesamtrede. Kürzen Sie Ihren Text lieber nachträglich, als eine zu lange Einleitung zu präsentieren.

Formalia wie die Vorstellung von verdienten Personen und Danksagungen werden eventuell auch von Ihnen erwartet, sie sind wichtig und sollten auf keinen Fall übersprungen werden, aber: Widmen Sie sich ihnen so kurz wie möglich, da sie tendenziell das Publikum langweilen können. Aus diesem Grund sollten Sie auch möglichst viel davon erst im zweiten Teil der Einleitung unterbringen.

Der erste Teil sollte vor allem dem Ausblick auf das Redethema und einem gelungenen, dem The-

Widmen Sie sich der Einleitung Ihrer Rede mt Sorgfalt – sie sollte Ihre Zuhörer auf das Kommende neugierig machen.

▼

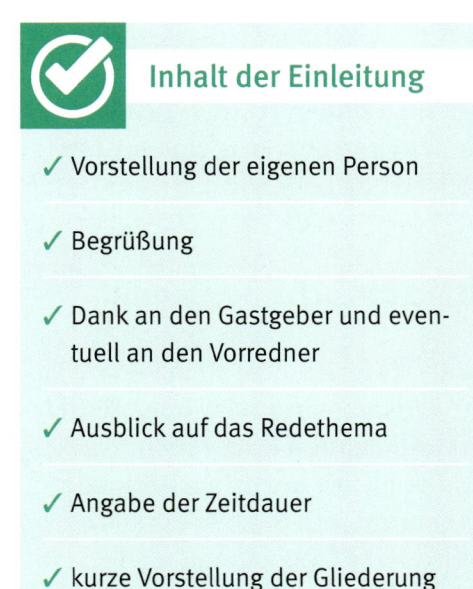

Inhalt der Einleitung

✓ Vorstellung der eigenen Person

✓ Begrüßung

✓ Dank an den Gastgeber und eventuell an den Vorredner

✓ Ausblick auf das Redethema

✓ Angabe der Zeitdauer

✓ kurze Vorstellung der Gliederung

ma angemessenen Auftakt vorbehalten sein. Hier können Sie dem Publikum Ihre Rede schmackhaft machen, Neugierde wecken und darstellen, was der Mehrwert für die Zuhörer ist, wenn Sie Ihnen ihre Zeit widmen. Auch können Sie das Publikum bereits hier mit einem passenden Zitat oder einer Anekdote fesseln und auf das Thema vorbereiten.

Im privaten Kreis gelten etwas andere Regeln. Hier sind Formalia weniger wichtig als der Ton, den Sie anschlagen. Sie müssen sich und andere im Normalfall gar nicht oder nur sehr knapp vorstellen. Doch dafür erhält der Gesprächsanlass in seiner Emotionalität ein deutliches Gewicht. Eine Trauerfeier erfordert einen sensiblen Einstieg, eine Rede zur goldenen

Eine unterhaltsame Rede auf einer Privatfeier wertet das Fest auf und bleibt den Gästen in guter Erinnerung.

Hochzeit sollte schon in den ersten Sätzen die entsprechende Feierlichkeit transportieren, während eine Rede zum 60. Geburtstag des besten Freundes beschwingt und humorvoll starten darf. In Ihrer Materialsammlung werden Sie hierzu bereits passende Anekdoten oder Zitate gesammelt haben, wenn nicht, recherchieren Sie an dieser Stelle noch einmal nach.

Der Mittelteil Ihrer Rede

„Eine gute Rede hat einen guten Anfang und ein gutes Ende – und beide sollten möglichst dicht beieinander liegen", soll Mark Twain einmal gesagt haben. Dieses Bonmot erweckt den Eindruck, als sei der Mittelteil einer Rede zu vernachlässigen – doch das ist natürlich nicht der Fall. Er ist das Kernstück Ihrer Rede, bringen Sie doch hier unter, was Sie eigentlich zu sagen haben. Hier entscheiden Sie auch, ob Ihr Thema eher eine straffe Gliederung benötigt oder ob Sie es etwas lockerer angehen möchten.

Gliederung des Mittelteils

Eine eher organische, freie Bearbeitung des Themas empfiehlt sich vor allem für private Reden. Hier können Sie das Material, das Sie gesammelt haben, so kombinieren, wie es Ihnen sinnvoll erscheint. Dabei hat es sich bewährt, die einzelnen Punkte auf Karteikarten zu schreiben und in eine stimmige Reihenfolge zu bringen.

Auch im beruflichen und öffentlichen Kontext kann sich eine solche lose Struktur anbieten. Achten Sie dabei aber darauf, dass Sie die unterschiedlichen Textsorten und Informationen, die Sie verwenden, abwechslungsreich und sinnvoll arrangieren. Es ist beispielsweise nicht zielführend, mit einem Feuerwerk an Anekdoten zu starten, um dann die Zuhörer mit einem Zuviel an statistischen Daten zu überfordern.

Je nach Redethema bieten sich folgende Gliederungen an:

- **Chronologisch:** Bringen Sie Ihre Punkte in eine zeitliche Reihenfolge. Diese Gliederung ist immer dann sinnvoll, wenn Sie einen Hergang beschreiben oder eine Entwicklung. Sie eignet sich also zu vielen Anlässen – von dem

Vereinsjubiläum über die Laudatio bis hin zur Hochzeitsfeier.

- **Vergangenheit – Gegenwart – Zukunft:** Auch diese Gliederung ist chronologisch, doch ist sie vor allem dazu geeignet, eine Vision in der Zukunft zu skizzieren. Sie starten in der Vergangenheit, beschreiben dann die Verhältnisse in der Gegenwart und unternehmen schließlich einen Ausblick auf zukünftige Entwicklungen. Dieses Muster können Sie für viele Redeanlässe benutzen, von Hochzeitsreden bis hin zu Firmenfeiern.

- **Pro und Kontra:** Diese Gliederung eignet sich besonders, wenn Sie entweder zwei Argumente gegeneinander abwägen oder die Zuschauer von einer bestimmten Haltung überzeugen möchten. Auch zur Anregung einer Diskussion hat sich diese Gliederungsform bewährt. Sie können entweder jedem Pro- ein Kontra-Argument gegenüberstellen oder erst alle Pro- und dann alle Kontra-Argumente nennen. Enden Sie Ihre Rede dann – je nach Ihrer Redeabsicht – mit einem Appell an die Zuschauer oder bieten Sie einen Kompromiss beider Haltungen an. Wenn der Rede eine Diskussion folgen soll, können Sie diesen Punkt auch weglassen.

- **Kausalität:** Eine Gliederung nach Ursache und Wirkung ist ebenfalls eine sehr sinnvolle Gliederung, wenn Sie etwa einen Her-

Redegliederung nach Cicero

Der römische Rhetoriker Cicero empfahl folgende Redegliederung, die auch heute noch für Reden genutzt werden kann, in denen es um Beweisführung und Überzeugungsarbeit geht. Wie bereits in der Antike gilt auch heutzutage: Eine Geschichte zu erzählen ist ein guter Einstieg in den Hauptteil Ihrer Rede, da Sie so Ihr Redethema wunderbar illustrieren können.

- Einleitung (*exordium*)
- Thema (*propositio*)
- Erzählung (*narratio*)
- Argumentation (*argumentatio*)
- Schlussfolgerung (*conclusio*)

gang beschreiben möchten oder eine Entwicklung skizzieren. Sie lässt sich auch mit einer chronologischen Gliederung verknüpfen.

- **Stellungnahme/Appell:** Ähnlich wie bei der Gliederung nach Pro und Kontra listen Sie hier Argumente für Ihre Haltung – unter Umständen verbunden mit einem Appell an die Zuhörer – auf, nur dass diese Argumente in einer lockeren Reihenfolge genannt und nicht gegenübergestellt werden. Der Appell an das Publikum oder die Schlussfolgerung sollten als Paukenschlag bis zum Schluss aufgehoben werden! Auch diese Gliederungsform eignet sich zum Einstieg in eine Diskussion.

- **AIDA:** Aus der Werbewelt kennen wir diese Gliederung, und sie eignet sich auch besonders gut, wenn Sie etwas bewerben oder einen Appell ans Publikum richten möchten. Die einzelnen Buchstaben stehen für die englischen Begriffe *Attention* (Aufmerksamkeit erregen), *Interest* (Interesse hervorrufen), *Desire* (Verlangen nach etwas erzeugen) und *Action* (zu einer bestimmten Handlung animieren). Sie können dieses Muster benutzen, um beispielsweise für mehr Engagement für einen gemeinnützigen Verein zu werben oder um Spendengelder für wohltätige Zwecke einzutreiben. Erregen Sie Aufmerksamkeit mit einer besonderen Geschichte oder

überraschenden Statistik am Anfang, halten Sie das Interesse wach, indem Sie weitere Argumente, Geschichten und Fakten bringen, machen Sie die Zuhörer neugierig. Das AIDA-Modell zielt, wie Werbung es auch tut, vornehmlich auf die Gefühle der Zuhörer ab. Es sollte daher auch selbstverständlich sein, dieses Modell nur verantwortungsvoll und nicht manipulativ in Reden zu verwenden.

Neben diesen Gliederungen kommen auch spielerische Gliederungen zum Einsatz, etwa eine Gliederung nach Buchstaben, Zitaten oder Orten. So können Sie beispielsweise eine Rede zur Hochzeit mit dem Wort „Liebe" untergliedern, indem Sie jeden Buchstaben L – I – E – B – E einem Abschnitt voranstellen (etwa: L wie Loyalität, I wie

▲

Eine Rede zur Hochzeit kann spielerisch gegliedert sein, lassen Sie Ihrer Kreativität hierbei freien Lauf.

Innigkeit usw.). Ihrer Fantasie sind hierbei keine Grenzen gesetzt.

Prinzipiell ist es bei jeder Gliederungsform sinnvoll, sie für die Zuhörer transparent zu machen, also kurz in der Einleitung darauf einzugehen, damit sie wissen, was sie in der Rede erwartet.

Hilfsmittel

In diesem frühen Stadium der Redevorbereitung sollten Sie auch bestimmen, ob Sie Hilfsmittel für Ihren Redebeitrag benötigen. Dies ist regelmäßig dann der Fall, wenn Sie für einen Beitrag auf statistisches Material oder Fotos zurückgreifen. Beachten Sie aber bitte: Verwenden Sie möglichst wenige solcher visuellen Hilfsmittel, um Ihre Zuhörer nicht zu überfordern und vom eigentlichen Vortrag abzulenken. Abzuraten

Kümmern Sie sich rechtzeitig um Hilfsmittel wie Laptop oder Overheadprojektor, und stellen Sie sicher, dass alles funktioniert.

▼

ist von Handouts und Kopien, die vor oder während der Rede verteilt werden. Dies sorgt nur für Unruhe. Wenn Sie solches Material verteilen möchten, tun Sie es möglichst erst nach der Rede.

Entscheiden Sie frühzeitig, welche Hilfsmittel Sie brauchen, und sorgen Sie dafür, dass diese nicht nur vor Ort, sondern auch funktionstüchtig sind. Wenn Sie z. B. einen Laptop und einen Overheadprojektor nutzen möchten, müssen Sie eventuell auch an ein Verlängerungskabel denken. Wenn Sie eine Seite aus dem Internet laden möchten, müssen Sie sicherstellen, dass es vor Ort auch WLAN gibt. Ein Mikrofon sollte funktionieren und für einen sauberen Sound sorgen. Pannen in letzter Sekunde können den Zeitplan durcheinanderbringen. Selbst, wenn Ihr Publikum verständnisvoll reagiert, steigern Pannen Ihre Nervosität – das ist bei guter Planung vermeidbar.

Die Macht des Arguments verstärken

In vielen Redesituationen besteht die Hauptaufgabe darin, Ihr Publikum zu überzeugen oder eine Diskussion anzustoßen. Hierfür müssen Sie nicht nur die geeigneten Argumente liefern, sondern sie auch gut und anschaulich präsentieren, also eine Argumentation erstellen.

Sie haben nun das geeignete Material beisammen, ihre Argumente auf Stichhaltigkeit, Wahrheitsgehalt und Relevanz überprüft und eventuell bereits sogar in eine vorläufige Reihenfolge gebracht. Bei Reden, in denen es auf die Überzeugung des Publikums ankommt, ist es natürlich wichtig, jedes gegnerische Argument zu widerlegen. Um Ihre Zuhörer zusätzlich optimal zu erreichen und ihre Aufmerksamkeit zu erhalten, präsentieren Sie Ihre Argumente in folgender Reihenfolge:

- Sie starten mit dem zweitstärksten Argument,
- wählen dann das schwächste,
- dann noch maximal zwei in beliebiger Reihenfolge und bringen erst
- zum Schluss das stärkste.

Erst dann schließen Sie mit Ihrer Schlussfolgerung und eventuell einem Appell an die Zuhörer. Sie haben auf diese Weise die Aufmerksamkeit des Publikums auf Anfang und Schluss gelenkt, und das letzte, stärkste Argument wird dem Zuhörer besonders in Erinnerung bleiben.

Kopf und Herz ansprechen – Fakten und Geschichten

Bestimmt haben Sie schon einmal gehört, dass man in Reden möglichst Geschichten erzählen soll, um die Zuhörer in den Bann zu schlagen. Das ist auch durchaus ratsam, denn die meisten Menschen lieben Geschichten. Geschichten sprechen unsere Gefühle an, beschäftigen unsere Fantasie und unser Erinnerungsvermögen. Sie helfen uns, einen Sinnzusammenhang herzustellen und uns in andere Personen oder Situationen einzufühlen. Selbst die moderne Hirnforschung hat inzwischen nachweisen können, dass Geschichten uns weit nachhaltiger und unmittelbarer im Gedächtnis haften bleiben als nackte Fakten. Machen Sie sich diesen Mechanismus zunutze!

Eine gute Geschichte besitzt – zumindest idealtypisch – etwa folgende Elemente:

- eine Ausgangssituation, die die Gefühle der Zuhörer anspricht,
- eine Hauptfigur, mit der sie sich identifizieren können,
- Probleme, die von der Hauptfigur gelöst werden müssen oder an denen sie scheitert,
- eine überraschende Wendung oder Entwicklung,
- einen Höhepunkt oder ein Fazit, das auch für die Zuhörer bedeutsam ist.

Viele Reden privater Natur können sich auch durchaus auf Geschichten beschränken, die auf Anekdoten und Erlebnissen beruhen. Natürlich sollte es sich hierbei um Geschichten handeln, die ansprechend sind und das Publikum interessieren. Genauso aber wie Reden sollten Geschichten so lang

Zitate

Zitate können Ihre Rede wunderbar auflockern. Vermeiden Sie aber Namedropping. Zitate sollten immer einen konkreten Bezug zu Ihrem Thema haben.

wie nötig und so kurz wie möglich sein. Jeder Mensch hat diesen einen Onkel oder diesen einen Nachbarn, der wegen seiner weitschweifigen, immer gleichen Erzählungen berüchtigt ist. Ein solcher Redestil sollte natürlich unbedingt vermieden werden. Es ist sinnvoll, auch Geschichten in Anfang, Mitte und Schluss einzuteilen und auf Exkurse zu verzichten.

Auch in beruflichen und öffentlichen Reden sollten Sie Geschichten erzählen. Doch soll eine solche Rede natürlich keine Märchenstunde sein. Bedenken Sie hierbei auch, dass Menschen unterschied-

lich auf Informationen ansprechen. Während einige eher gefühlsbetont sind und persönliche Geschichten bevorzugen, sind andere eher Verstandesmenschen und wünschen sich konkrete Informationen. Was also tun, um die Aufmerksamkeit all Ihrer Zuhörer zu gewinnen?

Mischen Sie Ihr Material auch hinsichtlich der Wirkung auf den Leser. Anekdoten, Geschichten und Zitate sprechen eher das Gefühl an, Statistiken und nackte Fakten eher den Verstand. Kombinieren Sie z. B. eine Statistik mit einer persönlichen Geschichte. Oder wählen Sie Ihr Material von vornerein so aus, dass Verstand und Gefühl gleichermaßen angesprochen werden. Entscheiden Sie sich z. B. für eine erstaunliche Statistik, ein besonders inspirierendes Zitat oder eine Anekdote, die Wissen vermittelt.

Gönnen Sie Ihrem Publikum auch zwischendurch kleine Inseln der Ruhe, wenn Sie es mit einem Feuerwerk aus geistreichen Witzen oder verblüffenden Sachverhalten konfrontiert haben. Denken Sie in diesem Zusammenhang an einen Film oder ein Theaterstück: Auch hier macht es die Mischung. Eine gekonnte Dramaturgie arbeitet mit Überraschungseffekten, einem Spannungsbogen und ruhigen Phasen dazwischen. Es macht Sinn, dies auch ansatzweise in einer Rede zu beherzigen.

Ratschläge für einen guten Redner

Kurt Tucholsky formulierte nicht nur auf humorvolle Weise Ratschläge für einen schlechten, sondern auch für einen guten Redner. Sie sind, fast hundert Jahre nach der Niederschrift, immer noch aktuell, und es ist sehr ratsam, sich an sie zu halten. Dabei betreffen sie Formulierungen, Gliederung, Stoffsammlung und Redeziel gleichermaßen:

Hauptsätze. Hauptsätze. Hauptsätze.
Klare Disposition im Kopf – möglichst wenig auf dem Papier.
Tatsachen, oder Appell an das Gefühl. Schleuder oder Harfe.
  Ein Redner sei kein Lexikon. Das haben die Leute zu Hause.
Der Ton einer einzelnen Sprechstimme ermüdet; sprich nie länger
  als vierzig Minuten. Suche keine Effekte zu erzielen, die nicht
  in deinem Wesen liegen. Ein Podium ist eine unbarmherzige
  Sache – da steht der Mensch nackter als im Sonnenbad.
Merk Otto Brahms Spruch: Wat jestrichen is, kann nich durch-
  falln.

Der Schlussteil Ihrer Rede

Den Schluss Ihrer Rede sollten Sie auch wirklich erst ganz zum Schluss planen. Oft ergibt sich bei der Stoffsammlung und der Strukturierung des Mittelteils bereits die eine oder andere zündende Idee für einen guten Schlussakkord, die Sie sich bereits für Ihre Arbeit am Schlussteil vormerken können.

Denn der Schluss Ihrer Rede ist das Tüpfelchen auf dem i. Sie ist es, die dem Publikum besonders nachdrücklich in Erinnerung bleibt – und Sie sollten dafür sorgen, dass diese Erinnerung eine gute ist. Daher sollte der Schluss Ihren Beitrag rund machen und ihn noch einmal – in der gebotenen Kürze – zusammenfassen.

Folgendes gehört in den Schluss einer Rede:
- eine kurze Zusammenfassung des Inhalts
- ein Fazit
- ein Dank an die Zuhörer

Kündigen Sie Ihren Schluss mit wenigen Worten an: „Ich komme jetzt zum Schluss" reicht. Machen Sie hierbei nicht den Fehler, den viele Redner machen: nämlich den Schluss unnötig in die Länge zu ziehen. Ein guter Redeschluss sollte kurz und knackig sein, und das aus folgendem Grund: Es ist erwiesen, dass sich Anfang und Ende einer Rede beim Zuhörer besonders einprägen. Während Ihre Einleitung die Ouvertüre ist, ist der Schluss-

▲

Um das Publikum zu fesseln, gehört zu einer guten Rede auch die richtige Dramaturgie.

teil das Finale. Sie haben also die Chance, mit Ihrem Schlussteil noch einmal die wichtigsten Teile Ihrer Rede hervorzuheben, einen glühenden Appell an das Publikum zu richten, ein klares Fazit zu ziehen.

Eine Zusammenfassung gehört, gerade bei längeren, öffentlichen oder beruflichen Reden, unbedingt in den Schlussteil. Machen Sie hierbei nicht den Fehler, noch einmal Ihre ganze Rede in knapperen Worten zu wiederholen. Stattdessen nutzen Sie die Gelegenheit, noch einmal die Schlüsselstellen kurz und bündig in Erinnerung zu rufen, Ihre wichtigsten Argumente, Ihre zentrale These. Ziehen Sie dann in wenigen Sätzen ein knappes Fazit. Gerade in Reden, in denen Sie Ihre Zuhörerschaft überzeugen möchten, ist dies wichtig. Auch ein Appell an das Publikum kann an dieser Stelle angebracht sein.

Doch um Ihre Rede mit einem optimalen Schluss abzurunden,

Beachten Sie bitte: Der Schluss einer Rede sollte zeitlich nicht mehr als zehn, maximal fünfzehn Prozent der Gesamtredezeit umfassen.

Ein guter Schluss rundet Ihre Rede ab – jetzt ist es Zeit, den Applaus zu genießen.

Die berühmte Kennedy-Rede vor dem Schöneberger Rathaus wurde vor allem durch den Schlusssatz „Ich bin ein Berliner" zum fulminanten Erfolg. Sie stellt ein gutes Beispiel dafür dar, niemals die Wirkung eines guten Redeschlusses zu unterschätzen.

bedarf es noch eines weiteren Elements: Ebenso wie in einem guten Buch wünscht man sich von einem guten Redeschluss noch einen Überraschungsmoment, eine Auflösung, einen kleinen letzten Höhepunkt. Gönnen Sie Ihrem Publikum also noch einen kleinen Paukenschlag zum Schluss. Das kann ein Zitat sein, das Ihre Rede abrundet, ein Aphorismus oder ein letzter origineller Gedanke, der Ihre Rede auf den Punkt bringt. Schön ist auch, wenn Sie noch einmal – in ein, zwei Sätzen – Bezug auf den Anfang Ihrer Rede nehmen.

In privaten Reden ist an dieser Stelle auch die Gelegenheit, einen kleinen Toast anzubringen: „Lassen Sie uns alle aufstehen und auf das Geburtstagskind anstoßen." Bei einer Beerdigung können Sie an dieser Stelle eine besonders zu Herzen gehende Erinnerung mit den Zuhörern teilen.

Wenn Sie zum Schluss gekommen sind, vergessen Sie nicht, sich den wohlverdienten Applaus abzuholen. Machen Sie nicht den Fehler mancher Redner, vor dem Applaus schüchtern von der Bühne zu stürmen. Bedanken Sie sich noch einmal beim Publikum – aber ohne Ihre Redeleistung dabei herabzuwürdigen. Eine Bemerkung wie: „Vielen Dank, dass Sie Ihre Zeit geopfert haben …" ist also nicht angebracht.

Bei Reden im beruflichen oder öffentlichen Kontext sollten Sie Ihrer Zuhörerschaft auch noch etwas Raum für Rückfragen geben. Das schafft Sympathie, wirkt souverän und kompetent.

Die kleine Fragestunde am Ende der Rede

In privaten Reden werden Sie damit normalerweise nicht konfrontiert, in allen anderen Redesituationen kommen sie hingegen häufig vor: Fragen, die Ihre Zuhörer nach der Rede an Sie richten. Diese Zeit ist nicht Teil Ihrer eigentlichen Rede, und doch gehört sie mit dazu. Während Sie sich auf Ihre Rede detailliert vorbereiten können, geht dies mit Zuhörerfragen natürlich nur bedingt. Hier ist daher ein hohes Maß an Improvisation erforderlich.

Manche Redner würden sich gerne vor diesem Teil ihres Vortrags drücken, und das ist auch verständlich, denn es kann durchaus passieren, dass Ihnen hierbei auf den Zahn gefühlt wird. Dennoch sollte dem Publikum Gelegenheit für Fragen eingeräumt werden – alles andere könnte in hohem Maße unfreundlich und wenig souverän wirken.

Vor unvorhergesehenen Fragen am Schluss haben viele Redner Angst, könnten doch ihre Antworten den guten Eindruck der Rede und der eigenen Kompetenz zerstören. Diese Angst ist nicht ganz unberechtigt. Andere gehen wiederum zu sorglos an den Frageteil heran.

Was also tun? Bereiten Sie sich auf Ihre kleine Fragerunde optimal vor. Überlegen Sie sich schon bei der Vorbereitung der Rede, welche Fragen das Publikum stellen könnte, und machen Sie sich frühzeitig Notizen hierzu. Suchen Sie schon während Ihrer Recherche nach Material, das Sie zur Beantwortung von Fragen heranziehen können.

Überlegen Sie sich auch im Vorfeld, wie Sie mit einem Allzuviel an Fragen umgehen möchten – vor allem, wenn sie nur von einer oder zwei Personen aus dem Publikum gestellt werden. Es gibt hin und wieder Zuhörer, die sich eine solche Gelegenheit nicht entgehen lassen und einen Redner mit Fragen bombardieren. Um dies zu verhindern, sollten Sie sich rechtzeitig eine Strategie zurechtlegen. Beispielsweise ist es hilfreich, gleich zu Anfang die Regel festzulegen, dass jeder Zuhörer erst einmal nur eine einzige Frage stellen darf. Auch eine Liste zu führen, auf der der Reihe nach die Fragesteller eingetragen werden, kann sinnvoll sein.

Wenn Sie Pech haben, sitzt im Publikum leider auch ein verhinderter Redner, der die Gelegenheit ergreift, Ihre Rede nun seinerseits mit einer Rede zu kontern. Dies ist nicht nur für Sie und den Veranstalter unangenehm, sondern auch für die anderen Zuhörer meist wenig erfreulich. Auf solche Fälle sollten Sie vorbereitet sein. Ein ausufernder Redebeitrag sollte freundlich, aber bestimmt unterbrochen werden mit Worten wie: „Könnten Sie bitte zu Ihrer Frage kommen?" Floskeln wie diese sollten Sie mög-

Auch Zeitungsartikel, Statistiken etc., die Sie für die eigentliche Rede bereits aussortiert haben, können sich hervorragend für die Fragerunde eignen. Behalten Sie also entsprechendes Material in der Hinterhand.

lichst schon vor Ihrer Rede parat haben.

Selbst einem sehr gut vorbereiteten Redner und Experten auf seinem Gebiet kann es hin und wieder passieren, dass er eine Antwort nicht weiß. Für diese unangenehme Situation gibt es einige Tricks. Sie können z. B.

- die Frage an Ihr Publikum weitergeben,
- auf ein Fachbuch oder eine andere Quelle verweisen,
- sich die Frage notieren und erklären, dass man sich hierüber informieren wird.

Wenn Sie eine Antwort nicht wissen, geben Sie es offen zu, bluffen Sie nicht. Denn dies kann letztendlich einen großen Schaden an Ihrer Glaubwürdigkeit anrichten, die ja, wie wir dank Aristoteles wissen, zu den grundlegenden Voraussetzungen einer guten Rede gehört. Besonders souverän wirkt es, wenn Sie sich bei dem Fragesteller für die kluge Frage bedanken. Eine klare und offene Aussage wie: „Das ist eine sehr gute Frage, auf die ich ad hoc keine Antwort weiß" wirkt auf jeden Fall souveräner und sympathischer, als zu versuchen, sich mit Ablenkungsmanövern aus der Affäre zu ziehen – ein Fehler, den viele Redner machen.

Je nach Redesituation kann es leider gelegentlich auch passieren, dass Ihnen übel gesonnene Menschen im Publikum sitzen. Wenn Sie sich hierauf inhaltlich vorbereiteten können – sei es, dass Sie von vornherein wissen, dass das Thema kontrovers ist oder sich Kampfhähne im Publikum befinden –, tun Sie es gründlich. Nehmen Sie kritische Fragen in Ihrer Vorbereitung möglichst vorweg.

Verhindern Sie auch unbedingt, dass eine solche Person die Fragerunde an sich reißt, indem Sie jedem der Reihe nach das Wort erteilen und die Fragezeit zeitlich begrenzen. Beantworten Sie Fragen gelassen und freundlich. Frechheiten allerdings müssen Sie sich natürlich nicht gefallen lassen – in einem solchen Fall sollten Sie Ihren Kontrahenten freundlich, aber bestimmt in die Schranken weisen.

Haben Sie keine Scheu vor der Interaktion mit Ihrem Publikum – mit der richtigen Vorbereitung meistern Sie auch dies souverän.

▼

Eine Rede ausarbeiten

Sie haben nun Ihr Material gesammelt, in eine sinnfällige Reihenfolge gebracht und eine durchdachte Gliederung erstellt. Damit haben Sie bereits ein solides Grundgerüst Ihrer Rede erarbeitet. Es fehlt nur noch ein Arbeitsschritt: die Rede auszuformulieren und ihr den letzten Schliff zu geben.

Auch wenn Sie später Ihre Rede frei halten möchten und gut darin sind, zu improvisieren, sollten Sie diesen Schritt nicht überspringen. Zu groß ist die Gefahr, dass Ihnen sonst, gerade vor einem größeren Publikum, die richtigen Worte fehlen.

Bedenken Sie auch, dass jede gute Rede Elemente eines Dialogs aufweist. Sicher, Sie sind die Person, die spricht, und Ihr Publikum kommt erst in der Fragerunde zu Wort. Doch Sie wollen die Botschaft Ihrer Rede an den Mann bzw. an die Frau bringen. Versuchen Sie daher, sich in das Publikum hineinzuversetzen. Sprechen Sie es auch während der Rede immer wieder persönlich an („… und daher, meine Damen und Herren …"). Sorgen Sie dafür, dass Sie verstanden werden, und holen Sie Ihr Publikum dort ab, wo es steht.

Appelle

An manchen Stellen war schon von Appellen die Rede, und in vielen Reden sind Appelle an den Zuhörer – also Aufrufe, Ermahnungen oder Aufforderungen – ein wichtiges Element. Die heutige Kommunikationstheorie geht sogar davon aus, dass jede Nachricht einen Appell beinhaltet – davon später mehr. Damit ein Appell in der Rede nicht ungehört verpufft, sollte er auch dringlich gehalten und maßgeschneidert an das Publikum gerichtet sein. Ein Appell kann also ruhig zu den dramatischen Höhepunkten einer Rede gehören. Diesen Effekt können Sie z. B. mit rhetorischen Fragen erreichen, Sie können, wie in der Werbung, mit Wortwiederholungen und Slogans arbeiten oder einfach nur Ihre Stimme modulieren, besonders laut oder leise werden.

Bereits der große Philosoph Aristoteles unterschied drei unterschiedliche Arten von Appellen. Diese Einteilung hat auch heute noch Gültigkeit:

■ Der rationale Appell spricht den Verstand an. *(Logos)*
■ Der emotionale Appell spricht das Gefühl an, geht „ans Herz". *(Pathos)*

☞ **Appell**

Der Begriff „Appell" lässt sich auf das französische Wort „appel" – Aufruf – zurückführen. Ursprünglich wurde darunter ein Signal verstanden, unter dem sich Soldaten versammelten. Auch heute noch hat ein Appell Signalwirkung.

■ Der moralische Appell soll Hilfs- oder Spendenbereitschaft wecken. *(Ethos)*

Die moderne Hirnforschung hat übrigens festgestellt, dass es nicht

Martin Luther King – I have a dream

… Ich habe einen Traum, dass eines Tages unten in Alabama mit den brutalen Rassisten, mit einem Gouverneur, von dessen Lippen Worte der Einsprüche und Annullierungen tropfen, dass eines Tages wirklich in Alabama kleine schwarze Jungen und Mädchen mit kleinen weißen Jungen und weißen Mädchen als Schwestern und Brüder Hände halten können.

Ich habe einen Traum, dass eines Tages jedes Tal erhöht und jeder Hügel und Berg erniedrigt werden. Die unebenen Plätze werden flach und die gewundenen Plätze gerade, und die Herrlichkeit des Herrn soll offenbart werden und alles Fleisch miteinander wird es sehen. Dies ist unsere Hoffnung. Dies ist der Glaube, mit dem ich in den Süden zurückgehen werde. Mit diesem Glauben werden wir den Berg der Verzweiflung behauen, einen Stein der Hoffnung. Mit diesem Glauben werden wir gemeinsam arbeiten können, gemeinsam beten können, gemeinsam kämpfen können, gemeinsam in das Gefängnis gehen können, gemeinsam für Freiheit aufstehen mit dem Wissen, dass wir eines Tages frei sein werden. Und dies wird der Tag sein. Dies wird der Tag sein, wenn alle Kinder Gottes mit neuer Bedeutung singen können: Mein Land, es ist über dir, süßes Land der Freiheit, über das ich singe, Land, wo mein Vater starb, Land des Pilgers Stolz, von jedem Berghang lass die Glocken der Freiheit läuten. Wenn Amerika eine großartige Nation sein soll, dann muss dies wahr werden. …

ratsam ist, einen emotionalen und einen rationalen Appell zu vermischen, da dies den Zuhörer überfordert: Beide Nachrichten werden in unterschiedlichen Gehirnbereichen verarbeitet. Sie können sich entweder auf eine Strategie beschränken oder die Appelle säuberlich getrennt folgen lassen.

Ein Beispiel für eine Rede, in der mit allen drei Appellarten gearbeitet wird, ist die berühmte „I have a dream"-Rede von Martin Luther King aus dem Jahr 1963. King – von Haus aus Prediger und rhetorisch überaus versiert – beginnt mit einem rationalen Argument: der schlichten Feststellung, dass Schwarze in den USA diskriminiert werden und dass diese Behandlung falsch ist. Er kommt auf die Geschichte, historische Dokumente und den ehemaligen Präsidenten Abraham Lincoln zu sprechen. Doch indem er von seinem Traum spricht und die Utopie einer gerechten Welt beschreibt, appelliert er an die Gefühle seines Publikums. Schließlich spricht er von Gott – und richtet so seinen Appell direkt an den Anstand, die Moral seiner Zuhörer.

Zahlenspiele

Sie müssen eine Rede halten, bei denen Zahlen und Statistiken eine wichtige Rolle spielen? Verbildlichen Sie sie. Nutzen Sie hierzu einen Overheadprojektor oder ein Flipchart. Bereiten Sie Statistiken möglichst in Form von übersichtlichen Diagrammen auf. Aber übertreiben Sie nicht damit. Nennen Sie lieber eine wichtige Zahl mehrfach, als Ihr Publikum mit einer Unmenge statistischer Größen zu bombardieren.

Übrigens lassen sich auch viele Ziffern ohne die Zuhilfenahme von Medien visualisieren: nämlich mithilfe der Fantasie Ihrer Zuhörer. Aus diesem Grund werden beispielsweise Flächenangaben oft nicht in Quadratmetern oder -kilometern gemacht, sondern zu bekannten Erfahrungsgrößen in Bezug gesetzt: Und so ist es für die meisten Menschen schockierender zu erfahren, dass jede Minute Regenwald in der Größe von ca. 30 Fußballfeldern verschwindet, als dass es sich um 21 Hektar handelt. Diesen Effekt können Sie auch in Ihrer Rede nutzen.

Beispiele verwenden

Brechen Sie nackte statistische Zahlen auf Einzelschicksale herunter. Sie setzen sich für den Bau einer neuen Kita ein? Sprechen Sie von den Schwierigkeiten einer jungen Familie. Sie engagieren sich für Ihren Heimatverein? Erzählen Sie von einem Detail der Regionalgeschichte Ihres Orts. Solche Beispiele sind nicht nur kurzweiliger als

▲ *Nach der ersten groben Niederschrift folgt das Feintuning Ihrer Rede.*

reine Fakten, sondern bleiben auch leichter im Gedächtnis haften.

Eine Rede niederschreiben

Nun kommen Sie zum Feintuning Ihrer Rede: der Formulierung. Damit man Ihnen gut folgen kann, ist vor allem eines wichtig: kurze Sätze, abwechslungsreiche Ausdrucksweise. Am besten schreiben Sie Ihr Redemanuskript erst einmal herunter und überarbeiten es dann anschließend. Machen Sie aus zu vielen Schachtelsätzen kurze und knackige Hauptsätze. Achten Sie aber darauf, dass Ihre Sätze nicht zu gleichförmig klingen und nicht alle gleich lang sind – das würde Ihre Zuhörer eher in Trance versetzen. Nehmen Sie ein Wörterbuch oder einen Thesaurus (vgl. S. 143) zur Hand, um zu viele ähnlich klingende Wörter zu vermeiden. Apropos Wörter: Bedenken Sie bitte auf

Beachten Sie, dass die normale Aufmerksamkeitsspanne eines Menschen für gewöhnlich nicht besonders groß ist. Sie lässt nach etwa zehn Minuten nach. Spätestens jetzt kann Ihre Rede eine kleine Auflockerung in Form einer Anekdote oder eines Bonmots gebrauchen.

Formulieren Sie möglichst im Aktiv. Er klingt dynamischer und unmittelbarer als der Passiv, der im Deutschen nicht zufällig Leideform heißt. „Wir haben unser diesjähriges Jahresziel erreicht" erhält mehr Aufmerksamkeit als „Das diesjährige Jahresziel wurde von uns erreicht."

Mithilfe eines Diktiergeräts oder eines Smartphones können Sie problemlos Aufnahmen machen und sich so Ihre Rede selbst einmal anhören.
▼

jeden Fall, dass der Stil Ihrer Rede mit dem des Publikums harmonieren muss. Auf einer Veranstaltung des hiesigen Fußballvereins kann anders gesprochen werden als vor einem Elterngremium der Schule. Kultivieren Sie Ihren eigenen Sprachstil, doch passen Sie ihn an das jeweilige Publikum an.

Es ist dabei nicht notwendig, gekünstelt zu sprechen – ganz im Gegenteil! Sie sollten sich klar und schlicht ausdrücken. Versuchen Sie, auch Schwieriges, Kompliziertes mit einfachen Worten zu sagen. Beherzigen Sie die Worte des großen Philosophen Arthur Schopenhauer: „Man gebrauche gewöhnliche Worte und sage ungewöhnliche Dinge."

Bedenken Sie auch: Etwas, dass sich auf dem Papier gut anhört, klingt nicht unbedingt gut, wenn es gesprochen wird. Streichen Sie Zungenbrecher und sonstige verbale Stolperfallen lieber aus

Ihrer Rede. Gönnen Sie sich selbst Pausen zum Atemholen. Auch aus diesem Grund sollten Sie ellenlange Sätze vermeiden.

Eine sehr gute Idee ist es, sich einzelne Passagen auch gesprochen anzuhören und aufzunehmen. Im heutigen Handy-Zeitalter ist es leicht, zwischendurch kurze Aufnahmen zu machen. Auf diese Weise kommen Sie Ihrem eigenen Schreibstil schnell auf die Schliche und können Ihre Worte für die mündliche Sprache so abändern, dass sie in Ihrer Rede auch zünden.

Überleitungen

Damit die einzelnen Passagen Ihrer Rede nicht unverbunden nebeneinanderstehen, sollten Sie für gute, griffige Überleitungen sorgen. Dies können Sie ganz einfach tun, indem Sie die einzelnen Unterpunkte durchnummerieren oder auf andere Weise die Struktur betonen: „Ich komme jetzt zur Finanzierung des Projektes" reicht. Ihre Zuhörer können sich auf diese Weise bestens in Ihrer Rede orientieren.

Fachvokabular und Fremdwörter

Wenn Sie in Ihrer Rede Fachvokabular verwenden – etwa in einer Rede für den Job oder den Verein –, stellen Sie sicher, dass jeder Sie versteht. Auch bei doppeldeutigen Begriffen sollten Sie dafür sorgen, dass das Publikum weiß, wovon Sie sprechen. Definieren Sie also solche Begriffe – wenn sie sich schon nicht vermeiden lassen. Dies sollte natürlich in der gebotenen Kürze geschehen und nicht in einen Exkurs ausarten. Grundsätzlich sollten Fremdwörter und Fachwörter zumindest vor einem gemischten Publikum möglichst vermieden werden. Was immer Sie zu sagen haben: Machen Sie es mit möglichst einfachen, schlichten Worten.

Fachwörter sind natürlich angebracht, wenn Sie vor einem Fachpublikum sprechen. Hier wird von Ihnen erwartet, dass Sie sich in der Fachterminologie auskennen und sie auch anwenden. Ein schöner Trick ist es übrigens, wenn Sie als Fachfremder vor einem solchen Publikum sprechen und die entsprechende Fachterminologie verwenden. Wenn Sie den üblichen Jargon der Zuhörer aufgreifen, haben Sie auf einfache, aber elegante Weise schon direkt zu Anfang eine Brücke zu ihnen geschlagen. Hier ist es umso wichtiger, dass Sie die Fach- und Fremdwörter auch korrekt verwenden – was aber ohnehin selbstverständlich sein sollte.

Rhetorische Stilmittel

Schon vor über 2000 Jahren haben Redner in die sprachliche Trick-kiste gegriffen, um ihr Publikum zu überzeugen. Die Anzahl sogenannter rhetorischer Stilmittel geht in die Hunderte. Es ist sehr ratsam, sich einiger zu bedienen – und vermutlich tun Sie es in alltäglichen Gesprächssituationen oft, ohne es überhaupt zu bemerken. Nun aber sollten Sie rhetorische Figuren bewusst einsetzen. Sie machen Ihre Rede abwechslungsreich und kurzweilig, und Sie erreichen damit die Emotionen Ihrer Zuhörerschaft – ein sehr wichtiger Aspekt. Sie müssen von den unzähligen Stilmitteln nicht alle kennen – und schon gar nicht alle anwenden. Die wichtigsten finden Sie hier aufgelistet. Peppen Sie Ihre Rede damit nach Belieben auf, gerade wenn es um besonders wichtige Passagen geht.

Rhetorische Fragen

Dieses Stilmittel wird häufig verwandt, und es ist auch besonders nützlich. Rhetorische Fragen sind Fragen, die sich von selbst beantworten. Sie sind in gewisser Weise Antworten, die sich lediglich als Fragen verkleiden. „Haben Sie denn noch nie einen Fehler gemacht?", wäre eine solche Frage. Sie regen weit mehr als plumpe Aussagesätze zum Nachdenken an und richten so die Aufmerksamkeit der Zuhörer auf wichtige Punkte. Die berühmte „Rede gegen Catilina" von Cicero (S. 14) wird nicht umsonst mit rhetorischen Fragen eingeleitet. Von rhetorischen Fra-

Nicht nur Fremdwörter, auch der inflationäre Gebrauch von Trendwörtern und Anglizismen sollte vermieden werden.

gen abzugrenzen sind Suggestivfragen, also Fragen, die das Publikum in eine bestimmte Richtung drängen sollen („Sie denken doch sicher auch, dass …?"). Solche Fragen sind manipulativ und sollten vermieden werden.

Litotes
Dieses Stilmittel bezeichnet eine doppelte Verneinung und wird vor allem zur Abschwächung von Aussagen verwendet („Das ist keine Kleinigkeit").

Wiederholung (Anapher)
Gemeint sind natürlich keine inhaltlichen Wiederholungen, sondern Wortwiederholungen, vor allem in Satzanfängen – was die Sprache besonders rhythmisch erscheinen lässt. Kennedy arbeitete in seiner Rede besonders prägnant damit. Auch Martin Luther King strukturierte seine Rede mit der häufigen Wendung „Ich habe einen Traum". Wichtige Passagen Ihrer Rede werden so besonders eingängig, zudem erhält die Rede eine sprachliche, eindrückliche Struktur.

Parallelismus
Auch beim Parallelismus handelt es sich um eine Wiederholung, aber von Satzstrukturen. Der Vers „Heiß ist die Liebe, kalt ist der Schnee" aus einem Gedicht von Hermann Löns ist ein Beispiel. Dieses Stilmittel dient insbesondere dazu, die Aufmerksamkeit des Zuhörers auf den ersten Teil des Satzes zu lenken und Aussagen besonders zu pointieren.

Klimax und Antiklimax
Hierunter versteht man eine zumeist dreigliedrige Steigerung. Julius Caesars „Ich kam, sah und siegte" stellt eine solche Klimax dar. Die Aufmerksamkeit des Zuhörers wird vom weniger Wichtigen hin zum Wichtigen gelenkt, Aussagen können so ungemein verstärkt werden. Die Umkehrung der Klimax, die Abstufung, nennt sich „Antiklimax". Die Wirkung ist ähnlich wie bei der Klimax, sie kann sogar noch stärker ausfallen. Je nach Kontext kann man sie auch in eher heiteren Reden verwenden.

Trias (Dreiheit)
Sie kennen dieses Muster schon seit Kindertagen aus dem Märchen: Dem Helden werden drei Aufgaben gestellt, die er erfüllen muss. Die Dreierstruktur ist in unseren Köpfen fest verankert. Sie können sie daher sehr gut verwenden – etwa in der Kombination mit Klimax oder Antiklimax –, um Aussagen zu strukturieren und ihnen mehr Gewicht zu verleihen.

Metapher und Personifikation
Unter einer Metapher versteht man ein sprachliches Bild, und dieses Stilmittel regt auch in besonderer Weise die Fantasie des Zuhörers

an. Viele redensartliche Ausdrücke sind Metaphern, etwa „Rabeneltern" oder „Bleiwüste". Mit einer Personifikation werden Dinge, häufig abstrakter Natur, vermenschlicht und damit greifbarer gemacht: „Die Zeit rennt."

Alliteration

Eine Alliteration ist eine Folge von Wörtern mit gleichem Anlaut. Sie war schon bei Römern und Germanen beliebt und eignet sich auch heutzutage sowohl zur Dramatisierung von Aussagen als auch zur Kreierung von griffigen Slogans. In der Werbung wird sie häufig verwandt („Milch macht müde Männer munter"), da sie Botschaften besonders eingängig macht.

Übertreibung (Hyperbel)

Auch Übertreibungen sind ein häufiges Mittel der Alltagssprache. Dieses Stilmittel ist sehr wirkungsvoll, sollte aber natürlich sparsam und besonders bewusst eingesetzt werden, damit es optimale Wirkung erzeugt. Keineswegs sollte es verwendet werden, wenn es um klare Fakten und Daten geht.

Strukturiert schreiben

Geben Sie Ihrem fertigen Redemanuskript eine gut strukturierte Form. Dies ist auch dann wichtig, wenn Sie Ihre Rede auswendig lernen bzw. wenn Sie frei sprechen

▲ Wenn Sie Ihre Rede mithilfe eines Manuskripts halten möchten, ist ein Rednerpult von großem Vorteil.

wollen und das Redemanuskript nur als Gedankenstütze benötigen. Die Schrift sollte groß genug sein – bei einem Computerausdruck mindestens Schriftgröße 12. Zwischen den einzelnen Abschnitten sollten sich zwecks besseren Überblicks größere Zeilenabstände befinden. Lassen Sie auch einen Rand, falls Ihnen in letzter Minute noch Verbesserungen oder Zusätze einfallen sollten. Diesen Rand können Sie auch für „Regieanweisungen" nutzen: Wann etwa ist eine bedeutungsvolle Pause angebracht, wann sollten Sie schneller sprechen, wann Blickkontakt mit dem Publikum suchen?

Auch wenn Sie es bevorzugen, Ihre Rede auf Karteikärtchen zu schreiben – etwa, weil Sie frei sprechen und kein Rednerpult nutzen wollen –, achten Sie auf eine leserliche, große Schrift und eine gute Strukturierung.

Körpersprache und Stimme

Auch wenn Sie schweigen – Ihr Körper spricht immer. Und oft lässt sich an der Körpersprache die Befindlichkeit einer Person ablesen: Unsicherheit, Freude, Aufregung. Die nonverbalen Elemente einer Rede – Mimik, Gestik, Tonfall etc. – sind wichtig und sollten nicht vernachlässigt werden. Denn auch Körper und Stimme können in den Dienst einer Rede gestellt werden.

Am besten ist es, Ihre Rede vor dem großen Auftritt einem Freund oder dem Partner bzw. der Partnerin zu präsentieren. Bitten Sie um ehrliches, aber wertschätzendes Feedback.

Sicherlich haben Sie schon einmal die Behauptung gehört, dass 93 Prozent aller Kommunikation nonverbal ist – sich also auf die Körpersprache, die Mimik und die Stimmmodulation bezieht. Man nennt dies auch die 55-38-7-Regel oder Mehrabian-Regel, benannt nach ihrem Erfinder. Demnach fallen 55 Prozent der Kommunikation auf Gestik und Mimik, 38 Prozent auf die Stimme und nur 7 Prozent auf den Inhalt des Gesagten.

Besonders pfiffige Berater leiten davon die Idee ab, dass der Inhalt einer Rede ja nicht so wichtig sei und das Hauptaugenmerk auf die nonverbalen Elemente gelegt werden solle. Demnach könnte man sich die Mühe der inhaltlichen und sprachlichen Ausarbeitung eigentlich sparen. Doch dies ist nicht der Fall – die Mehrabian-Regel wurde falsch interpretiert. Wer Inhalt transportieren möchte, muss natürlich dem Zuhörer auch gute Inhalte liefern (vgl. S. 97).

Dennoch: Auch die nonverbalen Elemente einer Rede sind wichtig, entscheiden sie doch mit, wie sympathisch und glaubwürdig ein Redner wirkt. Deswegen sollten Sie Ihre Rede entweder vor einem Spiegel einstudieren oder, noch besser, eine Videokamera benutzen, über die ja heutzutage jedes Smartphone verfügt. Einstudieren sollten Sie Ihre Rede auch dann, wenn Sie sie ablesen möchten. Die Gefahr ist sonst groß, dass Sie Ihren Text herunterleiern. Auch haben Sie es nicht, wie ein Nachrichtensprecher, gelernt, regelmäßig aufzuschauen. Der regelmäßige Blickkontakt mit dem Publikum – Sie erinnern sich an die dialogischen Elemente einer Rede – ist aber ein zentrales Element erfolgreicher Körpersprache.

Sie können bei Videoaufnahmen leicht feststellen, ob Sie zu zurückhaltend sprechen, Ihre Rede nur in den Bart murmeln oder offen, deutlich und souverän kommunizieren. Auch kleinen Ticks, wie sie jedermann hat – sich bei Nervosität beispielsweise an der Nase zu kratzen oder allzu viele „Ähs" zu benutzen –, kommen Sie so auf die Spur.

Übertreiben Sie es aber nicht mit der Selbstbeobachtung und -optimierung. Ihre Mimik und Gestik spiegeln Ihre Persönlichkeit wider, und es ist wichtig, authentisch zu wirken.

Mimik

Die schönste Art, Zähne zu zeigen, ist bekanntlich das Lachen. Lächeln Sie also Ihre Zuhörer an, wann immer es opportun ist. Das bedeutet natürlich nicht, dass Sie die ganze Zeit lächeln sollen. Wenn Sie gerade über eine Umweltkatastrophe oder den Pflegenotstand sprechen, würde ein Lächeln Ihre Botschaft untergraben.

Eine Rede ist im Grunde eine Gesprächssituation, und in einem angeregten Gespräch sieht man dem Gesprächspartner in die Augen. Lassen Sie also Ihren Blick schweifen. Wenn Sie der direkte Blick in die Augen der Zuhörer zu sehr ablenkt oder nervös macht, schauen Sie in die Gesichter oder knapp an ihnen vorbei, ohne sich auf die Augen zu fokussieren.

Körperhaltung und Gestik

Es ist sinnvoll, schon bei der Übung Ihrer Rede Gesten einzusetzen. Dann wirkt Ihre Gestik beim eigentlichen Vortrag unverkrampft und locker. Der Grund: Sie setzen, während Sie die Rede einstudieren, Ihre natürliche Gestik ein und können sie besser abrufen, wenn Sie die Rede vor Publikum halten –

Nonverbale Elemente wie Gestik, Mimik und Körperhaltung sind wichtige Aspekte Ihrer Rede.

Wohin mit den Händen?

Normalerweise sind Ihre Hände sinnvolle Werkzeuge – doch im Fall einer Rede scheinen sie sich plötzlich in überflüssige Anhängsel zu verwandeln. Doch zur Beruhigung: Das ist nur Ihre Empfindung. Die Zuschauer achten für gewöhnlich nicht darauf. Solange Sie die Hände nicht die ganze Zeit in den Hosentaschen vergraben, können Sie damit nicht viel falsch machen.

Ein Tipp: Halten Sie die Hände die meiste Zeit locker in Höhe des Bauchnabels, mit angewinkelten Ellbogen. Üben Sie das ruhig ein paarmal vor dem Spiegel. Wenn Sie kein Rednerpult nutzen, können Sie so auch Ihre Karteikarten halten. Von dieser Grundhaltung aus können Sie besonders locker und ungezwungen Ihre Rede mit Gesten untermalen.

selbst dann, wenn Sie gerade etwas gehemmt sind oder Lampenfieber haben.

Viele Ratgeber beschäftigen sich damit, was man in puncto Gestik beachten sollte. Wir möchten Sie ermutigen, diese Ratschläge weitgehend zu ignorieren. Sie sind in hohem Maße der Mode und einer gewissen Küchenpsychologie unterworfen. Das Ziel soll nämlich nicht sein, einen Profiredner zu imitieren, sondern Gesten so einzusetzen, wie Sie es auch im normalen Dialog tun würden. Wenn Sie ein temperamentvoller Mensch sind und eher ausladend gestikulieren – tun Sie das. Wenn Ihre Gestik eher sparsam ausfällt – auch gut. Bleiben Sie authentisch.

Für eine gelungene Rede sind drei Dinge wichtig:

- Stehen Sie aufrecht! Eine gute, selbstbewusste Haltung vermittelt Souveränität.
- Kreuzen Sie nicht die Arme vor der Brust, das wirkt abweisend.
- Stehen Sie nicht stocksteif, sondern möglichst locker.

Viele Ratgeber empfehlen, auf ein Rednerpult zu verzichten. Tun Sie das, wenn Sie möchten. Doch vielen Rednern gibt das Rednerpult Sicherheit, sie können ein Glas Wasser abstellen, ihr Redemanuskript ausbreiten, und sie haben einen Ort, auf dem sie ihre Hände hin und wieder ablegen können. Viele sehr gute Reden wurden auf diese Weise gehalten – es gibt keinen Grund, auf die Vorzüge eines Rednerpults zu verzichten. Es wird vom Publikum normalerweise auch nicht als störend empfunden.

Einsatz der Stimme

Auch Ihre Stimme trägt zum Gelingen Ihrer Rede bei. Sprechen Sie vor allem laut genug. Falls Sie ein Mikrofon benutzen, machen Sie vor der Rede eine Sprechprobe. Achten Sie auch auf Pausen. Als Redner mögen Ihnen Sprechpausen unangenehm erscheinen – für das Publikum sind sie es nicht, im Gegenteil. Sie unterstreichen das Gesagte und helfen ihm, Inhalte zu verinnerlichen. Achten Sie, wenn Sie die Rede einstudieren, auf jeden Fall auf eine klare Stimme und Stimmmodulation. Es ist wichtig, die Rede bei der Einübung wirklich laut zu sprechen – Sie merken dann schnell, in welchen Passagen Sie die Stimme heben oder senken müssen.

Wichtig auch: Sprechen Sie ins Publikum. Das schafft Sympathie und sorgt für einen klaren Ausdruck.

Kleidung

Gerade bei öffentlichen Reden ist auch die Kleidung ein wichtiger Aspekt. Es sind eigentlich nur zwei Dinge zu beachten:

- Tragen Sie, worin Sie sich wohlfühlen.

- Tragen Sie Kleidung, die dem Anlass angemessen ist.

Als Faustregel kann gelten: Lieber etwas zu förmlich als zu leger. Gerade bei offiziellen Anlässen wird Ihre Kompetenz auch ein Stück weit aufgrund Ihrer Kleidung eingeschätzt. Schuhe sollten geputzt sein – auf einem Podest sieht man sie gut – und möglichst nicht nagelneu: Schließlich möchten Sie sich nicht die ganze Rede lang mit drückendem Schuhwerk herumquälen. Zu bunt sollte Ihre Kleidung nicht sein, und sie sollte perfekt passen. Von leicht knitterndem Stoff wie Leinen ist abzuraten.

Karteikarten können Ihnen als hilfreiche Gedächtnisstütze dienen.

Ablesen oder frei sprechen?

Manche Reden müssen vorgelesen werden, weil es wirklich auf jedes Wort ankommt: Dies ist bei wissenschaftlichen oder wichtigen politischen Vorträgen der Fall. Bei anderen Reden ist es ratsam, frei zu sprechen und die Rede zuvor auswendig zu lernen. Dies wirkt besonders gekonnt und souverän – aber natürlich nur, wenn sich die Rede nicht auswendig gelernt anhört! Bedenken Sie auch, dass diese Vortragsform zeitintensiv ist, schließlich müssen Sie sich Ihre Rede noch einprägen. Ein guter Kompromiss – auch, wenn Sie Angst vor eventuellen Blackouts haben – ist eine Zwischenform. Verwenden Sie Karteikarten als Gedächtnisstützen und halten Sie Ihre Rede ansonsten frei.

Denken Sie bei der Benutzung eines schnurlosen Mikrofons daran, es nach der Rede auszustellen und von Ihrer Kleidung zu entfernen, damit das Publikum nicht versehentlich Zeuge Ihrer späteren Privatgespräche wird.

Mit Checkliste zur perfekten Rede

Was Sie mindestens drei Wochen vor der Rede klären sollten:

✓ Wo findet die Rede statt? Wie kommen Sie dorthin? Wie viel Zeit brauchen Sie für den Weg?

✓ Unter welchem Thema steht die Veranstaltung? Welches Thema soll die Rede haben?

✓ Wie lang ist die Redezeit bemessen? Gibt es Vorredner? Ist eine Fragerunde vorgesehen? Wer spricht nach Ihnen?

✓ Wie viele Menschen sitzen im Publikum? Handelt es sich um Laien? Fachpublikum?

✓ Wie ist die Situation vor Ort? Gibt es ein Rednerpult? Benötigen Sie ein Mikro? Ein Flipchart? Sind alle technischen Hilfsmittel vorhanden und funktionstüchtig?

Die dritte Woche sollten Sie für die Recherche und eine grobe Gliederung reservieren:

✓ Haben Sie brauchbare Informationen im Internet gefunden? In Zeitschriften?

✓ Haben Sie gegebenenfalls die Buchrecherche abgeschlossen?

✓ Haben Sie Anekdoten und konkrete Beispiele auf Lager? Zitate, die Sie anbringen können?

✓ Hat Ihre Rede eine tragfähige Struktur? Hat sie einen guten Einstieg und Schluss?

✓ Wollen Sie Appelle ans Publikum richten? Welche?

✓ Sind Sie auch auf eine Diskussions- bzw. Fragerunde vorbereitet?

Mindestens zehn Tage vor der Rede sollten Sie mit dem Feintuning und der Formulierung beginnen:

✓ Haben Sie Ihr Redematerial in eine sinnfällige Reihenfolge gebracht?

✓ Haben Sie Ihre Rede ausformuliert, passende rhetorische Mittel verwendet?

Eine Woche vor dem Redetermin starten Sie mit dem Üben der Rede:

✓ Haben Sie ein brauchbares Redemanuskript? Oder sauber beschriftete Karteikarten?

✓ Können Sie vor allem Anfang und Schluss Ihrer Rede auswendig? Haben Sie einige Durchgänge Ihrer Rede geprobt, auch auf Gestik und Lautstärke Ihrer Stimme geachtet?

✓ Haben Sie Ihre Garderobe für den Redeauftritt beisammen?

✓ Haben Sie letzte Punkte mit dem Veranstalter geklärt? Vor allem auch zum technischen Equipment?

✓ Haben Sie einen Probelauf Ihrer Rede vor einem Freund oder der Partnerin bzw. dem Partner gehalten?

Ein Tag bis spätestens einige Stunden vor der Rede:

✓ Prüfung aller Unterlagen, Check aller technischen Hilfsmittel, Prüfung der Situation vor Ort

Keine Angst vor Lampenfieber!

Sie leiden vor einer Rede unter Lampenfieber? Dann sind Sie in guter Gesellschaft. Mehr als 70 Prozent aller Menschen schlagen sich mit diesem Problem herum. Caruso, der große Tenor, litt zeitlebens darunter, ebenso der Entertainer Peter Alexander. Während es ihnen gelang, trotz des Lampenfiebers vor Publikum aufzutreten und erfolgreich zu sein, versuchen viele Menschen, solchen Situationen gleich ganz aus dem Weg zu gehen.

Redeangst führt auch dazu, dass Menschen, die eine Rede halten müssen, eine gründliche Vorbereitung vor sich herschieben, um bloß nicht mit dem Thema konfrontiert zu werden. Aus dieser Vermeidungshaltung heraus versäumen sie es auch, eine Rede gründlich einzustudieren. Und das ist fast schon tragisch – denn Vorbereitung und Übung gehören zu den wirksamsten Waffen im Kampf gegen Lampenfieber.

Lampenfieber – was ist das überhaupt?

Lampenfieber – also die Angst vor öffentlichen Auftritten – äußert sich durch eine ganze Reihe körperlicher und seelischer Beschwerden: Atemnot, heftige Nervosität, Schwitzen, Zittern, Panikgefühle, Herzrasen – um nur einige zu nennen. Der Grund: Der Körper schüttet große Mengen an Stresshormonen aus, u. a. das berüch-

tigte Adrenalin. Der große Auftritt vor Publikum wird als Bedrohung erlebt, der Körper setzt eine sogenannte Kampf-oder-Flucht-Reaktion in Gang: Diese Reaktion teilen wir mit allen Wirbeltieren, d. h., sie ist ein ganz archaischer Mechanismus, der bereits das Leben unserer Vorfahren beschützte und unsere höheren Gehirnfunktionen umgeht.

Hinter Lampenfieber steckt oft die Angst vor der Bewertung durch andere.

In milden Fällen von Lampenfieber kann dies sogar anregend und belebend wirken – die Stresshormone können dem Auftritt das gewisse Feuer geben. In sehr schweren Fällen aber kann leider auch das genaue Gegenteil passieren: Da diese Reaktion den gesamten Körper für einen Kampf oder eine Flucht mobilisiert, werden andere Bereiche unterversorgt: etwa das Sprachzentrum. Aus diesem Grund droht bei sehr schwerer Redeangst auch der gefürchtete Blackout. Stammeln und eine zittrige Stimme können ebenso zu den Nebenwirkungen von Lampenfieber gehören. Dieses Phänomen wird in folgendem, Mark Twain zugeschriebenen Bonmot auf den Punkt gebracht: „Das menschliche Gehirn ist eine großartige Sache. Es funktioniert vom Augenblick der Geburt bis zu dem Zeitpunkt, wo du aufstehst, um eine Rede zu halten."

Zittrige Hände sind bei Aufregung völlig normal. Es hilft, ein Mikrofon oder Rednerpult zu haben, an dem Sie sich „festhalten" können.

▼

Was macht öffentliche Auftritte furchteinflößend?

Ein Steinzeitmensch, der vor einem Raubtier flüchten oder kämpfen musste, hatte allen Grund, sich bedroht zu fühlen. Warum aber machen uns modernen Menschen Redesituationen Angst? Ganz offensichtlich droht uns in einem Auditorium keine direkte Gefahr.

Doch auch hier haben wir es in Teilen mit einem archaischen Mechanismus zu tun. Wir wissen nicht, ob uns das Publikum freundlich gesinnt ist. Menschen sind in mancher Hinsicht Herdentiere. Die Be- und Verurteilung anderer mag heutzutage unangenehm sein, in früheren Zeiten konnte sie durchaus den sozialen, vielleicht sogar den tatsächlichen Tod nach sich ziehen.

Hinzu können beim Einzelnen schlechte Erfahrungen kommen, die evtl. schon Jahre oder Jahrzehnte zurückliegen. Wer als Kind wegen eines kleinen Vortrags von Gleichaltrigen gehänselt oder von Lehrern verspottet wurde, hat das möglicherweise auch dann verinnerlicht, wenn er das eigentliche, aus heutiger Sicht belanglose Erlebnis schon längst vergessen hat. Soziale Ängste und Befürchtungen sind weitverbreitet – kommen dann noch Perfektionismus und ein extrem hoher Anspruch an sich selbst hinzu, ist das Lampenfieber fast schon vorprogrammiert.

Praktische Übungen gegen Lampenfieber

Wie Sie sicherlich schon ahnen, gibt es keine einfache Lösung gegen Lampenfieber – sonst hätten sich nicht ganze Generationen von Schauspielern und Entertainern lebenslang damit herumgeplagt. Da es sich um eine archaische Reaktion auf ein Bedrohungsszenario handelt, lässt es sich weder mit dem gesunden Menschenverstand noch durch gutes Zureden ausknipsen. Wenn Sie Lampenfieber bekämpfen, wird es eher stärker; wenn Sie es zu ignorieren versuchen, kann es Sie besonders kalt erwischen, gerade in dem Moment, in dem Sie die Bühne betreten. Was also tun?

Es bleibt Ihnen leider nichts anderes übrig, als sich mit Ihrem Lampenfieber anzufreunden. So hart das klingt, und so schwer es auch sein kann, es wartet am Ende des Tunnels eine große Belohnung auf Sie: Das **Adrenalin** in Ihren Adern wird Ihre Rede beflügeln, statt sie zu sabotieren. Sie können lernen, Ihre Aufregung in Ihren Dienst zu stellen und sie als Initialzündung zu nutzen. Um das zu erreichen, gibt es einige bewährte Tricks.

■ Das Wichtigste zuerst: Wenn Sie an Lampenfieber leiden, lassen Sie sich nie, wirklich nie von ihm unterkriegen. Sagen Sie keine Rede und keinen Auftritt ab, schlagen Sie keine Anfrage

Hausmittel, die nicht wirken

Vergessen Sie unbedingt sämtliche Hausmittelchen gegen Lampenfieber, allem voran das Gläschen Schnaps. Schlimmstenfalls sind Sie nicht nur nervös, sondern haben noch zusätzlich einen unangenehmen Atem und fühlen sich abgeschlagen. Auch Beruhigungsmittel sind nicht empfehlenswert. Mit Pech wirken sie genau dann, wenn Sie am Rednerpult stehen.

zu einer Rede aus. Jede Vermeidungshaltung ist kontraproduktiv. Sie würden sich selbst nicht nur um wertvolle Chancen und Anerkennung bringen, sondern auch um die Erfahrung, dass das Lampenfieber nachlässt – spätestens ab dem Moment, an dem Sie am Rednerpult die ersten Worte gesprochen haben.

■ Bereiten Sie sich gründlich vor. Seien Sie inhaltlich sattelfest, erarbeiten Sie ein gutes Redemanuskript. Wenn Sie die Tipps in diesem Buch beherzigen, haben Sie schon viel getan, um dem Lampenfieber ein Schnippchen zu schlagen.

■ Üben Sie Ihre Rede, wie vorgeschlagen, laut, am besten mehrfach und vor wohlmeinendem Publikum. Dies wird Ihr Selbstbewusstsein stärken, und Sie werden an Routine gewinnen.

■ Am besten lernen Sie sowohl den Anfang als auch den Schluss Ihrer Rede auswendig. Falls Sie Angst vor einem Blackout haben,

☞ **Adrenalin**
Adrenalin kreist im Körper, um ihn zu Höchstleistungen anzuspornen. Nutzen Sie diesen Mechanismus, um das Beste aus Ihrer Rede herauszuholen!

Die BRAVO-Methode

Redner-Profis schwören auf die sogenannte BRAVO-Methode. Das Akronym BRAVO steht dabei für:

Bewegung: Gehen Sie zwei bis drei Minuten auf und ab – noch besser ist ein kurzer Spaziergang an der frischen Luft.

Ruhe: Kommen Sie anschließend zur Ruhe, und machen Sie ein paar entspannende Atemübungen.

Affirmation: Reden Sie sich selbst gut zu und ermuntern sich: „Ich schaffe das!"

Visualisierung: Schließen Sie nun die Augen und stellen Sie sich den Applaus des Publikums nach Ihrem erfolgreichen Vortrag vor.

Offensive: Jetzt sind Sie voller Zuversicht und bereit für Ihre Rede.

Meistens merken Zuhörer überhaupt nichts vom Lampenfieber eines Redners. Selbst wenn Sie spüren, dass Sie erröten – schenken Sie dem einfach keine Beachtung. Selbst das heftigste Erröten dauert nur wenige Sekunden.

schreiben Sie sie auch zusätzlich auf Ihre Karteikarten oder nutzen Sie Ihr Redemanuskript. Das wird Ihre Redesicherheit in den entscheidenden Momenten stärken. Nach dem Redeanfang haben Sie im Normalfall schon so viel Selbstsicherheit gewonnen, dass Sie sehr viel lockerer mit dem Vortrag fortfahren können.

- Was Lampenfieber zusätzlich befeuert, ist ein ungesunder Perfektionismus. Denken Sie daran, dass das Perfekte der Feind des Guten ist. Vergegenwärtigen Sie sich, dass Ihr Publikum von Ihnen kein verbales Feuerwerk erwartet – es wünscht sich nur, etwas Neues zu erfahren und eventuell dabei unterhalten zu werden.

- Lampenfieber ist in vieler Hinsicht Angst vor dem Unbekannten. Aus diesem Grund ist es ratsam, rechtzeitig am Ort der Rede zu sein und den Raum zu inspizieren. Auf diese Weise werden Sie mit der Umgebung vertraut und gewinnen einen gewissen Heimvorteil.

- Schämen Sie sich nicht für Lampenfieber – wozu auch? Fast jeder Mensch kennt dieses Gefühl, und fast jeder hat Verständnis dafür. Scham untergräbt das Selbstvertrauen und macht Redeangst nur noch schlimmer. Aus diesem Grund sollten Sie sich auch nie für Nervosität beim Publikum entschuldigen. Erstens besteht kein Grund dafür, und zweitens stehen die Chancen gut, dass das Publikum Ihr Lampenfieber gar nicht bemerkt hätte.

- Auch wenn Sie sich sehr nervös fühlen: Ihr Publikum nimmt dies mit hoher Wahrscheinlichkeit überhaupt nicht wahr. Caruso war auch mit Lampenfieber ein begnadeter Tenor, Peter Alexander und Hape Kerkeling merkte man ihr heftiges Lampenfieber ebenfalls nicht an. Ihr Publikum bemerkt vielleicht eingangs Ihre bebende Stimme – aber mehr auch nicht. Im Zweifel merkt es gar nichts. Leichte Anflüge von Nervosität können sogar menschlich und sympathisch wirken.

- Wenn Ihre Hände stark zittern, legen Sie sie sanft auf das Rednerpult. Oder verwenden Sie die in diesem Buch beschriebene Grundhaltung (siehe Kasten auf S. 52). Niemand wird das Zittern bemerken.
- Halten Sie Augenkontakt zu Menschen im Publikum, die Ihnen aufmerksam folgen und die Ihnen sympathisch erscheinen. Dies gibt Ihnen Sicherheit. Natürlich sollen Sie nicht nur eine einzige Person anschauen. Suchen Sie nach fünf, sechs freundlichen Gesichtern im Raum.
- Seien Sie gewiss: Je häufiger Sie sich der Situation aussetzen, eine Rede zu halten, umso eher können Sie das Lampenfieber in Schach halten und für sich nutzen. Übung macht auch hier den Meister!

Seele und Körper beruhigen

Es gibt kein Patentrezept, um zur Ruhe zu kommen. Auch wirken manche Maßnahmen und Übungen bei dem einen Menschen sehr gut, bei dem anderen gar nicht. Probieren Sie aus, welche für Sie wirksam sind, und wenden Sie sie an – am besten regelmäßig, aber spätestens einen Tag vor Ihrem großen Auftritt.

- Da bei Lampenfieber und Nervosität Stresshormone im Blut zirkulieren, kann es sinnvoll sein, diese auch körperlich abzubauen. Hierfür reicht etwas Bewegung oftmals aus. Können Sie eine Runde um den Block machen? Einen kleinen Spaziergang an frischer Luft? Sie kommen auf andere Gedanken und tun Ihrem Körper etwas Gutes.
- Sehr sinnvoll zur Beruhigung sind auch Atemübungen. Bei Nervosität flacht der Atem ab und geht hastig. Machen Sie, um dem entgegenzuwirken, jeweils vier tiefe Atemzüge. Atmen Sie ein – zählen Sie dabei bis vier – halten Sie den Atem an – atmen Sie aus – zählen Sie bis vier – halten Sie den Atem an usw. Wenn Sie sich kurz vor der Redesituation für eine solche Übung entscheiden, sollten Sie sich hierfür natürlich an einen ungestörten Platz, zur

Falls es Ihnen möglich ist, machen Sie vor Ihrer Rede einen kurzen Spaziergang an der frischen Luft.

Not auf die Toilette, zurückziehen.

- Bei starker Nervosität spannt der Körper in Erwartung einer Kampf-oder-Flucht-Situation sämtliche Muskeln an. Dieser sinnvolle Mechanismus ist eher lästig, wenn Sie eine Rede halten wollen, und kann zu verspannten Nacken-, Kiefer- und Schulterpartien führen. Ein paar Dehnübungen zur Entspannung können dem entgegenwirken. Am besten machen Sie sie zu Hause, bevor Sie losfahren. Strecken Sie Ihre Arme weit nach oben, rollen Sie mit dem Kopf von rechts nach links und wieder zurück, kreisen Sie mit den Schultern, lockern Sie Ihren Kiefer.
- Unsere Fantasie ist oft unser ärgster Feind. Wir steigern uns in Katastrophenszenarien hinein und wundern uns dann, dass wir schließlich Angst vor der Situation haben. Machen Sie es deshalb umgekehrt. Malen Sie sich aus, wie erfolgreich Ihre Rede sein wird. Wie Sie den Applaus genießen. Wie Sie Ansehen gewinnen. Sie werden sehen, dass sich nach einer gewissen Zeit und Übung sogar Vorfreude auf das Ereignis einstellt.
- Was wäre denn das Schlimmste, was geschehen kann? Der ehemalige amerikanische Präsident Gerald Ford galt als großer Tollpatsch. Er verfing sich in Hundeleinen, fiel vor laufenden Kameras von einer Flugzeugtreppe und hielt danach eine Rede, die, wie alle seine Reden, rhetorisch nicht sonderlich brillant war. Trotzdem führte er jahrelang erfolgreich eine ganze Nation. Also, was ist das Schlimmste, was Ihnen passieren kann? Eine Blamage? Ein gelangweiltes Publikum? Sie werden oft sehen, dass das schlimmste Szenario, das Sie sich ausmalen können, in keinem Verhältnis zum Lampenfieber steht. (Wenn Sie diese Übung beendet haben, gehen Sie bitte wieder dazu über, sich das Beste vorzustellen, was passieren kann.)
- Wenn Sie unter starker Redeangst leiden, müssen Sie eventuell auch stärkere Geschütze auffahren. Diese können Ihnen aber in vieler Hinsicht zugutekommen. Als hilfreich haben sich etwa regelmäßiges Autogenes Training, Yoga oder Tai Chi erwiesen. Diese Techniken helfen Körper und Geist, zur Ruhe zu kommen. Auch ein regelmäßiges Achtsamkeitstraining, wie es mittlerweile schon Volkshochschulen anbieten, kann nützlich sein. Wenn Sie zu all dem keine Lust haben, reichen vielleicht auch schon regelmäßige, ausgedehnte Waldspaziergänge – die Forschung konnte inzwischen bestätigen, dass diese sehr beruhigend und wohltuend für Körper und Geist sind.

Zuschüsse nutzen
Erkundigen Sie sich bei Ihrer Krankenkasse, ob diese das Erlernen einer Entspannungsmethode wie Autogenes Training oder Progressive Muskelrelaxation bezuschusst.

Die Kunst der Improvisation

Manchmal muss man mogeln. Sich aus der Affäre ziehen. Ein wenig bluffen und Nebelkerzen werfen, weil man sich mit einem Thema nun einmal doch nicht so gut auskennt. Dies trifft sicher auf einige Bereiche im Leben zu – seien es Prüfungen, Bewerbungsgespräche oder ähnliche Situationen. Doch gilt dies nicht für Reden! Wenn Sie sich mit einem Thema nicht gut auskennen oder keine Gelegenheit haben, sich gründlich einzuarbeiten, halten Sie darüber lieber keine Rede.

Warum also kann es dennoch nötig sein, bei Reden zu improvisieren? Hier gibt es zwei Szenarien: zum ersten eine Rede, die nicht beim Publikum zündet, und zum zweiten die gefürchtete Stegreifrede. Bei der ersten ist die Improvisation eine Kann-Option, bei der zweiten kommt man schlicht nicht drum herum. In beiden Fällen ist es aber die Grundlage einer improvisierten Rede, dass man sich mit dem Redethema zuvor auseinandergesetzt hat.

Wenn die Rede nicht ankommt

Sie haben sich bestens präpariert, ein ausgefeiltes Redemanuskript erarbeitet und die Rede einstu-

Der Albtraum eines jeden Redners: gelangweiltes Publikum. Jetzt heißt es zu improvisieren.

Improvision erfordert nicht nur ein hohes Maß an Wissen und Einfühlung mit dem Publikum, sondern auch ein Quäntchen Kreativität und Selbstvertrauen. Auch hier macht Übung den Meister!

diert – und dennoch schauen Sie die Zuschauer mit glasigen Augen an und unterdrücken ein Gähnen. Eine unangenehme, wenn auch nicht ganz seltene Situation. Häufig liegt dies noch nicht einmal an der Kompetenz und der Darbietung des Redners. Ebenso gut kann es sein, dass die Rede vom Veranstalter missverständlich angekündigt wurde und das Publikum eine ganz andere Erwartungshaltung hatte.

Was tun? Sie haben im Grunde zwei Möglichkeiten: Sie ziehen Ihren Beitrag genau so durch, wie Sie ihn geplant haben, und ernten danach nur lahmen Applaus. Oder: Sie weichen vom Redemanuskript ab und improvisieren. Tun Sie das aber möglichst nur unter zwei Voraussetzungen: wenn Sie sich wirklich gut mit dem Redethema auskennen und wenn Sie eine Eingebung haben, wie Sie das Publikum aus seiner Lethargie reißen können.

Ein solches Problem kann übrigens auch sehr erfahrene, versierte Redner treffen. Ein prominentes Beispiel ist die schon mehrfach erwähnte Rede von Martin Luther King aus dem Jahr 1963. Diese Rede ist ein Lehrstück von rhetorischer Brillanz, und dennoch musste King, um sein Publikum zu erreichen, stark improvisieren: Die Botschaft kam nicht so recht an, es fehlte der Schwung, die Begeisterung. Bis die legendäre Gospelsängerin Mahalia Jackson ihm zuflüs-

terte: „Erzähle von deinem Traum, Martin." Und so verließ King das Redemanuskript und prägte die unsterblichen Worte: „I have a dream", die den Rest seiner Rede strukturieren sollten.

Natürlich gelang ihm dies nur, weil er ein erfahrener Redner war. Dennoch können auch Sie zu einem Thema, bei dem Sie Experte sind, ruhig das Redemanuskript ein Stück weit oder ganz außen vor lassen. Wenn Sie sich beispielsweise auf einen Fachvortrag vorbereitet haben, aber vor Ort feststellen, dass viele Laien im Publikum sitzen, können Sie Fachwörter erklären oder weglassen. Halten Sie aber trotzdem unbedingt die Redezeit ein.

Erste-Hilfe-Maßnahmen, wenn eine Rede nicht zündet

Wenn Sie merken, dass Ihnen Ihr Publikum wegdämmert, nutzen Sie den Trick des Komponisten Joseph Haydn in der Sinfonie mit dem Paukenschlag: Wecken Sie es auf! Hierzu ist es nützlich, einen passenden Witz, eine passende Erzählung, eine passende Anekdote auf Lager zu haben.

Wenn Ihr Vortrag für das Publikum zu theoretisch ist, werden Sie konkreter. Falls Ihnen, abweichend vom Redemanuskript, ein Beispiel einfällt, nutzen Sie es.

Stellen Sie Fragen! Das können ruhig rhetorische Fragen sein. Denken Sie daran, zwischen den

Fragen Pausen zu lassen, damit Ihr Publikum ein wenig Zeit hat, zu grübeln. Je nach Kontext können Sie auch echte Fragen stellen und das Publikum mit einbeziehen. Sie haben so den Spieß gewissermaßen herumgedreht und können zumindest sicher sein, dass Sie wieder die volle Aufmerksamkeit Ihrer Zuhörer haben.

In sehr seltenen Fällen kommt es vor, dass Ihnen ein Publikum sehr kritisch oder gar feindselig gegenübersitzt. Das kann bei Reden der Fall sein, in denen Sie eine konträre Meinung vertreten. Sie werden für diese Rede wenig Applaus bekommen – aber umso mehr Grund werden Sie haben, sich selbst auf die Schulter zu klopfen, denn es erfordert einiges an Mut, sich einer solchen Situation zu stellen. Aber auch hier können Sie vom Redemanuskript abweichen. Eine humorvolle Bemerkung zu Beginn kann beispielsweise helfen, das Eis zu brechen.

Die Rede aus dem Stegreif

Sie sind auf einem Meeting und haben sich eigentlich darauf eingerichtet, mehr oder weniger passiv einigen Vorträgen von Kollegen zu lauschen? Sie wurden zu einer Familienfeier eingeladen und hatten sich nur auf Smalltalk eingestellt? Dann wird Ihnen vermutlich erst einmal der Schreck in die Glieder

▲

Indem Sie Ihr Publikum mit einbeziehen, gewinnen Sie die Aufmerksamkeit der Zuhörer schnell zurück.

fahren, wenn Sie aufgefordert werden, einen kleinen Vortrag aus dem Stegreif zu halten.

In einer solchen Situation fällt es vielen Menschen nicht leicht, die Nerven zu behalten. Die Stresshormone, von denen im vorigen Kapitel bereits die Rede war, schießen nun mit großer Plötzlichkeit ein. Was also tun?

Machen Sie sich bewusst, dass niemand von Ihnen ein Redefeuerwerk erwartet. Vermutlich ist mindestens jeder zweite Anwesende heilfroh, nicht in Ihrer Haut zu stecken, und verfolgt Ihre Stegreifrede mit Sympathie und Wohlwollen. Und: Sie dürfen und sollen sich kurzfassen! Ein zehnminütiger Vortrag ist mehr als genug, fünf Minuten reichen auch. Das ist schaffbar.

Zum anderen: Machen Sie sich bewusst, dass Sie der Experte für dieses Thema sind! Sonst hätte man nicht ausgerechnet Sie gebeten,

Unter einem „Stegreif" verstand man früher einen Steigbügel. Reden aus dem Stegreif wurden von berittenen Boten gehalten, und sie waren entsprechend kurz und knapp. Und genau so sollte auch Ihre Stegreifrede ausfallen!

Achten Sie besonders in einer Stegreifrede auf kleine Pausen. Sie kommen Ihnen als Redner, dem Inhalt der Rede und auch Ihren Zuhörern zugute. Vor allem können Sie kurze Pausen nutzen, um sich noch einmal zu sammeln und Ihrer Rede eventuell eine andere Richtung zu geben.

Häufig kommt es bei Familienfeiern zu Stegreifreden. Hier sind Anekdoten ein perfekter Einstieg.

▼

einen kleinen Redebeitrag zu leisten. Sie können also positive Akzente setzen unter, wie jeder weiß, schwierigen Bedingungen. Nutzen Sie diese Chance!

Das Wichtigste ist zunächst: Gewinnen Sie etwas Zeit. Fassen Sie sich. Trinken Sie einen Schluck Wasser, schauen Sie nachdenklich in die Runde, lächeln Sie, atmen Sie ein paarmal ruhig ein und aus. Eine solche Pause ist völlig legitim und angebracht!

Strukturierung einer Stegreifrede

In dieser Zeit sortieren Sie Ihre Gedanken – und Ihre Rede gleich mit. Richten Sie Ihre Gedanken an diesem Punkt auf Ihr Redethema und die Möglichkeiten der Strukturierung. Wenn Sie es schaffen, Ihrer Stegreifrede eine sinnvolle, schlichte Struktur zu geben, ist das schon die halbe Miete.

Denken Sie hierbei an die Dreierregel: Anfang – Mitte – Schluss. Sie ist der Kürze des Vortrags angemessen, und Sie können leicht den Überblick behalten.

Sie können, je nach Thema, Ihre Stegreifrede
- chronologisch aufziehen: gestern – heute – morgen,
- oder argumentativ: Pro – Kontra – Zusammenfassung,
- oder lösungsorientiert: Problem – Ursache – Lösung.

Stehen Sie auf, bedanken Sie sich, und stellen Sie sich und Ihren Bezug zum Redethema kurz vor. Schön ist es, wenn Sie hier bereits kurz die Struktur transparent machen können, damit die Zuhörer wissen, was sie erwartet. Dies ist eher unnötig, wenn Sie z. B. eine kleine Rede zur silbernen Hochzeit der besten Freundin halten sollen – kommt aber im beruflichen Kontext umso besser an.

Ihrer Eingebung vertrauen

Vertrauen Sie nicht nur bei der Struktur Ihrer ersten Eingebung, sondern auch beim Einstiegsthema. Wenn Ihnen, um beim Beispiel zu bleiben, auf der silbernen Hochzeit ihrer Freundin als Erstes einfällt, wie Sie als Kinder Blindekuh gespielt haben, starten Sie damit. Wenn Ihnen bei einem Meeting der Architektenkammer als Erstes die Akustik im Konferenzraum durch den Sinn schießt, ist das Ihr Aufhänger. Greifen Sie diesen Faden auf, und folgen Sie ihm. Der berühmte Schriftsteller Heinrich von Kleist hat vor über 200 Jahren den Essay „Über die allmähliche Verfertigung der Gedanken beim Reden" verfasst. Seine Kernthese ist, dass sich die Gedanken erst beim Sprechen ausbilden. Diese Erfahrung haben Sie sicher auch schon häufiger gemacht. Vertrauen Sie diesem Prozess. Wenn Sie einmal angefangen haben zu sprechen, kann es sogar passieren, dass die Zeit wie im Flug vergeht und Sie länger geredet haben als ursprünglich beabsichtigt. Um sich hier zu bremsen, sollten Sie eine Uhr in Blicknähe haben.

Beziehen Sie das Publikum mit ein

Sinnvoll kann es bei Stegreifreden auch sein, das Publikum mit einzubeziehen. Rhetorische Fragen sind ein wunderbares Mittel, um Ihren Vortrag zu lenken, aber auch direkte Fragen ans Publikum können je nach Thema und Anlass sinnvoll sein. Und: Vergessen Sie nicht zu lächeln und Blickkontakt herzustellen. Mit Sicherheit sind alle oder fast alle Zuhörer auf Ihrer Seite – und werden Ihnen den einen oder anderen kleinen Patzer gerne verzeihen. Eine offene, zugewandte Körpersprache ist gerade bei einer Stegreifrede das A und O.

Vorbereitung

Auf den ersten Blick handelt es sich um einen Widerspruch – denn wie

soll man sich auf eine improvisierte Rede vorbereiten? Bei einer Stegreifrede muss man ins kalte Wasser springen. Doch es lässt sich trainieren, dann auch gut schwimmen zu können.

Eine gute Allgemeinbildung ist immer von Vorteil. Lesen Sie interessante Bücher. Sammeln Sie Bonmots und spannende Geschichten, die Sie im „Ernstfall" abrufen können.

Üben Sie. Halten Sie Stegreifreden nur für sich selbst oder den Partner bzw. die Partnerin – natürlich nur, wenn er oder sie zuhören mag. Halten Sie Kurzreden zu allen möglichen und unmöglichen Themen – zu Ihrer Zentralheizung, zur Wolkenbildung, zur Kakteenzucht. Diese Übung sollte ruhig Spaß machen! Hauptsache, Sie kommen ins Reden und gewinnen Routine.

▲
Mit Lächeln, Blickkontakt und einer offenen, dem Publikum zugewandten Körperhaltung ziehen Sie die Zuhörer auf Ihre Seite.

▲
Wenn Sie Ihre Rede mit humorvollen Passagen auflockern, achten Sie immer darauf, dass die Art des Humors zu Anlass und Publikum passt.

Tarieren Sie vor Veranstaltungen die Wahrscheinlichkeit aus, dass Sie als Spontanredner aufgerufen werden könnten. Bereiten Sie sich zumindest rudimentär darauf vor, freunden Sie sich mit der Möglichkeit an. So könnten Sie schon einmal für alle Fälle eine kurze Dreier-Gliederung und ein Einstiegsthema parat haben. Auf diese Weise werden Sie auch der Nervosität viel besser und schneller Herr.

Auch der eine oder andere kleine Scherz kann die Rede bereits am Anfang auflockern. Wenn Sie die Lacher auf Ihrer Seite haben, ist schon viel gewonnen.

Ironie und Witz – Humor in der Rede

Eine Prise Humor kann in keiner Rede schaden – und bei manchen

Gelegenheiten, wie einem Polterabend oder einem Geburtstag, darf ruhig die ganze Rede humorvoll gehalten sein. Aber es gibt hierbei einige grundsätzliche Voraussetzungen, die Sie beachten sollten:

Humor sollte immer in den Dienst Ihres Redethemas gestellt werden. Er ist kein Selbstzweck. Ein Witz, den Sie morgens im Radio gehört haben und der nichts mit Ihrem Thema zu tun hat, hat nichts in Ihrer Rede verloren, auch wenn Sie ihn noch so köstlich fanden.

Die Art des Humors muss zum Publikum passen. Derbe Witze und Schenkelklopfer haben beispielsweise auf einer Wohltätigkeitsveranstaltung nichts zu suchen.

Wenn Sie Ironie oder gar Sarkasmus in Ihrer Rede verwenden, machen Sie sie als solche kenntlich. Erstaunlich viele Menschen missverstehen regelmäßig Ironie. Versuchen Sie, solche Missverständnisse von vorneherein zu vermeiden.

Auch eine humorvolle Rede im privaten Kreis sollte keine Büttenrede sein. Sicherlich kennen Sie diese Situationen, in denen ein passionierter Witze-Erzähler eine nette, gesellige Runde sprengt. Eine Aneinanderreihung von Witzen ist im Dialog mühsam, in einer Rede kann sie sogar ärgerlich sein. Setzen Sie also Humor im Allgemeinen und Witze im Besonderen wohldosiert und dem Anlass angemessen ein.

Reden auf Privatveranstaltungen

Recht häufig finden sich Gelegenheiten, eine Rede auf einer Privatveranstaltung zu halten. Im Normalfall werden die Veranstalter – etwa das Geburtstagskind, das Hochzeitspaar oder die Trauergemeinde – froh sein, wenn Sie sich dazu bereit erklären. Sehr viele Menschen versuchen, sich vor dieser Aufgabe zu drücken, fürchten sie doch die Mühe, die eine Rede macht, und eine eventuelle Blamage.

Natürlich sind solche Sorgen nicht immer völlig unberechtigt. Aber: Eine private Rede findet meist vor wohlmeinendem Publikum statt, das Sie zumindest teilweise kennen. Sie können also gar nicht viel falsch machen. Fassen Sie die Anfrage als Ehre auf oder als eine moralische Verpflichtung, der Sie dem Anlass oder der Personen zuliebe gerne nachkommen.

Das richtige Wort zum richtigen Anlass

Eine private Rede macht normalerweise weniger Arbeit als eine berufliche. Aufwendige Recherchen im Internet oder gar in Bibliotheken können meistens entfallen. Umso wichtiger kann es sein, mit Humor, Herzblut oder dem nötigen Fingerspitzengefühl an die Sache heranzugehen. Gerade bei einer Trauerfeier oder anderen traurigen Anlässen kann es manchmal schwer sein, die richtigen Worte zu finden.

Wichtig ist es, auf privaten Veranstaltungen auch eine persönliche Ebene zu finden, ohne zu sensible Details auszuplaudern. Dies kann manchmal durchaus ein gewisser Balanceakt sein. Umso wichtiger ist Ihr Probelauf vor der eigentlichen Rede: Halten Sie sozusagen eine Generalprobe, möglichst vor einem vertrauten Menschen, der auch die Person oder die Angehörigen kennt, der bzw. denen die Rede gilt.

In diesem Kapitel nun finden Sie Redeauszüge, die Sie nach Belieben verwenden und für Ihre eigene Rede abwandeln können. Betrachten Sie diese Textbausteine bitte nur als Anregung, und reichern Sie Ihre Rede mit eigenen Erlebnissen, Gedanken und Gefühlen an. Dies macht sie erst zu einem persönlichen und gelungenen Ereignis. Private Reden dürfen ruhig kurz sein – fünf bis zehn Minuten sind normalerweise lang genug. Sie sollten nicht abgelesen werden, das wirkt steif. Verwenden Sie als Gedächtnisstütze lieber Karteikarten.

Reden zur Taufe

Zu den schönsten Gelegenheiten, eine Rede zu halten, gehört sicherlich die christliche Taufe. Je nachdem können kleine Festbeiträge in der Kirche, vor der Kirche oder später, an der festlichen Tafel, gehalten werden. Entsprechend können sie natürlich unterschiedlich feierlich ausfallen. Eine Rede vor dem Mittagessen oder einem kleinen Umtrunk sollte salopper sein als eine in der Kirche. Taufen sind fast immer besonders fröhliche, stimmungsvolle Feste. Gerne darf in Ihrer Rede etwas Humor mitschwingen. Besonders schön ist es, wenn Sie den kleinen Täufling direkt ansprechen. Wer auf einer Taufe redet, ist nicht festgelegt. Dies können der oder die Taufpaten sein, Vater oder Mutter, die Großeltern. Aber egal, in welcher Beziehung Sie zu dem Täufling stehen: Fassen Sie sich kurz! Ihre Ansprache sollte auf keinen Fall länger als zehn Minuten dauern. Auch ein kleiner Toast von nur wenigen Minuten kann angebracht sein.

Rede der Taufpatin

MUSTER

Gerade als Taufpate oder -patin darf Ihre Rede humorvoll ausfallen. Vielleicht lassen Sie sich auch von positiven Erinnerungen an die Beziehung zu Ihren eigenen Taufpaten anregen.

Liebe Heidi, lieber Kurt, liebe Anverwandte und Freunde,

und ganz besonders du, meine liebe Lucia,

obwohl du so einen aufregenden, ereignisreichen Tag hinter dir hast, bist du immer noch putzmunter. Noch nicht einmal am Taufbecken hast du geweint. Wäre das Leben ein Märchen und ich eine gute Fee, würde ich dir wünschen, dass es immer so bliebe. Aber ich bin keine Fee. Ich habe stattdessen die Ehre, deine Taufpatin zu sein, und eigentlich ist mir das auch lieber. Also gebe ich dir ein anderes Versprechen: Ich werde für dich auch dann da sein, wenn mal die Tränen fließen, auch dann, wenn die Geschichte mal kein Happy End nimmt, und selbst dann, wenn du als Teenager glaubst, deine Eltern könnten dich nicht verstehen.

Und dieses Versprechen gebe ich nicht nur dir, sondern auch deinen lieben Eltern. Liebe Heidi, lieber Kurt – ich bin sehr dankbar für die Gelegenheit, hier stehen und im Leben eurer Tochter auch zukünftig eine so große Rolle spielen zu dürfen. Und mein Mitstreiter Heiner und ich versprechen euch hiermit, unsere Aufgabe sehr, sehr ernst zu nehmen. Windeln wechseln können wir ja bereits – ihr könnt also gerne auf uns zurückgreifen, wenn ihr etwas Zeit für euch und einen Babysitter braucht ...

Begrüßungsrede des Vaters in der Kirche

MUSTER

Liebe Familie, liebe Freunde, alle, die ihr gekommen seid, um mit uns die Taufe unseres Sohnes Max zu feiern, und natürlich lieber Max,

ich heiße euch alle auch im Namen von Annie, der stolzen Mutter, willkommen. Seit fünf Monaten ist nun Max in unserer Mitte. Er hat weit mehr, als ich das je für vorstellbar gehalten habe, unser Leben durcheinandergewirbelt. Schon als ich das erste Mal unser Söhnchen im Arm halten durfte, wurde mir klar, dass Verantwortung keine Bürde ist, sondern eine Gnade. Dass Annie und ich alles tun werden, um diesen kleinen Erdenbürger, der uns anvertraut wurde, zu beschützen, zu fördern und einfach nur liebzuhaben. Uns beiden war von Anfang an wichtig, dass er früh in seinem Leben das Sakrament der Taufe erhalten soll. Und natürlich haben wir uns nicht nur für die besten Paten der Welt entschieden – Bernd und Andrea –, sondern uns auch über einen besonders kraftvollen Taufspruch Gedanken gemacht. „Denn ich bin gewiss", schrieb Paulus an die Römer, „dass weder Tod noch Leben, weder Engel noch Mächte noch Gewalten, weder Gegenwärtiges noch Zukünftiges, weder Hohes noch Tiefes noch irgendeine andere Kreatur uns scheiden kann von der Liebe Gottes."

In diesem Sinne möchten wir dich, kleiner Max, in der Mitte unserer Gemeinschaft willkommen heißen. Deine Eltern und deine Taufpaten werden dich behüten, bedingungslos lieben und, wo wir können, deinen Weg ebnen. ...

Sie können Ihrer Rede auch einen gefühlvollen, anrührenden Anstrich geben. Auch die Verwendung von passenden Bibelzitaten bietet sich an.

Taufen sind meist fröhliche und emotionale Feiern – auch die Rede darf entsprechend ausfallen.

▼

Als Taufpate verpflichtet man sich, nicht nur die Eltern zu unterstützen, sondern auch für den christlichen Glauben des Kindes zu bürgen. Das können Sie in Ihrer Rede besonders herausstellen – vor allem, wenn Sie in der Kirche sprechen –, ein Muss ist das jedoch nicht. Sehr schön kann es sein, wenn Sie Ihre Rede um ein passendes Bibelzitat strukturieren, einen Taufspruch, den Sie dem Kind mit auf den Weg geben.

Konfirmation und Kommunion

In vielen Familien werden die Konfirmation und die Kommunion feierlich begangen. Auch die Kinder oder Jugendlichen sehnen den Tag wochenlang herbei – manche aus echter Frömmigkeit, manche wegen der vielen Geschenke, die dann normalerweise fällig werden. Sowohl Anlass als auch Kleidung sind festlich.

Hier gehört es oft dazu, dass Vater und/oder Mutter, die Tauf-paten und die Großeltern eine Rede halten. Das Besondere ist: Während bei der Taufe das Kind direkt angesprochen werden kann – auch wenn es im Zweifel nichts davon mitbekommt –, ist dies bei allen oben genannten Festen ein Muss. Das Kind steht ohne Wenn und Aber im Mittelpunkt! Einzige Ausnahme kann eine kleine Ansprache zur Begrüßung der Gäste sein, falls man ein großes Familienfest feiert.

Sowohl bei der Kommunion als auch der Konfirmation wird die Aufnahme in die christliche Ge-

Die Reden zu diesen Festen sollten durchweg positiv gehalten sein. Kritische Anmerkungen und an das Kind gerichtete Belehrungen sind nicht angebracht und sollten vermieden werden, selbst wenn sie liebevoll-ironisch gemeint sind.

Rede der Patin zur Kommunion   MUSTER

Liebe Eli,

seit jetzt neun Jahren begleite ich dich als deine Taufpatin. Und ich kann sagen, dass ich schon oft Grund hatte, stolz auf dich zu sein. Doch noch nie so sehr wie heute! Du hast dich trotz deiner jungen Jahre bewusst mit dem Glauben an Jesus Christus auseinandergesetzt. Und auch wenn du in deinem weißen Kleid und mit dem Krönchen ganz bezaubernd aussiehst – noch viel bezaubernder war der tiefe Ernst, mit dem du die erste heilige Kommunion empfangen hast.

Dein Patenonkel Georg und ich haben dich ja die letzten Jahre begleitet und deine Entwicklung zu einer resoluten jungen Dame bestaunt. Und auch, wenn wir unser Taufgelöbnis sehr ernst genommen haben: Manches Mal konnten wir in dieser Zeit, liebe Eli, genauso viel von dir lernen wie du von uns. Praktische Nächstenliebe, Einsatz für Schwächere – darin warst du schon als Kleinkind groß. Teilen konntest du schon früh. Und das bezieht sich beileibe nicht nur auf materielle Güter. Deine Begeisterungsfähigkeit, deine Nachdenklichkeit und deine freundliche Art: All das teilst du mit uns, in all dem bist auch du uns ein Vorbild. In diesem Sinne, liebe Eli, begrüßen wir dich mit großer Freude in der Gemeinschaft der Christen.

meinde gefeiert – eigentlich ähnlich wie bei der Taufe. Bei diesen Festen steht jedoch die Bekräftigung des Kindes oder des Jugendlichen im Vordergrund.

Ein Kind bei der Erstkommunion ist etwa neun Jahre alt, ein Konfirmationskind etwa 14 Jahre. Entsprechend sollten die Reden natürlich an das Alter des Kindes angepasst sein.

Eine weltliche Alternative zu beiden Festen ist die Jugendweihe, die vor allem in den neuen Bundesländern häufig gefeiert wird. Diese Feier ist gewissermaßen eine Art Initiation in die Entwicklung als Erwachsener; die Jugendlichen sind, ähnlich wie bei der Konfirmation, bei der Feier etwa 14 Jahre alt. Auch diese Feier ist festlich,

dem eigentlichen Ereignis gehen Vorbereitungen in Form von Bildungs- und Freizeitveranstaltungen voraus. Die Reden sollten sich ebenso an das Kind richten und seine Entwicklung in den Fokus stellen.

▲

Die Erstkommunion stellt einen wichtigen Schritt des Hineinwachsens des Kindes in die Gemeinschaft der katholischen Kirche dar und wird daher feierlich begangen.

Rede des Vaters zur Konfirmation

Lieber Bernhard,

du hast, wie ich weiß, diesen Tag herbeigesehnt, und nicht nur deswegen, weil dir Verwandte und Freunde auch ein paar materielle Wünsche erfüllen. – Vielen Dank hierfür an alle!

Wir hatten lange Gespräche über den Glauben und die Botschaft Christi. Du hast dem Konfirmationsunterricht ernsthaft gefolgt und dir Gedanken gemacht. Du gehörst nicht zu denjenigen, die dieses Segensfest begehen, weil alle es tun, die im protestantischen Glauben erzogen wurden. Nein, du hast dich mit vollem Ernst und nach reiflicher Überlegung bewusst dafür entschieden. Dies ist eine bewunderungswürdige Haltung. Eine erwachsene Haltung – und deswegen heißen wir dich auch mit diesem Fest im Kreise der Erwachsenen und derjenigen, die an der Schwelle zum Erwachsensein stehen, willkommen.

Die katholische Firmung wird eher im kleineren Familienkreis gefeiert. Hier sind maximal kleine Tischreden denkbar. Die Musterreden können hierfür entsprechend abgewandelt werden.

Reden zu Geburtstagen

Geburtstage sind jedes Jahr wichtige persönliche Feste. Ein besonders wichtiger Einschnitt ist der 18. Geburtstag im Leben eines jeden Jugendlichen, markiert er doch die Grenze zum Erwachsenenalter. Besonders groß gefeiert werden runde Geburtstage – und je höher die Jahreszahl, umso festlicher werden sie normalerweise begangen.

Während Geburtstage zum 18. heutzutage oft im Kreis der Gleichaltrigen gefeiert werden und ohne Reden auskommen, stellen runde Geburtstage häufig Gelegenheiten dar, das Geburtstagskind mit einer Rede zu ehren. Ganz wichtig: Die Gäste möchten gerne feiern, sich unterhalten und das Buffet plündern – sie werden sich über eine Rede von fünf Minuten freuen. Doch eine Rede, die länger als zehn Minuten dauert, würde eine

Geduldsprobe darstellen, besonders dann, wenn mehrere Reden geplant sind.

Geburtstage sind in aller Regel fröhliche Feste, die Reden dürfen also persönlich, heiter, vielleicht aber auch ein wenig nachdenklich ausfallen. Wichtig ist auch die Perspektive: Als Sohn einer 80-jährigen Jubilarin werden Sie sicher eine andere Rede halten, als dies der langjährige Weggefährte oder die beste Freundin aus Schultagen tun würde.

Eine Geburtstagsrede ist wie ein Geburtstagsständchen, nur privater und persönlicher. Sie können zur Vorbereitung folgende Überlegungen als Richtschnur nutzen:

- Wie haben Sie das Geburtstagskind kennengelernt? Wie lange kennen Sie sich schon?
- Gibt es Gemeinsamkeiten? Spannende Hobbys oder Ähnliches?
- Was macht das Geburtstagskind liebenswert? Was ist an ihm vielleicht besonders eigenwillig? Haben Sie möglicherweise eine kleine Anekdote auf Lager?
- Gerade bei Jubilaren im fortgeschrittenen Alter: Welche Lebensleistung können Sie würdigen? Gibt es passende Geschichten, Zitate, Anekdoten?

Sehr schön ist es übrigens auch, wenn das Geburtstagskind eine kleine Rede hält, bei der es all seine Freunde und Familienmitglieder erwähnt und wertschätzt – genau in der Reihenfolge des Kennenlernens.

Einer kurzen Rede werden das Geburtstagskind und die Gäste aufmerksam zuhören – länger als zehn Minuten sollte sie aber nicht dauern.

Rede des besten Freundes zum 50. Geburtstag

Lieber Paul,

heute also ist wieder einer deiner großen Tage gekommen: Wir feiern gemeinsam deinen 50. Geburtstag. Und mit Stolz kann ich sagen, dass ich keinen deiner letzten drei runden Geburtstage verpasst habe – dass wir also seit über drei Jahrzehnten Freunde sind. Lieber Paul, wir beide zusammen haben nun bereits ein ganzes Jahrhundert auf dem Buckel.

Ich habe nachgerechnet: Vor 31 Jahren haben wir uns auf der Oldtimermesse in Frankfurt kennengelernt. Wir haben gefachsimpelt und uns gegenseitig mit unserem Halbwissen beeindruckt – und uns, zufällig, drei Tage später auf einem Rockabilly-Abend wiedergetroffen. Mit unseren tanzbegeisterten Freundinnen Uli und Hannah, die beide inzwischen längst unsere Ehefrauen sind. ...

Alles Gute, mein Bester, und auf die nächsten gemeinsamen fünfzig Jahre!

Rede der Tochter zum 80. Geburtstag

Liebe Mama, liebe Gäste,

ich bin froh und glücklich, mit dir, liebe Mama, diesen besonderen Tag feiern zu können. Du hast uns ja in letzter Zeit etwas Sorgen gemacht. Aber, so wie dein ganzes Leben schon, hast du dich nicht von den Widrigkeiten des Lebens unterkriegen lassen – von einer angeschlagenen Gesundheit schon gar nicht!

Dein Leben gäbe Anlass für manchen Roman: mitten im Zweiten Weltkrieg geboren, als Fünfjährige bereits auf der Flucht aus Pommern. ... Auch unter widrigen Bedingungen hast du für uns drei Kinder gesorgt. Immer liebevoll, manchmal, wenn es sein musste, streng. Schon Jahre, bevor der Begriff „Familienmanagerin" erfunden wurde, hast du alle Aufgaben zu Hause mit Bravour gewuppt – und dabei noch halbtags als Sekretärin gearbeitet. ...

Liebe Mama, liebe Gäste, ich hoffe sehr, dass wir auch auf deinen 90. und 100. Geburtstag noch miteinander anstoßen können.

Eine Geburtstagsrede sollte nicht nur zum Geburtstagskind passen, sondern auch zum Anlass: Handelt es sich um eine ausgelassene Party oder eine eher gediegene Feier von Familie und Freunden? Eine Nachmittagsveranstaltung mit Kaffee und Kuchen oder ein Fest bis in den frühen Morgen mit Tanz und Musik?

Reden zur Hochzeit

Auch Hochzeiten gehören zu den beliebten Anlässen für allerlei Reden: Traditionell richtet der Bräutigam ein paar Sätze an die Gäste. Der Brautvater und die Trauzeugen halten ebenfalls Reden, manchmal auch Freunde und andere Gäste. Da eine Hochzeit ein fröhliches Fest ist, sollten die Ansprachen ebenso ausfallen – ein wenig Sentimentalität ist natürlich erlaubt. Vermeiden Sie hierbei aber zu persönliche Informationen.

Hierfür gibt es eigentlich keine Ausnahmen. Diese Vorgaben sind dennoch nicht immer ganz leicht einzuhalten. Manchmal kommt es vor, dass der beste Freund des Bräutigams schon am Tag der Hochzeit die Scheidung am Horizont sieht oder der Brautvater seiner Tochter eine bessere Partie gewünscht hätte. Solcherlei Bedenken haben am Hochzeitstag keinen Platz – schon gar nicht, auch nicht in kleinsten Andeutungen, in einer Rede.

Sehr schön kann es sein, an den Anfang Ihrer Rede ein Zitat oder ein Bonmot zu stellen, das die Hochzeit oder die Ehe zum Inhalt hat. Das Zitat darf ruhig humorvoll sein – allerdings sollten Sie sich vor zu viel Ironie hüten und den Humor der Brautleute kennen bzw. einschätzen können. Eine Auswahl an Zitaten finden Sie auf S. 258.

Eine Hochzeitsrede, die der Brautvater oder einer der Gäste hält, richtet sich immer an das

Wenn bei humorvollen Passagen die Gäste lachen, pausieren Sie bitte so lange, bis die Lacher abgeebbt sind. Manchmal kommt es hingegen vor, dass ein Witz nicht ankommt. Nehmen Sie sich dies nicht zu Herzen, und führen Sie wie geplant die Rede zu Ende.

Rede des Trauzeugen zur Hochzeit

Liebes Hochzeitspaar, liebe Gäste,

es ist jetzt erst zwei Monate her, dass du, lieber Gerd, mich gefragt hast, ob ich euer Trauzeuge sein möchte. Ehrlich gesagt: Im ersten Moment glaubte ich, mich verhört zu haben. Nach so langen Jahren des Zusammenlebens hattet ihr euch endlich entschlossen, euch das Ja-Wort zu geben! Natürlich habe ich sofort zugesagt, sah es sogar als meine besondere Verpflichtung an, euch durch die Ehe zu begleiten – schließlich hattet ihr euch auf einer meiner Gartenpartys kennen und lieben gelernt. ...

Ich wünsche euch, liebe Ines, lieber Gerd, dass eure Liebe auch weiterhin eure Richtschnur und euer Anker sein wird. Lasst uns nun alle das Glas heben und auf das Wohl des Brautpaars anstoßen!

Rede des Bräutigams zur Hochzeit

Liebe Gäste, liebe Mathilda,

ich freue mich, dass ihr zu unserem besonderen Tag heute so zahlreich erschienen seid. Ich wurde in letzter Zeit oft gefragt, wieso ich denn so sicher sei, mit Mathilda die ideale Frau gefunden zu haben. Meistens von eingefleischten Junggesellen, wie ich es selbst einmal einer war. Lange Zeit ist mir keine wirkliche Antwort eingefallen – denn wie soll man die wahre Liebe in Worte fassen? Doch dann stieß ich zufällig auf ein Zitat der österreichischen Schauspielerin Luise Ullrich: „Für eine gute Ehe gibt es einen sehr einfachen Maßstab: Man ist dann glücklich verheiratet, wenn man lieber heimkommt als fortfährt."

Zu dem Zeitpunkt lebten Mathilda und ich schon zwei Jahre zusammen, und ich stellte fest: Ja, das ist es! Dieser schlichte Satz klingt vielleicht nicht besonders romantisch, aber ich verrate euch im Geheimen: Er ist es! Seit ich mit Mathilda zusammenwohne, komme ich jedes Mal lieber nach Hause, als dass ich wegfahre. Es sei denn, Mathilda und ich fahren zusammen weg – etwa zu der tollen Hochzeitsreise, für die ihr alle zusammengelegt habt. … Wir alle kennen den Spruch, dass Glück größer wird, wenn man es teilt. Ich bin dankbar, dass ihr unser Glück mit uns teilt und auch in Zukunft teilen werdet. In diesem Sinne wünsche ich euch einen ebenso wundervollen Abend wie uns.

Der Bräutigam bekundet in seiner Rede meist nicht nur die Liebe zu seiner frisch Angetrauten, sondern dankt auch den Gästen.

Brautpaar und soll für beide gleichermaßen erfreulich sein. Sicher kann einer der Brautleute im Vordergrund stehen. Doch sollte der Hauptakzent auf dem Kennenlernen der Brautleute, ihrer Beziehung und vor allen Dingen auf guten Wünschen für ihre Zukunft liegen. Hier sollte man von den konkreten Wünschen des Brautpaars ausgehen. Wenn das Paar z. B. ein Leben als Jetsetter plant, ist es unpassend, in der Rede bereits von Enkelkindern zu sprechen.

▲
Nach 50 Jahren Ehe hat man viele Höhen und Tiefen miteinander erlebt – ein Grund, diesen Tag besonders zu würdigen und zu feiern.

Reden zur goldenen und silbernen Hochzeit

Es gibt viele Hochzeitsjubiläen, am bekanntesten sind die Gold- und die Silberhochzeit. Letztere ist ein 25-jähriges Ehejubiläum, die Goldhochzeit ist das 50-jährige. Beides sind rein private Feste. Sie können größer ausfallen oder im kleineren Kreis gefeiert werden, mit Familie und Freunden, und sie finden meistens in einem Gasthof oder zu Hause statt. Die Reden werden also

Rede der Ehefrau zur Silberhochzeit

Mein lieber Heinz, liebe Gäste,

viele haben mich in letzter Zeit gefragt, was das Geheimnis einer guten, langjährigen Ehe ist. Es stimmt, wir beide, lieber Heinz, können da jetzt mitreden. Wir haben das verflixte siebte Jahr schon vor langer Zeit gemeistert, haben zwei tolle Kinder großgezogen und ein Unternehmen gegründet, das ganz gut läuft. Das ist fantastisch – macht aber keine gute Ehe aus.

Wir hatten unsere Höhen und Tiefen, wie ihr alle wisst. Und wir sind bei den Höhen nicht übermütig geworden und haben bei den Tiefen nicht das Handtuch geworfen. Macht das eine gute Ehe aus? ... „Liebe besteht erfahrungsgemäß nicht darin, dass man einander ansieht, sondern dass man gemeinsam in die gleiche Richtung blickt", sagt einer meiner Lieblingsdichter, Antoine de Saint-Exupéry. Und ja, es stimmt, wir teilen viele Interessen – Tennis, unseren Charity-Club – und wir teilen viele Ideale und Ziele. Und trotzdem, auch das macht keine gute Ehe aus.

Lieber Heinz, ich sehe gerne mit dir in dieselbe Richtung, aber ich sehe dich nach all den Jahren immer noch sehr gerne an. Ich weiß nicht, ob das das Geheimnis einer langen guten Ehe ist, aber ich bin sicher: Es kann nichts schaden. In diesem Sinne, mein lieber Heinz, liebe Gäste: Lasst uns anstoßen auf die Liebe – und die nächsten gemeinsamen 25 Jahre.

Rede des Sohnes zur goldenen Hochzeit

Liebe Eltern, liebe Gäste,

vor 50 Jahren habt ihr euch nun das Ja-Wort gegeben. Unter den unwahrschein-
lichsten Bedingungen, die man sich denken kann: Papa kam aus dem hohen
Norden, Mama aus dem tiefsten Bayern, und es war reiner Zufall, dass ihr euch
ausgerechnet in der Mitte Deutschlands auf einer Messe für Gartenbau getroffen
habt. Oder war es Schicksal? Zumindest war es Liebe auf den ersten Blick, denn
zu einer Zeit, in der Telefone ein seltenes Gut waren, tauschtet ihr beiden Adressen aus – und in Folge eine Menge zärtlicher Briefe. … Ich bin sehr froh, dass ich
diesem Schicksal, dieser Liebe mein Leben verdanke – und die besten Eltern, die
man sich nur denken kann.

Liebe Eltern, ich wünsche euch noch viele gemeinsame, wundervolle Jahre!

> Überlegen Sie sich in Ihrer Rede, was die besonderen Lebensumstände des Jubelpaars sind und waren. Wenn Sie die Musterreden verwenden, sollten Sie natürlich immer Vorkommnisse aus dem Leben der Jubilare einsetzen.

in einem sehr privaten Rahmen gehalten, in aller Regel als Tischrede.

Es gibt für Tischreden zwei
grundsätzliche Dinge, die zu beachten sind:

- Beginnen Sie Ihre Rede nicht,
  wenn die Gäste hungrig auf das
  Essen warten.
- Warten Sie mit Ihrer Rede nicht,
  bis alle Leute satt sind.

Bei einem Drei-Gänge-Menü
können Sie die Rede beispielsweise
vor dem Servieren des Nachtischs
halten, bei einem Buffet warten
Sie am besten, bis sich die meisten
das zweite Mal bedient haben. Um
die Aufmerksamkeit der Gäste zu
erlangen, ist es üblich und stim-
mungsvoll, aufzustehen und mit
einem Löffel leicht gegen ein Sekt-
glas zu schlagen.

Die Reden sollen kurz sein: Drei
bis fünf Minuten reichen. Der
Tenor der Reden darf heiter und
freudig, gerade bei Goldhochzeiten
auch nachdenklich sein. Wenn Sie
zu den Eheleuten gehören: Denken
Sie an die Zeit des Kennenlernens
zurück, an schwierige und leichte
Zeiten, an die Kinder etc. Wenn Sie
zu den Gratulanten gehören: Überlegen Sie, was die Beziehung dieses
Paares einzigartig macht, was Sie
besonders an ihm schätzen.

Schön bei langjährigen Ehen ist
auch ein kleiner Lichtbildvortrag
mit Bildern aus der Zeit des Kennenlernens, der Verlobung und
Hochzeit des Jubelpaares etc. Ein
solcher Vortrag darf, gerade wenn
er humorvoll ist, auch etwas länger
als zehn Minuten dauern.

> Es gibt in einigen Rat-
gebern eine ganze Rei-
he „fertiger" Reden für
Hochzeitsjubiläen in
Reimform. Hier besteht
die Gefahr, dass die
Gäste diese Rede in
der einen oder ande-
ren Form schon gehört
haben. Wir möchten
Sie daher ermutigen,
auch für diese Feste
persönliche Worte zu
finden, die auch sicher
den Anwesenden mehr
Freude bereiten.

Reden auf Trauerfeiern und Beerdigungen

Eine Trauerrede muss nicht durchgehend traurig sein. Sie können zwischendurch durchaus einen heiteren Ton anschlagen, vor allem, wenn der Verstorbene ein humorvoller Mensch war. Hier sollten Sie aber auch den Humor der Hinterbliebenen gut einschätzen können. Vielleicht fallen Ihnen auch kleine Anekdoten aus dem Leben des Verstorbenen ein?

Ein trauriger Anlass, Reden zu halten, sind Trauer- und Gedenkfeiern. Die Reden werden meist in der Kirche, der Trauerhalle oder am Grab gehalten. Oft spricht ein Geistlicher, doch können auch Anverwandte, Freunde und Mitarbeiter kurze Reden halten. Eine Trauerrede sollte nur wenige Minuten lang sein. Das gilt besonders, wenn sie bei schlechteren Witterungsverhältnissen draußen gehalten wird oder Kinder anwesend sind, die nach gewisser Zeit unruhig werden können.

Lassen Sie sich von Musterreden inspirieren, verwenden Sie ruhig den einen oder anderen Textbaustein – aber sprechen Sie von dem Verstorbenen, so wie Sie ihn persönlich kennen und schätzen gelernt haben.

Sie können eine Trauerrede anhand folgender Punkte aufbauen:

- Erklären Sie eingangs immer, in welchem Verhältnis Sie zu dem Verstorbenen standen. Sprechen Sie die Trauergemeinde an, stellen Sie sich kurz vor.
- Reden Sie von den Umständen des Todes. War er eine Erlösung? Kam er plötzlich? Wie ist die Situation der Hinterbliebenen? Der Witwe, des Witwers, der Kinder?
- Was war der Verstorbene für ein Mensch? Was waren seine Eigenheiten? Wie behalten Sie ihn in Erinnerung?
- Was ist das Vermächtnis des Verstorbenen? Worin war er ein besonderes Vorbild? Was können Sie ganz besonders würdigen?
- Was wird bleiben? Sprechen Sie den Hinterbliebenen Beileid aus, und äußern Sie Dankbarkeit dafür, den Verstorbenen gekannt zu haben. Wenn Sie – und die

Eine Trauerrede, die von Herzen kommt, kann den Hinterbliebenen in der schweren Zeit Trost spenden.

Grabrede eines guten Freundes

Liebe Edith, liebe Freunde,

wir treffen uns zu einem traurigen Anlass. Unser lieber Erich ist von uns gegangen. Ich war, wie die meisten hier wissen, ein enger Freund von ihm seit Kindertagen. Er war ein Jahr älter als ich, und ich war damals ein zierliches Bürschchen. Erich nahm mich unter seine Fittiche, und so sollte es für lange Zeit bleiben.

Ich habe in meinem ganzen Leben keinen Menschen kennengelernt, der so sozial eingestellt war wie Erich. Natürlich lernte ich irgendwann, selbst auf mich auf-zupassen, aber wir blieben Freunde, auch, als er nach Berlin zog und ich nach Offenbach. Er hatte ein Herz für die Schwachen und Kranken und folgte seinem Herzen, mit einer Unbedingtheit, die ich bewunderte: Er studierte Medizin an der Charité und wurde Chefarzt der Onkologie. Nie ging er den einfachen Weg! Und nie, nie ließ sich dieser Sturkopf von irgendeinem Vorhaben abbringen.

Es ist für mich erschütternd zu wissen, dass er so viele Menschen von der Krank-heit heilen konnte, an der er selbst verstarb. Und es ist zugleich tröstlich für mich, dass er in der vollen Gewissheit von uns schied, dass eine bessere Welt auf ihn wartet. Als ich ihn nur einen Tag vor seinem Tod anrief, um ihm ein wenig Trost zu spenden – da tröstete er stattdessen mich.

Liebe Edith, liebe Freunde, wir haben einen wunderbaren, unersetzlichen Men-schen verloren. Doch in Gedanken und in unserem Herzen wird Erich immer bei uns sein.

Hinterbliebenen – religiös sind, können Sie auch die Hoffnung auf ein Wiedersehen nach dem Tod artikulieren. Als Angehöriger können Sie an dieser Stelle auch zum Leichenschmaus einladen.

Die Trauerrede halten Sie, um den Verstorbenen zu würdigen, aber vor allem auch für die Hinter-bliebenen. Also für die Menschen, die einen schweren Verlust erlitten haben. Diese sollten aus Ihrer Rede Trost ziehen und die Gewissheit, in ihrem Schmerz nicht alleine zu sein.

Es ist manchmal schwer, den richtigen Ton zu finden, gerade dann, wenn Sie selbst erschüttert vom Tod des Verstorbenen sind. Sie dürfen Ihrer Bewegung hierüber ruhig Ausdruck verleihen. Sprechen Sie von Herzen – dies ist auch für die Hinterbliebenen tröstlich.

Sehr schön ist es, einen Bibelvers oder ein Gedicht für Ihre Rede zu verwenden. Vielleicht finden Sie ja sogar einen Vers, von dem sie wissen, dass er dem Verstorbenen oder den Angehörigen besonders teuer war bzw. ist.

Begrüßungs- und Dankesreden

Man sollte die Feste feiern, wie sie fallen – und es gibt fast unendlich viele Gelegenheiten dazu. Berufsjubiläen, Schul-, Universitäts- und Berufsabschlüsse, Polterabende und Richtfeste: All diese Meilensteine können Anlass sein für einen kleinen Umtrunk oder eine große Party. Sie können hundert Gäste einladen oder nur Ihren engsten Familien- und Freundeskreis. Jede Ihrer kleinen oder größeren Feiern kann mit einer Begrüßungs- und/oder Dankesrede gestartet werden. Eine solche Rede hält für gewöhnlich der Gastgeber, und sie sollte nicht länger als zehn Minuten dauern.

An heißen Tagen und zu eher feierlichen Anlässen mit festlicher Kleidung kann der Gastgeber mit gutem Beispiel vorangehen, sein Sakko ausziehen und die Herren auffordern, dasselbe zu tun. Die männlichen Gäste werden in der Regel sehr dankbar hierfür sein.

Sie können damit viel zum Gelingen Ihrer Veranstaltung beitragen!

Oft bietet es sich an, nach der eigentlichen Begrüßung mit einer zum Fest passenden Anekdote, einem Bonmot oder einer kleinen Geschichte zu starten. Wenn Sie einen Bekanntenkreis haben, der sehr heterogen ist, kann Ihre Rede schon das erste Eis brechen. Es kann sich in diesem Fall anbieten – zumindest bei privaten Feiern –, einzelne Personen oder Personengruppen vorzustellen.

Manche Feiern mit klassischen Dankesreden – etwa Richtfeste – können auch einen halboffiziellen Charakter haben, etwa beim Bau einer Schule oder eines Verwaltungsgebäudes. Gerade bei Richtfesten sind immer Zimmerleute, Maurer und Architekten vertreten, denen natürlich auch entsprechender Dank gebührt. Der Rede gehen normalerweise eine Reihe althergebrachter Rituale voraus, etwa die Anbringung des Richtkranzes durch den Zimmermann.

Danksagungen an die Handwerker und andere sind im Hauptteil Ihrer Rede gut aufgehoben. Zum Schluss wünschen Sie den Gästen natürlich viel Vergnügen. Manchmal halten bei Richtfesten auch der Architekt und der Polier Reden – auch diese sollten sich kurz fassen. Die Gäste sind gekommen, um zünftig zu feiern, zu essen und zu trinken, Reden sollten hierzu nur der Auftakt sein.

Dankesrede des Bauherrn zum Richtfest

Liebe Gäste!

„Das Glück tritt gerne in ein Haus ein, in dem freudige Stimmung herrscht" – so lautet ein japanisches Sprichwort. Ich freue mich also, dass das Haus voll ist und alle so zahlreich und gutgelaunt erschienen sind, um mit uns diesen Tag zu feiern.

Es gebührt so vielen Leuten mein Dank, dass ich den ganzen Abend mit Danksagungen verbringen könnte. Stattdessen fasse ich mich so kurz wie möglich. Natürlich spreche ich auch im Namen der Bauherrin, meiner wunderbaren Frau Renate, meinen Dank aus. Sie steht gleichzeitig auf Platz eins meiner Dankesliste – nicht nur, weil sie einfach die beste Gefährtin ist, die man sich wünschen kann, sondern auch, weil sie mit harten Bandagen mit den Banken verhandelte und unsere Handwerker mit ihrem starken Kaffee bei der Stange hielt.

Wir beide danken von Herzen den Herren – und den beiden Damen – vom Bau, allen voran dem Bauleiter Marc Heinzel, der alle Arbeitsschritte vom Kellerausbau bis zur Errichtung des Dachfirsts organisiert hat.

Auch dem Architekturbüro Maurmann sprechen wir unseren Dank aus, schließlich gelang den Mitarbeitern dort das Kunststück, unsere Sonderwünsche mit den Gesetzen der Statik in Einklang zu bringen.

Danke auch unseren zukünftigen neuen Nachbarn, die eine Menge Krach ertragen mussten – wir entschuldigen uns dafür und versprechen, dass wir sehr viel leiser sein werden, wenn wir erst einmal eingezogen sind.

Ganz besonderen Dank schulden wir auch unseren Freunden Gitti und Götz, Heide und Carsten, die nicht nur unsere Launen ertrugen, sondern uns auch mit Rat und Tat zur Seite standen, mit anpackten, wo es nötig war, und zwischendurch mit den Kindern auf den Spielplatz gingen.

Und nicht zuletzt danken wir Gerd und Annemarie, meinen Eltern, und meinen Schwiegereltern Heinz und Antje, die uns so großzügig unterstützt haben, dass wir ohne ihre finanzielle Hilfe hier nicht stehen würden – jedenfalls nicht unter einem Dachfirst und auf Estrich.

Lasst uns gemeinsam das Glas heben auf die Zukunft unseres Hauses, auf das Glück und auf alle, die jetzt und in Zukunft hier ein und aus gehen.

Reden zu offiziellen Anlässen

Ob Reden für einen Verein, einen Kegelclub, eine Wohltätigkeitsveranstaltung oder eine Organisation: Es gibt viele Anlässe für Reden, die in einem eher offiziellen Rahmen stattfinden. Manche dieser Gelegenheiten unterscheiden sich kaum von Privatveranstaltungen, etwa das Vereinsjubiläum eines kleinen Schützenvereins, in dem jeder jeden kennt. Die Reden für solche Veranstaltungen sollten eher kurz sein, und die Recherchearbeiten im Vorfeld halten sich normalerweise in Grenzen.

Gemeinsam macht es mehr Spaß – in Deutschland ist fast jeder Zweite Mitglied in mindestens einem Verein.

Ähnlich sieht es bei Reden aus, die beispielsweise als Elternbeirat oder bei Veranstaltungen der Schulpflegschaft, der Kita oder in ähnlichen Zusammenhängen gehalten werden. Sicher machen diese Reden mehr Arbeit und benötigen mehr Vorbereitungszeit als eine Rede z. B. auf einer Hochzeitsfeier. Ande-

rerseits ist jedem Anwesenden klar, dass Sie kein professioneller Redner sind, und kleinere Patzer fallen nicht besonders ins Gewicht.

Doch kann es auch viele Veranstaltungen geben, in denen Sie vor einem Publikum sprechen müssen oder wollen, das Ihnen in weiten Teilen unbekannt ist. Dies ist z. B. bei Veranstaltungen von größeren Organisationen, Parteien oder großen Vereinen der Fall. Möglicherweise sind Sie auch als Experte für ein Thema eingeladen, und Ihnen ist weder die Organisation noch das Publikum vertraut.

Auch kann die Größe des Publikums bei offiziellen Veranstaltungen genauso stark variieren wie die Anzahl der Redner und die gewünschte Länge der Reden. Je nach Thema kann auch eine gründliche Recherche notwendig sein. Evtl. kann es passieren, dass Sie bei solchen Anlässen unter verstärktem Lampenfieber leiden, bereiten Sie

Ehrenrede im Sportverein

Liebe Mitglieder von Herta Rheinhoven, liebe Gäste, und vor allem du, lieber Werner,

seit nunmehr 30 Jahren schon bist du unermüdlich ehrenamtlich für unseren Verein tätig. Du hast die A-Jugend schon in den 80er-Jahren trainiert, sorgst als Schiedsrichter seit Generationen für Fairness auf dem Platz, organisierst zuverlässig die alljährlichen beliebten Trainingslager. Dein Zirkeltraining ist seit vielen Jahren so streng wie legendär. Für Groß und Klein warst du immer ansprechbar, eine echte Vertrauensperson – und ohne deinen Transporter hätten viele Veranstaltungen kaum stattfinden können. Und bei alledem warst du immer der Erste, wenn es darum ging, Bierbänke zu schleppen und mit anzupacken.

Dass unser Verein im Zeitalter schwindender Mitgliederzahlen immer noch Zuwächse verzeichnen kann, haben wir auch dir zu verdanken, lieber Werner. Wir hoffen, du und dein Engagement bleiben dem Verein noch mindestens weitere 30 Jahre erhalten. Und nun bitte ich euch alle, aufzustehen und auf Werner anzustoßen!

sich also auch hierauf möglichst vor (vgl. S. 55 ff.). Die Reihenfolge auf der Rednerliste ist im Normalfall festgelegt, Sie sollten sie möglichst frühzeitig in Erfahrung bringen.

Reden auf Vereinsfeiern und Versammlungen

In Deutschland gibt es an die 600 000 Vereine. Fast die Hälfte aller Bundesbürger ist Mitglied in mindestens einem Verein. Auch in der Schweiz und in Österreich gibt es ähnlich viele Vereine. Die Bandbreite ist groß: Vom Schützenverein über den Kulturverein, den Naturschutzverein, Sportverein bis hin zum Selbsthilfeverein lässt sich fast jedes Interesse in Vereinsrecht gießen.

Dies bedeutet natürlich auch: Das Publikum von Vereinsreden, die Zusammensetzung der Mitglieder, ist sehr unterschiedlich. In einem Kulturverein stehen nicht nur andere Themen im Raum, sondern wird auch eine andere Sprache gepflegt als im Sportverein. Dem müssen Sie selbstverständlich bei Ihrer Redevorbereitung Rechnung tragen.

Üblich sind vor allem Reden zur jährlich stattfindenden Mitgliederversammlung. Dort können die Vereinsvorsitzenden, der Kassenwart und andere Mitglieder sprechen. Auch hier gilt: Eine gute Rede ist so kurz wie möglich! Jeder, der Mitglied in einem beliebigen Verein war bzw. ist, kennt die umständlichen, nicht enden wollenden Reden, die sich bei Mitgliederversammlungen aneinanderreihen. Sorgen Sie dafür, dass Ihre Rede hier eine Ausnahme bildet. Bleiben Sie prägnant. Nehmen Sie die Zuhörer mit. Selbst eine Vereinsrede zu sehr wichtigen, richtungsentscheidenden Anlässen sollte nicht länger sein als 15 Minuten. Ihre Zuhörer werden es Ihnen danken!

Wenn wichtige bürokratische oder juristische Dinge abgestimmt werden müssen, etwa die Einzelheiten einer neuen Vereinssatzung, schicken Sie den Mitgliedern diese Informationen möglichst vorab zu oder legen Sie sie aus. Sie können in einem solchen Fall auch die neue Satzung per Powerpoint an die Wand werfen lassen. Doch machen Sie bitte nicht den Fehler, auf alle Einzelheiten im Detail einzugehen oder gar den Text noch einmal vorzulesen. Dies ist in hohem Maß ermüdend. Erläutern Sie vor allem wichtige Schlüsselpunkte, und stellen Sie diese zur Diskussion.

Auch bei der jährlichen Mitgliederversammlung eines Vereins ist

Bei Jubiläumsfeiern bietet es sich an, auf die Historie des Vereins oder des Hauses einzugehen. Enden kann man mit einem kleinen Ausblick.

Rede zum Jubiläum eines Kulturvereins   MUSTER

Liebe Mitglieder, liebe Gäste,

ich freue mich sehr, dass Sie heute so zahlreich erschienen sind. 50 Jahre hat unser Hartmindener Kulturverein jetzt auf dem Buckel – doch wenn ich mich so umschaue, wirken unsere Mitglieder und Gäste immer noch genauso jung wie das Programm, das wir jedes Jahr aufs Neue auf die Beine stellen.

1975 wurde unser Verein aus der Taufe gehoben. Die leider inzwischen verstorbene Heide Peters, unsere Vereinsgründerin, fand schnell Mitstreiter. Ihr Konzept, Kunstausstellungen von hiesigen Künstlern in wechselnden Einzelhandelsgeschäften zu veranstalten, ging voll auf und fand in den letzten Jahren viele Nachahmer. ...

Ich bin sicher, dass wir auch in den kommenden Jahren diese gute Arbeit mit vereinten Kräften fortsetzen und viele weitere interessante Projekte ermöglichen werden.

Rechenschaftsbericht eines Umweltschutzvereins

Liebe Mitglieder, liebe Freundinnen und Freunde,

wie jedes Jahr erwartet euch diesmal unser Rechenschaftsbericht.

Es gab insgesamt sechs Treffen des Vorstands, hier waren im Schnitt drei Mitglieder anwesend. Wir haben in dieser Zeit
– die Broschüre „Wandern im Westerwald" entworfen,
– unser berühmtes Waldfest geplant und umgesetzt
– und uns um Sponsorengelder gekümmert.

Vielen Dank an alle, die mit ihrem Engagement zum großen Erfolg dieser Kampagnen beigetragen haben.

Zur Situation der Mitgliedschaften: Anfang des Jahres hatten wir 63 Mitglieder. Wir haben fünf Austritte zu verzeichnen, denen aber erfreulicherweise zwölf Neueintritte gegenüberstehen, sodass wir inzwischen auf 70 Mitglieder angewachsen sind.

Es gab dieses Jahr, vielleicht auch dank unseres im letzten Jahr eingeführten Lastschriftverfahrens, keine Zahlungsrückstände.

Wir nahmen ... Euro an Mitgliedsbeiträgen ein, hinzu kamen ... Euro an Sponsorengeldern sowie ... Euro Erlöse aus unserem Waldfest. Von diesem Geld wurden für Aktivitäten veranschlagt:
... Euro für die Broschüre „Wandern im Westerwald", ... Euro für das Waldfest einschließlich der Planungen, ... Euro für laufende Kosten wie Vorstandsversammlungen, ... Euro für die Initiative „Blühender Westerwald".

Wie ihr seht, hat sich die Vereinsarbeit auch dieses Jahr positiv entwickelt. Ich danke besonders Julia Hammert für ihr unermüdliches Engagement ... und natürlich euch allen, die ihr diese Arbeit erst möglich gemacht habt.

☞ **Rechenschaftsbericht**
Ein Rechenschaftsbericht soll die Einnahmen und Ausgaben eines Vereins transparent machen sowie über die Entwicklung der Mitgliederzahlen informieren. Er ist meist auch dann etwas trocken, wenn ein versierter Redner ihn hält.

eine kurze Begrüßungsrede üblich. Der Redner – normalerweise einer der Vereinsvorsitzenden – bedankt sich zunächst für das Erscheinen der Gäste und gibt einen kurzen Überblick über die Programmpunkte. Daran schließt sich normalerweise ein Rechenschaftsbericht an. Auch hier ist es sinnvoll, die entsprechenden Informationen in schriftlicher Form vorab an die Mitglieder auszuteilen.

Reden im Beruf

Es gibt Berufe, in denen es an der Tagesordnung ist, Reden zu halten – meist in Form von Vorträgen und Präsentationen. Als Vertriebler, Coach oder Geschäftsführer müssen Sie sicherlich häufiger einem Publikum Rede und Antwort stehen als als Handwerker oder Sachbearbeiter. Doch auch hier kann man in die Situation kommen, eine Rede halten zu müssen: als Betriebsratsvorsitzender oder in einer Betriebsversammlung, zu Firmenjubiläen oder Mitarbeiterehrungen, bei Veranstaltungen von Handelskammern und Ähnlichem.

Es versteht sich von selbst, dass berufliche Reden auch inhaltlich besonders gut vorbereitet werden sollten. Es hängt sicher nicht von jeder Rede gleich die weitere Berufslaufbahn ab, doch können sich gute Vorträge durchaus förderlich auf die Karriere auswirken.

Es ist sehr schade, dass gerade Ungeübte hier häufiger kein Gehör finden, entweder, weil sie sich gar nicht erst trauen, das Wort zu ergreifen, oder weil sie bei ihren Reden so viele rhetorische Fehler machen, dass ihnen niemand so recht zuhören mag. So kann es dann passieren, dass ein Kollege an einem verdienten Mitarbeiter vorbeizieht, obwohl er über weit weniger fachliches Wissen und Können verfügt, aber es schafft, überzeugend aufzutreten. Glücklicherweise ist es möglich, Blendern die Stirn zu bieten, indem man an seinen rhetorischen Fähigkeiten feilt.

Wenn Sie den Vorschlägen und Tipps in diesem Buch folgen, werden auch Sie im Beruf erfolgreiche Reden halten können. Je mehr Übung Sie dabei bekommen, umso leichter wird Ihnen diese Aufgabe fallen. Und nicht nur das: Sie werden nicht nur in Reden punkten, sondern auch Gespräche erfolgreich führen können, die bisher vielleicht schwierig zu meistern waren, z. B. Gehaltsverhandlungen und Bewerbungsgespräche.

Wenn Sie es in der Kunst der Rhetorik zu einigem Wissen und praktischer Meisterschaft gebracht haben, wird sie Ihnen in vielerlei Redesituationen hilfreich sein.

Bei beruflichen Reden kennen Sie in aller Regel die Zusammensetzung und Größe des Auditoriums. Dies ist ein Vorteil. Sie kennen auch die Hierarchien, die Sympathien und Antipathien sowie manche Positionen anderer Mitarbeiter. Dieses Wissen um das gesellschaftliche Gefüge Ihrer Firma macht Reden im Beruf nicht immer leichter, aber die inhaltlichen Positionen und Reaktionen Einzelner doch kalkulierbar. Sie sollten sich mit diesem Wissen im Hinterkopf gezielt vorbereiten.

Manchmal kommt es leider auch vor, dass Reden zu unangenehmen Firmenereignissen gehalten werden sollen. So müssen gerade Chefs, Controller oder andere Führungspersönlichkeiten hin und wieder auch unangenehme Ereignisse verkünden, etwa die Einführung von Kurzarbeitergeld oder von anderen Sparmaßnahmen. Bei solchen Reden ist es natürlich besonders wichtig, mit Fingerspitzengefühl vorzugehen.

Präsentationen

Zu den alltäglichen Vorträgen und Reden im Beruf – aber auch an der Universität und (Berufs-)Schule – gehören Präsentationen. Diese sind sehr fachspezifisch und erfordern eine gute Vorbereitung, denn es muss nicht nur der eigentliche Vor-

trag erarbeitet, sondern es müssen darüber hinaus auch die passenden Medien herausgesucht werden. Während bei den meisten anderen Vorträgen die Verwendung von Statistiken, Power-Point-Grafiken und/oder Fotos optional ist, ist sie bei Präsentationen ein Muss.

Wichtig ist: Prüfen Sie bei Statistiken und Grafiken immer die Seriosität der Quelle. Wenn Sie eigene Daten oder Daten Ihrer Abteilung verwenden, überprüfen Sie sie vorsichtshalber noch einmal auf Genauigkeit und Stichhaltigkeit.

Oft gibt es bei beruflichen Präsentationen wenig zeitlichen Spielraum. D. h., sowohl die Vorbereitungszeit als auch die Zeit einer Besprechung oder Versammlung sind normalerweise festgelegt, Ihre

Prüfen Sie vor der Präsentation noch einmal, ob die Ihnen vorliegenden Zahlen und Daten korrekt sind.

▼

▲

Gemeinsam feiern und auf Erfolge anstoßen verbessert das Betriebsklima. Oft wird im Rahmen solcher Feierlichkeiten auch eine kurze Rede gehalten.

was die Technik betrifft. Wenn Sie einen Laptop verwenden, fahren Sie ihn rechtzeitig hoch, machen Sie von den Dateien, die Sie präsentieren wollen, vorsichtshalber ein Backup, kontrollieren Sie, ob es in dem Raum ein Verlängerungskabel gibt, ob der Beamer funktioniert etc. Wenn Sie Zugriff zum Internet benötigen, prüfen Sie rechtzeitig, ob auch das WLAN zuverlässig funktioniert.

Bei aller Mehrarbeit hat die Verwendung von Medien jedoch einen gravierenden Vorteil: Mit ihrer Hilfe können Sie Ihren Vortrag sehr gut strukturieren und sich gewissermaßen an ihnen „entlanghangeln".

Präsentationen sind in aller Regel sachlich. Sicher können Sie auch einmal eine launige Anekdote oder einen Witz darin unterbringen, aber machen Sie dies von zwei Dingen abhängig: Wie ist die Arbeitsatmosphäre? Ist sie eher locker oder distanziert? Und: Passen diese kleinen Auflockerungen wirklich zum Thema und zu der Veranstaltung? Wenn nicht, lassen Sie sie lieber weg.

Redezeit im Grunde auch. Meistens müssen Sie außerdem mit Fragen und Diskussionen zum Thema rechnen. Bereiten Sie also nicht nur die eigentliche Präsentation vor, sondern versuchen Sie zudem, sich gründlich für etwaige Fragen zu präparieren (vgl. S. 41).

Pressen Sie dennoch nicht zu viel visuelles Material in Ihre Präsentation hinein. Lieber gut aufbereitete Statistiken und Grafiken, als Ihre Zuhörer mit einem Allzuviel an Infos zu erschlagen. Legen Sie auch unbedingt von Anfang an eine sinnvolle Reihenfolge fest, damit Sie mit Ihrem Material nicht durcheinanderkommen und Ihr Vortrag nicht chaotisch wirkt.

Sorgen Sie auch dafür, dass Ihr Vortrag pannenfrei vonstattengeht,

Betriebsfeiern und -versammlungen

In vielen Betrieben gehören regelmäßige Feierlichkeiten zur Firmenkultur. Gerade bei der Verabschiedung oder dem runden Geburtstag eines Kollegen, bei Firmenjubiläen oder ähnlichen Anlässen können nicht nur der Chef, sondern auch die Mitarbeiter gefragt sein, eine kurze Rede zu halten. Ansprachen des Chefs sind dagegen selbst bei Weihnachtsfeiern und kleinen Kegelabenden fast schon obligatorisch.

Falls Sie als Chef, Mitarbeiter oder Abteilungsleiter eine Rede halten müssen, berücksichtigen Sie immer auch die spezielle Firmenkultur Ihres Betriebs: Pflegt man eher einen saloppen Umgangston oder einen distanzierten? Wie hält man es mit Humor? Auch der Anlass ist natürlich zu berücksichtigen: Ist er eher fröhlich, feierlich oder müssen gar schwierige betriebsinterne Themen angesprochen werden? Berücksichtigen Sie diese Fragen bei der stilistischen und inhaltlichen Ausarbeitung Ihrer Rede.

Natürlich gilt grundsätzlich: Die Rede sollte kurz sein und, dem Anlass entsprechend, unterhaltsam. Auch können Sie als Aufhänger schön eine kleine, thematisch passende Anekdote oder ein Bonmot verwenden.

Abschiedsrede des Chefs für eine Mitarbeiterin

Liebe Frau Kerner, liebe Mitarbeiterinnen und Mitarbeiter,

fast 25 Jahre waren Sie nun als Chefsekretärin auf Ihrem Posten. Sie haben den Laden zusammengehalten. Sie waren dabei weit mehr als eine Sekretärin. Sie waren meine Stütze, mein Gedächtnis und auch meine Wächterin, wenn die Anrufe über mir zusammenbrachen. Sie haben nicht nur Ihre berufliche Stellung mit Bravour ausgefüllt, sondern waren auch menschlich immer ein Fels in der Brandung, selbst dann, wenn die Wellen mal hochschlugen.

Liebe Frau Kerner, ich hatte bis vor Kurzem die Befürchtung, dass Sie völlig unersetzlich sind. Ich möchte Sie wirklich nicht gehen lassen – doch ist es nun Zeit, dass Sie Ihre wohlverdiente Rente genießen. Und Sie haben vor Ihrem Weggang, in Ihrer gewissenhaften, freundlichen Art, unsere neue Mitarbeiterin, Frau Richthofen, gründlich eingearbeitet. Ich bin sicher, dass wir mit ihr eine würdige Nachfolgerin gefunden haben, sodass Sie, liebe Frau Kerner, uns beruhigt verlassen können. Ich weiß, dass Ihnen der Abschied genauso schwerfällt wie uns, und ich möchte ihn Ihnen mit dieser Feier noch schwerer machen, damit Sie uns in Zukunft noch oft besuchen und an uns denken werden. Heben wir nun unsere Gläser auf Frau Kerner!

Rede zum runden Geburtstag des Chefs

Lieber Herr Landgraf, liebe Kolleginnen und Kollegen,

es ist mir ein besonderes Bedürfnis, Herr Landgraf, Ihnen auch im Namen meiner Kolleginnen und Kollegen zum 50. Geburtstag zu gratulieren. Sie waren es, der mich – vor rund 20 Jahren – eingearbeitet und in die Geheimnisse der Fakturierung eingeführt hat. Seit nunmehr 30 Jahren führen Sie diesen Betrieb, und die geringe Fluktuation, der große Zusammenhalt der Mitarbeiter, ist auch Ihr Verdienst. Deswegen möchten wir Ihnen mit diesem Präsentkorb eine kleine Freude machen und uns für die lange, vertrauensvolle Zusammenarbeit bedanken. ...

Ehrungen von Mitarbeitern

Die Neueröffnung eines Geschäfts nach einer anstrengenden Zeit der Vorbereitung ist ein besonderer Anlass zum Feiern.
▼

Nicht nur runde Geburtstage, auch Firmenjubiläen, Verabschiedungen und Beförderungen eines Kollegen oder Untergebenen sind eine schöne Gelegenheit für eine wohlwollende Rede. Wenn es um die Ehrung eines langjährigen Mitarbeiters geht, fällt Ihnen bestimmt die eine oder andere interessante, berührende oder lustige Geschichte ein, die Sie mit dieser Person erlebt haben. Hier sind aber maximal augenzwinkernde Bemerkungen erlaubt – sofern sie auch den Humor des Geehrten treffen.

Reden zu Firmenjubiläen und Geschäftseröffnungen

Auch Geschäftseröffnungen oder Firmenjubiläen werden meist durch Reden eröffnet. Hier sind häufig außer dem engen Mitarbeiterstab weitere Gäste anwesend, je nach Größe des Events sogar Personen wie der Bürgermeister oder andere Ehrengäste. Entsprechend feierlich können Reden dann ausfallen. Es empfiehlt sich, einen Ausblick auf die Zukunft zu geben, bei Jubiläen kann auch sehr

schön die Firmenhistorie kurz und unterhaltsam aufgerollt werden.

Eröffnungsreden werden auch häufig in einem nichtberuflichen Kontext gehalten: etwa bei Ausstellungseröffnungen oder Eröffnungen einer Sportstätte. Hier gelten grundsätzlich dieselben Regeln: Richten Sie Ihre Rede, was den Inhalt, etwaige Anekdoten und die Sprachebene betrifft, an der Zuhörerschaft aus. Und halten Sie Ihre Ziele im Auge: Wollen Sie nur zu einem Umtrunk einladen? Weitere Kunden finden und binden? In letzterem Fall sollten Sie mit Fingerspitzengefühl vorgehen, denn Ihre Rede darf sicher etwas Eigenwerbung enthalten, jedoch nur sehr dosiert. Falls Sie eine Eröffnungsrede im Rahmen Ihrer Vereinsarbeit halten, können Sie zum Schluss ruhig einen Appell zur Mitarbeit an die Anwesenden richten.

Rede zur Eröffnung eines Handwerksbetriebs

Liebe Freunde, liebe Mitarbeiter, liebe Gäste,

der berühmte Philosoph Albert Schweitzer soll einmal gesagt haben, dass Vertrauen für alle Unternehmungen das Betriebskapital ist. In dem Sinne möchte ich Ihnen allen nicht nur für Ihr Kommen danken, sondern auch für die Ermutigung und das Vertrauen, das Sie mir und meinen Mitarbeitern schon jetzt entgegenbringen. Volle Auftragsbücher bereits zum Anfang eines Geschäftsjahres – davon kann mancher althergebrachte Handwerksbetrieb nur träumen.

Wir haben, wie ich finde, eine wunderschöne Ausstellung für Sie zusammengestellt, in der Sie sich von der Bandbreite unseres Sortiments an Kachelöfen und Kaminen überzeugen können. Aber natürlich gibt es bei uns nicht nur Kamine von der Stange. Das macht einen guten Meisterbetrieb ja aus: dass wir die Vorstellungen unserer Kunden umsetzen, dass wir mit Herzblut bei der Sache sind, dass wir für jeden Interessenten eine individuelle Lösung finden. Dass wir also auch selbst Vertrauen in unser Können und in die Funktionalität und Schönheit unserer Produkte haben.

Damit es nun auch trotz des tristen Novemberwetters so richtig gemütlich wird, sorgen ein paar brennende Öfen für heimelige Wärme. Genießen Sie also mit uns ein Gläschen Sekt oder Orangensaft und die Häppchen, die für Sie bereitstehen. Außerdem wird gleich die Combo „Papa Jazz" für gute Stimmung sorgen – wir wünschen Ihnen allen dabei gute Unterhaltung und viel Vergnügen.

Betriebsfeiern – etwa eine Ladeneröffnung – lassen sich gut mit einem passenden Bonmot einleiten.

Reden in Krisenzeiten

Reden zu Feierlichkeiten wie Weihnachtsfeiern gehören zu den Routinen von Chefs und Vorgesetzten. Meist reichen ein paar launige Worte aus. Etwas schwieriger wird es hingegen, wenn dabei auch Unliebsames verkündet werden muss oder die Mitarbeiter durch eine Zeit der Krise und Unsicherheiten begleitet werden müssen. Hier ist es ratsam, Ihre Rede geradlinig und ohne Schwarzmalerei und Schönfärberei zu halten.

Freisprechung und Begrüßung von Azubis

In Handwerksberufen werden Azubis heute immer noch nach Abschluss ihrer Ausbildung freigesprochen, eine Tradition, die sich bis ins Spätmittelalter zurückverfolgen lässt. Heutzutage werden bei der Freisprechung feierlich die Gesellenbriefe verliehen. Auch bei Schulabschlussfeiern gibt es häufig Reden zur Ehrung der Absolventen. Je nachdem, in welchem Zusammenhang die Rede gehalten wird

Ansprache des Vorgesetzten in einer Krisenzeit

Liebe Kolleginnen und Kollegen,

wir hatten, wie man heutzutage so schön sagt, ein herausforderndes Jahr hinter uns. Wir alle mussten gemeinsam gründlich anpacken und hatten einige Mühe, die Kuh wieder vom Eis zu kriegen. Ich möchte mich bei euch allen für euren Einsatz, euer Vertrauen und eure Zuversicht danken. Noch sind wir nicht über den Berg, doch wenn wir weiter so mit vereinten Kräften für die Zukunft unseres Betriebs kämpfen, können wir es schaffen. Es gibt Grund zur Hoffnung: Zwei große Aufträge eines unserer wichtigsten Vertriebspartner haben uns vor drei Wochen erreicht, einen neuen Auftraggeber haben wir kürzlich gewonnen, und wenn wir nur ein kleines bisschen Glück haben, zappelt bald ein dickerer Fisch an unserer Angel.

Wir mussten alle den Gürtel ein wenig enger schnallen in der vergangenen Zeit. Doch habe ich die berechtigte Hoffnung, dass die mageren Zeiten bald hinter uns liegen, und um das mit euch gebührend zu feiern, habe ich euch wieder einmal zu unserem traditionellen Gänseessen eingeladen. Greift ordentlich zu, lasst es euch schmecken. Ich bin sehr stolz auf unsere Mannschaft und voller Optimismus, dass wir noch viele lange Jahre zusammen wirken werden.

Freisprechung von Azubis durch den Meister

Liebe Mitarbeiterinnen und Mitarbeiter,

es ist schön, in so viele glückliche Gesichter zu blicken. Sie alle haben sich diese Freude auch redlich verdient. Drei ganze Jahre haben Sie auf diesen Moment hingearbeitet, haben die Berufsschulbank gedrückt, standen Tag für Tag an der Werkbank und auf der Montagestelle.

Heute ist also endlich der große Tag gekommen, an dem Sie Ihre Gesellenbriefe als Tischler entgegennehmen können. Meinen herzlichen Glückwunsch Ihnen allen!

Ich habe Sie in den vergangenen Jahren begleitet und durfte erleben, wie Sie täglich mehr und mehr in unser Handwerk hineinwuchsen, mehr und mehr Verantwortung übernahmen. Aus den Neuen im Betrieb wurden schon bald erfahrene junge Menschen, die ihren Beruf mit Hingabe und Leidenschaft lernten und ausübten.

Ich wünsche Ihnen für die Zukunft, dass Sie diese Leidenschaft nicht verlieren. Bilden Sie sich weiter, lernen Sie weiter. Vielleicht möchte der eine oder andere von Ihnen auch die Meisterschule besuchen – ich bin mir sicher, viele von Ihnen haben das Zeug dazu. Einige bleiben unserem Haus auch als Gesellen erhalten, allen anderen wünsche ich, dass Sie ähnlich erfolgreich an einem anderen Arbeitsplatz sein werden – das Fundament hierfür haben Sie ja gelegt.

Ich danke Ihnen für Ihre Arbeit für unsere Firma und wünsche Ihnen für die Zukunft alles erdenklich Gute!

und wer sie hält, kann man den Fokus auf die Vergangenheit der Absolventen legen – das Besondere des Jahrgangs, die Herausforderungen, die gemeistert wurden – oder auf die Zukunft. Selbstverständlich sollte ein Chef oder Ausbildungsleiter Azubis auch für ihre Arbeit Dank aussprechen und ihnen für die Zukunft alles Gute wünschen.

Auch Schüler oder Lehrlinge halten häufig kleine Reden, in denen auch der Dank an die Lehrer und Mitschüler geäußert wird.

Bei größeren Betrieben ist es zudem oft üblich, eine zwanglose Rede zur Begrüßung neuer Lehrlinge zu halten – ein Beitrag zu einer guten Firmenkultur, der auch zur Integration der Azubis beiträgt.

Reden vor dem Betriebsrat

Bei größeren Firmen gehören auch Reden des Betriebsratsvorsitzenden oder anderer Mitglieder des Betriebsrats zu den regelmäßigen Redeanlässen. Leider sind viele derartige Reden eher langatmig. Um dies zu vermeiden, sollte man ein paar grundlegende Tipps beherzigen.

- Es ist nicht nötig, sich jedes Mal vorzustellen. Man wurde zum Betriebsratsvorsitzenden gewählt – also darf man davon ausgehen, auch bei allen Anwesenden einen gewissen Bekanntheitsgrad zu haben.
- Die Begrüßung sollte kurz und knapp ausfallen. „Liebe Kolleginnen und Kollegen" oder auch ein saloppes „Guten Tag zusammen" reicht bei einer solchen Rede völlig aus.
- Halten Sie sich nicht mit Vorreden auf. Kommen Sie direkt zur Sache.
- Wenn es sich nicht gerade um einen Tätigkeitsbericht handelt, sollten organisatorische Dinge oder Infos zu Zahlen und Statistiken kurz und knapp gehalten werden.
- Falls Sie Zahlen und Statistiken präsentieren müssen, visualisieren Sie sie.
- Selbst der Tätigkeitsbericht sollte so knapp wie möglich sein. Beschränken Sie sich auf Wichtiges. Einzelheiten zum Papierverbrauch etc. sind überflüssig.

Manchmal halten auch Firmeninhaber und Chefs Reden zur Betriebsratswahl. Eine solche Rede sollte von Wohlwollen und Respekt geprägt und natürlich neutral gehalten sein, was die Wahl einer bestimmten Person betrifft.

Zahlen und Statistiken sollten Sie stets visualisieren, beispielsweise in Form eines Balkendiagramms, sodass Ihre Zuhörer diese besser einordnen können.

Der Dialog

Egal ob ein vertrautes Zwiegespräch, ein unverbindlicher Smalltalk mit den Nachbarn oder eine hitzige Diskussionsrunde in der Mittagspause – die meisten Redesituationen in unserem Leben sind Dialoge, also die Kommunikation von Mensch zu Mensch. Die gesprochene Sprache und der Austausch mit anderen ist für uns Menschen existenziell wichtig, und das von Anfang an.

Kinder zeigen auf einen Gegenstand und erwarten, den Begriff zu erfahren, der ihn bezeichnet. Die ersten gebrabbelten Silben werden erst durch den Kontakt mit anderen in einen sinnvollen Zusammenhang gebracht. Immer im Austausch mit anderen Menschen lernen Kleinkinder in wenigen Monaten eine komplette Sprache, bauen scheinbar mühelos ihren Wortschatz aus und verinnerlichen grammatikalische Regeln – wofür Erwachsene, die eine Fremdsprache lernen, sehr viele Jahre benötigen. Und haben Kinder erst einmal eine Sprache gelernt, wenden sie diese im Gespräch an, um sich im Austausch mit ihren Eltern und anderen Bezugspersonen die Welt anzueignen, z. B. in der überaus anstrengenden Warum-Phase, die Kinder mit etwa drei Jahren durchlaufen. Auf diese Weise erschließen wir uns sprachlich die Welt und legen den Grundstein für unsere Wahrnehmung als Erwachsene. Letztendlich strukturiert Sprache unser eigenes Verständnis von der Wirklichkeit ebenso wie unsere eigenen Gedanken, und mithilfe der Sprache treten wir in Kontakt zu unseren Mitmenschen.

Nonverbale Kommunikation

Der Mensch ist eine sehr soziale, kommunikative Spezies. Das gilt nicht nur für das gesprochene Wort: Das erste Lächeln eines Kindes, das Mutter oder Vater gilt, vertieft die Bindung zu den engsten Bezugspersonen. Beim Menschen gibt es sogar besondere Nervenzellen, die Spiegelneuronen, die uns helfen, Mimik und Gestik unseres Gegenübers zu entschlüsseln. Wir können so selbst bei Menschen, die sich ausschweigen, anhand ihrer Körpersprache Rückschlüsse auf ihre Empfindungen anstellen – und meist klappt das erstaunlich gut.

Der berühmte Kommunikationswissenschaftler Paul Watzlawick prägte den klugen Satz: „Man kann

Von klein auf ist nicht nur der Spracherwerb, sondern auch der Umgang mit Gesten und Mimik auf ein Gegenüber gerichtet.

nicht nicht kommunizieren." Auch, wenn wir schweigsam sind – wir kommunizieren immer. Wir können gar nicht anders. Und ein sehr großer Anteil dieser Kommunikation läuft unbewusst ab. Wir müssen die gerunzelte Stirn und die verschränkten Arme eines Gegenübers nicht mühsam decodieren – wir können ohne jeden Zweifel und in Sekundenbruchteilen seine Gestik und Mimik als abweisend ent-schlüsseln. Und meist haben wir auch unsere eigene Mimik und Gestik nicht „im Griff" – und das ist auch gut so. Unsere Körpersprache ist meist grundehrlich, manchmal sogar ehrlicher, als es uns selbst lieb ist. Der Mensch verfügt beispielsweise im Gesicht über Dutzende winzige Muskeln, deren Spiel sich zum Großteil unserer Kontrolle entzieht und deren Hauptaufgabe die Mimik ist.

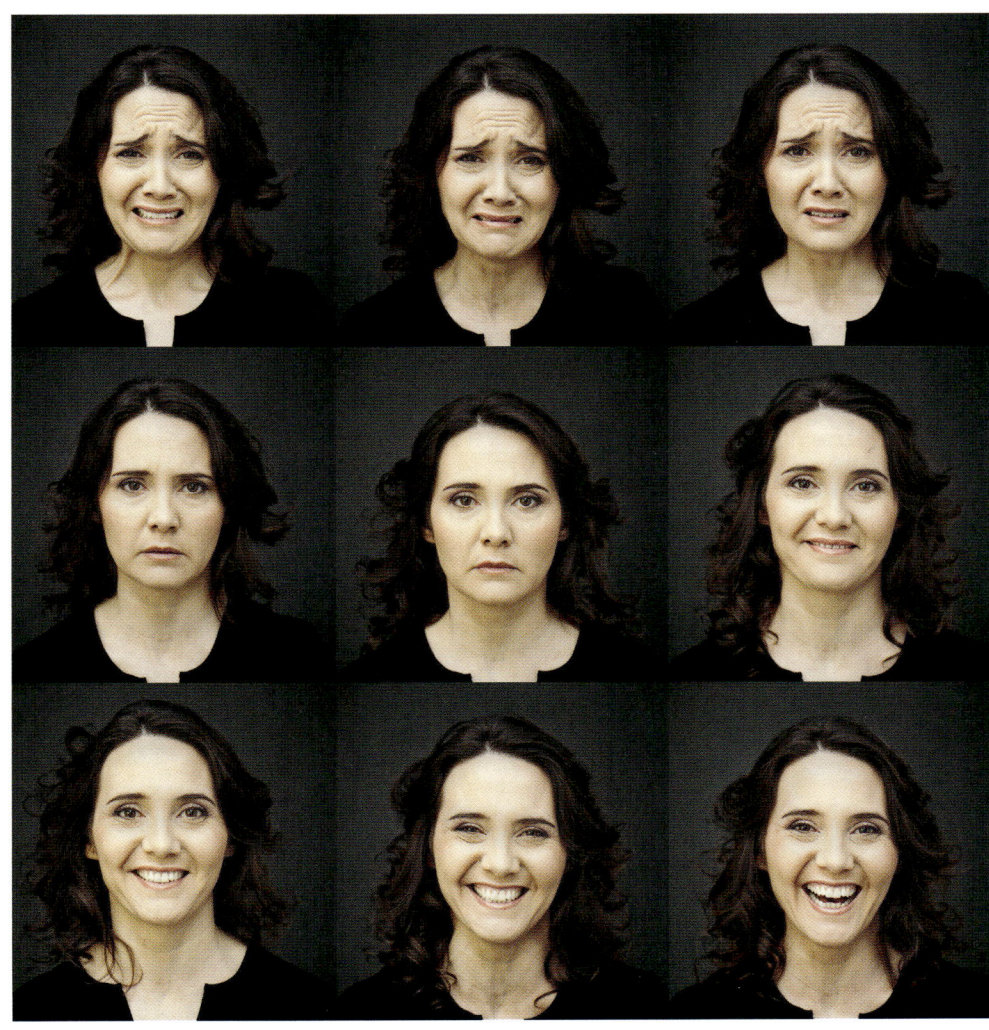

In Bruchteilen von Sekunden können wir anhand der Mimik den Gemütszustand unseres Gegenübers bestimmen.

Wenn wir mit einer Person in Dialog treten, haben wir also in aller Regel einen Spezialisten vor uns, der unsere Körpersprache, den Klang unserer Stimme etc. lesen und entsprechende Rückschlüsse ziehen kann. Und auch wir verfügen im Normalfall über dieselben Fähigkeiten.

80 Prozent der Kommunikation bestehen aus Gestik, Mimik und der Stimmlage, also nonverbaler Kommunikation, die weitgehend unbewusst abläuft. Das bedeutet im Umkehrschluss aber nicht – wie oft behauptet wird –, dass der Inhalt zweitrangig ist. Die nonverbale Kommunikation lässt vor allem Rückschlüsse zu auf den Charakter des Menschen, auf seine Stimmungslage und auf seine Beziehung zum Gesprächspartner. Doch natürlich nehmen wir neben all diesen Informationen auch den Inhalt eines Gesprächs wahr, jedoch gerade im persönlichen Kontakt gefärbt durch die nonverbale Kommunikation unseres Gesprächspartners.

Da ein Großteil unserer nonverbalen Kommunikation unbewusst abläuft, macht es nur begrenzt Sinn, gezielt an seiner Mimik und Gestik zu arbeiten. Natürlich sollte man versuchen, sich etwaige Ticks – wie das ständige Herabziehen der Mundwinkel oder ein übertriebenes Herumfuchteln mit den Armen – bewusst zu machen und zu vermeiden. Wenn jemand beispielsweise im persönlichen Kontakt mit Menschen nervös ist, wird dies auch seine Gestik, Mimik und Stimmlage offenbaren. Man kann hier also gezielt daran arbeiten, seine Gestik offener zu gestalten – beispielsweise statt mit verschränkten Armen mit einer offenen Armhaltung zu diskutieren oder, statt fahrig zu gestikulieren, eine ruhigere Gestik einzustudieren. Eine gerade, aufgerichtete Körperhaltung wirkt souveräner als hängende Schultern. Tatsächlich ist es bis zu einem gewissen Teil sogar möglich, die eigene Stimmungslage auf diese Weise zu beeinflussen. D. h., durch eine aufgerichtete Körperhaltung wirken Sie nicht nur souveräner, sondern fühlen sich auch ein Stückweit so. Diesen Mechanismus können Sie für sich nutzen: Die Maxime „Fake it until you make it" – ins Deutsche übersetzt etwa: „Tu so, als ob du es kannst, bis du es tatsächlich kannst" – ist durchaus vernünftig. Aber setzen Sie hier bitte Ihren gesunden Menschenverstand ein. Es ist nicht Sinn der Sache, eine nicht authentische Körpersprache auszubilden, die Ihre wahren Befindlichkeiten verschleiert. Unstimmigkeiten in der nonverbalen Ausdrucksweise können auch dem Gesprächspartner unangenehm auffallen.

Viele Menschen haben es gelernt, unangenehme Gesprächssituationen und Schüchternheit zu überspielen. Jedoch sollte man hierbei das dahinterstehende

☞ **Dialog**

Das Wort Dialog stammt aus dem Griechischen und bezeichnet so viel wie „Unterredung, Gespräch". Wörtlich bedeutete es ursprünglich „das Fließen von Worten".

Sokrates' „Hebammentechnik"

Der berühmte Philosoph Sokrates erfand seinem Schüler Platon zufolge eine besondere Form des Dialogs, nämlich die berühmte „Hebammentechnik". Sokrates' Mutter war Hebamme, und so, wie sie Frauen beim Gebären half, half Sokrates seinen Schülern, eigene Gedanken zu entwickeln – indem er ihnen entsprechende Fragen stellte und so den Dialog führte.

Die meisten Menschen finden ein wenig Nervosität oder Schüchternheit durchaus sympathisch. Hinzu kommt, dass viele Menschen mit ihren eigenen Unsicherheiten beschäftigt sind. Sehen Sie also, falls Sie sich in bestimmten Gesprächssituationen unbehaglich fühlen, dies eher als Herausforderung an.

Problem nicht außer Acht lassen. Wenn jemand in Gesprächen zur Nervosität neigt, ist vor allem eins wichtig: Gesprächssituationen nicht aus dem Weg zu gehen und stattdessen Gespräche zu suchen. Auch hier macht Übung, wie immer, den Meister. Um ein guter Gesprächspartner zu sein, ist vor allem eins wichtig: viele Dialoge zu führen.

Inhalts- und Beziehungsebene der Kommunikation

Wie der schon erwähnte Sprachwissenschaftler Paul Watzlawick herausgestellt hat, gibt es in ausnahmslos jeder Nachricht eine Inhalts- und eine Beziehungsebene, die entschlüsselt und verstanden werden muss. D. h., alles, was ein Mensch äußert – und das schließt die nonverbale Kommunikation mit ein –, verrät nicht nur etwas über den Inhalt der Botschaft, sondern auch über das Verhältnis der Menschen zueinander. Und da

menschliche Beziehungen naturgemäß nicht immer ganz einfach sind, kommt es in Dialogen häufiger zu Kommunikationsproblemen und Missverständnissen. Deutlich wird dies beispielsweise in Redewendungen wie: „Der Ton macht die Musik." Demnach ist zwar der Inhalt einer Botschaft für den Hörer in Ordnung – nicht aber, wie er kommuniziert wurde. Viele Witze beschäftigen sich mit diesem Phänomen – und die Erfahrungen der meisten Menschen decken sich damit. Eine Frage wie etwa „Hast du zugenommen?" ist, rein inhaltlich, nicht zu beanstanden. Nimmt man aber den Beziehungsaspekt hinzu, kann eine solche Frage je nach Kontext einen ernsthaften Ehestreit oder eine handfeste Krise zwischen Freundinnen heraufbeschwören. Möchte man ein guter Gesprächspartner sein, sollte daher in Dialogen der Beziehungsaspekt grundsätzlich immer mit berücksichtigt werden.

Die Verschränkung von Beziehungs- und Inhaltsaspekt in Dialogen ist aber nicht nur Anlass für allerlei Missverständnisse, sondern kann auch in besonderer Weise dazu dienen, mithilfe von anderen Menschen eigene Gedanken zu entwickeln und zu präzisieren. Gedanken sind frei, und sie mit anderen zu teilen, kann den Erkenntnisgewinn bei uns und anderen erhöhen und durch den Austausch sogar zu völlig neuen Ideen führen. Der amerikanische Physiker und Philosoph David Bohm hat vor diesem Hintergrund die ganz besondere Qualität des Dialogs hervorgehoben: Demnach sollte ein Dialog grundsätzlich wohlwollend und ergebnisoffen sein, damit Neues gedacht und ausgesprochen werden kann.

Hierarchien in Gesprächen und andere Schwierigkeiten

Sicher ist Ihnen schon oft aufgefallen, dass Ihnen manche Gesprächssituationen leichter fallen als andere. In einem Gespräch mit einem vertrauten Freund benötigen Sie je nachdem nicht viele Worte, um wichtige Dinge auszudrücken. Ein Smalltalk mit der sympathischen Nachbarin findet auf Augenhöhe und mit Leichtigkeit statt. Im Kreis von alten Schulkameraden ist es einfacher, schlagfertig, witzig und originell zu sein, als in einer Runde von neuen Kollegen oder gar in einem Konfliktgespräch mit dem Vorgesetzten. Oft ist hier ein Hierarchiegefälle oder eine generelle Unvertrautheit der Grund.

Manchmal aber fühlt man sich in Gesprächen unbehaglich, ohne dass die Ursache hierfür sofort ersichtlich ist: Die Erklärung hierfür kann eine weitere Grundannahme für Kommunikation von Paul Watzlawick liefern. Sie klingt erst einmal ein wenig komplizierter als die

beiden schon genannten. Demnach gibt es sogenannte symmetrische oder komplementäre Kommunikationsabläufe – je nachdem, ob die Beziehung der Gesprächspartner hierarchisch ist oder auf Gleichheit beruht. In hierarischen Beziehungen – etwa zwischen Chef und Arbeitnehmer – fühlt sich Letzterer normalerweise in einer eher unterlegenen Position. Zumindest aber ist die Beziehung und das zugrundeliegende Machtgefälle eindeutig.

Schwierig wird es dann, wenn Sie in einem vermeintlichen Gespräch auf Augenhöhe vom Gesprächspartner auf einen unterlegenen Platz verwiesen werden. Dies kann entweder durch die Körpersprache geschehen, wie beispielsweise durch Augenrollen, oder durch den Inhalt der Rede, etwa durch Lächerlichmachen oder Ähnliches. Wenn eine erzürnte Mutter ihrem vierjährigen

In einer lockeren Runde mit Freunden fällt das Gespräch meist leicht – man begegnet sich auf Augenhöhe.

▼

Sohn sagt: „Ich möchte, dass du auf der Stelle dein Zimmer aufräumst!", so ist diese Botschaft komplementär: Die Beziehung der beiden ist naturgemäß hierarchisch, und dies ist sowohl Mutter als auch Sohn klar. Etwas völlig anderes wäre es aber, würde dieselbe Frau einen solchen Satz gegenüber ihrem Ehepartner äußern. In diesem Fall hätte sie sich im Tonfall ebenso vergriffen wie inhaltlich. Das gilt für viele Lebensbereiche. So ist es z. B. möglich, dass in einem Gespräch zwischen gleichrangigen Kollegen der eine dem anderen, wie einem Schulbuben, Ratschläge erteilt oder ihn auf andere Weise subtil herabsetzt. Solche Gespräche können zu Verwirrung führen und sogar demütigend wirken, vor allem, wenn Dritte anwesend sind. Es ist sehr ratsam, eine solche Situation zum Ersten nachträglich zu analysieren und sie zum Zweiten klar anzusprechen und zukünftig Grenzen zu setzen. Dies gilt insbesondere dann, wenn es sich nicht um einen einmaligen Ausrutscher, sondern um ein Gesprächsmuster handelt, das zur Gewohnheit zu werden droht. Wenn Sie sich in Gesprächen mit bestimmten Menschen häufig unbehaglich und missverstanden fühlen, steckt oft eine solche Kommunikationsstörung dahinter. Häufig kommt es auch vor, dass Inhalt einer Botschaft und Körpersprache gar nicht zusammenpassen, etwa weil jemand bewusst die Unwahrheit sagt. Sagt man beispielsweise in einem Gespräch: „Ich bin nicht wütend auf dich", während die Körpersprache und die Stimme etwas ganz anderes verraten, so ist das für den Gesprächspartner hochgradig verwirrend.

Die Beziehung zwischen Mutter und Kind ist von hierarchischer Natur.
▼

Missverständnisse in Dialogen

Wie Sie an dieser Stelle sicher schon ahnen, ist die Angelegenheit sogar noch ein wenig komplizierter. Der bekannte deutsche Kommunikationsforscher und Psychologe Friedemann Schulz von Thun hat ein umfassendes Modell der Kommunikation entwickelt, das erfreulicherweise auch sehr gut in der Praxis verwendbar ist. Denn erst, wenn man weiß, wo die eigene Kommu-

Das Vier-Seiten-Modell

Nach Friedemann Schulz von Thun hat ausnahmslos jede Nachricht vier Seiten:

Die Sachebene – also Informationen zu Fakten und Inhalten
Der Beziehungsaspekt – wie man zu einer Person steht
Die Selbstoffenbarung – was der Sprecher von sich selbst preisgibt
Die Appellseite – was der Sprecher sich vom Angesprochenen wünscht

Zusätzlich hört der Angesprochene die Nachricht gewissermaßen mit vier Ohren – hier spricht Schulz von Thun von dem Vier-Ohren-Modell:

Die Sachebene – worüber spricht das Gegenüber?
Die Beziehungsebene – wie steht diese Person zu mir?
Die Selbstoffenbarung – wie sieht diese Person sich selbst?
Der Appell – was will diese Person von mir?

nikation mit anderen hakt, kann man bewusst Abhilfe schaffen. Dies mag nicht in jedem einzelnen Fall einfach sein, aber lohnenswert ist es allemal.

Dieses Modell ist als Analyseinstrument sehr hilfreich, denn es lassen sich viele Missverständnisse in unserer Alltagskommunikation damit erklären. Es lässt sich anhand des Vier-Seiten-Modells beispielsweise zeigen, warum scheinbar ganz harmlose Äußerungen einen dramatischen Streit nach sich ziehen können. Hört jemand beispielsweise eine hauptsächlich sachlich gemeinte Äußerung mit dem Beziehungsohr – oder auch umgekehrt –, so können daraus eine Reihe von Fehlschlüssen entspringen.

Ein Beispiel: Ein Ehepaar wartet im Wagen an einer Kreuzung. Sie sitzt am Steuer. Er sagt zu ihr: „Die Straße ist frei."

Die möglichen Seiten dieser Aussage könnten sein:
- Inhaltsebene: Es ist kein Auto in Sicht.
- Selbstoffenbarung: Ich habe es eilig.
- Beziehungsebene: Du fährst zu vorsichtig – ich kann es besser.
- Appell: Fahr endlich los!

Auch die Ehefrau hört diesen Satz auf vier verschiedenen Ebenen:
- Inhaltsebene: Es ist kein Auto in Sicht.
- Selbstoffenbarung: Er ist genervt, dass ich so langsam Auto fahre.
- Beziehungsebene: Er stellt meine Fähigkeiten als Autofahrerin infrage.
- Appell: Das nächste Mal will er lieber selbst fahren.

▲

Streitigkeiten können aufgrund von Missverständnissen aus scheinbar ganz belanglosen Anlässen heraus entstehen. Hier kann es sinnvoll sein, die eigene Kommunikation noch einmal genauer anzuschauen.

Wenn die Ehefrau vor allem mit dem Beziehungsohr oder dem Appellohr hört, wird sie ihrem Partner entweder entsprechend antworten, wobei die Antwort je nach Temperament der Frau scharf ausfallen kann („Ich habe selber Augen im Kopf!") oder defensiv („Ich finde nicht, dass ich eine schlechte Autofahrerin bin!"). Oder sie wird beleidigt schweigen. In jedem Fall ist das Paar plötzlich entweder bei einem Streit, einer schwierigen Grundsatzdiskussion oder einer Missstimmigkeit gelandet.

Missverständnisse solcher Art lassen sich bei der Vielschichtigkeit menschlicher Dialoge und Beziehungen nicht immer verhindern, aber häufig nachträglich ausräumen. Hierfür kann das Kommunikationsmodell nach Schulz von Thun nicht nur sehr gute Dienste leisten, sondern zu manchem Aha-Erlebnis führen. Denn nicht immer ist alles so gemeint, wie es bei uns ankommt. Oft hören wir beispielsweise mit dem Beziehungsohr Botschaften des anderen, die eigentlich eher sachlich oder gar als Selbstoffenbarung gemeint waren.

Wichtig ist – vor allem in engen zwischenmenschlichen Kontakten –, solche Konflikte anzusprechen. Dies ist allemal besser, als zu verstummen und zu mauern, weil man sich nichts mehr anzusprechen traut. Eine Frage, wie etwas gemeint ist bzw. war, kann auch nachträglich nie schaden. Ebenso wichtig kann es sein – etwa unter Paaren oder engen Freunden –, die Beziehungsebene von der Sachebene bewusst zu trennen. Viel zu oft glauben wir, gerade vertraute Menschen müssten intuitiv wissen, wie wir etwas meinen. Wenn beispielsweise eine Frau sagt: „Mir ist kalt", und ihr Freund antwortet: „Ja, das Thermometer ist um zehn Grad gefallen" – dann hat er womöglich schlichtweg nicht verstanden, dass sie sich gerade eine romantische Geste von ihm wünscht, etwa in den Arm genommen und gewärmt zu werden. Er hat auf der Sachebene geantwortet – ein Missverständnis, das sich eigentlich schnell ausräumen lässt. In diesem Fall kann man z. B. offen ansprechen, wie man eine bestimmte Äußerung empfunden hat. Auch hier ist es selbstverständlich wichtig, im Auge zu behalten, mit wem man spricht. Einem sehr autoritären Chef wird man kaum seine Gefühle offenbaren wollen, seinem besten Freund aber schon.

Aktives Zuhören

Viele Dialoge kranken auch daran, dass sich die Gesprächspartner nicht richtig gegenseitig zuhören. Missverständnisse sind in so einem Fall schon vorprogrammiert. Oder sie hören zwar zu, interpretieren aber das Gesagte auf eine Weise, die der Sprecher überhaupt nicht meinte. Auf diese Weise kann bereits ein Gespräch über das Wetter in babylonische Sprachverwirrung ausarten. Was also tun? Der Psychologe Carl R. Rogers hat zur Verbesserung der Kommunikation die Technik des „Aktiven Zuhörens" beschrieben. Häufig wenden Sie sie sicherlich ohnehin an.

Um gute Dialoge führen zu können, ist es wichtig, aufmerksam zuzuhören. Da Menschen häufig mit sich selbst und ihren eigenen Gedanken beschäftigt sind, kann selbst diese Selbstverständlichkeit schon einiges an Konzentration erfordern.

- Lassen Sie Ihr Gegenüber ausreden – selbst dann, wenn Ihnen ein Widerspruch auf der Zunge liegt.
- Halten Sie Blickkontakt.
- Unterstützen Sie den Sprecher

hin und wieder durch zustimmendes Nicken.

Wenn Sie merken, dass Sie immer wieder gedanklich abschweifen, erklären Sie dies Ihrem Gesprächspartner und entschuldigen Sie sich. Gerade in stressigen Zeiten haben fast alle Menschen Verständnis dafür und kennen das Phänomen selbst.

Aktives Zuhören im engeren Sinn geht aber noch darüber hinaus:

- Fassen Sie das, was Ihr Gesprächspartner gesagt hat, noch einmal kurz als Frage zusammen: „Du meinst also, dass …?", „In anderen Worten: …?", „Ich habe dich jetzt so verstanden, dass …?" In der Fachsprache nennt man diese Fragetechnik „Paraphrasieren". So können Sie sicher sein, Ihren Gesprächspartner auch inhaltlich wirklich

Aufmerksam zuzuhören ist im Gespräch äußerst wichtig und erfordert Konzentration.

▼

verstanden zu haben. Außerdem geben Sie ihm noch einmal Gelegenheit, das Gemeinte genauer zu formulieren.

- Darüber hinaus können Sie auch die Gefühlsebene des Gesagten durch Fragen ansprechen. Diese Technik nennt sich „Spiegeln". Sie sollte aber mit Bedacht und umsichtig angewendet werden. Wenn Sie nicht gerade als Mediator oder Kundenberater arbeiten oder als Chef ein Konfliktgespräch mit Mitarbeitern führen müssen, sollte letztere Technik weitgehend auf den privaten Bereich beschränkt bleiben.

Gewaltfreie Kommunikation

Diese Kommunikationstechnik wurde von Marshall B. Rosenberg entwickelt, einem amerikanischen Arzt und Psychologen. Das Konzept ist so beliebt und alltagstauglich, dass es inzwischen auch in Volkshochschulen häufig gelehrt wird. Es gibt demnach vier Faktoren für gewaltfreie Kommunikation.

Beobachtung: Die genaue Wahrnehmung einer Situation, ohne zu werten („Zu unserem letzten Termin bist du fast zwanzig Minuten zu spät gekommen", statt „Immer lässt du mich warten!").

Gefühl: Im zweiten Schritt werden Gefühle erspürt und artikuliert („Dieses Verhalten verletzt mich").

Bedürfnis: Das Gefühl zeigt das zugrunde liegende Bedürfnis auf („Mir ist deine Wertschätzung wichtig").

Bitte: Wenn das Bedürfnis klar ist, kann eine Bitte geäußert werden („Könntest du demnächst bitte pünktlich sein?"). Wichtig ist: Bitten dürfen immer abgelehnt werden.

Es versteht sich von selbst, dass die Fragen weder Suggestivfragen noch rhetorische Fragen sein dürfen, sondern einzig und allein den Sinn haben, den Gesprächspartner besser zu verstehen. Eine vorgefasste Meinung über den Sprecher ist mit Aktivem Zuhören tatsächlich schwer vereinbar.

Aktives Zuhören ist nicht nur in privaten, sondern auch in vielen beruflichen Gesprächssituationen sehr nützlich, etwa bei Vorstellungsgesprächen und Konfliktgesprächen. Dabei schlagen Sie sogar zwei Fliegen mit einer Klappe: Nicht nur verstehen Sie Ihren Gesprächspartner besser und können Missverständnisse von vornherein minimieren, sondern Sie werden auch als sozial besonders kompetent wahrgenommen. Hinzu kommt: Je besser Sie die Position Ihres Gesprächspartners kennen, umso besser können Sie auch Ihre eigenen Argumente entwickeln und ins Spiel bringen.

Nein sagen und Grenzen setzen

Es braucht, um ein englisches Sprichwort zu zitieren, stets zwei Personen, um Tango zu tanzen. Viele der obigen Gesprächstechniken funktionieren sehr gut mit gutwilligen, wohlwollenden Gesprächspartnern. Doch Vorsicht: Sie werden damit häufig auf Granit beißen, wenn Ihr Gesprächspartner ein unangenehmer Zeitgenosse ist, der in Dialogen manipuliert und herabsetzt. Schlimmer noch: Es gibt leider auch Menschen, die jede Schwäche ihres Gegenübers zu ihrem eigenen Vorteil nutzen. In diesem Fall hilft nur eins: klare Grenzen ziehen und die eigene Position verteidigen! Diese Fähigkeit benötigen Sie übrigens auch in Gesprächen mit vertrauten und wohlwollenden Menschen.

Manchen Menschen fällt es leicht, Grenzen zu setzen, doch viele haben Angst vor der Auseinandersetzung und weichen lieber zurück. Wenn Sie zur zweiten Gruppe gehören, machen Sie sich bewusst, dass der Konflikt längst da ist, auch, wenn er unausgesprochen ist. Selbst, wenn Sie harmoniebedürftig sind – ein offener Streit und klare Positionen sind immer noch besser zu ertragen als immerwährender Ärger, der kein Ventil findet oder sich gar bei Menschen entlädt, die mit dem Konflikt gar nichts zu tun haben. Ihr Seelenfrieden ist es allemal wert, dass Sie für sich einstehen und nein sagen. Dies können Sie selbstverständlich freundlich und verbindlich tun.

Um Grenzen zu setzen und nein sagen zu können, müssen wir unsere eigenen Grenzen erst einmal kennen. Ist Ihnen Ehrlichkeit besonders wichtig? Ordnung? Loyalität? Oft verspüren Sie erst einmal nur ein diffuses, unwohles Gefühl,

wenn Ihre Grenzen übertreten werden. Dem sollten Sie nachgehen. Im zweiten Schritt sollten Sie entsprechend für sich und Ihre Interessen eintreten. Rechnen Sie allerdings mit Gegenwind. So ist es möglich, dass Ihr Gesprächspartner Ihnen ein schlechtes Gewissen einzureden versucht, Sie an Ihrer Ehre packt, Ihre Liebe, Freundschaft oder gleich Ihren Charakter infrage stellt. Gerade, wenn Sie eher ein nachgiebiger Mensch sind, ist es aus Ihrem Munde erst einmal ungewohnt, ein klares Nein zu hören.

Häufig stimmt man um des lieben Friedens willen einer Lösung zu, die sich im Nachhinein als fauler Kompromiss entpuppt. Oder man lässt sich über den Tisch ziehen und wird überrumpelt. Ganz wichtig: Sie können es sich in fast jeder Situation nachträglich anders

Nein zu sagen und dem Gegenüber Grenzen zu setzen, fällt nicht jedem leicht, kann jedoch erlernt werden.

überlegen. Greifen Sie zum Telefon, schreiben Sie zur Not eine E-Mail, formulieren Sie Ihre Bedenken. „Ich habe noch einmal über unser Gespräch neulich nachgedacht und bin zu dem Schluss gekommen, dass ich deine vorgeschlagene Lösung für mich doch nicht annehmbar finde" kann etwa ein guter Einstieg sein. Sollte Ihr Gesprächspartner persönlich oder gar unverschämt werden, können Sie jederzeit das Gespräch beenden. Solange Sie keinen Vertrag für irgendetwas unterschrieben haben, können Sie einmal gegebene Zugeständnisse jederzeit zurücknehmen!

Um Überrumpelung von vorneherein zu vermeiden, ist es auch eine gute Strategie, sich nicht voreilig zu einer Entscheidung oder einem Kompromiss drängen zu lassen. Sätze wie: „Das muss ich mir erst noch mal in Ruhe überlegen" oder „Darüber muss ich noch mal eine Nacht schlafen" können Ihnen hier einiges an Ärger ersparen.

Ich-Botschaften und Wertungen

Auch in Konfliktsituationen sollte man fair und konstruktiv bleiben. Hierzu gehört das Formulieren sogenannter „Ich-Botschaften". Vorwürfe werden meist als Du- bzw. Sie-Botschaften geäußert. Ich-Botschaften gehen immer von den eigenen Gefühlen und der eigenen Wahrnehmung aus. „Es hat mich geärgert …", „Ich war sehr enttäuscht, weil …", „Mich hat es verletzt, dass …" sind Ich-Botschaften. „Dein Verhalten ist rücksichtslos", „Sie haben völlig versagt" sind hingegen Du- bzw. Sie-Botschaften. „Ich finde, dein Verhalten ist rücksichtslos" ist übrigens keine Ich-Botschaft, sondern nur eine verkappte Du-Botschaft.

Hinzu kommt, dass Bewertungen einer Person eine Auseinandersetzung im Nu eskalieren lassen können. Sicher, manchmal ist es nötig, ein Verhalten zu bewerten. Schließen Sie aber im Gespräch nicht vom Verhalten auf den Charakter einer Person. „Dein Verhalten war unverantwortlich" ist sicher nicht angenehm zu hören, aber immer noch etwas völlig anderes als „Du bist ein verantwortungsloser Mensch". Im ersten Fall wird nur über eine Situation gesprochen, im zweiten Fall wird die Person als solche verurteilt. Der erste Satz lässt Raum für Veränderung, der zweite steckt den Gesprächspartner in eine Schublade – was zu Recht weiteren Streit heraufbeschwört.

Konfliktgespräche

Aktives Zuhören kann bei privaten wie bei beruflichen Konflikten festgefahrene Situationen entspannen. Ihr Gesprächspartner fühlt sich ernst genommen und hat die

Gelegenheit, auch seine Meinung kundzutun. Ganz wichtig: Bleiben Sie entspannt, auch wenn Sie die Ansicht Ihres Gesprächspartners erst einmal abstrus finden. Zählen Sie zur Not innerlich bis zehn, bis Sie antworten. Vergessen Sie aber nicht, dass es erforderlich sein kann, Grenzen zu setzen. Falls das Gespräch vonseiten Ihres Gesprächspartners zu eskalieren droht, brechen Sie es möglichst ab.

Nachbarschaftskonflikte

Zu den unangenehmen Seiten des Lebens gehören Konflikte mit der lieben Nachbarschaft. „Es kann der Frömmste nicht in Frieden leben, wenn es dem bösen Nachbarn nicht gefällt" ist da weit mehr als nur ein Bonmot. Wenn Nachbarn häufig über Lärm oder über Laub auf dem Nachbargrundstück streiten, gibt es unterschiedliche Eskalationsstufen. Es ist sinnvoll, sich möglichst schon dann um ein klärendes Gespräch zu bemühen, bevor die Emotionen hochgeschlagen sind.

Lassen Sie sich möglichst nicht aus der Ruhe bringen. Versuchen Sie, ein Gespräch auf Augenhöhe zu führen. Aktives Zuhören ist hier eine sehr sinnvolle Technik. Lassen Sie Ihren Gesprächspartner ausreden – bestehen Sie allerdings auch darauf, selbst Ihre Gedanken zu Ende führen zu können. Auch können Sie für das Gespräch ein angenehmes Ambiente schaffen, z. B. durch eine Einladung zum Kaffee auf neutralem Boden. Vielleicht ist es ja möglich, das eine oder andere Problem aus der Welt zu schaffen, indem ein Kompromiss gefunden wird. Sollte Ihr Nachbar beispielsweise mehrfach wöchentlich die Nacht zum Tag machen und die Straße mit Musik beschallen, ist die Vereinbarung fester Zeiten, an denen gefeiert werden darf, sinnvoll. Machen Sie möglichst konstruktive Vorschläge. Und, genauso wichtig: Fragen Sie Ihren Nachbarn, wie er sich eine Lösung vorstellt. Manchmal kann die Lösung sogar ganz einfach sein: Wenn die Nachbarin immer dann Posaune übt, wenn Ihr Kleinkind schläft, ist nur eine kleine Änderung ihres Zeitplans vonnöten. Häufig ist es auf diese Weise möglich, ein schwieriges Nachbarschaftsverhältnis zu entspannen.

Bevor ein Konfliktgespräch so eskaliert, ist es sinnvoll, es rechtzeitig abzubrechen.

▼

Bei Nachbarschafts-streitigkeiten sollte man sich möglichst frühzeitig um ein klärendes Gespräch bemühen – sind die Fronten erst einmal verhärtet, geht es oft nicht mehr ohne Hilfe von außen.

Wichtig ist: Ein Kompromiss bedeutet natürlich nicht, um des lieben Friedens willen zurückzustecken und Ihre eigenen Interessen hintanzusetzen. Unverschämte Nachbarn müssen in ihre Grenzen verwiesen werden. Sollten Ihre freundlichen und fairen Gesprächsversuche scheitern, bleibt leider keine andere Möglichkeit, als die Polizei – etwa bei ständiger Lärmbelästigung – oder das Ordnungsamt einzuschalten. Informieren Sie sich möglichst bereits vor dem Konfliktgespräch über Ihre Rechte und Möglichkeiten, auch, um gelassen und souverän argumentieren zu können.

Falls Sie in einem Nachbarschaftsstreit keine gütliche Einigung erzielen können, werden in vielen Bundesländern Schiedsfrauen und -männer eingeschaltet, die zwischen den Parteien vermitteln. Dokumentieren Sie alle Ereignisse und sammeln Sie Beweise, um Ihre Interessen optimal zu vertreten. Dies ist auch im Fall eines Gerichtsverfahrens wichtig.

Konflikte und Mobbing am Arbeitsplatz

Etwas heikler als private Konfliktgespräche sind Konfliktgespräche am Arbeitsplatz. Manchmal muss man als Arbeitnehmer ein ernsthaftes Gespräch mit der Kollegin führen oder als Vorgesetzter mit einem Mitarbeiter unangenehme Dinge klären – etwa seinen Wunsch auf Urlaub ausschlagen, ihn wegen ständiger Unpünktlichkeit abmahnen etc. Hin und wieder muss man als Chef sogar vermittelnd eingreifen, wenn es um Unstimmigkeiten zwischen zwei Mitarbeitern oder gar Abteilungen geht.

Egal, in welcher Position Sie sein sollten: Bereiten Sie sich gründlich vor. Versuchen Sie, beherrscht und souverän zu erscheinen – selbst, wenn es in Ihnen anders ausschauen sollte. Geben Sie, falls nötig, eigene Versäumnisse zu. Dies ist kein Zeichen von Schwäche, sondern von Charakter. Argumentieren Sie klar. Ständige Anklagen, gerade vor einem Chef, sprechen eher gegen Sie. Sammeln Sie Ihre Argumente und bringen Sie sie sachlich und mit möglichst ruhiger Stimme vor. Kommen Sie dabei sofort zur Sache. Lassen Sie Kontrahenten ausreden. Es geht bei einem solchen Gespräch häufig nicht darum, sich durchzusetzen, sondern darum, einen für alle annehmbaren Kompromiss zu erreichen.

Generell ist es sinnvoll, solche Gespräche bereits zu führen, bevor das Kind in den Brunnen gefallen ist. Es ist menschlich, Konfliktgespräche auf die lange Bank zu schieben und darauf zu hoffen, dass sich das Problem von alleine klärt – doch klug ist es nicht. Haben Sie als Mitarbeiter mit einem Kollegen Probleme, sprechen Sie sie auch mit ihm in einem Vier-Augen-Gespräch an, am besten in einer ansonsten entspannten Atmosphäre. Sie können ihm durchaus sagen, wie sehr Sie seine Arbeit generell schätzen und dass es nur dieses eine

Verhalten ist – Unpünktlichkeit, eine schlechte Angewohnheit etc. –, das Sie auf die Palme bringt.

Sind Sie Chef oder Vorgesetzter, so sind Sie natürlich in einer anderen, ranghöheren Position. Als Führungskraft führen Sie natürlich auch das Konfliktgespräch mit Ihrem Mitarbeiter. Hier geht es meistens weniger darum, einen Kompromiss zu erzielen, sondern eine Entscheidung zu kommunizieren oder ein bestimmtes Verhalten zu kritisieren. In letzterem Fall werden Sie Ihrem Mitarbeiter natürlich Gelegenheit zur Stellungnahme und ggf. zur Entschuldigung geben. Bleiben Sie fair und verbindlich, aber klar und eindeutig in Ihrer Kritik und Entscheidung. Formulieren Sie konkret, treffen Sie, evtl. zusammen mit dem Mitarbeiter, klare Vereinbarungen. Manchmal ist es auch möglich, ihm entgegenzukommen: Ihr Mitarbeiter wünscht zwei Wochen Urlaub in den Osterferien, die Sie ihm betriebsbedingt nicht gewähren können – aber vielleicht ist ihm ja mit einer Woche geholfen?

Im Fall von Mobbing gelten selbstverständlich andere Bedingungen. Sind Sie als Mitarbeiter selbst Mobbingopfer, dokumentieren Sie unbedingt alle Vorfälle schriftlich, mit Datum und Uhrzeit, und schalten Sie frühzeitig Ihren Vorgesetzten – sofern der Mobber ein Mitarbeiter ist – oder die Personalabteilung ein. Mobbing ist darauf

Denken Sie auch bei Konfliktgesprächen am Arbeitsplatz daran, Ich-Botschaften zu formulieren, und hören Sie aktiv zu.

☞ Mobbing
Unter Mobbing versteht man wiederholte Demütigungen, gezielte Isolierung des Opfers, Zuweisung sinnloser Arbeitsaufträge, Herabsetzung, Drohungen etc.

angelegt, das Opfer über einen längeren Zeitraum zu zermürben. Behalten Sie daher möglichst einen kühlen Kopf, und gehen Sie planvoll vor. Handeln Sie vor allen Dingen frühzeitig. Informieren Sie sich über Ihre Rechte. Im Internet gibt es viele Seiten, die Ihnen hier weiterhelfen können.

Sind Sie Vorgesetzter, so sollten Sie den Vorwürfen in Form von Einzelgesprächen nachgehen. Ein Gespräch zu dritt oder in der Gruppe ist hier kontraproduktiv. Sichten Sie die Beweise und Argumente Ihrer Mitarbeiter, und fällen Sie auf dieser Grundlage eine Entscheidung. Wenn die Vorwürfe Hand und Fuß haben, hat der Schutz des Mobbingopfers allerhöchste Priorität! Je nach Schwere der Vorfälle können Sie überlegen, ob Sie den Täter oder die Täterin in eine andere Abteilung versetzen, ihn oder sie abmahnen oder

gar – auch dies ist bei schweren Fällen von Mobbing möglich – der Person gleich kündigen.

Bewerbungsgespräche und Gehaltsverhandlungen

Zu den schwierigen Gesprächssituationen im beruflichen Bereich gehören auch Bewerbungsgespräche und Verhandlungen um das Gehalt. Um Erstere kommt man im Berufsleben nicht herum. Um Letztere muss sich ein Arbeitnehmer meist selbst bemühen – liegt doch eine Gehaltserhöhung in seinem ureigenen Interesse.

Bewerbungsgespräche
Bei jeder Bewerbung, die man abschickt, hofft man auf ein Bewerbungsgespräch. Flattert dann die Einladung endlich ins Haus, stellt sich doch eine gewisse Nervosität ein. Und das ist auch verständlich, denn ein Bewerbungsgespräch kann über die berufliche Zukunft entscheiden und ganz neue Weichen stellen.

Tatsächlich scheitern Bewerbungsgespräche häufig auch an der Nervosität der Bewerber. Dies ist der Hauptgrund, warum man oft als Wunschkandidat für eine Stelle ausgewählt wird, die eigentlich für einen selbst nur zweite oder gar dritte Wahl ist, während man für den Traumjob eine Absage erhält, da man beim Vorstellungsgespräch

Eine gründliche Vorbereitung hilft gegen übermäßige Nervosität beim Vorstellungsgespräch.

nicht die nötige Souveränität ausstrahlte oder sich gar versehentlich um Kopf und Kragen redete.

Wer die Einladung zu einem Vorstellungsgespräch erhält, erfüllt alle formalen Voraussetzungen für die Stelle. Im Bewerbungsgespräch wird vor allem die Passung geprüft, die Persönlichkeit, die Teamfähigkeit. Bereiten Sie sich also optimal vor – dies wird Ihnen im Gespräch mehr Sicherheit geben.

Ein Vorstellungsgespräch verläuft typischerweise in fünf Phasen:
- Smalltalk (Begrüßung etc.)
- Kennenlernen des Bewerbers
- Präsentation des Arbeitgebers
- Rückfragen des Bewerbers
- Abschluss des Gesprächs

Es ist ratsam, sich auf jede Phase einzeln vorzubereiten. Bei der Begrüßung etwa ist ein freundliches Auftreten, ein nicht zu lascher oder zu kräftiger Händedruck wichtig. Seien Sie eher zurückhaltend, aber nicht distanziert. Wenn man Ihnen einen Stuhl anbietet, setzen Sie sich und nehmen Sie eine aufrechte, leicht nach vorn gebeugte Körperhaltung ein. Damit signalisieren Sie Interesse und Offenheit. Achten Sie darauf, bei mehreren Gesprächspartnern alle auch anzuschauen. Lächeln Sie viel, aber natürlich nicht übertrieben viel.

In der Kennenlern-Phase werden Sie meist aufgefordert, von sich zu erzählen. Hier sollten Sie vor allem herausstellen, warum Sie für diesen Job besonders geeignet sind. Dabei

Vorbereitung auf ein Vorstellungsgespräch

✓ Lesen Sie sich noch einmal Ihre eigene Bewerbung durch.

✓ Legen Sie sich eine möglichst gute Erklärung für etwaige Lücken im Lebenslauf zurecht – vermutlich wird man Sie danach fragen.

✓ Was ist Ihre Motivation für die Bewerbung? Warum wollen Sie ausgerechnet bei dieser Firma arbeiten? Überlegen Sie sich schon einmal überzeugende Antworten.

✓ Recherchieren Sie noch einmal gründlich nach dem Tätigkeitsfeld der Firma und der Abteilung. Notieren Sie sich mögliche Fragen an die Interviewenden.

✓ Erscheinen Sie auf jeden Fall pünktlich. Kommen Sie lieber zu früh als zu spät, und gehen Sie zur Not noch einmal eine halbe Stunde um den Block. Falls Sie mit öffentlichen Verkehrsmitteln anreisen, suchen Sie frühzeitig Bus- und Zugverbindungen heraus.

✓ Seien Sie lieber etwas zu formell gekleidet als zu salopp. Orientieren Sie sich hier aber am Kleidungsstil der Branche. Frauen sollten sich nur dezent schminken.

✓ Gehen Sie gedanklich das Gespräch schon einmal durch. Vielleicht finden Sie auch jemanden – den Partner oder die Partnerin, den besten Freund –, mit dem Sie es einmal durchspielen können.

sollten Sie weder zu dick auftragen noch sich in falscher Bescheidenheit üben! Typische Fragen in dieser Phase sind z. B.: „Warum wollen Sie gerade bei uns arbeiten?", „Was reizt Sie an dieser Stelle?", „Erzählen Sie einmal etwas von sich" etc. Auf diese Fragen sollten Sie schlüssige Antworten haben, die nicht nur Ihre eigene Motivation unterstreichen, sondern auch zeigen, dass Sie der geeignete Kandidat für diese Firma sind.

In der Präsentationsphase erhalten Sie Informationen über die Firma, bei der Sie sich beworben haben. Hören Sie besonders aufmerksam zu, denn in der darauffolgenden Phase sollten Sie möglichst intelligente Rückfragen stellen, die zeigen, dass Sie sich für den Arbeitsplatz und den Betrieb interessieren. Fragen nach Weihnachtsgeld oder Urlaub sind an dieser Stelle natürlich unangebracht.

Manchmal wird im Rahmen des Vorstellungsgesprächs über Ihre Gehaltsvorstellungen gesprochen. Hier ist es ausgesprochen ratsam, schon genauere Vorstellungen zu haben. Im Zweifel gehen Sie von dem Gehalt Ihrer bisherigen Stelle aus.

Übrigens ist es ein kluger Schachzug und wirkt sympathisch, sich nach einem Bewerbungsgespräch noch einmal zeitnah per Mail für die Gelegenheit zum Vorstellungsgespräch zu bedanken.

Gehaltsverhandlungen

Manchmal sind Gehaltsverhandlungen Bestandteil von Vorstellungsgesprächen. Oft aber werden sie von Arbeitnehmern angestoßen, die schon länger im Betrieb

arbeiten. Wenn Sie der berechtigten Ansicht sind, dass es Zeit wäre für eine Gehaltserhöhung, sollten Sie Ihren Chef oder Vorgesetzten um ein Personalgespräch bitten. Bereiten Sie sich auf dieses Gespräch gründlich vor. Rechnen Sie auch damit, dass Ihr Vorgesetzter ein wenig Bedenkzeit braucht. Es ist daher durchaus möglich, dass er ein Folgegespräch anberaumt.

Wie sollte Ihre Vorbereitung aussehen? Arbeiten Sie, möglichst detailliert und strukturiert, Ihren Marktwert für die Firma heraus. Was sind Ihre besonderen Stärken? Mit welchen Arbeiten wurden Sie in letzter Zeit betraut? Wo haben Sie sich in besonderer Weise um die Firma verdient gemacht? Wie sieht es mit Überstunden aus? Mit Ihrer Berufserfahrung? Mit Weiterbildungen? Welche Leistungen lassen sich aus Ihrer Arbeitsplatzbeschreibung ableiten? Was leisten Sie darüber hinaus? Welche Projekte wurden mit Ihrer Hilfe abgeschlossen? Versuchen Sie, den Wert Ihrer Arbeit für das Unternehmen realistisch einzuschätzen.

Im zweiten Teil Ihrer Vorbereitung versetzen Sie sich in die Rolle Ihres Vorgesetzten. Welche Gegenargumente könnte er ins Feld führen? Versuchen Sie, diese schon im Vorhinein zu entkräften. Machen Sie sich Notizen hierzu.

Auch wenn Sie die Aussicht auf das Gespräch etwas nervös macht –

bedenken Sie bitte: Sie treten nicht als Bittsteller auf, sondern als ein selbstbewusster Mitarbeiter, der den Wert seiner Arbeitsleistung kennt und angemessen dafür entlohnt werden möchte. Sie müssen übrigens dem ersten Angebot Ihres Vorgesetzten nicht unbedingt zustimmen, doch sollten Sie zumindest Kompromissbereitschaft signalisieren. Bleiben Sie auf jeden Fall sachlich und souverän.

Natürlich sollten Sie bei Ihren Überlegungen auch die Größe der Firma und die Auftragslage berücksichtigen. Ein Betrieb, der gerade durch eine schwierige Zeit geht, hat für Gehaltserhöhungen selbstverständlich keinen oder keinen großen finanziellen Spielraum. Achten Sie also auf ein gutes Timing und das nötige Fingerspitzengefühl. Ein Gehaltsgespräch sollte im Übrigen nicht häufiger als einmal im Jahr stattfinden. Hatten Sie also die letzte Gehaltserhöhung vor zehn Monaten, üben Sie sich etwas in Geduld.

Smalltalk

Unter **Smalltalk** versteht man eine kleine, kurzweilige Plauderei. Vielen Menschen ist Smalltalk ein Gräuel, weil es stets um oberflächliche Themen geht. Falls Sie zu diesen Menschen gehören, bedenken Sie, dass auch viele tiefgründige Gespräche mit einem

banalen Alltagsgespräch beginnen und es kaum möglich ist, neue Bekanntschaften zu machen und Freundschaften zu schließen, ohne erst einmal locker ein paar harmlose Themen anzuschneiden. Auch wichtige Gesprächssituationen wie Vorstellungsgespräche sind nicht ohne Smalltalk denkbar.

Auch wenn man kein Freund harmloser Plaudereien ist – es ist enorm sinnvoll, sich die Fähigkeit anzueignen, Smalltalks zu führen. Glücklicherweise ist es auch gar nicht schwierig, wenn man ein paar einfache Regeln einhält. Sehr wichtig ist hierbei natürlich, wie immer: üben, üben, üben! Man kann nicht erwarten, gleich in einem Vorstellungsgespräch mit intelligentem Geplauder zu brillieren oder gar eine völlig fremde Person auf einer Cocktailparty mit einem kühnen

▲

Smalltalk gehört zum geselligen Beisammensein einfach dazu und erleichtert zudem das Kennenlernen neuer Menschen.

☞ **Smalltalk**
Das Wort Smalltalk leitet sich aus dem Englischen ab und heißt wörtlich: kleines Gespräch. Gemeint ist ein Schwätzchen, ein kleiner Plausch.

Schwierige Themen wie Politik und Religion eignen sich nicht für Smalltalk – vermeiden Sie diese also lieber.

Möglichkeiten, sich im Smalltalk zu üben, finden sich im Alltag zahlreich – beispielsweise an der Supermarktkasse.

▼

Gesprächsauftakt zu beeindrucken, wenn man sonst, in alltäglichen Situationen, Smalltalk aus dem Weg geht. Deshalb: Laufen Sie sich erst einmal warm. Wechseln Sie ein paar nette Worte mit der Kassiererin, halten Sie ein Schwätzchen mit dem Taxifahrer oder dem Busnachbarn. Setzen Sie sich in der Kantine zu dem neuen Kollegen, fragen Sie die Nachbarin im Treppenhaus nach ihrem Befinden. Um guten Smalltalk zu halten, sollten Sie Folgendes beherzigen:

- Seien Sie offen. Bewerten Sie weder sich noch andere. Es geht nur um eine kleine, belanglose Kontaktaufnahme – Sie können nur gewinnen. Zeigen Sie Interesse.
- Haben Sie keine zu großen Ansprüche an Ihre eigene Konversation. Das würde Sie nur hemmen. Smalltalk ist der Austausch von Belanglosigkeiten.
- Seien Sie freundlich. Lächeln Sie.
- Haben Sie keine Angst vor Gesprächspausen. Sie gehören zu Gesprächen dazu. Wenn Sie mit einem Thema zum Ende kommen, können Sie das Gesprächsthema wechseln – oder sich mit einem Lächeln und guten Wünschen verabschieden.
- Mit etwas Übung können Sie bei manchen Themen Anschlussthemen erkennen und so das Gespräch weiterführen und in eine andere Richtung lenken – sogar in eine, die über bloßen Smalltalk hinausgeht. Beispielsweise: „Fahren Sie zu Ostern weg?" – „Ja, zu meinen Großeltern." – „Oh, das hört sich nett an. Haben Sie ein gutes Verhältnis zu ihnen?" Seien Sie hier aber stets einfühlsam, und drängen Sie Ihren Gesprächspartner nicht, zu viel Persönliches von sich preiszugeben.
- Achten Sie darauf, dass das Gespräch ausgewogen ist.
- Wenn Sie das Gespräch in Gang bringen, sollten Sie es erst einmal leiten. Ihr Gesprächspartner ist anfangs evtl. zurückhaltender.

Gesprächseinstiege
Als Gesprächseinstieg kann eigentlich alles genutzt werden – zur Not tut es auch das Wetter. Ob Sie auf Resonanz stoßen, hat häufig gar nicht so viel mit dem gewählten

Thema zu tun, sondern damit, ob die Chemie der Gesprächspartner stimmt. Manchmal reagiert Ihr Gegenüber nicht so, wie erhofft, sondern unterkühlt und abweisend. Nehmen Sie sich das nicht zu Herzen. Oft hat dies gar nichts mit Ihnen zu tun. Die Person war vielleicht einfach nur mit den Gedanken ganz woanders.

Seien Sie mutig und kreativ und nutzen Sie die Umstände. So können Sie durchaus bei einer Person, die Ihnen in einem Supermarkt sympathisch ist, die Einkäufe kommentieren und fragen, was sie wohl daraus kocht. Sie können auch augenzwinkernd und humorvoll vorgehen – natürlich immer kombiniert mit einem entwaffnenden, freundlichen Lächeln.

Viel leichter fallen Gesprächseinstiege, wenn man die Person bereits kennt. Die Nachbarin pflegt ihre kranke Schwiegermutter zu Hause? Fragen Sie sie nach ihrem Befinden. Ihr Kollege ist begeisterter Hobbygärtner? Erkundigen Sie sich doch einmal nach seinen Forsythien. Seien Sie einfühlsam. Die meisten Menschen freuen sich über ein solches Interesse. Im Zweifel reicht übrigens auch ein freundliches: „Wie geht es dir/Ihnen?"

Menschen miteinander bekannt machen

Als Gastgeber oder auch im beruflichen Kontext kann es vorkommen, dass Sie Menschen einander vorstel-

Mögliche Gesprächseinstiege

Betrachten Sie die folgenden Gesprächseinstiege nur als Anregungen. Sicher fallen Ihnen mit Leichtigkeit eigene ein. Wichtig ist auch: Stellen Sie sich immer Ihrem Gesprächspartner vor, nennen Sie Ihren Namen.

Jemanden ansprechen:

... z. B.: auf der Straße:
„Ich habe Sie hier schon häufiger gesehen. Wohnen Sie in der Nähe?"

... z. B.: auf einer Party:
„Woher kennen Sie die Gastgeber?"; „Ich sehe, Sie haben nichts mehr zu trinken. Darf ich Ihnen ein Glas mitbringen?"

... z. B. in der Kantine:
„Darf ich mich zu Ihnen setzen?"; „Ist der Platz hier noch frei?"; „Können Sie mir dieses Essen empfehlen?"

... z. B. auf einer Reise:
„Waren Sie schon häufiger hier?"; „Wie lange wohnen Sie schon in diesem Hotel?"

... z. B. auf einem informellen beruflichen Treffen:
„Mussten Sie von weither anreisen?"; „Mit welchem Projekt sind Sie betraut, wenn ich fragen darf?"

... z. B. auf einer Vernissage:
„Ich verstehe gar nicht so viel von Kunst. Wie gefällt Ihnen dieses Bild?"

len müssen. Wichtig ist dabei, gerade im beruflichen Zusammenhang: Es wird immer die rangniedrigere Person der ranghöheren Person zuerst vorgestellt. Außerdem sollten Sie jeweils die Funktion nennen. („Herr Dr. Meier, das ist Henrike Schmitz. Sie arbeitet seit gestern als Praktikantin in der PR-Abteilung.") Im privaten Rahmen bietet es sich

Wenn Ihnen jemand vorgestellt wird, bleiben Sie stets natürlich. Nichtssagende höfliche Floskeln wie: „Sehr erfreut", „Habe die Ehre" oder „Sehr angenehm" sind nicht mehr üblich.

Wenn Sie jemandem vorgestellt werden, sollten Sie offen und natürlich bleiben.

an, kurz zu erzählen, wo und wie Sie die Personen kennengelernt haben und welche Gemeinsamkeiten Sie miteinander verbinden. Mit etwas Glück entwickelt sich hierdurch ein intensives Gespräch zwischen Menschen, die sich bisher unbekannt waren – gerade bei Partys und geselligen Runden kann dies zu einem guten Gelingen einer Veranstaltung beitragen.

Wortwitz und Schlagfertigkeit

Sicher kennen Sie das: Nach einem Streitgespräch fallen Ihnen die guten Argumente zwei Stunden später im Bett ein. Oder nach einer geselligen Runde kommt Ihnen die Idee für einen klugen Witz wenige Minuten, nachdem sich der letzte Gast verabschiedet hat. Schlagfertigkeit ist nicht jedem Menschen in die Wiege gelegt, doch das macht

nichts, denn man kann sie trainieren. Wie Sie sicher schon vermutet haben, ist auch hier das A und O: Übung.

Schlagfertigkeit lebt von Wortwitz. Und je größer der eigene aktive Wortschatz ist, umso eher ist man fähig, auch mit Worten zu spielen. Eine einfache Methode, den Wortschatz zu vergrößern, ist es, viel zu lesen. Auch intelligente Filme und Serien, in denen häufige Wortgefechte eine Rolle spielen, können Ihren Wortschatz erweitern. Ebenso kann sich der Besuch eines Improvisationstheaters oder Kabaretts hervorragend auf die Sprachgewandtheit auswirken.

Doch es gibt auch Übungen darüber hinaus: Spielen Sie mit Worten. Assoziieren Sie – je wilder und origineller, umso besser. Was fällt Ihnen zu dem Wort Rauhaardackel ein? Fuchsjagd? Und was zu Fuchsjagd? Usw. Das können Sie alleine tun oder auch zusammen mit Freunden oder mit dem Partner bzw. der Partnerin: Jemand nennt ein Wort, der Nächste das nächstbeste Wort, das ihm dazu einfällt usw. Es ist auch möglich, sich mit dieser Methode ganze Geschichten zu erzählen – eine meist sehr unterhaltsame Angelegenheit. Tatsächlich eignen sich viele Spiele gut zum Trainieren von Schlagfertigkeit, die Sprache zum Inhalt haben.

Das Wichtigste ist aber: Seien Sie in Ihrer Konversation mutig und möglichst unbekümmert. Sorgen Sie sich nicht, einmal nicht den rechten Ton zu treffen. Eine übertriebene Selbstzensur steht Schlagfertigkeit nur im Wege. Betrachten Sie Schlagfertigkeit lieber als Spiel – wie Federball oder Tischtennis, bei dem statt eines Balls Worte hin- und herfliegen.

Viele Menschen wünschen sich vor allem bei verbalen Angriffen mehr Schlagfertigkeit. Hier ist es sinnvoll, sich geeignete Strategien zurechtzulegen:

- Rechtfertigen Sie sich grundsätzlich nicht!
- Lassen Sie den Angriff ins Leere gehen. Versuchen Sie, ihn nicht allzu persönlich zu nehmen. Ein unterkühltes: „Aha. Das ist also Ihre Ansicht" mit hochgezogener Augenbraue und anschließendem Schweigen ist oft hilfreicher als ein direkter Gegenangriff.
- Bei Angriffen unter der Gürtellinie kann auch eine kühl hervorgebrachte Bemerkung zur guten Kinderstube des Angreifers sehr wirkungsvoll sein.
- Besonders elegant ist ein Konter mit Humor und Ironie.
- Stellen Sie Rückfragen. So verschaffen Sie sich Zeit, sich eine passende Antwort zu überlegen.
- Arbeiten Sie an Ihrer Körpersprache: Gewöhnen Sie sich eine Position mit erhobenem Kopf, zurückgezogenen Schultern und geradem Oberkörper an. Das strahlt Selbstbewusstsein aus.
- Es kann auch nichts schaden, ein paar Standardsprüche zu kennen, die man in vielen Lebenslagen verwenden kann, z. B.: „Welchen Teil von Nein hast du nicht verstanden?" Auch kluge Bonmots oder witzige Zitate können Ihnen hier gute Dienste leisten.
- Greifen Sie Angriffe des anderen auf und ziehen Sie sie ins Absurde. Hier hat sich besonders der englische Premier Winston Churchill hervorgetan: „Wäre ich Ihre Frau, würde ich Ihnen Gift geben", wurde er einmal verbal angegriffen. Seine Entgegnung: „Wäre ich Ihr Mann, würde ich es trinken."
- Stellen Sie Lügner kalt, indem Sie die Wahrheit sagen und dabei bleiben. Dies erfordert oft mehr Mut als jede andere Strategie – kann aber sehr wirkungsvoll sein.

Eine Prise Schlagfertigkeit kann Ihre Konversation enorm bereichern. Doch Vorsicht: Nicht jeder weiß eine scharfe Zunge zu schätzen. Besonders im beruflichen Rahmen können Sie sich, vor allem bei Meinungsverschiedenheiten, doch hin und wieder in die Nesseln setzen. Hier kann manchmal ein kluger Rückzug oder ein Quäntchen Selbstironie strategisch besser sein als ein übereilter Konter.

Diskussionen und Debatten

Eine Sonderform des Gesprächs ist die Diskussion. Hier steht immer ein Thema – manchmal sind es auch mehrere Themen – im Vordergrund. Diskussionen können sowohl im privaten Bereich als auch im beruflichen oder öffentlichen Rahmen stattfinden.

Diskussionen sind mal wohlgeordnet, mal chaotisch, mal moderiert, mal frei. Sie können in ein Streitgespräch münden oder in einen Konsens. Und während ein ganzes Medienformat alleine von der Diskussion lebt – nämlich die Talkshow –, bereichern Diskussionen auch unseren Alltag und liefern uns neue Denkanstöße.

☞ **Diskussion**
Das Wort „Diskussion" leitet sich von dem lateinischen „discussio" ab, das „Untersuchung, Prüfung" bedeutet. Im ursprünglichen Sinn meinte das Wort sogar „Erschütterung" – und tatsächlich kann eine gute Diskussion mit schlagkräftigen Argumenten das bisherige Weltbild ins Wanken bringen.

Sinn und Zweck einer **Diskussion** muss es nicht unbedingt sein, eine bestimmte Meinung durchzusetzen oder alle Diskussionsteilnehmer von den eigenen Argumenten zu überzeugen. Ebenso kann es sein, dass man auf einen Kompromiss hinarbeitet oder alle Ansichten nebeneinander stehen lassen kann. Dies ist z. B. bei Diskussionsrunden der Fall, in denen Menschen aus ihrem je eigenen Blickwinkel mitreden – der Einzelhandelskaufmann, die alleinerziehende Mutter, der Wirtschaftsweise etc. Jeder Blickwinkel kann dem Problem ein weiteres Mosaiksteinchen hinzufügen. Gerade solche offenen Debatten können in besonderer Weise den Horizont erweitern. Andere Diskussionen geraten zum Schlagabtausch. Selbst bei moderierten Talkshows kommt es hin und wieder vor, dass die Diskussionskultur sehr zu wünschen übrig lässt.

Gute Diskussionskultur

Was versteht man unter einer guten Diskussionskultur? Im Wesentlichen dieselben Tugenden, die gemeinhin einen höflichen Umgang miteinander ausmachen.

- Lassen Sie andere Diskutanten ausreden.
- Auch wenn die Wellen hochschlagen – bleiben Sie sachlich, höflich und fair. Herabsetzungen anderer Diskussionsteilnehmer sind kein guter Stil.
- Sollten Sie von einem anderen Diskussionsteilnehmer persönlich angegriffen werden, weisen Sie diese Person freundlich, aber bestimmt in ihre Schranken.
- Hören Sie den anderen Diskussionsteilnehmern aufmerksam zu.
- Bleiben Sie beim Thema.
- Reißen Sie nicht das Wort an sich. Achten Sie darauf, dass alle zu Wort kommen.

In größeren Runden und bei erhitzten Debatten ist die Einhaltung dieser Regeln nicht immer einfach. Deshalb gibt es im beruflichen oder öffentlichen Kontext häufig Moderatoren, die das Gespräch leiten und, falls nötig, eingreifen können.

Diskussionen leiten und moderieren

Diskussionen mit vielen Teilnehmern müssen, damit sie nicht chaotisch ablaufen, geleitet werden. Besonders im Vereinsleben ist dies oft notwendig und üblich. Gerade in größeren Versammlungen bieten sich folgende Vorgehensweisen an:

■ Legen Sie eine Redezeit fest, und achten Sie auf die Einhaltung. Auf diese Weise werden Vielredner und Dampfplauderer in Schach gehalten.

■ Führen Sie eine Rednerliste. So kommt jeder der Reihe nach dran.

■ Achten Sie darauf, dass die Redner beim Thema bleiben und nicht von Hölzchen auf Stöckchen kommen.

■ Unterbinden Sie möglichst Zwischenrufe und -bemerkungen. Rufen Sie, falls solche Störungen überhand nehmen, die Leute freundlich, aber bestimmt zur Ordnung.

■ Achten Sie darauf, dass der Umgangston gewahrt bleibt und persönliche Angriffe unterbleiben.

▲
Abstimmungen werden meist per Handzeichen durchgeführt.

Als Moderator und Diskussionsleiter geben Sie die Themen vor und stellen die Fragen. Sie sollten sich also gut vorbereiten. Zugleich müssen Sie in Ihrer Rolle unbedingte Neutralität wahren. Es kommt vor, dass Sie dennoch etwas aus Ihrer persönlichen Sicht oder Ihrer Sicht als Experte zum Thema beitragen möchten. In dem Fall sagen Sie bitte klar, dass Sie kurz aus der Moderatorenrolle heraustreten, und geben diese Aufgabe vorübergehend an eine andere Person weiter. Auf diese Weise bleibt die Neutralität gewahrt, und es kommt nicht zu einer versehentlichen Vermischung der Positionen als Diskutant und Moderator.

Abstimmungen
Bei Vereinsversammlungen und ähnlichen Veranstaltungen gehört es unter Umständen auch zu Ihren Aufgaben, anschließende Abstim-

Handzeichen in Diskussionen

Damit sich Zwischenrufe in Grenzen halten und der Diskussionsleiter klare Meinungsbilder erhält, kann man vor der Diskussion Handzeichen zur Zustimmung oder Ablehnung vereinbaren. Bei Ablehnung werden etwa die Hände vor der Brust gekreuzt, bei Zustimmung „wedelt" man mit den Händen in Brusthöhe. Auch weitere Handzeichen sind möglich: So kann man etwa zeigen, dass man ein Veto einlegt (meist durch eine geballte Faust), oder dass man eine Wortmeldung zum Thema machen möchte (aufzeigen mit zwei erhobenen Händen).

mungen zu leiten. Die genauen Formalien sind normalerweise in der Satzung zugrundegelegt. Im Normalfall reicht eine einfache Mehrheit und die Abstimmung per Handzeichen. Nur bei Personalfragen sind geheime Abstimmungen üblich, die man natürlich entsprechend vorbereiten muss.

An Diskussionen teilnehmen

Egal, ob Sie nun Diskussionsteilnehmer sind oder Moderator: Sie sollten mit dem Diskussionsthema vertraut sein. Eine gute Diskussion lebt von den Argumenten und von dem Wissens- und Erfahrungsschatz der Teilnehmer. Dies bedeutet auch: Es ist sinnvoll, sich gründlich auf eine Diskussion vorzubereiten. Sammeln Sie Argumente. Recherchieren Sie zum

Bereiten Sie sich auf eine Diskussion im beruflichen oder öffentlichen Rahmen gründlich vor. Sammeln Sie Argumente und Faktenwissen.

Thema. Gerade, wenn Sie vor einer Abstimmung andere Menschen von Ihrer Position überzeugen wollen, sollten Sie nicht nur Ihre eigenen Argumente, sondern auch die der Gegenseite kennen und im Idealfall entkräften können.

Denken Sie daran, möglichst auch das eine oder andere konkrete Beispiel aus dem Ärmel schütteln zu können. Aber: Kommen Sie auf den Punkt. Diskussionen sind der denkbar schlechteste Zeitpunkt, ins Monologisieren zu geraten. Lassen Sie Ihre Argumente für sich sprechen – doch bedenken Sie auch die Argumente der anderen. Häufig lässt sich nämlich je nach Thema auch ein Kompromiss oder sogar ein Konsens erzielen. Während bei einem Kompromiss jeder von seinem Standpunkt abrücken und dem anderen Zugeständnisse machen muss, bedeutet ein Konsens die Aushandlung einer Übereinkunft. Insofern ist es je nach Thema schwierig und zeitaufwendig, einen Konsens zu erzielen. Meist gelingt dies nur in kleineren Gruppen.

Diskussionen und Streitthemen

Um erfolgreich Diskussionen führen zu können, ist es sinnvoll, sich noch einmal den Unterschied zwischen der Inhalts- und Beziehungsebene in Dialogen klarzumachen. Dasselbe Prinzip hat nämlich auch in Diskussionen und Debatten Gültigkeit. Versuchen Sie daher in Diskussionen immer, auf der Sachebene zu bleiben. Nehmen Sie andere Ansichten nicht persönlich. Dies gilt in besonderem Maße für private Diskussionen. Hier kann es durchaus passieren, dass eine angeregte Debatte im Laufe des Abends in ein erbittertes Streitgespräch umschlägt. In schöner Regelmäßigkeit geschieht dies vor allem bei so kontroversen Themen wie Politik oder Religion. Der Übergang zwischen einer lebhaften, konstruktiven Debatte und einem Streit ist hier oft fließend. Aber auch, wenn es um wichtige persönliche Werte oder Lebensstile geht, können sich Diskussionsteilnehmer in privaten Runden schnell angegriffen fühlen.

Versuchen Sie, möglichst mit Verständnis und Fingerspitzengefühl zu reagieren und einen kühlen Kopf zu bewahren. Als Gastgeber sollten Sie möglichst frühzeitig eingreifen, gerade, wenn gewisse Streitthemen absehbar sind. Wenn beispielsweise Onkel Herbert ein konservativer Wähler ist, Tante Mechthild bei der Gewerkschaft aktiv war und die 16-jährige Tochter sich in der Klimabewegung engagiert, sind Meinungsverschiedenheiten oft schon vorprogrammiert. Es ist sinnvoll, frühzeitig, vielleicht mit einem Quäntchen Humor, einen Themenwechsel vorzuschlagen. Auch ein kleiner Spaziergang oder der Wechsel in einen anderen Raum oder in den Garten kann helfen, die Gemüter zu beruhigen.

Private Diskussionen können so manches Mal in einem erbitterten Streit enden. Hier gilt es, möglichst rechtzeitig besonnen und beruhigend einzugreifen.

Briefe, Karten & Co. –
erfolgreich schreiben

Unsere Kultur ist in vieler Hinsicht eine Schriftkultur. Wir sind von Schriftzeugnissen umgeben: von Büchern und Zeitschriften, von Werbetexten und sonstigen Mitteilungen. Lesen und Schreiben gehören zu den ersten Kulturtechniken, die ein Kind in der Schule lernt. Im nächsten Kapitel finden Sie viel Wissenswertes zur Geschichte des Schreibens sowie Beispiele gelungener Briefe.

Sich schriftlich gut ausdrücken zu können, ist in vielen Lebensbereichen von Vorteil: Eine ansprechend präsentierte Bewerbung kann über das weitere berufliche Fortkommen entscheiden, ein gut formuliertes Schreiben an ein Amt für die Wahrung Ihrer Rechte sorgen. Viele Menschen haben jedoch Angst vor dem leeren Blatt – oder der leeren Seite auf dem Bildschirm –, weil sie sich für eher mittelmäßige Schreiber halten. Doch ist ein guter schriftlicher Stil in vieler Hinsicht auch Übungssache. Und das Üben lohnt sich, denn wir alle müssen zu den unterschiedlichsten Anlässen immer wieder „zur Feder greifen". Im folgenden Kapitel finden Sie nicht nur viele Tipps, sondern auch Anregungen in Form von Musterbriefen, die Sie nach Belieben abwandeln können.

Ursprung und Geschichte der Schrift

Ob die Keilschrift der Sumerer, die Knotenschrift der Inkas oder die Runenschrift der Wikinger – viele Völker entwickelten früher oder später eine Schriftsprache. Die Fähigkeit, in Symbolen zu denken, ist dem Menschen eigen, und so entstanden viele Schriften aus Zeichen und Symbolen. Manche alten Schriften sind bis heute nicht dechiffriert – etwa die des berühmten Diskos von Phaistos, der auf Kreta gefunden wurde und aus der Bronzezeit stammt. Eine Schriftsprache ist Kennzeichen der meisten Hochkulturen rund um den Erdball.

Schriftzeichen wurden in und auf die unterschiedlichsten Materialien geritzt, aufgetragen und geknüpft – auf vergängliche ebenso wie auf langlebige. Und so konnte das Wort Ort und sogar Zeit überwinden: Mitteilungen konnten an weit entfernte, ja, vielleicht völlig unbekannte Personen adressiert werden, sie konnten sich sogar

Erst im 19. Jh. gelang es Forschern, die Hieroglyphenschrift der alten Ägypter vollständig zu entziffern.

an Menschen in ferner Zukunft richten. Unsere heutige Kultur ist in weiten Teilen eine Kultur der Schrift. Justiz, Politik und Wissenschaft wären nicht denkbar ohne das geschriebene Wort. Selbst ein Geschichtsbewusstsein gäbe es nicht ohne Schriftlichkeit.

Die Schrift ist eine relativ junge Erfindung des Menschen. Seit etwa 300 000 Jahren gibt es den modernen Menschen und wohl auch die Sprache, erst seit etwa 6000 Jahren hingegen die Schrift. Weit vor der Erfindung der Schrift stand die Erfindung der Kunst – der Bilder, der Symbole –, und die ersten Schriften entwickelten sich aus Symbolen und Chiffren der Bildersprache.

Das älteste Schriftsystem wurde vermutlich in Mesopotamien erfunden. Die sumerische Keilschrift, die in Tontäfelchen geritzt wurde, entwickelte sich aus Bildsymbolen. Während anfangs ein Zeichen einem Ding entsprach – eine reine Symbolschrift also –, ging man dazu über, ein Zeichen einem bestimmten Lautwert zuzuordnen: so, wie es in den meisten modernen Schriftsprachen heute noch der Fall ist. Und auch, wenn Schriftzeichen in späterer Zeit gelegentlich als Orakel verwendet wurden – wie die viel später entstandene Runenschrift –, sind die frühesten Schriftzeugnisse ganz profaner Natur. Die ersten erhaltenen Täfelchen wurden für die Administration der sumerischen Tempel genutzt: Es waren wohl Quittungen und Steuerbescheide. Ab etwa 1500 v. Chr. gab es bei den alten Babyloniern schon einen regen Postverkehr quer durch das ganze Reich.

Auch die alten Ägypter entwickelten sehr früh ihre Hieroglyphenschrift. Die ersten uns bekannten Hieroglyphen stammen von ca. 3200 v. Chr. Auch die Hieroglyphenschrift wurde zunächst zu Verwaltungszwecken verwendet. Entsprechend konnten fast nur hohe Beamte schreiben. Etwa 3000 Jahre lang wurden Varianten dieser Schrift genutzt. Erst im 19. Jh. konnte sie entziffert werden.

Etwa 1500 v. Chr. entwickelten sich Vorläufer unserer Schrift im heutigen Syrien. Für die Verbreitung des Alphabets im gesamten Mittelmeerraum sorgte dann das Seefahrervolk der Phönizier. Die Griechen übernahmen diese Schrift und wandelten sie ab, die Römer

▲

Die weltberühmte Gutenberg-Bibel entstand zwischen 1452 und 1454 in Mainz.

wiederum entwickelten aus der griechischen Schrift die lateinische, die wir immer noch benutzen. Vor allem in der römischen Antike war die Bevölkerung alphabetisiert, jedes Kind – auch die Mädchen – erhielt eine umfassende Schulbildung.

Im Mittelalter sah man diese Art der Volksbildung kritisch. Karl der Große setzte zwar eine viel verwendete Schrift durch – die Karolingische Minuskel –, des Schreibens mächtig waren aber nur wenige Menschen. Dies änderte sich erst in der Renaissance, u. a. auch durch die bahnbrechende Erfindung des Buchdrucks durch Johannes von Gutenberg um ca. 1450. In späterer Zeit sorgten auch im Zuge der Aufklärung viele Herrscher deutscher Staaten – allen voran Preußen – für eine zumindest rudimentäre Bildung ihrer Untertanen.

Auch in anderen Regionen der Welt wurden Schriftsprachen entwickelt. Viele indianische Kulturen kannten eine Schrift. Um 1500 v. Chr. entstanden die chinesischen Schriftzeichen, während sich die indische Schrift von dem Alphabet der Phönizier ableitet.

Der private Brief – eine aussterbende Gattung?

Die Statistiken der Deutschen Post weisen es eindeutig aus: Der private Brief ist, wenn schon keine aussterbende, so doch mittlerweile eine bedrohte Gattung. Immer seltener tauschen Freunde, Verwandte, Liebende ihre Grüße oder auch nur Mitteilungen per (handgeschriebenem) Brief oder per Postkarte aus – wir bevorzugen heutzutage andere, schnellere, direktere Wege der Kommunikation.

Zu früheren Zeiten war es durchaus nicht unüblich, Briefpapier zart zu parfümieren. Das konnte ein amouröses Zeichen sein, aber es konnte auch lediglich dazu dienen, dem Adressaten oder der Adressatin einfach nur zusätzlich einen olfaktorischen Gruß zu senden – der Mutter, der Tochter, der vertrauten besten Freundin.

Längst sind wir nicht mehr auf die Post angewiesen, die über so viele Jahrhunderte hinweg der wichtigste Kommunikationskanal war, längst haben sich Telefon und Smartphone als die Standardkanäle etabliert.

Das gilt selbst für romantische Bekenntnisse, auch Liebesgrüße lassen sich – wie liebe Grüße aller Art – per Mausklick bzw. Tastendruck in Sekundenschnelle und ohne großen Aufwand verschicken. Ein Brief hingegen erfordert einiges mehr an Aufwand: Man benötigt entsprechendes Papier und Postwertzeichen, man muss den Brief zum Postamt bzw. Briefkasten bringen – vor allem und zuallererst aber benötigt man Muße, um ihn überhaupt zu verfassen. Muße, die wir uns heutzutage immer seltener gönnen. Leider.

Denn das Wort des Dichters Jeremias Gotthelf über die Freude desjenigen, „der einen lieben Brief erhält", trifft auch heute noch

zu. Es ist gerade der persönliche Charakter des handgeschriebenen Briefs, der ihm die besondere Note verleiht. Dieses Stück Papier ist im buchstäblichen Sinne durch die Hand des Absenders gegangen und überträgt insofern vieles mehr als nur eine Botschaft – es überträgt Berührungen, ja Emotionen.

Die größte Freude ist es wohl, einen von Hand geschriebenen Brief zu bekommen, trägt doch eine jede Handschrift ihren jeweils ganz persönlichen Fingerabdruck. Ob gut leserlich oder eher Gekrakel, ob elegant oder gekritzelt, immer ist Handgeschriebenes das persönlichste briefliche Zeichen, das ein Mensch dem anderen übermitteln kann.

Man denke nur an die Briefe oder auch nur Postkarten, die Kinder ihren Eltern aus der ersten elternfreien Ferienfreizeit schreiben: Oft steht nicht viel mehr darauf als „Liebe Mama, hier ist es schön" – und dennoch werden gerade solche

Briefe aufbewahrt, wandern ins Schatzkästchen der Erinnerungen, die man ein Leben lang hütet und immer wieder gerne hervorholt und betrachtet.

Aber auch für den Schreibenden, der sich ja immerhin die Mühe des Verfassens und Abschickens geben muss, ist das Briefeschreiben ein Gewinn. Denn die Muße, die man sich zum und beim Verfassen eines privaten, persönlichen Briefs gönnt, kommt bei näherer Betrachtung stets auch dem Ordnen der eigenen Gedanken zugute. Zumal, wenn man den Brief eigenhändig verfasst: Zahlreiche Studien haben erwiesen, dass Handgeschriebenes sich nicht nur als eindrücklicher, sondern auch reflektierter erweist als digital produzierte Notizen oder Nachrichten.

Briefe schreiben – ein wertvoller Prozess

Es benötigt Zeit, einen Brief zu verfassen – und gerade diese Form der Kommunikation erlaubt es dem Schreiber auch, sich die Zeit zu lassen für das, was er oder sie sagen möchte. Mit der Hand zu schreiben ist etwas Besonderes: Die Verbindung zwischen Denken und Niederschrift geschieht nicht schnell, nicht nebenbei, sondern im Tempo der Gedanken, die der Schreiber wälzt. Sie erlaubt dabei zudem „Versuch und Irrtum":

Denn Papier ist geduldig, ein Papierkorb ebenfalls. In der Literatur wie auch im Film gibt es zahlreiche Schilderungen und Darstellungen davon, wie Briefentwürfe zerknüllt oder zerrissen im Papierkorb oder unter dem Schreibtisch landen, bis der Schreiber endlich die richtigen Worte gefunden hat. Das allmähliche Ordnen der Gedanken beim Schreiben kann ein anstrengender Prozess sein, besonders, wenn es sich um sehr private Anlässe und Anliegen handelt – aber er ist ein sehr wertvoller. Wer einem anderen Menschen schreibt, schreibt immer auch etwas von, ja auch an sich selbst auf, führt, wie Goethe treffend bemerkt, ein Selbstgespräch. Diese Art der Selbstreflexion macht den Brief, speziell den handgeschriebenen privaten Brief, zu einem ganz einzigartigen, besonderen und auch kostbaren Dokument.

Man kann einem Brief gepresste Blütenblätter von Blumen aus dem eigenen Garten oder vom eigenen Balkon beilegen, man kann ihn mit kleinen Zeichnungen verzieren – ganz individuelle Zeichen, die dem Empfänger so noch zusätzlich eine Freude bereiten.

▼

Briefkultur vergangener Epochen

In einer Zeit, zu der das Telefon noch eine ferne Erfindung war und Freunde und geliebte Familienangehörige oft mehrere Tagesreisen voneinander entfernt lebten, entwickelte sich in Europa und der Neuen Welt eine rege Briefkultur. Briefeschreiben gehörte für viele Menschen zur täglichen Routine.

Doch schon lange vorher wurden Briefe geschrieben. Briefe sind eine Erfindung der alten Babylonier, die ihre Nachrichten – meistens Geschäftsbriefe – in Keilschrift auf Tontäfelchen ritzten. Aus dem Alten Ägypten sind Briefe auf Papyrus erhalten, in der griechischen und römischen Antike bevorzugte man Wachstäfelchen, die immer wieder überschrieben werden konnten.

Im Mittelalter und in der Frühen Neuzeit konnten so wenige Menschen schreiben, dass Briefe nur zwischen hochgebildeten Menschen ausgetauscht wurden. Ein Beispiel für solch einen frühen mittelalterlichen Briefwechsel sind die herzzerreißenden Briefe zwischen dem französischen Theologen Abélard (1079–1142) und seiner Geliebten, der späteren Äbtissin Héloise (1095–1164) – bis heute Stoff für etliche Liebesdramen.

Spätestens nach der weitgehenden Alphabetisierung im 18. und 19. Jh. war Briefeschreiben aber kein Privileg der gebildeten Klassen mehr. Aus diesem Grund sind Briefe – sofern sie erhalten sind – eine hervorragende Quelle für Historiker, um das Alltagsleben der Menschen zu erforschen. Viele Briefe von Einwanderern in die USA aus dem 19. Jh. beispielsweise sind noch erhalten und bezeugen das Leben und die Startschwierigkeiten der Menschen dort. Sie sprechen von Heimweh und von Hoffnungen, die mal zerstört, mal erfüllt wurden. Über Tausende von Schiffsmeilen wurden diese Briefe transportiert, um von den Lieben daheim gelesen zu werden. Es ist

Das Grabmal auf dem Pariser Friedhof Père Lachaise zu Ehren der beiden Liebenden Héloise und Abélard.

heute kaum noch vorstellbar, mit welcher Ungeduld solch kostbare Post erwartet und mit wie viel Vorfreude die Briefumschläge geöffnet wurden.

Die meisten Familien hüten auch heutzutage noch einen kleinen Schatz an privaten handgeschriebenen Briefen ihrer Verwandten, Freunde und Vorfahren: Feldpost von Soldaten aus dem Ersten und Zweiten Weltkrieg berichtet von der Sehnsucht nach Zuhause – und ist oft das letzte Lebenszeichen, das den Angehörigen geblieben ist. Andere Familienbriefe aus dem Krieg berichten von Flucht und Vertreibung, Verfolgung und Tod.

Briefe gingen auch zwischen Bekannten und ehemaligen Nachbarn hin und her, sie bereicherten das Leben und erweiterten den Horizont. Vor dem Ja-Wort einer Braut wurden viele Briefe zwischen den Verliebten ausgetauscht, Mütter und verheiratete Töchter blieben nach der Verheiratung in intensivem brieflichem Kontakt. Man berichtete über Profanes und Besonderes, über die Arbeit und die Sommerfrische. Briefe dienten nicht nur dem regelmäßigen Kontakt und Gedankenaustausch, sondern auch dazu, die eigenen Gedanken zu sortieren und auf den Punkt zu bringen. Anders als in der heute vorherrschenden Kommunikation über Telefon, Mail und Kurznachricht war das Schreiben eines Briefes zeitaufwendig. Man verwendete

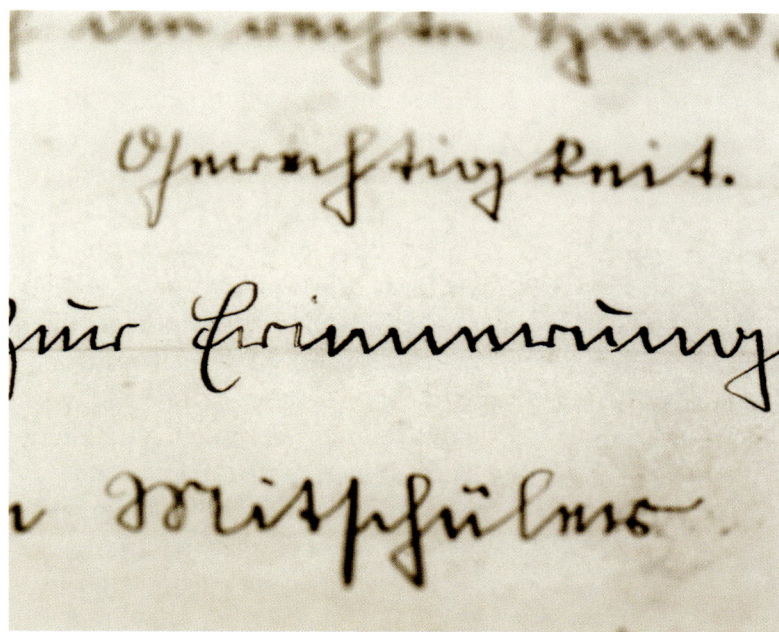

▲ *Es lohnt sich, einmal alte Briefe, die in Sütterlinschrift verfasst wurden, zu lesen.*

für gewöhnlich viel Sorgfalt darauf, befleißigte sich einer lesbaren Handschrift, einer tadellosen Rechtschreibung und eines guten Sprachstils. Ein angefangener Brief wurde viele Male hervorgeholt und es konnte Tage dauern, bis man ihn vollendet hatte.

Oft sind alte Briefe in schönster **Sütterlinschrift** geschrieben, eine 1911 in Deutschland entwickelte Schreibschrift, die heute leider nicht mehr allzu viele Menschen lesen können. Falls Sie noch ein Konvolut solch alter Briefe in Ihrem Besitz haben, lohnt es sich dennoch, sie zu transkribieren und noch einmal zu lesen. Briefe sind in diesem Sinne nicht nur für den eigentlichen Adressaten gedacht, sondern immer auch ein wenig für die Nachgeborenen.

☞ **Sütterlinschrift**
Der Berliner Grafiker Ludwig Sütterlin entwickelte diese nach ihm benannte Schrift. Im Internet finden Sie Tabellen, die Ihnen helfen, die Sütterlinschrift zu transkribieren, z. B. unter www.suetterlinschrift.de.

Berühmte Briefeschreiber

Briefsammlungen sind ein wichtiger Teil der Geistesgeschichte. Der Gedankenaustausch zwischen Dichtern, Künstlern, Politikern, Philosophen und Herrschern ist auch oft Jahrhunderte nach seiner Entstehung eine hochinteressante Lektüre. Nicht nur erhellen ihre Briefe ihre Taten, Gefühle und Gedankengänge, sie zeigen auch die Beziehungen der Briefeschreiber zueinander auf. Wie Personen sich gegenseitig beeinflussten und befruchteten, wie sie einander grollten, wie Ungesagtes zwischen den Zeilen hervorschimmert: Anhand der Briefe bekannter Persönlichkeiten lässt sich einiges über das Abfassen von Briefen an sich lernen.

Goethes Briefroman „Die Leiden des jungen Werthers" erschien 1774 und wurde umgehend ein Bestseller.

Im 18. Jh. galten Briefe noch als eigene literarische Gattung, und auf ihre Abfassung musste man nicht nur viel Mühe verwenden, sondern dabei auch sehr viele formale Regeln beachten. Auch die Beförderung ging eher gemächlich vonstatten: mit berittenen Briefboten und Postkutschen.

Einige Briefsammlungen sind regelrechte eigene literarische Werke. Hierzu zählen etwa der berühmte Briefwechsel zwischen Bettina von Arnim (1785–1859) und Wolfgang von Goethe (1749–1832), der, allerdings stark bearbeitet von der Autorin, unter dem Titel „Goethes Briefwechsel mit einem Kinde" erschien. Das Kulturprodukt Brief hat sogar eine eigene literarische Gattung aus der Taufe gehoben: den Briefroman, der aus einer Sammlung fiktiver Briefe besteht. Zu dieser Gattung, die sich im 18. Jh. großer Beliebtheit erfreute, gehören so berühmte Werke wie Goethes „Die Leiden des jungen Werthers" und Bram Stokers „Dracula".

An dieser Stelle möchten wir Ihnen in loser Folge einige berühmte Briefeschreiber aus verschiedenen Epochen sowie Auszüge ihrer Briefe vorstellen.

Liselotte von der Pfalz

Liselotte von der Pfalz (1652 bis 1722) war auch nach damaligen Maßstäben eine Vielschreiberin: Unglaubliche 60 000 Briefe hat sie

Liselotte von der Pfalz an ihre Schwester Luise

Ich gestehe, liebe Luise, ich kann nicht vertragen, Deutsche zu finden, die ihre Muttersprache so verachten, dass sie nie mit andern Deutsch reden oder schreiben wollen, das ärgert mich recht; und die Königin in Preußen, wenn ich sie nicht von jedermann loben gehört hätte als eine gar tugendsame Fürstin, ansonsten sollte ich fürchten, dass sie mit fremden Sprachen auch der fremden Länder Fehler billigen sollte und nicht mehr unserer alten deutschen Maximen gedenkt, die doch wahrlich nicht zu verwerfen sind. Weil man sich im Reden wohl der Wörter Monsieur, Madame und Mademoiselle bedient, worum kann man es nicht auch so wohl im Schreiben tun? ...
Man kann ja nur schreiben, wie es einem in den Kopf kommt, wie ich tue; denn muss ich gezwungen schreiben, würde ich mich für mein Leben nicht dazu überwinden können. Um wohl Französisch [zu schreiben], muss man die Sprache gar wohl können, ansonsten kommt es doll [im Sinne von: verdreht] heraus. Ich habe französische Briefe von Deutschen gesehen, die nichts waren, als Deutsch, übersetzt, welches wunderlich auf Französisch lautet ...

wahrscheinlich während ihres Lebens verfasst, 6000 davon blieben erhalten. Sie war eine Schwägerin des Sonnenkönigs Ludwig XIV. und die Tochter des pfälzischen Kurfürsten. In Frankreich war sie von Heimweh geplagt, die Ehe mit ihrem Mann, dem Herzog von Orléans, verlief unglücklich, sodass sie viel Zeit mit Schreiben an alte Freunde und Verwandte aus Deutschland verbrachte. Ihre Briefe sind nicht nur zeithistorisch von großem Interesse, geben sie doch das Leben am Hof des Sonnenkönigs ungefiltert wieder, sie sind auch warmherzig, häufig mit derben Ausdrücken gespickt und von solch einem unerschütterlichen Humor, dass sich die Lektüre noch heute lohnt. Der oben stehende Brief war an ihre Halbschwester Luise von der Pfalz gerichtet. Er wurde behutsam an unser heutiges Deutsch angepasst und beklagt die damals übliche Verwendung des Französischen als Modesprache – was sich heute problemlos auf den inflationären Gebrauch von englischen Wörtern übertragen ließe.

Friedrich der Große an Voltaire

Habe ich auch nicht das Glück, Sie persönlich zu kennen, so sind Sie mir doch durch Ihre Werke bekannt genug. Das sind Geistesschätze, wenn der Ausdruck erlaubt ist, Kunstwerke, die mit so viel Geschmack und Feinheit gebildet sind, dass ihre Schönheiten sich bei jeder Lektüre in neuem Lichte zeigen. Ich glaube in ihnen den Charakter ihres geistvollen Verfassers zu erkennen, der unserem Jahrhundert und dem menschlichen Geiste zur Ehre gereicht. … Bei der Nachsicht und Unterstützung, die Sie allen gewähren, die sich den Künsten und Wissenschaften widmen, hoffe ich, Sie werden mich nicht aus der Zahl derer streichen, die Sie Ihrer Belehrung würdigen. Denn so nenne ich Ihre Korrespondenz, die jedem denkenden Wesen nur nützlich sein kann. Ja, ohne das Verdienst anderer zu schmälern, wage ich zu behaupten, dass es auf der ganzen Welt ohne Ausnahme keinen gibt, dessen Lehrer Sie nicht sein könnten. …

Das erweckt in mir den sehnlichen Wunsch, alle Ihre Werke zu besitzen. Ich bitte Sie, mir diese zu schicken und mir keines zu versagen. Sollte sich unter den handschriftlichen eins befinden, das Sie aus notgedrungener Vorsicht der Öffentlichkeit vorenthalten, so verspreche ich Ihnen, tiefstes Geheimnis zu wahren und ihm nur insgeheim Beifall zu zollen. Leider weiß ich, dass ein Fürstenwort heutzutage wenig gilt; doch hoffe ich, Sie werden sich nicht von den allgemeinen Vorurteilen bestimmen lassen, sondern sich zu meinen Gunsten zu einer Ausnahme entschließen. …

Begünstigt aber das Schicksal mich nicht so sehr, dass ich Sie mein nennen kann, so darf ich wenigstens hoffen, Sie, den ich schon so lange von ferne bewundere, eines Tages zu sehen, um Sie persönlich all der Achtung und Hochschätzung zu versichern, die denen gebührt, die, der Leuchte der Wahrheit folgend, ihre Arbeiten dem allgemeinen Wohle widmen.

Friedrich der Große und Voltaire

Zu den berühmtesten Briefwechseln der Welt gehören die Briefe zwischen dem französischen Philosophen und Dichter Voltaire (1694 bis 1778) und Friedrich dem Großen (1712–1786), der nicht umsonst ein „Philosoph auf dem Königsthron" genannt wurde. Etwa 250 Briefe der beiden Persönlichkeiten sind erhalten geblieben. Als der Briefwechsel begann, war der große Aufklärer Voltaire ein Enfant terrible, ein Außenseiter am französischen Hof, der überall aneckte und provozierte. Friedrich der Große hingegen war noch Kronprinz, gerade einmal 24 Jahre alt. Er wurde damals in hohem Maße von seinem Vater drangsaliert und war ein Freigeist im preußischen Soldatenstaat, der, ebenso wie Voltaire, Verbündete und Seelenverwandte suchte. Der Briefwechsel der beiden erstreckte sich über zwei Jahrzehnte, und er ist gespickt mit stilistischen Finessen, brillanten Ideen und Alltagsbeschreibungen, überschwänglichen Freundschaftsbekundungen und kleinen Bösartigkeiten.

Im ersten Brief Friedrichs an Voltaire, voll von geistreichen Schmeicheleien, bittet der Kronprinz um die Werke Voltaires – und lädt ihn zu sich an den Hof ein, zwei Bitten, denen der Philosoph auch bald nachkam. Es sollte nicht der einzige Besuch bleiben. Die nicht immer konfliktfreie Freundschaft der beiden endete erst mit Voltaires Tod.

Wolfgang Amadeus Mozart

Ein ausgesprochen produktiver Briefeschreiber war auch der Komponist Wolfgang Amadeus Mozart (1756–1791). Tatsächlich speisen sich die meisten Mozart-Biografien hauptsächlich aus seiner Korrespondenz. Viele der Briefe richten sich an den Vater, andere, in sehr liebevollem Ton gehalten, an die Ehefrau Constanze. Der folgende Brief an sie datiert auf den Juli 1791, er wurde also nur wenige Monate vor seinem Tod verfasst. Er spiegelt zwischen den Zeilen und aufmunternden Worten die finanziellen Engpässe und die Ausweglosigkeit wider, in die der Komponist geraten war.

Bettina von Arnim und Karoline von Günderrode

Zu den bedeutendsten Autorinnen der Romantik gehörte Bettina von Arnim. Auch sie hat im Laufe ihres Lebens Tausende von Briefen verfasst, viele davon hat sie selbst veröffentlicht. Berühmt wurde ihr Briefwechsel mit Goethe, den sie glühend verehrte. Sie veröffentlichte ihn, stark bearbeitet, erst nach Goethes Tod – er hatte sich mit dem Ehepaar Arnim auf das Heftigste zerstritten. Weniger bekannt ist ihr

Wolfgang Amadeus Mozart an seine Ehefrau Constanze

Liebstes Weibchen, ich hoffe du wirst mein gestriges Schreiben richtig erhalten haben; nun kommt die Zeit unseres Wiedersehens immer näher, habe Geduld, nur muntre dich so viel wie möglich auf. Du hast mich durch dein gestriges Schreiben ganz niedergeschlagen, sodass ich fast wieder den Entschluss fasste, unverrichteter Sache hinauszufahren, und was hätten wir dann davon? – dass ich gleich wieder herein müsste, oder dass ich anstatt vergnügt, in Ängsten leben müsste, in ein paar Tagen muss die Geschichte ein Ende nehmen. L. hat es mir zu ernstlich und feierlich versprochen, dann bin ich gleich bei dir, wenn du aber willst, so schicke ich dir das benötigte Geld, du zahlest alles, und kommst herein! ... – Nun lebe recht wohl, liebste Stanzi Marini. Ich küsse dich millionenmal und bin ewig

   dein Mozart

Briefwechsel mit ihrer Jugendfreundin, der Schriftstellerin Karoline von Günderrode (1780–1806), die sich im Alter von nur 26 Jahren wegen enttäuschter Liebe das Leben nahm. Die Korrespondenz der beiden ist umfangreich, die Briefe sind oft viele Seiten lang und fast in Tagebuchform verfasst, gespickt mit Gedichten und philosophischen Überlegungen. Der folgende Text entstammt einem weit längeren Brief, den Bettina von Arnim an die Freundin geschrieben hat.

Bettina von Arnim an Karoline von Günderrode

Du sagst: „Wir wollen unbedeutend zusammen sein!" – Weißt Du, wie ich mir das ausleg? Wie das, was Du dem Clemens letztens in meinem Brief schriebst: „Immer neu und lebendig ist die Sehnsucht in mir, mein Leben in einer bleibenden Form auszusprechen, in einer Gestalt, die würdig sei, zu den Vortrefflichsten hinzutreten, sie zu grüßen und Gemeinschaft mit ihnen zu haben. Ja, nach dieser Gemeinschaft hat mir stets gelüstet; dies ist die Kirche, nach der mein Geist stets wallfahrtet auf Erden." – Du sagst aber jetzt, wir wollen unbedeutend zusammen sein – weil Du lieber unberührt sein willst, weil Du keine Gemeinschaft findest – und Du glaubst wohl jetzt

noch, dass irgendwo eine Höhe wär, wo die Luft so rein weht und ein ersehnt Gewitter auf die Seele niederregnet, wovon man freier und stärker wird? – Aber gewiss ist's nicht in der Philosophie; es ist nicht der Voigt, dem ich's nachspreche, aber er gibt mir Zeugnis für meine eigne Empfindung. Menschen, die gesund atmen, die können nicht sich so beengen; stell Dir einen Philosophen vor, der ganz allein auf einer Insel wohnte, wo's so schön wär, wie der Frühling nur sein kann, dass alles frei und lebendig blühte, und die Vögel sängen dann, und alles, was die Natur geboren hätt, wär vollkommen schön, aber es wären keine Geschöpfe da, denen der Philosoph was weismachen könnt, glaubst Du, dass er da auf solche Sprünge käm, wie die sind, die ich bei Dir nicht erzwingen konnt? ...

... Du bist ein Geist ohne Tür und Riegel, und wenn ich zu Dir mein Sehnen ausspreche nach etwas Großem und Wahrem, da siehst Du Dich nicht scheu um, Du sagst: Nun, ich hoff es zu finden mit Dir.

Rilkes Briefe an einen jungen Dichter

Zu den auch international berühmtesten Briefsammlungen gehört der Briefwechsel des Dichters Rainer Maria Rilke (1875–1926) mit seinem Schriftstellerkollegen Franz Xaver Kappus (1883–1966). Die Briefe entstammen den Jahren 1903 bis 1908 und wurden erst nach Rilkes Tod veröffentlicht. Kappus hatte sich an den erfolgreichen Dichter gewandt mit der Bitte, seine ersten dichterischen Gehversuche zu beurteilen. Dieser Bitte kam Rilke nicht nach, da ihm, wie er schrieb, „jede kritische Absicht fern" sei. Dafür schrieb er ihm im Laufe der kommenden fünf Jahre zehn wunderbar schlichte, aber tiefgründige Briefe, in denen er über das Schaffen von Kunst und das Leben an sich spricht.

Den eigenen Stil kultivieren

In den vergangenen Jahrhunderten gab es etliche Moden und Vorgaben, wie private Briefe zu verfassen seien. Doch zeigen die Beispiele, dass jeder Briefeschreiber vor allem seinen eigenen, unverwechselbaren Stil hat. So ist es, bei aller Einhaltung formaler Regeln, immer eine gute Idee, sich an die Maximen von Liselotte von der Pfalz zu halten: den eigenen Stil zu kultivieren und so zu reden, wie einem der Schnabel gewachsen ist.

Rainer Maria Rilke an Franz Xaver Kappus

Mein lieber Herr Kappus,

ich will wieder eine Weile zu Ihnen reden, lieber Herr Kappus, obwohl ich fast nichts sagen kann, was hilfreich ist, kaum etwas Nützliches. Sie haben viele und große Traurigkeiten gehabt, die vorübergingen. Und Sie sagen, dass auch dieses Vorübergehen schwer und verstimmend für Sie war. Aber, bitte, überlegen Sie, ob diese großen Traurigkeiten nicht vielmehr mitten durch Sie durchgegangen sind? Ob nicht vieles in Ihnen sich verwandelt hat, ob Sie nicht irgendwo, an irgendeiner Stelle Ihres Wesens sich verändert haben, während Sie traurig waren? ...

Wir haben keinen Grund, gegen unsere Welt Misstrauen zu haben, denn sie ist nicht gegen uns. Hat sie Schrecken, so sind es unsere Schrecken, hat sie Abgründe, so gehören diese Abgründe uns, sind Gefahren da, so müssen wir versuchen, sie zu lieben. Und wenn wir nur unser Leben nach jenem Grundsatz einrichten, der uns rät, dass wir uns immer an das Schwere halten müssen, so wird das, welches uns jetzt noch als das Fremdeste erscheint, unser Vertrautestes und Treuestes werden. Wie sollten wir jener alten Mythen vergessen können, die am Anfange aller Völker stehen, der Mythen von den Drachen, die sich im äußersten Augenblick in Prinzessinnen verwandeln; vielleicht sind alle Drachen unseres Lebens Prinzessinnen, die nur darauf warten, uns einmal schön und mutig zu sehen. Vielleicht ist alles Schreckliche im tiefsten Grunde das Hilflose, das von uns Hilfe will. Da dürfen Sie, lieber Herr Kappus, nicht erschrecken, wenn eine Traurigkeit vor Ihnen sich aufhebt, so groß, wie Sie noch keine gesehen haben ... Sie müssen denken, dass etwas an Ihnen geschieht, dass das Leben Sie nicht vergessen hat, dass es Sie in der Hand hält; es wird Sie nicht fallen lassen. ...

Inhalt und Form eines gelungenen Briefes

Briefe können sehr unterschiedliche Botschaften transportieren: private und vertrauliche, informative und sachliche – das Spektrum ist so groß, wie es die menschliche Kommunikation generell ist. Doch was immer Sie mitteilen, zum Ausdruck bringen oder erreichen möchten, an wen auch immer Sie sich mit Ihrem Schreiben wenden: Seien Sie stets klar, prägnant und verständlich.

Je privater ein Brief ist, je besser Sie den Adressaten kennen und je enger die Beziehung zu ihm oder ihr ist, desto größer sind selbstverständlich die Freiheiten, die Sie sich beim Schreiben erlauben können. Wer wollte auch den richtigen Ton zwischen vertrauten Freunden vorschreiben, wer den unter Geschwistern und Verwandten, unter Verliebten?

Gerade ein privater Brief spiegelt ja auch Sie wider, Ihre Persönlichkeit, Ihr Temperament, Ihre Eigenart. Deswegen darf er auch authentisch im Ton sein, Ihre eigene Sprache zeigen und Ihre Art, sich auszudrücken.

Doch auch und gerade wenn Sie sich an eine vertraute, Ihnen nahestehende Person wenden – Sie werden sie oder ihn doch sicher nicht langweilen oder irritieren wollen. Und ob es sich dabei lediglich um einen kurzen Gruß handelt oder um einen langen Brief, immer sollte Ihre Sprache klar und bündig sein. Ellenlange Schachtelsätze, umständliche oder gar gestelzte Formulierungen haben eigentlich in gar keiner Korrespondenz eine positive Wirkung, schon gar nicht in einem Brief an Freunde.

Was ich dir sagen will …

In privaten Briefen wird sich der Empfänger auch über die persönliche Ansprache freuen. Gehen Sie auf Ihr Gegenüber ein, erkundigen Sie sich nach seinem Befinden, stellen Sie Fragen. Damit zeigen Sie Interesse und halten die Korrespondenz in Schwung.

Erzählen Sie auch von sich, von Ihren Problemen, Sorgen, Erlebnissen und Freuden. Verwenden Sie dabei abwechslungsreiche Formulierungen – Sie dürfen ruhig so schreiben, wie Sie auch sprechen würden: „Und stell Dir vor, was dann passiert ist …" Enden Sie mit guten Wünschen an den Adressa-

Floskeln

Floskeln wie „möchte mitteilen, dass" können für ein offizielles Schreiben sehr nützlich sein. Je privater jedoch der Anlass und je vertrauter der Adressat Ihres privaten Briefs, desto gekünstelter, ja störender wirken sie.

ten, z. B.: „Ich hoffe, Dein Vorstellungsgespräch ist erfolgreich."

Anders als für den rein privaten, gelten für den halboffiziellen privaten Brief – etwa an die ehemalige Klassenlehrerin, die nette Reisebekanntschaft – gewisse inhaltliche, Vorgaben: Allzu vertraulich sollten Ihre Mitteilungen in einem solchen Schreiben nicht werden, das ist nicht angemessen und könnte den Adressaten sogar in Verlegenheit bringen.

Es gibt viele Situationen, in denen gerade ein Brief besonders gut geeignet ist, auszudrücken, was mündlich etwas schwieriger wäre. Denn ein Brief hat ja den großen Vorteil, intim und zugleich diskret sein zu können. Im Gegensatz zu Telefonaten oder SMS ist der Brief eine besonders behutsame Form der Kommunikation. Ein Brief ermöglicht es, selbst mit sensiblen oder sogar heiklen Situationen in Ruhe und auf taktvolle Weise umzugehen: Sie sind beim Schreiben allein für sich, der Empfänger ist es beim Lesen. So haben Sie beide Zeit und Muße, den Inhalt „im stillen Kämmerlein" wirken zu lassen.

Lob und Kritik, Freud und Leid

Möchten Sie eine Verstimmung ausräumen, die durch ein Missverständnis entstanden ist? Möchten Sie jemanden um Verzeihung bitten, weil Sie sich ihm oder ihr gegenüber versehentlich im Ton vergriffen haben? Möchten Sie jemandem erklären, warum Sie irritiert, verärgert, enttäuscht sind? Oder, was ja viel erfreulicher ist: Möchten Sie jemandem sagen, dass Sie ihn oder sie weit mehr schätzen, als Sie das bisher zu zeigen wagten? Dass Sie Ihren Adressaten bewundern, verehren, vermissen?

Dies alles sind Gefühle, die sich gerade brieflich gut zum Ausdruck bringen lassen. Allerdings – auf den Punkt kommen sollten Sie auch auf dem geduldigen Papier.

Der Empfänger sollte klar erfahren, worum es Ihnen geht. Gerade wenn es sich um private, möglicherweise besonders sensible Anlässe handelt, können Ihnen Vorab-Notizen beim Schreiben

Vorab-Notizen können beim Schreiben eines Briefes sehr hilfreich sein.
▼

helfen: Dabei ordnen Sie auch die eigenen Gedankengänge – und was geordnet ist, wirkt auch so. Schreiben Sie also zunächst ganz in Ruhe für sich selbst auf, was genau Sie mitteilen möchten, was Ihnen besonders wichtig ist. Das sollte dann auch der Hauptteil, sozusagen das Herzstück Ihres Briefes sein – auch formal: Machen Sie diesen Hauptteil durch einen Absatz bzw. eine Leerzeile kenntlich. Wenn es gleich mehrere Hauptanliegen sind, gilt dasselbe: Jeder neue Gedanke sollte klar abgesetzt sein.

Nehmen Sie sich für Ihre private Korrespondenz getrost Zeit. Es ist kein Fehler, eine Stunde oder gar mehrere (und vielleicht bei einer guten Tasse Kaffee oder einem Glas Wein) über einem Brief an die Freundin, den Liebsten, die Tochter zu brüten. Ganz im Gegenteil kann das sogar Gelegenheit zu einer gedanklichen Muße sein, die auch Ihnen selbst guttut. Und: Lassen Sie zuletzt Ihrem Brief ruhig etwas Zeit. Im Zweifelsfalle und je nach Anlass schadet es nicht, wenn Sie das Geschriebene einen Tag ruhen lassen und dann noch einmal mit frischem Blick prüfen: Will ich das so sagen, möchte ich das Gesagte vielleicht doch lieber etwas abmildern, anderes noch mehr betonen, etwas Wichtiges hinzufügen? Der Brief gibt Ihnen alle Möglichkeiten dazu.

Aller Anfang ist schwer

Sogar geübte Briefeschreiber können gelegentlich Anlaufschwierigkeiten haben, den besten Einstieg in einen Brief zu finden. Umso mehr gilt das für Schreiber, die eher selten zum Stift greifen: So ein weißes, noch leeres Blatt Papier kann Ungeübte regelrecht einschüchtern.

„Wie beginne ich richtig?", ist die große Frage, und so kann es geschehen, dass man, nachdem die Begrüßungsformel hingeschrieben wurde, zunächst einmal das Blatt Papier anstarrt. Es starrt zurück, doch es kommt – leider nichts.

Haben Sie keine Scheu vor dieser Situation. Wozu gibt es Notiz- bzw. Schmierpapier? Gerade wenn Sie

Das Briefgeheimnis

Ein privater Brief ist immer etwas Vertrauliches. In allen demokratischen Staaten gilt das Briefgeheimnis. In Deutschland ist es in Artikel 10 des Grundgesetzes verankert: (1) Das Briefgeheimnis sowie das Post- und Fernmeldegeheimnis sind unverletzlich. (2) Beschränkungen dürfen nur auf Grund eines Gesetzes angeordnet werden. (...)

Das gilt für den Staat ebenso wie für den Postboten oder Privatleute. Briefe dürfen nur vom Adressaten geöffnet werden. Es ist sogar strafbar, die Post anderer Menschen zu öffnen. Das gilt selbst für Eltern oder Ehepartner! Für diese Regel gibt es wenige Ausnahmen. Die Post darf z. B. Sendungen öffnen, wenn der Adressat nicht klar ermittelbar ist – ein Grund mehr, ein Kuvert leserlich mit der korrekten Adresse zu beschriften.

etwas unsicher sind – und ganz besonders, wenn Sie einen Brief handschriftlich verfassen wollen –, schadet es nicht, sich schon vor dem Schreiben ein paar Stichpunkte zu machen. Sobald Sie erst einmal Ihren roten Faden gefunden und aufgenommen haben, fällt das Schreiben bedeutend leichter.

Per Hand oder am PC?

Haben Sie eine „schöne" und gut lesbare Handschrift? Dann macht es Ihnen sicher Vergnügen, einen Brief oder eine Postkarte per Hand zu schreiben – und dem Empfänger Ihrer Post ebenfalls. Denn handgeschriebene Zeilen sind wohl die persönlichste Art, jemandem einen lieben Gruß zu senden.

Doch in der heutigen Zeit sind (leider) längst nicht mehr alle Menschen daran gewöhnt, Notizen, Nachrichten oder Briefe handschriftlich zu verfassen: Wir leben im Zeitalter der Tastatur. Falls Sie also Hemmungen haben, sich mit Kugelschreiber oder Füller ans Werk zu machen, oder falls Sie glauben, Ihre Schrift sei zu unleserlich, zu unordentlich, zu krakelig – warum probieren Sie es nicht mit „eigenhändigen Druckbuchstaben"? Es ist keineswegs lieblos und auch nicht unhöflich, für einen Brief oder eine Postkarte diese Form zu wählen – vorausgesetzt allerdings, es handelt sich dabei

um eine Korrespondenz rein privater Art: an enge Verwandte, gute Freunde oder Bekannte. Möglich ist auch eine Mischung: Drucken Sie Ihren maschinengeschriebenen Brief aus und ergänzen Sie handschriftlich die Gruß- und die Abschiedsformel sowie Ihren Namen.

Briefe mit offiziellerem Charakter (beispielsweise den Entschuldigungsbrief an die Klassenlehrerin Ihres Kindes) sollten Sie möglichst am Computer schreiben und dann ausdrucken. Das wirkt professioneller und auch respektvoller. Außerdem hat es den Vorteil, dass Sie den Text vor dem Ausdrucken leicht korrigieren und in die angemessene Form bringen können.

Falls Sie keinen eigenen PC zu Hause haben: Sie sind in guter und durchaus zahlreicher Gesellschaft. Auch in unserem digitalen Zeitalter sind längst nicht alle Haushalte mit

▲
Briefe offiziellerer Natur sollten Sie am besten am Computer schreiben. Wenn Sie bereits vorab einige Gedanken schriftlich festgehalten haben, geht dies umso schneller von der Hand.

▲

Sparen Sie nicht an der Qualität Ihres Schreibgeräts, sie macht sich an Ihrem Schriftbild bemerkbar, und das Schreiben geht leichter von der Hand.

schen gibt es diese Stifte auch mit ausradierbarer Tinte, sodass Sie damit unauffällig kleinere Fehler ausmerzen können. Auch Kugelschreiber und Tintenroller eignen sich hervorragend und machen ein gutes Schriftbild, vorausgesetzt, es sind Qualitätsgeräte. Das bedeutet jedoch keineswegs, dass Sie für Ihr Schreibgerät unmäßig viel Geld ausgeben müssen: In Fachgeschäften oder den Fachabteilungen der Kaufhäuser gibt es eine gute und große Auswahl, lassen Sie sich im Zweifelsfall dort beraten.

Gleiches gilt für das Papier, das Sie wählen. Es muss nicht gerade Bütten sein – aber Schmierpapier oder ein abgerissenes Blatt vom Spiralblock taugt für Briefe eben auch nicht.

Denken Sie bei handschriftlichen Briefen auch daran, beim Schreiben einen Rand von zwei bis drei Zentimetern rechts und links zu lassen, damit der Brief gut lesbar ist und ordentlich aussieht.

Computern ausgestattet. Genau deswegen bieten viele Stadtbibliotheken und auch Volkshochschulen den Bürgern heutzutage kostengünstige Möglichkeiten zur Computer-Nutzung (inklusive Druckernutzung) an.

Schreibgerät und Papier

Besitzen Sie einen guten Füllfederhalter? Dann wissen Sie sicher auch, warum: Mit einem solchen Schreibgerät zu arbeiten, macht einfach Vergnügen – und ein guter Füllfederhalter trainiert die Handschrift. Mit Tinte Geschriebenes macht zudem etwas her, es sieht edel aus.

Die heute weitaus geläufigeren Versionen des Schreibgeräts sind allerdings Kugelschreiber oder Tintenroller („Roll-Pens"). Inzwi-

Die Aufteilung eines Briefs: der kleine Form-Knigge

Auch der private Brief darf, ja sollte einen angemessenen formalen Rahmen haben. Dazu gehört erstens die Datumsangabe. Sie dient nicht allein der formalen Vollkommenheit, sie gibt dem Empfänger auch zeitliche Orientierung – denn möglicherweise möchte er ja antworten, und dann ist es hilfreich, wenn er sich dabei auf ein Datum beziehen kann. Auch für gesammelte Korrespondenz sind Datumsangaben von Bedeutung: für den Sammler selbst, aber auch für diejenigen, denen er seine Sammlung eines Tages zueignet. Die vielen lesenswerten und interessanten Briefwechsel berühmter Persönlichkeiten haben dadurch ihren zeitlichen roten Faden – ohne ihn wären Biografen und Verleger verzweifelt.

Die Datumsangabe (für offizielle Anlässe mit Ortsangabe: „Goldstadt, den 12. Oktober 2020) können Sie an den Anfang eines Briefs setzen oder an den Schluss, wichtig ist, dass sie an prominenter Stelle steht und auf einen Blick zu finden ist. In den meisten privaten Briefen verzichtbar ist ein Briefkopf, also die Angaben Ihrer eigenen Daten. Aber vielleicht haben Sie ja bereits Briefpapier mit Ihrem persönlichen Briefkopf darauf, das Sie auch für private Briefe verwenden möchten.

Anrede und Grußformel

Ebenfalls zum formalen Muss gehören Anrede und Grußformel: „Liebe Erika", „Liebe Frau Meier" oder „Sehr geehrter Herr Dr. Müller" – jede Adressatin und jeder Adressat eines Briefs sollte nicht nur mit ihrem oder seinem Namen angesprochen werden, sondern auch mit einer der genannten Grußformeln. Welche Sie

wählen, hängt vom Anlass ab und davon, wie gut Sie den Adressaten kennen. Heutzutage liest man auch häufig die Grußformeln „Hallo" oder „Guten Tag". Doch auch diese sollten, um nicht zu flapsig zu klingen, mit dem Namen des Adressaten kombiniert werden, also: „Hallo Elvira" oder „Guten Tag, Herr Meier".

Abschiedsformel

Die Abschiedsformel sollte wieder mit einer Absatzzeile gesetzt werden. Für private Briefe immer geeignet ist: „Mit besten Grüßen" – wobei es je nach Anlass auch „Mit herzlichen Grüßen" oder „Liebe Grüße" heißen darf. Förmlicher ist das in Geschäftsbriefen übliche „Mit freundlichen Grüßen". Verwenden Sie diese Schlussformel

Gerade sehr junge Menschen, die untereinander schriftlich eher per SMS oder Whatsapp kommunizieren, verwenden häufig lässige Grußformeln wie „Hallo" oder gar „Hey" oder „Hi". Dieser Sprachentwicklung kann man durchaus skeptisch gegenüberstehen, doch sind diese Formeln im Zweifel fast immer freundlich gemeint und entsprechen dem Zeitgeist.

„Du" oder „du"?

Nach der reformierten Duden-Rechtschreibung ist es heute kein orthografischer Fehler mehr, in einem privaten Brief die Kleinschreibung „du/dein/dir" zu wählen. Allerdings ist es nach wie vor auch kein Fehler, sondern im Gegenteil ein Zeichen der Wertschätzung, Höflichkeit und je nachdem Ehrerbietung – beispielsweise in einem Brief des Enkels an die Großmutter oder den Großvater – bei der traditionellen Großschreibung „Du" zu bleiben.

Es kommt also auf die Vertrautheit der Beziehung an und liegt in Ihrem Ermessen, wie Sie sich in dieser Frage entscheiden. Als Faustregel darf aber immer noch gelten: Im Zweifelsfalle machen Sie mit dem respektvollen „Du" nichts falsch.

in Privatpost nur, wenn Sie wenig Privates mit dem Adressaten verbindet oder Sie bewusst Distanz signalisieren wollen.

Ein wenig aus der Mode ist es geraten, vor den eigenen Namen in der Schlussformel ein „Deine/ Dein" bzw. „Ihre/Ihr" zu setzen. Doch ist die Nutzung des besitzanzeigenden Fürwortes an dieser Stelle gut geeignet, um Zuneigung und Nähe zu demonstrieren.

Immer schön übersichtlich

Absätze strukturieren einen Text und machen das Lesen angenehmer – das gilt auch für einen Brief. Ein Absatz (den Sie mittels Leerzeile noch zusätzlich betonen können) macht auch optisch sofort klar, dass Sie das Thema wechseln und nun zu etwas ganz anderem

Ein gutes Nachschlagewerk hilft bei der Suche nach der richtigen Formulierung weiter. ▼

kommen möchten: Ihr Leser wird erfreut sein, wenn Sie Ihre Gedankengänge so übersichtlich und strukturiert aufschreiben, dass man ihnen gut folgen kann – und gerne folgen mag.

Auch wenn Sie Aufzählungen in Ihr Schreiben einfügen möchten, sollten diese klar erkennbar sein, sie wirken dadurch nicht nur ordentlicher, sondern auch schlüssiger:

„Liebe Anna, wenn Du das Gepäck für Deine Australienreise zusammenstellst, denke bitte unbedingt an:
– Impfpass
– Reisepass
– Führerschein
– Sonnencreme."

Guter Stil

Ein guter Schreibstil – was ist das eigentlich? Im Grunde geht es nur darum, einen Text gut und flüssig lesen zu können. Viele Menschen schrecken vor dem Briefeschreiben zurück, weil sie glauben, sie müssten einen besonders kultivierten Schreibstil haben. So kommt es dann, dass ungeübte Schreiber mit gedrechselten Floskeln arbeiten. Das aber macht einen Text leicht ungenießbar. Schreiben Sie so, wie Sie auch sprechen würden. Gute Schriftsprache ist nicht gekünstelt. Gehen Sie Ihren Entwurf lieber noch einmal durch, machen Sie aus komplizierten Schachtelsätzen

Hauptsätze, und vermeiden Sie Wortwiederholungen.

Unterstützung vom Thesaurus

Für jede Korrespondenz gilt: Vermeiden Sie nach Möglichkeit zu viele Wiederholungen. Eine „immergleiche" Wortwahl wirkt unbeholfen, sie kann einen Text zudem schwerfällig und langweilig machen. Abwechslung in der Wortwahl ist Trumpf!

Synonyme – also bedeutungsgleiche Wörter – für so gut wie jeden Begriff sind schnell gefunden, wenn Sie dafür ein gutes Wörterbuch („Thesaurus") zu Rate ziehen. Dieser Helfer kann Ihnen nicht nur eine große Auswahl an Synonymen – beispielsweise zum Begriff „Ehefrau" – anbieten, er liefert jeweils auch weitere nützliche Informationen: etwa dazu, wie gebräuchlich das betreffende Wort ist („Gattin"; „Angetraute") ob es eher in der gehobenen Sprache verwendet wird („Gemahlin") oder gar veraltet bzw. nicht mehr gebräuchlich oder möglicherweise sogar missverständlich ist („Eheweib").

Das Wörterbuch der Wahl

Sollten Sie einen Computer benutzen, ist der Zugriff auf ein Wörterbuch jederzeit problemlos möglich – auf „Nummer sicher" gehen Sie dabei immer mit dem aktuellen Duden, der auch online unter www.duden.de verfügbar ist. Es ist aber durchaus empfehlens-

wert, ein solches Nachschlagewerk auch in Buchform im Regal stehen zu haben: Das Blättern in einem Wörterbuch ist nicht nur für die gezielte Suche nützlich, es ist auch so unterhaltsam wie vergnüglich – und bereichert dabei den Wortschatz ganz automatisch.

Neben dem Duden gibt es noch weitere anerkannte und gebräuchliche Wörterbücher; in Ihrer Buchhandlung können Sie sich dazu beraten lassen. Beratung finden Sie auch in Ihrer Stadtbibliothek: Hier können Sie sogar „leihweise" testen, welches Werk Ihnen am besten zusagt.

Rechtschreibung

Apropos Duden: Auch in privater Korrespondenz sollte es selbstverständlich sein, sich in einer möglichst fehlerfreien Rechtschreibung zu üben. Natürlich können kleine Flüchtigkeitsfehler immer mal wieder passieren, doch ein Brief, der viele Rechtschreibfehler aufweist, ist für den Empfänger unerfreulich zu lesen. Ein Grund mehr, immer einen Duden oder ein anderes gutes Wörterbuch in Griffweite des Schreibtischs stehen zu haben.

Wenn Sie für das Schreiben Ihres Briefes den Computer verwenden, ist auf diesem zumeist ein Rechtschreibprogramm installiert. Verlassen Sie sich aber nicht zu sehr auf dieses Werkzeug: Ein gutes Wörterbuch kann es keineswegs ersetzen.

Thesaurus online
Auch online werden Sie fündig, wenn Sie nach Synonymen suchen. Eine empfehlenswerte Seite ist beispielsweise www.openthesaurus.de.

Auf einen privaten Brief antworten

„Ein Brief ist eine Seele", hat der französische Philosoph und Romancier Honoré de Balzac einst gesagt – völlig zu Recht. Wenn Ihnen eine Freundin, eine liebe Verwandte, Ihr Kind oder Ihr Partner einen Brief schreibt, steckt darin so viel mehr als nur das, was auf dem Papier geschrieben steht.

Es steckt darin, ob ausformuliert oder nicht, immer auch die Botschaft: Du bist mir wichtig, du bedeutest mir etwas, ich denke an dich. Und in jedem solcher Briefe steckt auch immer eine Hoffnung auf Antwort. Der Begriff „Korrespondenz" ist vom lateinischen „correspondentia" abgeleitet und meint gegenseitige Beantwortung. Ein Briefeschreiber möchte kein Rufer in der Wüste sein, er bzw. sie freut sich über eine Antwort, wartet vielleicht sogar darauf.

Auf einen lieben Brief zu antworten, ist eigentlich ganz einfach – und funktioniert dennoch etwas anders als das direkte, ganz unmittelbare und schnelle Zwiegespräch am Telefon. Für Ihre Antwort dürfen Sie sich Zeit und Muße nehmen, das ist das Besondere und besonders Wertvolle am Briefeschreiben und am privaten Briefwechsel. Nur: Zu viel Zeit sollten Sie auch nicht verstreichen lassen, bis Sie dem Schreiber oder der Schreiberin Ihrerseits antworten. Warten Sie damit zu lange (Wochen oder gar Monate), könnte das als Zeichen von Desinteresse aufgefasst werden, es könnte kühl, unfreundlich oder womöglich sogar ablehnend wirken, und diesen Eindruck möchten Sie ja sicher nicht entstehen lassen. Sollten Sie stark unter Zeitdruck stehen, kann es eine gute Zwischenlösung sein, dem Absender zunächst rasch ein Grußkärtchen zu schicken mit dem Hinweis: „Brief folgt". So haben Sie Zeit gewonnen und sind dennoch nicht unhöflich gewesen.

Aller Anfang ist leicht …

Eines macht die Antwort auf einen Brief leicht: Sie können sich auf das beziehen, was der Absender Ihnen geschrieben hat. Und das sollten Sie auch! Zeigen Sie, dass Sie sich über seine Post gefreut haben – „… hab ganz herzlichen Dank für Deinen Brief" ist in diesem Fall keine leere Floskel, sondern ein freundlicher und angemessener Einstieg.

Auch das, was Sie daran anschließend schreiben, kann, ja sollte sich zunächst aus dem ergeben, was der Absender Ihnen geschrieben, was er von sich erzählt hat: vom neuen Job, vom ersten Zähnchen des Kindes, vom erfolgreich absolvierten Englischkurs, vom endlich überstandenen Umzug in die neue Wohnung. Gehen Sie auf das ein, was Ihren Briefpartner bewegt, freut, beschäftigt, was er Ihnen mit-teilt, um es *mit Ihnen zu teilen.*

Gratulieren Sie ihm beispielsweise zum Mut, etwas Neues gewagt zu haben – Anerkennung ist die schönste Freundschaftswährung. Und machen Sie auch getrost Mut, wenn jemand Ihnen von eventuellen Schwierigkeiten erzählt: Je privater es ist, was der Schreiber von sich selbst mitteilt, desto privater dürfen Sie darauf eingehen. Natürlich werden Sie das mit Takt und Feingefühl tun. Wie weit Sie mit gut gemeinten Ratschlägen („Du solltest dem Kleinen unbedingt einen Beißring besorgen") oder gar mit wohlmeinender Kritik („Vielleicht bist Du einfach zu empfindlich") gehen können oder sollten, entscheiden selbstverständlich Sie – bedenken Sie dabei aber, dass zu viel des Guten nicht immer gut ankommt.

Gelegentlich kann ein Briefwechsel auch Schwieriges zum Anlass und zum Inhalt haben: einen Konflikt, ein Missverständnis, eine Verstimmung. In diesem Fall ist das Antworten nicht ganz so leicht. Doch auch in solchen Fällen lässt sich fast immer eine Lösung finden. Der erste Schritt heißt: Versuchen

Sie zu verstehen, warum der Schreiber oder die Schreiberin verstimmt ist – und nehmen Sie das Geschriebene auch als ein Angebot zum Dialog. Vielleicht können Sie genau das in Ihrer Antwort signalisieren: „Ich bin froh, dass wir so offen miteinander sein können." Anerkennung ist auch für das Beilegen von Konflikten wertvoll. Der zweite Schritt: Schreiben Sie auf keinen Fall im ersten Zorn bzw. schicken Sie einen solchen Brief lieber nicht ab. Schlafen Sie eine Nacht darüber, und prüfen Sie dann noch einmal: Will ich das wirklich *so* sagen? Gibt es nicht doch mildere Worte, die den Weg für eine Versöhnung offen lassen? Der (Zeit-)Vorteil schriftlicher Korrespondenz kann sich hier als unendlich wertvoll erweisen – es wäre schade, ihn nicht zu nutzen.

▲ Über einen lieben persönlichen Brief freut sich jeder. Lassen Sie den Absender nicht zu lange auf Ihre Antwort warten.

Die Postkarte

Die Postkarte ist gewissermaßen die kleine Schwester des Briefes. Sie ist auch die viel jüngere Schwester, denn sie wurde erst viele Jahrhunderte nach dem Brief erfunden.

Ein Vorläufer war die 1760 eingeführte *Petite Post* (kleine Post) in Paris. Rund hundert Jahre später wurde in den USA dann die Postkarte auch offiziell von der Post transportiert, für den Spottpreis von nur einem Cent pro Karte. Wenig später erreichte die Karte auf ihrem Siegeszug dann das Deutsche Reich. Doch waren diese ersten Karten unbebildert, bis zur Erfindung der Ansichtskarte vergingen

noch ein paar Jahre – sie erblickte um 1780 herum das Licht der Welt. Große Verbreitung fand die Ansichtskarte dann um die Jahrhundertwende. Sie wurde, so wie heute auch, vor allem zur Versendung von Grüßen benutzt, zum Geburtstag, zur Hochzeit und zu anderen festlichen Gelegenheiten. Besonders auch der wachsende Tourismus trug zur raschen Verbreitung der Postkarte bei.

Auch heute noch kann man besonders in der Ferienzeit gelegentlich Menschen beobachten, die an einem Cafétisch sitzen, vor sich einen Stapel Ansichtskarten, und offenbar etwas ratlos sind: Was schreibe ich nur?

Ein Schritt zur Lösung dieses kleinen Problems liegt bereits in der Auswahl des Motivs, denn auch das Postkartenmotiv selbst trägt ja bereits eine Aussage. Zeigt es Ihren Ferienort von seiner besten Seite, ein grandioses Bergpanorama, einen romantischen See, einen Blick aufs Meer? Dann können Sie genau daran anknüpfen, beispielsweise mit einem Satz wie: „Hier lasse ich es mir gerade eine Weile gut gehen – und genieße dabei ein Glas auf Dein Wohl."

Postkarten an die Daheimgebliebenen gehören für viele einfach zum Urlaub dazu.
▼

Andere Postkarten zeigen witzige Motive, wie beispielsweise Karikaturen, Zeichnungen mit Symbolcharakter – etwa einen Storch –, originelle Sprüche oder Spruchweisheiten und sprechen damit ebenfalls bereits für sich: Möchten Sie jemandem zur bestandenen Führerscheinprüfung gratulieren? Dann wählen Sie doch ein schickes Auto als Motiv. Oder möchten Sie Glück für ein Examen wünschen? Dann kommt etwa ein Kleeblatt-Motiv infrage. In diesen Fällen kann es schon reichen, als handschriftliche Ergänzung lediglich „Mit herzlichem Gruß von …" hinzuzufügen.

Dezent sein ist Trumpf

Eines sollten Sie stets bedenken, wenn Sie eine Postkarte verschicken: Sowohl das Motiv als auch Ihre Mitteilung bzw. Ihr Gruß sollten möglichst so gehalten sein, dass sie dem „öffentlichen Charakter" einer Postkarte entsprechen, die immerhin jeder ansehen und lesen kann. Für sehr private Mitteilungen und zu besonders sensiblen Anlässen (Trauerfall, Verlust, ernste Erkrankung) eignet sich eine Postkarte keinesfalls. Für diesen Zweck bieten sich zum Thema passende Faltkarten an, die mit einem Umschlag verschickt werden. Gerade bei diesen Karten und schwierigen Themen sind aber persönliche,

achtsam gewählte Worte an den Empfänger umso wichtiger.

Außerdem sollte das Motiv der Karte in etwa dem Geschmack, Temperament und Humor des Adressaten entsprechen. Für den gänzlich unverfänglichen Gruß empfiehlt sich die Kunstpostkarte: Eine große Auswahl davon findet man in Museums-Shops, aber auch in Buchhandlungen.

In der Kürze liegt die Würze

Sicherlich liegt auch eine gewisse Herausforderung darin, sich kurz zu fassen. Doch machen Sie es sich dabei nicht zu schwer. Die wenigen Sätze, die auf eine Postkarte passen, sollen dem Empfänger einen netten, freundlichen, vielleicht witzigen Gruß übermitteln – nicht mehr, aber auch nicht weniger.

Auch die Postkarte ist heutzutage, ähnlich wie der private Brief, im Rückgang begriffen. Hier fand inzwischen, durch den Einfluss der sozialen Medien, unbemerkt ein kleiner Kulturwandel statt. Statt sich im Urlaub ein paar Stündchen für das Schreiben von Postkarten zu reservieren, schreibt man heutzutage lieber schnell eine Mitteilung auf Whatsapp oder per SMS und verschickt noch gleich ein paar persönliche Aufnahmen. Umso mehr aber freut man sich inzwischen, wenn man noch einmal eine Postkarte im Briefkasten vorfindet.

Glückwunschschreiben

Es ist immer ein erfreulicher Anlass, Menschen gratulieren zu dürfen – sei es zum Geburtstag, zum Kindersegen, zur Hochzeit oder zur bestandenen Prüfung. Ein Glückwunschschreiben muss nicht lang sein, um dem Angesprochenen Freude zu bereiten, die Geste und die Herzlichkeit Ihrer Worte zählen – allerdings sollten Sie eine gewisse Form wahren, damit diese auch gut ankommen.

Denn auch wenn Sie aus einem privaten Anlass schreiben und damit keinen offiziellen Vorgaben und Erwartungen unterliegen, sollten Sie Sorgfalt in Ihre Korrespondenz legen. Ein lieb- und ideenlos in Eile hingeschriebener Brief, der vielleicht auch noch voller Rechtschreibfehler ist, wirft nicht nur ein schlechtes Licht auf den Schreiber, er zeugt auch nicht gerade von Respekt für den Empfänger.

Einige persönliche Zeilen werten auch vorgedruckte Glückwunschkarten auf.
▼

Die passenden Worte für Ihre Glückwünsche sind eigentlich recht leicht zu finden; je besser Sie den Adressaten kennen, desto einfacher ist es beispielsweise, Ihren Brief mit einem zur jeweiligen Persönlichkeit passenden Zitat zu beginnen oder zu beenden. Eine Auswahl an Zitaten zu den verschiedensten Anlässen haben wir ab S. 255 für Sie zusammengestellt.

Haben Sie Mut, Ihre eigenen Worte zu finden, und verlassen Sie sich nicht auf die üblichen Floskeln. Schreiben Sie von Herzen, sodass sich der Empfänger als Person wahrgenommen fühlt.

Gestaltete Karte oder Brief?

Es gibt für fast alle Anlässe eine große Auswahl an geschmackvoll gestalteten Karten. Nichts spricht dagegen, eine solche Karte zu verschicken. Doch Ihr handschriftlicher Gruß bzw. Ihre Unterschrift sollte auch auf einer solchen Karte nicht fehlen. Falls Sie sich

entschließen, lieber einen Brief zu schreiben: Dieser muss nicht unbedingt handschriftlich verfasst, sondern darf ruhig getippt sein – bis auf die Unterschrift. Gleichwohl wirkt es persönlicher und zugeneigter, wenn Sie zu besonderen Anlässen einige handschriftliche Zeilen verfassen. So oder so: Wählen Sie stets ein gutes Schreibpapier! Falls Sie als Chef oder Vorgesetzter ein Gratulationsschreiben verschicken möchten – sei es an einen Geschäftspartner, sei es an einen Mitarbeiter –, sollte es keinesfalls auf Geschäftspapier abgefasst sein.

Elektronische Post?

Es hat sich im Zeitalter der Digitalisierung zunehmend eingebürgert, schnell einen Glückwunsch per SMS oder E-Mail zu versenden. Auch in den sozialen Medien erhält man oft Dutzende Glückwünsche, gerade an Geburtstagen – bei Facebook beispielsweise ist ein Kalender installiert, der einen auf bevorstehende Geburtstage aufmerksam macht.

Dennoch freuen sich die meisten Menschen weit mehr über eine Gratulation per Post, vor allem, wenn in dem Schreiben etwas mehr drinsteht als die üblichen Floskeln. Eine E-Mail könnte mit Pech sogar im Spam-Ordner landen und gar nicht erst wahrgenommen werden.

Und selbst, wenn sie den Empfänger erreicht, so droht sie doch in der allgemeinen digitalen Post unterzugehen. Einer schönen Karte oder einem Brief ist deshalb stets der Vorzug zu geben – auch dann, wenn man nicht (nur) im privaten Rahmen gratulieren will, sondern auch im Kontext einer Geschäfts- oder Arbeitsbeziehung.

Dies betrifft ganz besonders wichtige Ereignisse wie runde Geburtstage, Hochzeiten und die Geburt eines Kindes. Solche Wegmarken werden nur mit einem persönlichen Schreiben gebührend gewürdigt.

Bitte pünktlich sein: das richtige Timing

Eigentlich versteht es sich ja von selbst: Glückwunschschreiben zum Geburtstag sollten den Empfänger just an diesem Tag erreichen – weder früher (das bringt einem alten Aberglauben nach Unglück) noch später bzw. so spät, dass es für den Absender peinlich ist. Insofern gehört es zu den wenigen Vorteilen elektronischer Post wie SMS, Whatsapp und E-Mail, dass sie den Empfänger immer pünktlich erreicht.

Bei Briefen und Karten sollten Sie die „Reisezeit" Ihrer Post einkalkulieren. In der Regel beträgt sie ein bis zwei Tage, Sonn- und Feiertage sind dabei entsprechend zu berücksichtigen.

Wenn Ihr Glückwunschschreiben ins Ausland geht, sollten Sie sich rechtzeitig über die entsprechenden Brieflaufzeiten erkundigen. Unter www.deutschepost.de können Sie diese für jedes Land nachschauen.

Glückwünsche zur Geburt

Freunde, Verwandte oder Bekannte von Ihnen haben ein Baby bekommen? Die Geburt eines Kindes ist ein besonders schöner Anlass für ein Gratulationsschreiben. Dieses muss nicht lang ausfallen, eine passend ausgewählte hübsche Glückwunschkarte mit einigen herzlichen Zeilen ist zu diesem Anlass ideal.

Kurze Reime oder Zitate sind beliebte Elemente eines Glückwunschschreibens zur Geburt. Wichtig ist jedoch, dass Sie auch etwas Persönliches in Ihren Text einfließen lassen. Um dabei den richtigen Ton zu treffen, kommt es auf das Verhältnis an, das Sie zu den frischgebackenen Eltern haben. Je besser Sie diese kennen, umso emotionaler oder vielleicht auch humoriger dürfen Ihre Glückwünsche ausfallen. Drücken Sie Ihre eigene Freude über den neuen Erdenbürger aus, wünschen Sie alles Gute für die Zukunft und den aufregenden neuen Lebensabschnitt, der die Familie nun erwartet, bieten Sie gegebenenfalls auch Ihre Unterstützung an. Wer möchte, kann seiner Karte dann auch noch ein kleines Geschenk für das Baby, etwa Geld oder einen Gutschein, beilegen.

Die Geburt eines Kindes ist sicherlich einer der schönsten Anlässe, zum Stift zu greifen.
▼

Reime zur Geburt

Vorher wart Ihr noch zu zweit,
nun seid Ihr drei Personen.
Noch habt Ihr recht wenig Zeit,
die Mutter muss sich schonen.

Doch mit Eurem lieben Fratz
ist Euer Glück perfekt.
Dies Baby ist der größte Schatz,
auch wenn es Euch nachts weckt.

Liebe, menschlich zu beglücken,
Nähert sie ein edles Zwei,
Doch zu göttlichem Entzücken
Bildet sie ein köstlich Drei.
– JOHANN WOLFGANG VON GOETHE –

Neues Leben ist im Haus,
schon sieht die Welt viel schöner aus.
Das Baby soll viel Freude machen,
soll heiter sein, soll immer lachen.
Gesegnet sein mit vielen Gaben
und eine schöne Zukunft haben.

Glückwünsche zur Geburt

Lieber Leon,

endlich bist Du da! Deine Eltern haben Dich sehnlichst erwartet und konnten Dich nun glücklich in ihrem Leben willkommen heißen.

Wir möchten Dir diese schönen Worte von Khalil Gibran mit auf den Lebensweg geben: „Da werden Hände sein, die Dich tragen, und Arme, in denen Du sicher bist, und Menschen, die Dir ohne Fragen zeigen, dass Du willkommen bist."

Alles Gute für Euch drei wünschen

Sandra und Thomas

Sie können das Schreiben an die Eltern richten, aber auch an das Neugeborene selbst.

Liebe Linda, lieber Michael,

wir freuen uns sehr mit Euch über die Geburt der kleinen Elisa. Herzlichen Glückwunsch!

Für das gerade begonnene Leben zu dritt wünschen wir Euch alles Gute und viel Glück. Bestimmt wird sich nun einiges in Eurem Alltag verändern, denn mit Kindern erlebt man ja jeden Tag etwas Neues. Genießt diese Zeit voller Überraschungen und Entdeckungen.

Wir hoffen, Euch bald zu sehen und unsere neue Urenkelin kennenzulernen.

Alles Liebe wünschen Euch

Oma und Opa

Wenn Sie ihn kennen, dann lassen Sie in Ihre Glückwünsche den Namen des Kindes einfließen. Dies zeugt von persönlichem Interesse. Überprüfen Sie unbedingt, ob Sie den Namen auch richtig geschrieben haben – bei einigen modernen Namen besteht zudem Verwechslungsgefahr, was das Geschlecht angeht.

Liebe Familie Berger,

wir wünschen Ihnen zur Geburt Ihres zweiten Kindes Niklas alles Gute und gratulieren auch der nun „großen" Schwester Hanna zu ihrem neuen Geschwisterchen. Auch wenn Ihre Nächte nun wieder kürzer werden, Ihr Leben wird umso reicher.

Herzliche Grüße

Ihre Nachbarn Corinna und Jörg Köhler

Auch die Kollegin am Arbeitsplatz freut sich über einen netten Geburtstagsgruß.

Geburtstagswünsche

Geburtstagswünsche sind im Aufbau sehr frei und individuell. Wie man sie schreibt, hängt vor allem vom Empfänger ab. Kommt das Geburtstagskind aus dem Freundes- oder Familienkreis, oder möchten Sie einem Arbeitskollegen oder Vorgesetzten gratulieren? Schreiben Sie Ihrem Neffen zum 18ten Geburtstag oder der Nachbarin zum 70sten? Stellen Sie sich einfach vor, dass der Empfänger Ihrer Glückwünsche vor Ihnen steht, dann werden Sie sicher den richtigen Ton treffen.

Wie bei allen Glückwunschschreiben ist es vor allem wichtig, dass Ihre Wünsche ehrlich sind und von Herzen kommen – dann können Sie nicht viel falsch machen. Wenn Sie den Empfänger gut kennen und dessen Sinn für Humor einschätzen können, dürfen Sie in Ihr Schreiben ruhig auch etwas Witz oder gar schwarzen Humor, z. B. im Bezug auf das erreichte Alter, einbauen. Wenn Sie sich auch nur im Geringsten unsicher sind, wie dies aufgenommen wird, so verkneifen Sie es sich lieber, um nicht ins Fettnäpfchen zu treten und schlimmstenfalls die Gefühle des Geburtstagskindes zu verletzen.

Haben Sie einmal einen Geburtstag vergessen, so können Sie diesen Fauxpas etwa innerhalb einer Woche mit einem netten nachträglichen Glückwunsch wieder vergessen machen. Dabei können Sie durchaus auch einen witzigen Spruch, der auf Ihre Vergesslichkeit Bezug nimmt, verwenden.

Glückwünsche zum Geburtstag

Lieber Philip!

Nun ist es also endlich so weit: Dein 18ter Geburtstag ist da, ab heute bist Du auch „offiziell" erwachsen.

In Wirklichkeit bist Du ja längst ein sehr tüchtiger junger Mann, auf den auch ich als Tante schon jetzt sehr stolz bin. Ich wünsche Dir alles nur erdenklich Gute für das kommende Lebensjahr, für die Zukunft – und für heute eine tolle Party!

Ich freue mich darauf, demnächst mit Dir anstoßen zu können, und grüße Dich bis dahin wie immer von Herzen,

Deine Tante Charlotte

Mit dem 18. Geburtstag beginnt die Volljährigkeit und somit ein neuer aufregender Lebensabschnitt. Dieser Gedanke darf sich gerne auch im Glückwunschschreiben widerspiegeln.

Sehr geehrte Frau Gruber,

zu Ihrem heutigen 70. Geburtstag möchte ich Ihnen im Namen der ganzen Familie herzlich gratulieren. Wir wünschen Ihnen alles Gute, Glück und Gesundheit sowie einen fröhlichen Ehrentag im Kreise Ihrer Lieben.

Ihre Nachbarin Irene Meier nebst Familie

Liebe Barbara,

zu Deinem heutigen Geburtstag möchte ich Dir mit Theodor Fontane gratulieren: „Kummer sei lahm! Sorge sei blind! Es lebe das Geburtstagskind!"

Lass Dich tüchtig feiern, hab einen unvergesslichen Tag – und bleibe auch im neuen Lebensjahr so fröhlich, optimistisch und voller Tatendrang, wie wir alle Dich kennen.

Wir sehen uns dann zu Deiner Feier am kommenden Wochenende, ich freue mich sehr darauf!

Von Herzen grüßt Dich

Deine Freundin Ellen

Weitere Zitate für Ihr Geburtstagsschreiben finden Sie auf S. 258. Sagen Sie es lieber gereimt, so finden Sie ab S. 247 Inspiration und Vorschläge.

Von Herzen kommende Glückwünsche von Freunden, Verwandten und Bekannten gehören zum „schönsten Tag im Leben" dazu.

Glückwünschschreiben zur Hochzeit

Ihre Glückwünsche sollten immer an beide Partner gerichtet sein. Das früher übliche „Herr und Frau Carsten Schneider" ist heute nicht nur altmodisch, sondern wird als regelrecht unhöflich und kränkend angesehen.

Zu einem Hochzeitsgeschenk gehört natürlich immer auch eine Karte mit den besten Wünschen für das glückliche Brautpaar. Doch auch wenn man nicht eingeladen ist, so ist es doch üblich, z. B. als Nachbar oder Arbeitskollege, eine Hochzeitskarte zu senden.

Wenn Sie sich unsicher sind, was Sie schreiben sollen, helfen Ihnen folgende Überlegungen beim Formulieren:

- Wie hat sich das Brautpaar kennengelernt?
- Was ist Ihre Verbindung zum Brautpaar? Woher kennen Sie sich?
- Haben die beiden besondere Gemeinsamkeiten?
- Was ist das Ziel ihrer Flitterwochen?
- Erwarten sie vielleicht schon bald Nachwuchs?
- Was ist das Besondere an der Beziehung der beiden?

Am Ende des Schreibens sollte der Fokus auf die Zukunft gelegt werden. Was steht nun gegebenenfalls im Leben des Paares an? Was wünschen Sie ihnen dafür? Werden Sie dabei ruhig ein wenig konkreter als mit dem üblichen „Glück, Gesundheit, Erfolg und Liebe". Je besser Sie das Brautpaar kennen, umso persönlicher sollten auch die Glückwünsche ausfallen.

Auch ansprechende Zitate und (selbstgereimte) Gedichte können Teil Ihres Glückwunschschreibens sein. Mehr dazu finden Sie auf den Seiten 251 und 257.

Glückwünsche zur Hochzeit

Liebe Janina, lieber Lukas,

aus Liebe zu heiraten ist einer der größten Glücksmomente im Leben. Auch wir als Eltern sind heute überglücklich, wissen wir doch, dass wir unsere Tochter in gute Hände übergeben. Wir freuen uns sehr, mit Dir, lieber Lukas, einen neuen (Schwieger-)Sohn in unsere Familie aufnehmen zu dürfen. Das Glück und die Zufriedenheit unserer Tochter, ihre leuchtenden Augen, wenn sie Dich ansieht oder über Dich spricht, zeigen uns, dass Du der Richtige für sie bist!

Nach der aufregenden, aber auch anstrengenden Zeit der Hochzeitsvorbereitungen liegen nun drei wundervolle Wochen in der Karibik vor Euch. Genießt die Zeit zu zweit in vollen Zügen. Wir wünschen Euch alles Glück der Welt!

In Liebe,

Eure (Schwieger-)Eltern Martina und Frank

Als Eltern von Bräutigam oder Braut bekommen Sie mit der Hochzeit „Familienzuwachs". Erwähnen Sie ruhig die Freude darüber in Ihrem Glückwunschschreiben.

Liebes Brautpaar,

bei Milliarden von Menschen scheint es wie ein Wunder, wenn zwei Menschen sich finden und ineinander verlieben.

Wir wünschen, dass Ihnen auf Ihrem gemeinsamen Lebensweg immer wieder neue Wunder begegnen.

Die herzlichsten Glückwünsche zur Hochzeit!

Ihre Nachbarn Gertrud und Erwin Wagner

Liebe Saskia, lieber Anton,

es hat uns sehr gefreut, als wir erfuhren, dass Ihr von nun an ganz offiziell gemeinsam durchs Leben gehen wollt, bald sogar zu dritt! Schließlich waren wir „hautnah" dabei, als im Büro die ersten Funken hin- und herflogen.

Wir gratulieren von ganzem Herzen und wünschen Euch beiden einen unvergesslichen Hochzeitstag!

Eure Arbeitskollegen Vera, Simone, Heike, Birgit, Christian, Stefan und Uwe

Bestandene Prüfungen

Prüfungen und Herausforderungen gehören zum Leben eines jeden Menschen dazu. Es gibt besondere Erfolge, zu denen man auch gebührend gratulieren sollte. Dazu gehören beispielsweise die Führerscheinprüfung, ein bestandenes Abitur, die absolvierte Berufsausbildung oder Meisterprüfung. Aber auch zu einer Beförderung oder einem langjährigen Dienstjubiläum ist es angebracht, eine herzliche Gratulation zu versenden.

Denken Sie beim Schreiben daran, wie stolz der Empfänger auf seinen Erfolg ist und wie hart er auf dieses Ziel hingearbeitet hat. Formulieren Sie Ihr Schreiben entsprechend. Halbherzige und oberflächliche Floskeln sollten Sie vermeiden, diese spielen den Erfolg des anderen herunter. Wenn Sie in

Wenn Sie Ihre Glückwünsche mit einem Geschenk verbinden, so können Sie im Glückwunschschreiben hierauf ruhig genauer eingehen.

Führerscheinprüfung und Abitur

Liebe Lilly,

„gestern" warst Du noch im Kindergarten, heute hast Du schon den Führerschein! Die Zeit verging rasend schnell. Wir sind sehr stolz auf Dich und freuen uns auf den ersten gemeinsamen Ausflug mit Dir hinter dem Steuer.

Jetzt sparst Du sicher für ein eigenes Auto, dabei soll Dir das beigelegte Geld ein wenig helfen.

Alles Liebe von

Oma Maria und Opa Werner

Lieber Jakob,

13 Jahre lang hast Du die Schulbank gedrückt, hast – meistens – fleißig gelernt, viele Bücher gelesen, zahllose Stunden Deinen Lehrern zugehört, Arbeiten und mündliche Prüfungen erfolgreich absolviert! All das hat sich nun ausgezahlt: Herzliche Glückwünsche zum bestandenen Abitur!

Nun willst Du bald Medizin studieren. Ich bin mir ganz sicher, dass Dich auch hierbei nichts von Deinem Weg abbringen kann.

Deine stolze Patentante Yvonne

Glückwunsch zur Beförderung

Lieber Johannes,

jetzt hast Du Dein nächstes berufliches Ziel erreicht: Deine Firma hat Dir die Leitung der Marketingabteilung anvertraut. Damit ist Deine langjährige kreative und zuverlässige Arbeit endlich belohnt worden! Ich weiß, wie wichtig Dir dieser Karriereschritt ist, und freue mich sehr für Dich.

Ich bin mir sicher, dass Du Deine neue Aufgabe prima erfüllen wirst. Du bist nicht nur fachlich kompetent, sondern auch stets fair, und Du verstehst es, Menschen zu motivieren und zu begeistern. Deine Mitarbeiter dürfen sich glücklich schätzen, mit Dir zu arbeiten.

Ich wünsche Dir für Deinen neuen Karriereabschnitt viel Erfolg und Glück! Vor allem aber hoffe ich, dass Du trotz Deiner neuen Verantwortung weiterhin Zeit für unseren wöchentlichen Skatabend finden wirst.

Mit den besten Grüßen

Dein Matthias

Für junge Menschen ist der Erwerb des Führerscheins ein ganz besonderer Moment.

einer engen persönlichen Beziehung zum Empfänger stehen, so drücken Sie ruhig Ihren Stolz auf dessen Leistung aus. Ihr Glückwunschschreiben sollte auch auf die Zukunft verweisen: Was wünschen Sie dem Empfänger für die Zukunft? Welche weiteren Pläne hat er nun, da er diesen Erfolg verbucht hat? Wünschen Sie ihm dafür Glück, und äußern Sie Ihr Vertrauen, dass er auch diese Herausforderungen ebenso erfolgreich meistern wird wie die vorherige. Wenn Ihre Beziehung es zulässt, dürfen Ihre Glückwünsche durchaus auch ein wenig scherzhaft ausfallen.

Trauer und Anteilnahme

In Situationen der Trauer oder Krankheit kann ein mitfühlender Brief für die Betroffenen sehr tröstlich und hilfreich sein. Doch wie findet man die richtigen Worte für ein Schreiben zum traurigen Anlass? Sie möchten keine Floskeln und nichtssagenden Phrasen verwenden, Sie möchten Trost spenden. Eine schwierige Aufgabe! Doch sie lässt sich lösen, wenn Sie dabei folgende Überlegungen und Grundregeln beherzigen.

Das Kondolenzschreiben

Ein Kondolenzschreiben kann eine kleine Karte, aber auch ein langer Brief sein. Nicht die Länge des Schreibens ist entscheidend, sondern dessen Botschaft. Eine Beileidsbekundung sollte stets persönlich formuliert und ehrlich gemeint sein. Fragen Sie sich dabei: Wie gut kannten Sie den Verstorbenen, wie gut kennen Sie

den oder die Hinterbliebenen? Je näher Sie der Familie stehen, desto persönlicher darf Ihr Schreiben sein und desto direkter dürfen Sie Ihre Anteilnahme zum Ausdruck bringen: „Ich bin mit Ihnen/mit Euch traurig" statt des förmlicheren „In herzlicher Anteilnahme" oder der eher nichtssagenden Formel „Mit herzlichem Beileid". Vermeiden Sie leere Worthülsen wie „Das Leben geht weiter".

Eine gute Geste kann zudem sein, aus schmerzlicher Gegenwart eine (tröstliche) Brücke zur Zukunft zu schlagen, indem Sie auf das weisen, was selbst der Tod nicht nehmen kann: die guten und bleibenden Erinnerungen an zusammen Erlebtes, an gemeinsame Zeiten, an die Freundschaft mit dem geschätzten Menschen. Was sich dabei unbedingt verbietet: jegliches Zuviel. Vermeiden Sie schwülstige Formulierungen („untröstlich" etc.), betonen Sie nicht geschwätzig Ihre eigene Betroffenheit, respektieren Sie die besondere Situation, in der

Von Herzen kommende Worte spenden im Trauerfall den Hinterbliebenen Trost.

▼

 Richtig kondolieren

✓ Reagieren Sie auf eine Todesnachricht möglichst zeitnah.

✓ Verfassen Sie Ihr Kondolenzschreiben von Hand, nicht auf dem PC.

✓ Ob Sie sich für eine Karte oder einen Brief entscheiden: Verwenden Sie hochwertiges Papier und Umschläge in dezenten Tönen.

✓ Verzichten Sie auf Floskeln, leere Worthülsen und Übertreibungen.

✓ Wenn Sie sich für ein Zitat entscheiden, ergänzen Sie dieses zusätzlich durch einige persönliche Worte.

Hinterbliebene in der ersten Zeit der Trauer sind. Zeigen Sie Ihr Mitgefühl, und bieten Sie Unterstützung in dieser schwierigen Zeit an.

Aufbau des Kondolenzschreibens

■ **Anrede:** Welche Form der Anrede Sie nutzen, hängt von Ihrer Beziehung zu den Hinterbliebenen ab. Wenn Ihnen die trauernde Person nicht besonders nahe steht, bleiben Sie im Zweifelsfall lieber förmlich. Übrigens: Die früher übliche Formulierung „an das Trauerhaus" wird heutzutage nicht mehr benutzt.

■ **Einleitende Worte:** Der erste Satz ist für viele der schwerste Teil des Kondolenzschreibens. Hilfreich können dabei folgende Fragen sein: Wie, wann und durch wen haben Sie von dem Trauerfall erfahren? Was hat dies in Ihnen ausgelöst? Lassen Sie die Antworten auf diese Fragen in die Einleitung einfließen.

■ **Anteilnahme und Beileid:** Bringen Sie Ihre persönliche Anteilnahme zum Ausdruck, und zeigen Sie Ihre Trauer und Betroffenheit. Es ist für die Hinterbliebenen tröstlich zu wissen, dass sie mit ihrem Schmerz und Verlust nicht alleine sind.

■ **Persönliches:** Wenn Sie den Verstorbenen gut kannten, versuchen Sie, einen persönlichen Bezug herstellen. Gibt es besondere gemeinsame Erlebnisse oder Erinnerungen? Welche Eigenschaften haben Sie an dem Verstorbenen besonders geschätzt?

■ **Unterstützung anbieten:** Trauernde sind meist überfordert mit den zahlreichen nun anstehenden Aufgaben. Bieten Sie Ihre Unterstützung an. Oftmals hilft auch einfach ein offenes Ohr.

■ **Gute Wünsche und Abschied:** Beenden Sie Ihr Schreiben mit Worten der Hoffnung und des Zuspruchs. Auch bei der Abschiedsformel kommt es auf Ihre Beziehung zu den Hinterbliebenen an. Eine unangemessene Vertraulichkeit verbietet sich.

Briefumschläge und Briefpapier mit schwarzem Rand sind den Angehörigen vorbehalten, wenn diese den Todesfall bekanntgeben oder ihre Danksagungen verschicken, und sollten daher nicht für ein Kondolenzschreiben verwendet werden.

Kondolenzschreiben

Sehr geehrte Familie Müller,

aus der Zeitung haben wir erfahren, dass Ihr lieber Ehemann und Vater für immer von uns gegangen ist. Diese Nachricht hat uns sehr traurig gemacht.

Nachdem wir so viele Jahre zusammen mit Herbert im Sportverein verbracht haben, fällt es uns schwer zu glauben, dass er von nun an nicht mehr bei uns ist. Wir werden ihn und seine fröhliche, hilfsbereite Art sehr vermissen.

Bitte geben Sie uns Bescheid, wenn wir Sie irgendwie unterstützen können. Wir sind gerne für Sie da.

Wir wünschen Ihrer Familie viel Kraft und Zuversicht in dieser schweren Zeit.

Mit stillem Gruß

im Namen aller Mitglieder des Sportvereins „Bleib Fit e. V."

Manfred Winter

„Die Bande der Liebe werden mit dem Tod nicht durchschnitten."
Thomas Mann

Liebe Susanne,

als ich die Karte mit der traurigen Nachricht vom Tod Deiner Mutter erhalten habe, kamen mir die Tränen. Ich möchte Dir sagen, wie sehr ich mit Dir fühle.

Auch wenn ich sie nun schon längere Zeit nicht mehr gesehen habe, erinnere ich mich gut an die offene und warmherzige Art Deiner Mutter. Sie hat dafür gesorgt, dass ich mich bei Euch stets wie zu Hause gefühlt habe.

Wenn es irgendetwas gibt, womit ich Dir zur Seite stehen kann, oder wenn Du jemanden zum Reden brauchst, bitte zögere nicht, Dich bei mir zu melden.

Ich werde zur Beisetzung kommen und versuchen, Dir in dieser schweren Stunde des Abschieds zur Seite zu stehen.

Deine Freundin

Elisabeth

Für die Angehörigen ist es tröstlich zu wissen, dass der Verstorbene auch von anderen Menschen wertgeschätzt wurde und Teil ihrer Erinnerung bleibt.

Auch Elemente aus der Trauerlyrik und Zitate eigenen sich gut für Ihr Kondolenzschreiben. Doch Achtung: Wenn Sie nicht wissen, ob die Hinterliebenen gläubig sind, verzichten Sie lieber auf religiöse Sprüche oder Bibelzitate und bleiben Sie bei weltanschaulich neutralen Texten. Auf S. 259 haben wir für Sie eine Auswahl zusammengestellt.

Der Brief ans Krankenbett

Musste sich die gute Freundin, der langjährige Kollege einer schweren Operation unterziehen, ist sie oder er ernstlich erkrankt? Auch in diesem Fall ist es eine gute Idee, die Person mit einem Brief aufzumuntern. Aufzumuntern, wohlgemerkt! Weder sollten Sie den Anlass bagatellisieren, noch sollten Sie zu ausführlich auf das Thema Krankheit eingehen – schon gar nicht, indem Sie ungefragt Gesundheits-Ratschläge erteilen. Für gewöhnlich sind von Krankheit Betroffene bzw. Rekonvaleszente nämlich über medizinische Aspekte bereits recht ausführlich informiert worden, und zwar von ärztlicher Seite.

Es sollte Ihnen vielmehr darum gehen, der Adressatin oder dem Adressaten Mut zuzusprechen, Kraft und Optimismus zu wünschen – und sie oder ihn möglicherweise auf andere (nämlich positive) Gedanken zu bringen. Gibt es eine nette Nachricht aus dem Gesellschaftsleben, aus einem besonderen Interessengebiet des Patienten? Berichten Sie davon, es wird ihn freuen, interessieren, anregen. Genau das ist eine ausgezeichnete soziale Medizin.

Wenn Sie nur kurze Genesungswünsche schreiben möchten, z. B. an jemanden aus dem beruflichen Umfeld, so bietet sich auch eine Karte an. Ein solches Schreiben besteht in der Regel aus drei Abschnitten:

▲
Wer erkrankt ist oder sich gerade von einer Operation erholt, kann aufmunternde Worte gut gebrauchen.

■ **Anlass Ihres Schreibens und Ausdruck des Bedauerns, z. B.:**
– Mit Bedauern habe ich erfahren, dass …
– Die Nachricht von Ihrer Erkrankung hat mich erschüttert.
– Ich habe von Martina erfahren, dass Du erkrankt bist.

■ **Genesungswunsch, z. B.:**
– Ich wünsche Ihnen von Herzen eine baldige Genesung.
– Hiermit schicken wir Ihnen herzliche Grüße aus dem Büro und hoffen, Sie möglichst bald wieder in unserer Mitte begrüßen zu können.
– Ich bin in Gedanken bei Dir.

■ **Hilfsangebot, z. B.:**
– Lassen Sie uns bitte wissen, wie wir Sie unterstützen können.
– Bitte haben Sie keine Scheu, mich jederzeit anzurufen.
– Ich bin immer für Dich da.

Entschuldigungsschreiben

Fehler macht im Leben jeder einmal. Sich dafür zu entschuldigen fällt manchmal schwer und kann unangenehm sein. Dennoch ist es unbedingt notwendig, möglichst zeitnah für seinen Fehler geradezustehen und ihn wiedergutzumachen. Hier erfahren Sie, was bei einer guten Entschuldigung wichtig ist und was Sie besser vermeiden sollten.

Viele Konflikte lassen sich schnell durch einen Anruf oder ein persönliches Treffen aus der Welt schaffen. Doch manchmal kann es besser sein, eine Entschuldigung schriftlich zu verfassen – sei es, weil die Fronten so verhärtet sind, dass ein Gespräch nicht mehr möglich ist, oder sei es, dass Sie sich lieber erst einmal schriftlich entschuldigen möchten, um so die Möglichkeit zu haben, in Ruhe genau das auszudrücken, was Sie sagen möchten, ohne sich eventuell auf erneute Streitigkeiten mit Ihrem Gegenüber einzulassen.

Wichtig ist in jedem Fall, dass Sie schnell handeln. Lassen Sie nach einem Streit, einem Missgeschick oder einem Fehler, den Sie zu verantworten haben, möglichst wenig Zeit bis zu Ihrer Entschuldigung verstreichen. Je länger Sie warten, umso schwieriger wird es, und umso bitterer und wütender wird womöglich der andere.

Souverän und sachlich bleiben

Ein Entschuldigungsschreiben darf nicht zu formelhaft klingen, sondern sollte authentisch sein. Fragen Sie sich: Warum ist es wichtig, dass Ihnen verziehen wird? Was hätten Sie besser machen können? Was haben Sie gegebenenfalls aus dem Vorfall für die Zukunft gelernt? Sie sollten sich nicht klein machen und rechtfertigen, aber durchaus bereit sein, Ihren Fehler reflektiert

Es zeigt von Größe, ehrlich um Verzeihung bitten zu können

Entschuldigungsschreiben

Liebe Saskia,

bei unserem letzten Treffen haben wir uns leider im Streit getrennt. Das tut mir sehr leid, denn unsere Freundschaft ist mir äußerst wichtig!

Ich habe bei unserer Meinungsverschiedenheit einfach zu heftig reagiert und in diesem Moment auf Deine Gefühle keine Rücksicht genommen. Bitte glaube mir, dass ich Dich nicht verletzen wollte.

Sehr gerne würde ich mich auch persönlich bei Dir entschuldigen und lade Dich für kommenden Sonntag zu Kaffee und Kuchen bei mir ein. Kommst Du?

Liebe Grüße

Birgit

Zum Schluss können Sie ein „Versöhnungsangebot" in Form einer Einladung zu einem persönlichen Treffen machen.

Sehr geehrter Herr Berger,

es tut uns sehr leid, dass unsere Söhne Sebastian und Lukas Sie nun bereits mehrfach in Ihrer Mittagsruhe gestört haben.

Wir können Ihren Ärger darüber gut verstehen und werden in Zukunft verstärkt darauf achten, dass sie in den Mittagsstunden nicht vor Ihrem Haus spielen.

Als kleine Entschuldigung haben die beiden von ihrem Taschengeld die beiliegenden Pralinen für Sie gekauft. Wir hoffen, Sie schmecken Ihnen!

Mit freundlichen Grüßen

Ihre Familie Schulz

Sie können Ihrem Schreiben auch ein kleines Geschenk zur Wiedergutmachung beilegen.

einzugestehen. Sehen Sie in einem Entschuldigungsschreiben unbedingt von Vorwürfen gegenüber dem Empfänger ab, und bleiben Sie sachlich und souverän.

Zu einer erfolgreichen Entschuldigung gehören immer zwei: Wenn Sie selbst ein Entschuldigungsschreiben empfangen, dann seien Sie fair und lassen den Absender nicht zu lange auf Ihre Antwort warten. Nicht nur um Verzeihung bitten, sondern auch verzeihen können ist ein Zeichen von Größe.

Einladungen

Ganz gleich, ob Sie eine Hochzeit, einen runden Geburtstag oder eine Mottoparty zum Karneval planen: Jede Veranstaltung steht und fällt mit den Gästen. Eine rechtzeitig versandte, ansprechende Einladung ist wichtig, denn schließlich sollen möglichst viele der Eingeladenen das Fest mit ihrer Teilnahme bereichern.

Bei Einladungen können Sie Ihrer Kreativität freien Lauf lassen. Selbstgestaltetes kommt immer gut an.
▼

Bei Einladungen können Sie je nach Anlass und Zielgruppe Ihrer Kreativität freien Lauf lassen. Schön gestaltete, vielleicht sogar selbst gebastelte Karten erfreuen den Empfänger ganz besonders, landen vielleicht an der Pinnwand und steigern so die Vorfreude Ihrer Gäste auf das kommende Fest.

Einladungen zu großen Feierlichkeiten wie Taufe oder Hochzeit werden häufig in einer Druckerei in Auftrag gegeben. Hierzu finden Sie auch im Internet zahlreiche Anbieter, die eine breite Auswahl der verschiedensten Motive und Formate anbieten, in die Sie Ihren persönlichen Text eindrucken lassen können. Beachten Sie die Lieferzeiten, und bestellen Sie rechtzeitig.

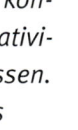 **Den Gast informieren**

✓ Was ist der Anlass der Einladung?

✓ Wo und wann wird gefeiert?

✓ Falls nötig: Wie kommt der Gast am besten dorthin? Wo kann er parken? Wo übernachten?

✓ Gibt es einen Dresscode oder ein Motto?

✓ Sind Begleitpersonen eingeladen?

✓ Gibt es Geschenkwünsche?

✓ Bis wann und in welcher Form wird eine Zusage erwartet?

Einladungen zur Geburtstagsfeier

Sehr geehrte Familie Schubert,

anlässlich meines Geburtstags möchte ich Sie am 15. Juni ab 15 Uhr zu einer kleinen Gartenparty mit Umtrunk und Leckerem vom Grill einladen.

Ich hoffe, Sie können es einrichten zu kommen, und würde mich sehr freuen, Ihre ganze Familie bei mir begrüßen zu dürfen!

Mit den besten Grüßen

Jochen Müller

Ich werde 60!

Zu diesem Anlass möchte ich mit Euch allen feiern, die Ihr einen besonderen Anteil daran habt, dass mein Leben bisher so positiv verlaufen ist.

Ich lade Euch ganz herzlich ein, am 3. Mai ab 18.30 Uhr im Gasthof „Zum Hirschen" in Musterhausen diesen fröhlichen Tag mit mir zu verbringen!

Ich bin wunschlos glücklich und würde mich über eine Spende an das Kinderhilfswerk statt Geschenke sehr freuen.

> Wenn Sie bestimmte Vorstellungen in Bezug auf Ihre Geschenke haben, teilen Sie dies ruhig in Ihrer Einladung mit. Die Gäste sind dankbar, wenn sie wissen, womit sie Ihnen eine Freude machen können.

Einladung zur 70er-Jahre-Party

Am Freitag, den 30. Juni lassen wir die Schlaghosen fliegen und die wilden Siebziger aufleben!

Im stilecht dekorierten Gemeindehaus in Musterstadt, gleich neben der Pfarrkirche, feiere ich ab 19 Uhr meinen „Fünfzigsten".

Ich freue mich, wenn Ihr in passendem Outfit erscheint.

Bringt gerne die ganze Familie mit, für Kinderbetreuung ist gesorgt.

Bitte sagt mir bis zum 15. Mai Bescheid, ob Ihr kommt und ob Ihr eine Übernachtungsmöglichkeit braucht.

> Motto- und Kostümpartys leben davon, dass die Gäste bereit sind, mitzumachen. Informieren Sie diese unbedingt rechtzeitig, sodass sie sich darauf einstellen können.

Einladungen zu Taufe, Kommunion und Hochzeit

Am 5. September wird unser kleiner Sonnenschein Tom getauft. Zu diesem freudigen Anlass möchten wir Euch herzlich einladen. Der Taufgottesdienst findet um 15 Uhr in der katholischen Pfarrkirche in Musterstadt statt. Im Anschluss daran möchten wir mit Euch im Gasthof „Burgblick" gebührend feiern.

Wir freuen uns auf Euch!

Nadine, Markus und Tom

Liebe Sandra, lieber Tobias,

am Sonntag, den 20. April empfange ich die erste heilige Kommunion.

Der Gottesdienst beginnt um 11 Uhr in der Pfarrkirche St. Hilarius. Anschließend feiern wir gemeinsam im alten Gemeindesaal, neben dem Kindergarten.

Ich lade Euch ganz herzlich ein, diesen Tag mit mir zu verbringen.

Eure Anna-Maria

Generell gilt: So wie Ihr Fest gestaltet wird, so sollten auch die Gäste angesprochen werden. Wenn Sie sich eine lockere, ausgelassene Stimmung wünschen, laden Sie ruhig zu einer „Hochzeit mit anschließender Feier bis in die frühen Morgenstunden" ein. Wenn Sie eher ein elegantes Essen planen, sollten Sie auch die Einladungen entsprechend formulieren.

„Die Liebe allein versteht das Geheimnis, andere zu beschenken und dabei selbst reich zu werden." – Clemens Brentano

Liebe Verwandte und Freunde, nach einer glücklichen Verlobungszeit werden wir uns am 15. Mai das Ja-Wort geben.

Die kirchliche Trauung findet um 14 Uhr in der Martinuskirche in Musterhausen statt, gefolgt von einem Sektempfang auf dem Kirchplatz.

Anschließend laden wir Euch herzlich ein, mit uns unser Glück im Schloss Bergheim zu feiern.

Wir würden uns freuen, diesen unvergesslichen Tag mit Euch teilen zu dürfen.

Bitte gebt uns bis zum 15. April mithilfe der beigelegten Antwortkarte Bescheid, ob Ihr mit uns feiern könnt.

Lena und Paul

Wann einladen?

Doch wann ist eigentlich der richtige Zeitpunkt gekommen, um Ihre Einladungskarten zu versenden? Wie so oft kommt es auch hier auf den Anlass und auf Ihre Gäste an. Haben Sie Freunde oder Verwandte, die von weither, eventuell mit dem Flugzeug, anreisen werden, so benötigen diese natürlich eine entsprechende Planungszeit, um es entspannt zu Ihrer Feier zu schaffen. Vielleicht planen Sie ein Fest, bei dem der eine oder andere Gast mit einer kurzen Rede, mit Sketchen oder Musik das Programm bereichern soll? Dann müssen Sie denjenigen selbstverständlich auch die nötige Vorbereitungszeit ermöglichen. Und auch bei Motto- oder

Antwortkarte

Um den Gästen die Reaktion auf Ihre Einladung leicht zu machen, können Sie Ihrem Schreiben auch eine extra Antwortkarte mit verschiedenen Möglichkeiten zum Ausfüllen oder Ankreuzen beilegen:

- Ja, ich/wir kommen gerne mit … Personen.

- Ja, ich/wir benötige/n eine Übernachtungsmöglichkeit.

- Nein, ich/wir kann/können leider nicht kommen.

Kostümpartys darf die Einladung gerne etwas früher ins Haus flattern, sodass den Gästen Zeit bleibt, sich um passende Kleidung zu kümmern. Generell sollte man etwa folgende Zeitrahmen beherzigen:

- Hochzeit: sechs bis drei Monate vor dem Termin
- Taufe, Kommunion, Konfirmation: sechs bis acht Wochen vor der Feier
- aufwendigere Geburtstagsfeier, z. B. ein runder Geburtstag mit Beiträgen aus dem Publikum: sechs bis acht Wochen vorab
- einfachere Geburtstagsfeier: 14 Tage vorab

Um Rückantwort bitten

Wenn Sie für Ihre Feier z. B. in einem Gasthaus Essen bestellen oder für weit angereiste Gäste Übernachtungsmöglichkeiten organisieren möchten, so vergessen Sie nicht, in Ihrer Einladung um eine rechtzeitige Rückantwort zu bitten. Nur so wissen Sie, mit wie vielen Besuchern Sie rechnen dürfen, und können optimal planen. Hierzu reicht ein kurzer Satz unter Angabe der gewünschten Kontaktmöglichkeit, z. B.:

- Um Rückantwort bis zum … unter folgender Telefonnummer wird gebeten. (Telefonnummer)
- Wir freuen uns sehr auf eure Zusage bis zum … per E-Mail. (E-Mail-Adresse)

Wenn Sie selbst eine Einladung erhalten, die Sie nicht annehmen können oder möchten, seien Sie so fair und sagen rechtzeitig ab – selbst wenn auf der Einladung nicht explizit darum gebeten wird. Absagen zu erteilen ist zwar unangenehm, die Einladung zu ignorieren und den Gastgeber ohne Nachricht zu versetzen, ist jedoch nicht nur unhöflich, sondern auch verletzend.

Danksagungen

Es ist ein schöner Brauch, auf Glückwünsche oder Geschenke mit einer schriftlichen Danksagung zu reagieren. Doch nicht nur nach freudigen Anlässen wie Hochzeiten oder Geburten werden Danksagungen verschickt, auch nach einem Trauerfall bedanken sich die Hinterbliebenen in dieser Form für die Anteilnahme.

Selbstverständlich eignen sich die Mustertexte in diesem Kapitel auch als Anregungen für Ihre Zeitungsanzeigen.

Um sich allgemein bei einem großen Personenkreis zu bedanken, werden häufig Anzeigen in einer (lokalen) Zeitung geschaltet. Doch gehört es zum guten Ton, dass man zusätzlich persönlich adressierte Danksagungen per Post verschickt.

Hochzeit, Geburt & Co.

Ihre Dankbarkeit für die Anwesenheit, Geschenke, Glückwünsche und Beiträge zu Ihrer Feier oder dem freudigen Ereignis sollten Sie Ihren Gästen und Gratulanten spätestens nach sechs bis acht Wochen kommunizieren. Die Empfänger werden sich über diese persönliche Anerkennung zweifellos freuen. Keine Angst: Es ist dabei nicht nötig, zahllose Karten einzeln von Hand zu schreiben. Sie können Ihre Danksagung beispielsweise bei Online-Anbietern in Ruhe von zu Hause aus gestalten und in der benötigten Menge drucken lassen. Besonders schön ist es, wenn Sie in die Danksagung ein Foto des Brautpaares, des Neugeborenen etc. einfügen. Ein paar zusätzliche persönliche Worte – zumindest Ihre Unterschrift sollte von Hand geschrieben werden – werten die Danksagung weiter auf.

Danksagungen drücken eine Wertschätzung gegenüber dem Empfänger aus und gehören nach wie vor zum guten Ton.
▼

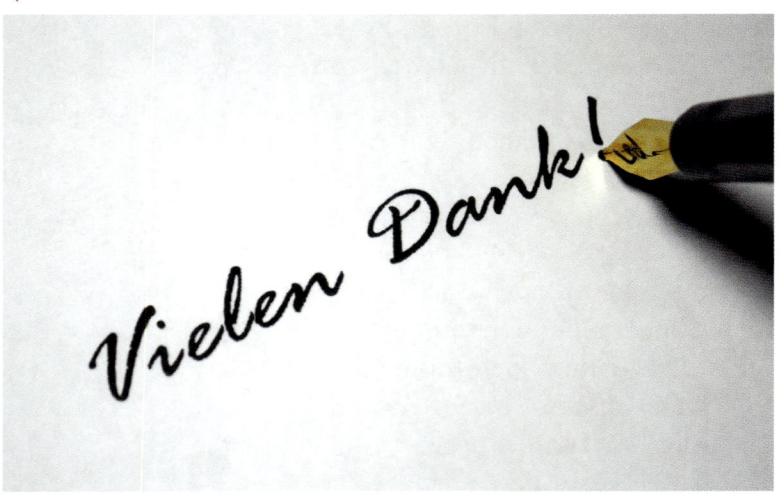

Trauerfall

Nach der Beisetzung können sich die Angehörigen des Verstorbenen in Form einer Danksagung für die Unterstützung, für Kränze, Blumen und tröstende Worte während der schweren Zeit bedanken. Auch dem religiösen oder weltlichen Trauerredner und dem Bestattungsinstitut wird meist eine Danksagung zugeschickt. Oftmals werden individualisierte Karten, z. B. mit einem Bild des Verstorbenen, verwendet. So dient die Danksagung zusätzlich noch einmal der Erinnerung an den lieben verstorbenen Menschen.

Danksagungen zu Hochzeit und Geburt

Für jedes Lächeln, für die Zeit und die Mühe, für jede helfende Hand, jedes liebe Wort und für die wunderbaren Geschenke möchten wir uns bei Euch bedanken. Unsere Hochzeit wird für immer einer der schönsten Tage in unserem Leben bleiben – danke, dass Ihr ihn dazu gemacht habt.

„Es ist ein lobenswerter Brauch: Wer Gutes bekommt, der bedankt sich auch."
Wilhelm Busch

In diesem Sinne möchten wir von ganzen Herzen danke sagen für die lieben Glückwünsche und wunderschönen Geschenke, die uns anlässlich der Geburt unserer Tochter Melina erreicht haben. Wir haben uns sehr darüber gefreut!

Danksagungen, die Sie nach einer Taufe, Kommunion, Konfirmation oder einer anderen Feier verschicken möchten, können Sie ähnlich formulieren.

Danksagungen nach einem Trauerfall

Es war ein großer Trost, nicht allein zu sein beim Abschied von meinem lieben Mann.

Ich danke deshalb von Herzen allen, die ihn mit mir auf seinem letzten Weg begleitet haben. Ich danke für die tröstenden Worte und die Anteilnahme, für alle Zeichen der Verbundenheit und Freundschaft, für Blumengrüße und Spenden.

In den Stunden des Abschieds von unserer lieben Mutter durften wir viel Hilfe und Zuspruch erfahren.

Zahlreiche Karten, Blumen und Briefe halfen uns, den Schmerz zu ertragen.

Für all diese Zeichen der Anteilnahme bedanken wir uns ganz herzlich.

Wenn die Danksagungen gedruckt werden, sollten sie in der Anrede neutral gehalten werden, damit sie für jeden Empfänger geeignet sind.

Liebesbriefe

Ob zum Valentinstag, zum Jahrestag oder einfach zwischendurch: Ein Liebesbrief berührt den Empfänger zumeist tief, schließlich öffnet der Schreiber darin sein Herz und lässt einen anderen Menschen an seiner ganz intimen Gefühlswelt teilhaben.

Liebesbriefe werden zu den unterschiedlichsten Anlässen verfasst. Mal werden in ihnen Gefühle gestanden, von denen der oder die Angebetete vielleicht bisher noch gar nichts ahnte, mal spiegeln sich in ihnen tiefe Wertschätzung und Verbundenheit nach vielen Jahren der Ehe wider. Andere Liebesbriefe werden geschrieben, um dem (Ex-) Partner nach einem Streit oder gar einer Trennung deutlich zu machen, wie sehr man ihn nach wie vor trotz allem schätzt.

Liebesbriefe sind so individuell wie die Menschen, die sie schreiben, doch es hilft beim Verfassen, den Hauptteil des Briefes grob in Vergangenheit, Gegenwart und Zukunft zu unterteilen.

- Vergangenheit: Wie und wo haben Sie sich kennengelernt? Was ist Ihnen in besonderer Erinnerung geblieben? Warum haben Sie sich in Ihren Partner oder Wunschpartner verliebt? Haben Sie gemeinsam besonders schwere oder besonders glückliche Zeiten erlebt, auf die Sie zurückblicken möchten?
- Gegenwart: Welche Emotionen verbinden Sie heute mit Ihrem Partner? Wenn Sie getrennt sind: Wünschen Sie sich eine Versöhnung? Schreiben Sie von Ihren Sehnsüchten, Wünschen und Gefühlen.
- Zukunft: Wie stellen Sie sich die Zukunft mit dem geliebten Menschen vor? Welche Hoffnungen, Ziele und Pläne haben Sie? Worauf freuen Sie sich besonders?

Lassen Sie sich beim Schreiben Zeit und Ruhe, und geraten Sie ruhig ein wenig ins Tagträumen.

Die „Liebeskunst" des Ovid

Bereits vor über 2000 Jahren suchten die Menschen Rat beim Schreiben privater Briefe. Dies gilt vor allem für die allerprivateste und sensibelste Briefsorte, den Liebesbrief. Der Dichter Ovid (43 v. Chr.–17 n. Chr.), selbst ein fleißiger Briefeschreiber, publizierte in seiner bekannten Schrift „Liebeskunst" auch Tipps und Tricks zum Schreiben von Liebesbriefen. Manches davon ist zeitlos: „Ihr Mädchen, schreibt freundliche, aber schlichte und gebräuchliche Worte!", schreibt er. „Eine alltägliche Art der Sprache gefällt. Ach – denn wie oft entflammten schwankende Herzen auf einen Brief hin und wie oft hat ein derber Stil die Schönheit zerstört!"

Liebesbriefe

An die bezauberndste Frau auf dieser Welt,

seit 25 Jahren sind wir nun schon ein Paar. Damals war es bei mir Liebe auf den ersten Blick. Du hingegen hast gezögert, hast mich fast zwei Jahre um Dich kämpfen lassen. Und jeder Tag des Wartens war es wert!

Mein liebender Blick auf Dich hat sich bis heute nicht geändert, er ist höchstens noch tiefer geworden und entdeckt auch nach all den Jahren immer neue liebenswerte Details. Als letztes Jahr die schlimme Diagnose kam, hast du gesagt: „Gemeinsam schaffen wir das!" Du hast mir in jedem schweren Moment zur Seite gestanden, hast mir Kraft, Lebensmut und Vertrauen gegeben, und wir haben es geschafft! Ich wünsche mir von ganzem Herzen, dass wir für immer dieses unschlagbare Team bleiben werden. Ein Leben ohne Dich ist für mich undenkbar.

Ich freue mich auf die nächsten 25 Jahre mit Dir! Ich liebe Dich!

Dein Schatz

Hören Sie beim Verfassen eines Liebesbriefes auf Ihr Gefühl. Was der eine als übertrieben oder gar kitschig empfindet, trifft den anderen genau ins Herz. Dabei ist es natürlich leichter, den richtigen Ton zu treffen, wenn Sie bereits in einer Beziehung mit dem Empfänger sind.

Lieber Konstantin,

erst vor Kurzem haben sich unsere Wege gekreuzt – doch schon jetzt habe ich das Gefühl, Dich seit einer Ewigkeit zu kennen. Ich kann meine Gefühle zu Dir kaum in Worte fassen, nichts, was ich schreibe, kann meinen Empfindungen gerecht werden. Und doch will ich es versuchen.

Wenn Du vor mir stehst, habe ich Schmetterlinge im Bauch, fühle mich gleichzeitig aufgeregt und doch ganz sicher und geborgen. Du machst mich glücklich und gibst mir mehr Selbstbewusstsein, als ich jemals zuvor hatte.

Jede Sekunde, die wir gemeinsam verbringen, schwebe ich auf Wolke sieben – und jeder Moment, in dem wir getrennt sind, kann nicht schnell genug vergehen.

Ich kann es kaum glauben, dass wir schon bald gemeinsam auf eine Traumreise gehen, und freue mich auf alle Abenteuer, die wir in der Zukunft miteinander erleben werden.

Dich kennengelernt zu haben, macht mich zur glücklichsten Frau der Welt!

Deine Dich liebende Christine

Wenn der Einstieg schwerfällt und Ihnen die rechten Worte fehlen, dann schreiben Sie ruhig genau das. Der Empfänger wird sich sicher in Ihre Lage versetzen können, und eine kleine Unsicherheit macht Sie nur noch liebenswerter.

Geschäftliche Briefe und Schreiben an Behörden

Während Ihre privaten Briefe gerade durch einen persönlichen Stil und Individualität gewinnen, sollten Sie in der schriftlichen Kommunikation mit Unternehmen, Behörden oder auch mit Ihrem Vermieter unbedingt gewisse formale und inhaltliche Regeln beachten, um mit Ihrem Schreiben das gewünschte Ergebnis zu erzielen.

Damit Behörden und Betriebe die Vielzahl der täglich eingehenden Post möglicht schnell und effizient verarbeiten können, ist es sinnvoll, dass bei der schriftlichen Kommunikation eine Reihe einheitlicher Standards eingehalten werden. Ein Brief, der wahllos strukturiert und vielleicht zudem in schwer lesbarer Schrift verfasst ist, hinterlässt nicht nur einen unprofessionellen Eindruck, sondern kann dazu führen, dass Ihr Anliegen unbeachtet bleibt. Schließlich muss sich der Empfänger erst einmal mühselig eine Übersicht verschaffen. Doch wie sollte Ihre Korrespondenz strukturiert und formuliert sein, um bestmöglich anzukommen? In diesem Kapitel möchten wir Ihnen hierzu die wichtigsten Regeln an die Hand geben.

Keine Angst vor „Amtsdeutsch"

Zunächst einmal: Haben Sie keine Scheu vor „offiziellen" Briefen.

Sicher, die wenigsten schreiben wohl gerne Beschwerdebriefe an Firmen oder streiten schriftlich mit ihrem Vermieter über eine Mieterhöhung – doch wenn es um Briefe an Behörden geht, haben viele Menschen eine regelrechte Blockade und Angst, etwas falsch zu machen. Oft steckt dahinter die Befürchtung, dass man nicht mit dem berühmt-berüchtigten „Amtsdeutsch" mithalten und somit sein Anliegen nicht ausreichend verständlich machen könne.

Doch keine Angst! Die streng förmliche Ausdrucksweise ist weitestgehend aus den Behörden verschwunden, stattdessen bemüht man sich auch hier vermehrt um Kundennähe und leichtere Verständlichkeit, die schließlich auch viele Rückfragen überflüssig macht und somit die kostbare Zeit der Mitarbeiter spart. Viele Schreiben und Behördengänge erübrigen sich mittlerweile dank der immer weiter ausgebauten Online-Services der Verwaltungen sogar ganz.

Der Schriftwechsel mit Behörden verunsichert viele Menschen. Sich mit den grundlegenden Regeln des Schriftverkehrs vertraut zu machen, gibt Sicherheit.

Der erste Eindruck zählt

Im Gegensatz zu privaten Briefen sollten Geschäftsbriefe, Schreiben an Behörden etc. stets mithilfe eines Textverarbeitungsprogramms am PC erstellt und anschließend ausgedruckt werden. Hierdurch ergibt sich nebenbei der Vorteil, dass Sie Ihren Brief beliebig oft korrigieren und zudem ein Rechtschreibprogramm zu Hilfe nehmen können. Machen Sie davon Gebrauch, denn auch hier gilt: Der erste Eindruck zählt. Kontrollieren Sie Ihren Brief lieber einmal zu viel als zu wenig. Dies gilt auch für Anschrift, Titel und Name des Empfängers – manche Menschen reagieren verärgert, wenn sie falsch adressiert oder angesprochen werden.

Kurz und sachlich bleiben

Kommunizieren Sie schriftlich ein Anliegen, so hoffen Sie im Regelfall, dass der Empfänger schnell reagiert und das Schreiben möglichst bald bearbeitet wird. Dazu können Sie selbst beitragen, indem Sie sich vor Augen führen, dass die Aufmerksamkeit des Lesers begrenzt und dessen Zeit meist eher knapp ist. Kommen Sie daher schnell auf den Punkt, und fassen Sie sich kurz. Ihr Brief sollte in der Regel eine in zwölf Punkt Schriftgröße verfasste DIN-A4-Seite nicht überschreiten. Wählen Sie eine aussagekräftige Betreffzeile, und stellen Sie sicher, dass dem Empfänger mit dem ersten oder zweiten Satz klar wird, was der Grund Ihres Schreibens

Die Schriftgröße stellen Sie in dem von Ihnen verwendeten Textverarbeitungsprogramm, wie z. B. Microsoft Word, auf dem PC ein.

▲
Bevor Sie Ihren Brief ausdrucken und versenden, nehmen Sie sich die Zeit, ihn ein letztes Mal aufmerksam zu lesen. Haben Sie den richtigen Ton getroffen? Ist der Text fehlerfrei?

Die DIN 5008 gibt Ihnen hilfreiche Regelungen an die Hand, wie Sie einen Brief formal zweckmäßig und übersichtlich gestalten können.

ist. Verwenden Sie keine langen, verschachtelten Sätze oder möglicherweise unverständliche Abkürzungen. Kann der Empfänger Ihren Brief nicht zuordnen, laufen Sie Gefahr, dass er zunächst unbeachtet auf einem Papierstapel landet.

Bleiben Sie in Ihrer Kommunikation stets sachlich. Selbst wenn Sie schreiben, um sich über einen falschen Steuerbescheid, ein teures, gleich nach dem Kauf defektes Gerät oder das grobe Fehlverhalten eines Beamten Ihnen gegenüber zu beschweren: Ein im Tonfall aggressiver Brief, der vielleicht sogar mit Beleidigungen gespickt ist, wird Sie sicher nicht ans Ziel führen. Tragen Sie Ihr Anliegen in sachlichem und höflichem Ton vor, verfallen Sie aber auch nicht in die früher übliche Unterwürfigkeit gegenüber Behörden und Autoritätspersonen.

Die DIN-Norm 5008

Bevor es jedoch überhaupt an den Inhalt eines Schreibens geht, sollte man sich mit den Regeln der formalen Briefgestaltung vertraut machen. Eine wichtige Orientierungshilfe stellt hier die DIN 5008 dar. Diese Schreib- und Gestaltungsregeln für die Textverarbeitung, die zunächst für das Schreiben mit der Schreibmaschine, im Laufe der Zeit vermehrt für die Arbeit mit PC-Textverarbeitungsprogrammen konzipiert wurden, werden vom „Deutschen Institut für Normung" herausgegeben und immer wieder angepasst und aktualisiert. Neben Gestaltungsregeln – wie dem idealen Abstand des Textes vom Rand oder der Anzahl an Leerzeilen zwischen den einzelnen Elementen eines Briefes – regelt die DIN 5008 auch die Verwendung von Wortabkürzungen oder die Möglichkeiten der Texthervorhebung.

Natürlich müssen Sie nicht alle DIN-Regeln eins zu eins bei Ihren Schreiben umsetzen, doch macht die Einhaltung gewisser grundlegender Vorgaben einen guten Eindruck, verbessert die Lesbarkeit Ihres Briefes und kann nicht zuletzt – beispielsweise bei einem Bewerbungsschreiben – durchaus auch ein Erfolgskriterium sein.

Das Regelwerk der DIN 5008 ist äußerst umfangreich, mit den wichtigsten Bestandteilen möchten wir Sie im Folgenden vertraut machen.

Allgemeiner Aufbau eines Geschäftsbriefbogens **MUSTER**

Briefkopf

Anschriftenfeld (bis zu neun Zeilen)

●

Datum (darf auch linksbündig stehen)

●

●

Betreffzeile

●

●

Anrede

●

Textbereich, aufgeteilt in

– Einleitung,

– Hauptteil,

– Schluss,

gegliedert in sinnvolle Absätze, die mit Leerzeilen voneinander getrennt werden

●

Grußformel

●

● Raum für

● Ihre

● Unterschrift

gedruckter Name des Absenders

●

Anlagen

Leerzeilen wurden in diesem beispielhaften Aufbau eines Geschäftsbriefbogens durch ein ● kenntlich gemacht.

Dieser allgemeine Aufbau eines Geschäftsbriefbogens kann als Vorlage für die in diesem Kapitel folgenden Musterbriefe herangezogen werden.

Briefformat und Seitenränder

Ihre Briefe werden Sie in fast allen Fällen im gängigen DIN-A4-Format (210 Millimeter breit sowie 297 Millimeter hoch) verfassen. Der Text des Schreibens befindet sich auf einem Blatt dieses Formats idealerweise vom

- oberen Seitenrand 4,5 cm,
- unteren Seitenrand 2,5 cm,
- linken Seitenrand 2,5 cm,
- rechten Seitenrand 2 cm
  weit entfernt.

In Ihrem Schreibprogramm sind diese Werte meist voreingestellt. Ansonsten können Sie sie leicht selbst einstellen: in Word etwa im Register „Seitenlayout" unter dem Symbol „Seitenränder".

Indem Sie den Text Ihres Briefes weit genug vom Rand entfernt platzieren, stellen Sie sicher, dass beim Lochen und Abheften kein Text verloren geht.

▼

Schriftgröße und Schriftart

Als ideale Schriftgröße werden gewöhnlich zwölf oder elf Punkt angesehen. Auf Ihrem PC können Sie die Schriftgröße selbst variieren, im Programm Microsoft Word etwa unter „Schriftart".

Ist Ihr Schreiben einmal besonders lang geraten, so können Sie die Größe auch auf zehn Punkt verkleinern, damit der Text noch auf eine DIN-A4-Seite passt – kleiner sollte die Schrift aber nicht werden.

Text hervorheben

Um ein Wort oder eine Passage Ihres Schreibens besonders hervorzuheben, stehen Ihnen unterschiedliche Möglichkeiten zur Verfügung:

Zentrieren des Texts

Einrücken des Texts

Wechsel der Schriftgröße

Fettschrift

Kursivschrift

<u>Unterstreichen</u>

Bleiben Sie in einem Schreiben bei einer Methode, und verwenden Sie Hervorhebungen nur sparsam. Ansonsten laufen Sie Gefahr, dass Ihr Brief unruhig und unübersichtlich wirkt.

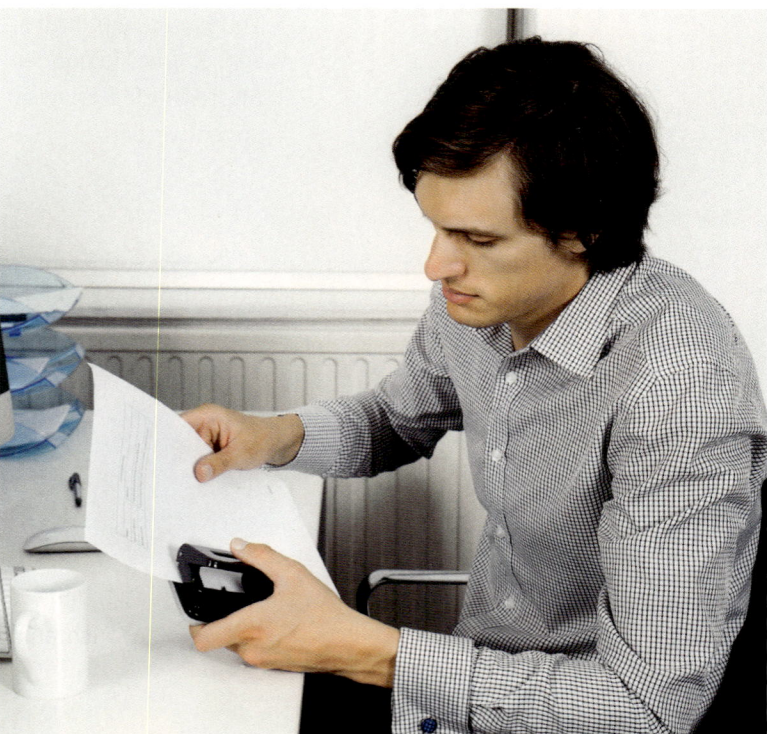

Die richtige Anrede

Stellen Sie sicher, dass Sie für Ihr Schreiben den richtigen Ansprechpartner gewählt haben und diesen auch korrekt im Anschriftenfeld sowie in der Anrede nennen. Dies betrifft auch die Bezeichnung von Titeln. Dabei kann die Bezeichnung differieren. Während man im Anschriftenfeld auf Abkürzungen zurückgreift, sollte man Titelbezeichnungen in der Anrede meistens ausschreiben (der in Klammern stehende Name kann auch weggelassen werden).

Anschriftenfeld	Anrede
Herr Prof. Dr. Bernd Meier	Sehr geehrter Herr Professor (Meier)
Herr Dr. Fritz Schäfer	Sehr geehrter Herr Dr. Schäfer
An die Rektorin der Martinus-Universität Frau Prof. Dr. Ulrike Sachs	Sehr geehrte Frau Professorin (Sachs) oder Sehr geehrte Frau Rektorin (Sachs)
Herrn Dipl. Ing. Christoph Brauer	Sehr geehrter Herr Brauer
Frau Luise Berger Bürgermeisterin der Stadt …	Sehr geehrte Frau Bürgermeisterin

Im Gegensatz zum Professoren- oder Doktortitel lässt man den Diplomtitel in der Anrede entfallen. Der Doktortitel wird sowohl in der Anschrift als auch in der Anrede abgekürzt.

Setzen Sie Ihren Brief dann lieber auf einem zweiten Blatt fort.

Der Zeilenabstand sollte 1½ betragen, stellen Sie diesen Wert, wenn Sie am PC arbeiten, entsprechend ein – im Schreibprogramm Word unter „Absatz".

Eine bestimmte Schriftart schreibt die DIN 5008 zwar nicht vor, Helvetica, Arial oder Times New Roman haben sich aber als gängige und gut lesbare Typen durchgesetzt. Sie sind zudem in fast allen Schreibprogrammen verfügbar.

Beachten Sie dabei immer, dass die gewählte Schriftart wiederum Auswirkungen auf die ideale Schriftgröße haben kann. Zugunsten der Lesbarkeit sollten Sie keine ausgefallenen Schriftarten, wie z. B. Schreibschriften, verwenden. Schriftauszeichnungen wie „kursiv" oder „fett" sollten Sie nur für besondere Hervorhebungen reservieren und keinesfalls Ihren ganzen Brief auf diese Weise verfassen.

Üblicherweise werden Briefe im linksbündigen Flattersatz verfasst,

Telefonnummern, egal ob Festnetz- oder Mobilfunknummern, gliedern Sie mit einem Leerzeichen zwischen Vorwahl und Rufnummer. Wenn Sie eine Durchwahl angeben, so fügen Sie diese hinter der Rufnummer mit einem Bindestrich an.

▲

Für geschäftliche Post verwendet man meist einen DIN-lang-Briefumschlag mit Fenster. Das Anschriftenfeld auf Ihrem Brief wird daher so platziert, dass es im durchsichtigen Fenster des Umschlages erscheint.

d. h. die Zeilen laufen am rechten Rand ungleichmäßig aus. So vermeiden Sie die beim Blocksatz oftmals entstehenden unschönen Trennungen oder zu große Lücken zwischen den einzelnen Wörtern.

Briefkopf

Ganz oben auf Ihrem Schreiben befindet sich der Briefkopf mit Ihren Absenderangaben. Diese können wahlweise auf der linken Seite, der rechten Seite oder zentriert stehen. Zu den Angaben gehören Name, Anschrift und Telefonnummer. Geben Sie – falls vorhanden – auch Ihre E-Mail-Adresse an, ggf. wird Ihr Schreiben dann per E-Mail beantwortet. Schreiben Sie als Geschäftsperson, so gehört hier unbedingt auch die Firmenbezeichnung und ggf. Ihr Logo hin. Stellen Sie jedoch sicher, dass der Briefkopf nicht zu viel Platz einnimmt, mehr als etwa

15 Prozent der Seitenfläche sollte er nicht umfassen.

Anschriftenfeld

Das Anschriftenfeld beginnt 4,5 cm vom oberen und 2,5 cm vom linken Seitenrand entfernt. Diese Werte können in Ihrem Schreibprogramm eingestellt werden. Das Feld soll maximal neun Zeilen auf einer Breite von 8,5 cm umfassen, wobei die ersten drei Zeilen nur für Vermerke reserviert sind. So wird sichergestellt, dass die Anschrift des Empfängers in den Sichtfenstern der herkömmlichen Umschlagformate gut zu sehen ist. Oberhalb der Anschrift des Empfängers sollten Sie noch einmal Ihre eigene Anschrift einzeilig und in kleinerer Schriftgröße als Rücksendeadresse wiederholen.

Falls Sie häufiger Briefe am PC verfassen, empfiehlt es sich, eine Textvorlage hierfür zu erstellen oder/und den Briefkopf mithilfe eines Textfeldes einzufügen. Eine solche Vorlage können Sie immer wieder verwenden. Sie können sogar auf diese Weise einen eigenen Briefkopf mit Logo einfügen.

Datum

Die Angabe des Datums steht gewöhnlich rechtsbündig mit einer Leerzeile Abstand unter dem Anschriftenfeld – es darf jedoch auch links stehen. Für die korrekte Schreibweise des Datums haben Sie verschiedene Möglichkeiten:

- 29.04.20: Monats- und Tagesangaben sind immer zweistellig, es werden keine Leerzeichen verwendet.
- 29.04.2020: Die Jahreszahl kann auch vierstellig geschrieben werden.
- 2020-04-29: Diese Datumsschreibweise ist sinnvoll bei internationaler Korrespondez, kann jedoch im deutschsprachigen Raum zu Missverständnissen führen.

Sie können dem Datum auch eine Ortsangabe voranstellen, dann aber bitte ohne das früher übliche „den", richtig ist also: „Hamburg, 29.04.2020".

Varianten mit ausgeschriebenem Monatsnamen, wie 29. April 2020, empfiehlt die DIN nur für den eigentlichen Brieftext, beispielsweise wenn Sie auf eine Frist Bezug nehmen.

Betreffzeile

Eine aussagekräftige Betreffzeile sollte in Ihrem Schreiben nicht fehlen. Platzieren Sie diese nach zwei Leerzeilen unterhalb des Datums.

Einleitende Wörter wie „Betreff", „Betr." oder „Betrifft" werden nicht mehr verwendet, Sie können die Betreffzeile jedoch durch Fettdruck gesondert kennzeichnen. Am Ende der Betreffzeile folgt kein Punkt. Auch wenn ein Betreff über zwei Zeilen gehen darf, ist es empfehlenswert, ihn möglichst kurz zu halten.

Die Verwendung von Abkürzungen

Seien Sie vorsichtig mit der Verwendung von Abkürzungen in Ihrem Brief und vermeiden Sie diese wenn möglich. Sie stoppen den Lesefluss und mindern die Lesefreundlichkeit. Der Empfänger Ihres Briefes ist zudem nicht unbedingt mit der Bedeutung der Abkürzungen vertraut. In manchen Fällen kann die Verwendung von Abkürzungen sogar als unhöflich aufgefasst werden: Schreiben Sie keinesfalls „MfG" statt „Mit freundlichen Grüßen" als Abschluss Ihres Briefes. Dies kann so interpretiert werden, dass Sie sich nicht die Mühe und Zeit genommen haben, die Grußformel auszuschreiben.

Abkürzungen, die aus mehreren Wörtern bestehen und mit Punkten abgekürzt werden, werden mit einem Leerschritt zwischen den Abkürzungen geschrieben, schreiben Sie also nicht z.B., d.h., sondern z. B., d. h. Es gibt jedoch auch Abkürzungen, die wie selbstständige Wörter behandelt werden, z. B. EU, USA oder Lkw, und daher ohne Punkt und Leerschritt geschrieben werden.

Anrede

Nach der Betreffzeile werden zwei weitere Leerzeilen eingefügt, bevor die Anrede folgt.

Wenn Sie beispielsweise an eine Behörde schreiben und den Namen des Sachbearbeiters wissen (ggf. aus einem Schreiben, das Sie zuvor erhalten haben), so sollten Sie diesen sowohl in der Anschrift als auch in der Anrede unbedingt nennen. Dies wirkt nicht nur höflicher, sondern auch persönlicher. Stellen Sie sicher, dass Sie den Namen und, falls vorhanden, auch die Titelbezeichnung Ihres Ansprechpartners fehlerfrei schreiben.

Bei Adelstiteln sollte im Adressfeld der gesamte Titel ausgeschrieben werden. Bei der Anrede darf das „von" mit einem „v." abgekürzt werden. Die Adelstitel „Baron" und „Graf" sollten auch in der Anrede ausgeschrieben werden, während der Titel „Freiherr" wegfällt.

▲
Je besser Ihr Schreiben strukturiert und formuliert ist, umso größer sind Ihre Chancen auf eine schnelle Bearbeitung Ihres Anliegens.

Im Hauptteil können Sie anschließend auf Details eingehen. Um bei unserem Beispiel zu bleiben, würden Sie nun ausführen, welche Fehler genau bei welchen Artikeln aufgetreten sind, und einen Vorschlag machen, welche Reaktion Sie nun von dem Empfänger erwarten, damit Sie als Kunde dennoch zufriedengestellt werden können. Gliedern Sie Ihren Text dabei in sinnvolle, nicht zu lange Abschnitte, und fügen Sie dazwischen Leerzeilen ein. Das erleichtert das Leseverständnis und sorgt für ein klares, übersichtliches Schriftbild.

Kennen Sie den Namen nicht, so schreiben Sie „Sehr geehrte Damen und Herren".

Textbereich

Nach der Anrede folgt eine Leerzeile, bevor es an den eigentlichen Inhalt Ihres Briefes geht. Diesen Text können Sie dabei allgemein in drei Teile trennen: Einleitung, Hauptteil und Schluss.

Schon in der Einleitung sollte dem Empfänger klar werden, weshalb Sie sich an ihn wenden. Ein, zwei Sätze reichen hier meist aus. Schreiben Sie z. B. eine Reklamation wegen einer nicht zufriedenstellenden Lieferung, könnte Ihre Einleitung lauten: „Leider muss ich zwei Artikel aus Ihrer Lieferung vom 08. August 2020 reklamieren: Einmal ist die Ware defekt, im anderen Fall haben Sie die falsche Menge geliefert."

An alles gedacht?

✓ Absender

✓ Empfänger

✓ Datum

✓ aussagekräftiger Betreff

✓ Anrede (falls möglich persönlich)

✓ Textteil (Einleitung, Hauptteil, Schluss)

✓ Grußformel

✓ Unterschrift

✓ ggf. Anlagenvermerk

Zum Schluss Ihres Schreibens können Sie eine Frist – meist zwei Wochen – für eine Reaktion setzen, in unserem Fall z. B.: „Bitte teilen Sie mir bis zum 20. August 2020 mit, wann ich mit der Lieferung der Ware rechnen kann."

Grußformel

Die Grußformel setzen Sie mit einer Leerzeile zum Brieftext ab. Mit der Standardformel „Mit freundlichen Grüßen" können Sie nichts falsch machen, doch auch Variationen wie „Beste Grüße" oder „Mit freundlichem Gruß" sind möglich.

Unterschrift

Nach der Grußformel folgt Ihre Unterschrift – bitte von Hand, nicht etwa eingescannt und mit dem Schreiben ausgedruckt. Die Anzahl der Leerzeilen hierfür ist nicht eigens festgelegt – drei Zeilen sind meist sinnvoll.

Da nicht jede Unterschrift gut lesbar ist, können Sie Ihren Namen unter der Unterschrift auch noch einmal in gedruckter Form wiederholen.

Anlagen

Möchten Sie in Ihrem Schreiben auf Anlagen hinweisen, platzieren Sie den Verweis mit einer Leerzeile Abstand zu Ihrem Namen. Sie können die Anlagen auch gesondert aufführen, dann empfiehlt es sich, das Wort „Anlagen" in Fettschrift hervorzuheben, ein Doppelpunkt folgt hingegen nicht, also:

Anlagen
1 Rechnungskopie
2 Fotos des Schadens

Auch wenn man dies häufig sieht: Nach der Grußformel steht kein Komma.

Am Schluss Ihres Schreibens steht die Unterschrift – bitte stets handschriftlich.

▼

Briefe an die Schule

Auch wenn ein Großteil der Kommunikation mit der Schule mündlich stattfindet, z. B. in Form von Elternabenden und allgemeinen Sprechstunden, gibt es doch immer wieder auch Angelegenheiten, die das Schreiben eines Briefes nötig machen.

Dazu gehören Entschuldigungsschreiben wegen Krankheit oder einem Arzttermin, die Bitte um Befreiung von einem bestimmten Unterrichtsfach, z. B. dem Sportunterricht bei einer längerfristigen Verletzung, die Bitte um einen persönlichen Besprechungstermin oder um Beurlaubung, beispielsweise aus besonderen familiären Gründen.

Bleibt Ihr Kind wegen Krankheit oder aus anderen Gründen der Schule fern, ist es wichtig, die Schule so früh wie möglich darüber

Entschuldigungsschreiben

Sehr geehrte Frau Simon,

aufgrund starker Bauchschmerzen war es meinem Sohn Tobias am 15.06.2020 nicht möglich, die Schule zu besuchen.

Ich bitte Sie, sein Fehlen zu entschuldigen.

Mit freundlichen Grüßen

Linda Martens

Sehr geehrter Herr Krämer,

meine Tochter Anna hat am Mittwoch, den 8. November um 9 Uhr einen Termin beim Zahnarzt. Sie kann deshalb erst ab der vierten Stunde am Unterricht teilnehmen. Ich bitte im Voraus, ihr Fehlen zu entschuldigen.

Mit freundlichen Grüßen

Thomas Kestner

Ein Entschuldigungsschreiben richtet man üblicherweise an den Klassenlehrer des Kindes.

Bitte um Gesprächstermin

MUSTER

Sehr geehrter Herr Schumann,

wir machen uns Sorgen um die schulische Entwicklung unseres Sohnes Paul, denn während des letzten Halbjahres haben seine Leistungen in allen Fächern merklich nachgelassen. Zudem wirkt er zunehmend ängstlich und traurig.

Wir möchten uns gerne mit Ihnen beraten, wo die Ursachen liegen könnten und wie wir Paul am besten helfen können, und bitten Sie daher um einen möglichst zeitnahen Besprechungstermin. Sie können uns zur Abstimmung auch gerne unter der Telefonnummer 01234/5678 anrufen.

Herzlichen Dank für Ihre Mühe.

Mit freundlichen Grüßen

Jutta und Bernd Wagner

Schreiben Sie möglichst konkret, worum es im Gespräch gehen soll, damit sich der Lehrer auf den Termin vorbereiten kann.

Wenn Ihr Kind wegen einer Erkrankung nicht am Schulunterricht teilnehmen kann, sollten Sie die Schule zeitnah benachrichtigen.

▼

zu informieren. Ein kurzer Anruf im Schulsekretariat ist der einfachste Weg. Ihre schriftliche Entschuldigung sollte dann innerhalb von drei Tagen nachgereicht werden. Hier reichen wenige Zeilen, in denen Sie die Situation erklären. Bei einer länger andauernden Erkrankung wird zudem meist ein ärztliches Attest verlangt – üblicherweise ab dem dritten Tag, doch haben einige Schulen auch andere Bestimmungen. Wenn Sie sich unsicher sind, fragen Sie daher sicherheitshalber im Sekretariat nach, wie die Regelung an der Schule Ihres Kindes aussieht.

Ab einem Alter von 18 Jahren darf ein Schüler seine Entschuldigung übrigens selbst schreiben.

Schreiben als Vermieter

Wenn Sie Wohneigentum vermieten, müssen Sie sich ab und an mit einem Brief an Ihre Mieter wenden, sei es wegen einer geplanten Mieterhöhung, sei es, dass Sie dem Mieter wegen Eigenbedarfs kündigen oder ihn wegen eines Verstoßes gegen die Hausregeln abmahnen möchten.

Mietervereine wie z. B. „Haus & Grund" oder der „VermieterVerein e.V." beraten bei allen Fragen rund um Ihr Wohneigentum.

Das Mietrecht ist in Deutschland im Bürgerlichen Gesetzbuch (BGB) geregelt. Das Thema ist äußerst komplex, füllt umfangreiche Ratgeber und kann an dieser Stelle nur kurz angerissen werden. Die beiden Musterbriefe sollen Ihnen dabei als Rahmen und Orientierung für den eigenen Sachverhalt diesen.

Das Verhältnis zwischen Vermieter und Mieter kann durch die verschiedensten Umstände bisweilen stark belastet werden und im schlimmsten Fall in langjährigen Streitigkeiten münden. Doch in den meisten Fällen muss es nicht so weit kommen. Vergessen Sie nicht, dass sich viele Dinge auch in einem persönlichen Gespräch klären lassen. Klare Regeln sowie die sachliche und rechtzeitige Kommunikation von auftretenden Problemen

Wenn Sie einen Mieter abmahnen, weisen Sie ihn konkret auf die Vereinbarung im Mietvertrag bzw. die Bestimmung der Hausordnung hin, gegen die er verstoßen hat.

Abmahnung wegen wiederholter Lärmbelästigung

Sehr geehrter Herr Schneider,

von anderen Hausbewohnern sind bei mir mehrere Beschwerden eingegangen, dass Sie am 4. Mai, am 18. Mai und am 25. Mai jeweils nach 22 Uhr – in einem Fall sogar bis 4 Uhr in der Früh – mit mehreren Gästen lautstark gefeiert haben, sodass die Nachtruhe der anderen Hausbewohner erheblich gestört war.

Ich möchte Sie in diesem Zusammenhang auf die Hausordnung aufmerksam machen, nach der unbedingt die Ruhezeiten von 22 bis 7 Uhr einzuhalten sind. Beachten Sie bitte auch, dass ich bei einer wiederholten Ruhestörung die Kündigung des Mietverhältnisses in Betracht ziehen werde.

Mit freundlichen Grüßen

Bernhard Winter

können verhindern, dass eine kleine Meinungsverschiedenheit zu einem handfesten Streit mutiert, und helfen dabei, das Mietverhältnis für beide Parteien möglichst angenehm und stressfrei zu gestalten. Merken Sie jedoch, dass Sie mit Ihrem Anliegen nicht weiterkommen, und sind unsicher, wie Sie sich weiter verhalten sollen, so suchen Sie sich rechtzeitig Hilfe, z. B. bei Vermietervereinen oder bei einem auf Mietrecht spezialisierten Anwalt.

▲

Wird die Nachtruhe wiederholt empfindlich gestört, weil andere Hausbewohner laut feiern, sollte der Vermieter eingreifen.

Mieterhöhungsverlangen

MUSTER

Liebe Frau Becker,

gem. § 558 BGB möchte ich Sie um die Zustimmung zu einer Mieterhöhung für die von Ihnen seit dem (Datum) bewohnte Wohnung (Anschrift) bitten.

Die von Ihnen gezahlte Miete beträgt zurzeit (Summe) per m² zzgl. der laufenden Betriebs- und Nebenkosten. Dieser Betrag liegt unterhalb dem für (Name der Stadt, Gemeinde oder des Kreises) geltenden Mietspiegel, der derzeit (Summe) per m² entspricht. Da die Miete sich zudem innerhalb der vergangenen 15 Monate nicht verändert hat und im Zeitraum der letzten drei Jahre um nicht mehr als 20 Prozent gestiegen ist, sind die gesetzlichen Voraussetzungen für eine Mieterhöhung gegeben.

Bedingt durch die Mieterhöhung in Höhe von (Summe) beträgt Ihre neue Miete (Summe). Diese ist mit Beginn des dritten Kalendermonats nach Erhalt dieses Schreibens, also zum (Datum), zu entrichten.

Ich möchte Sie freundlich darum bitten, diesem Mieterhöhungsverlangen bis zum (Datum) schriftlich zuzustimmen.

Mit besten Grüßen

Bernd Scholz

Für eine Mieterhöhung müssen einige Voraussetzungen erfüllt sein, so muss u. a. das Verlangen des Vermieters nachprüfbar begründet werden, z. B. anhand des lokalen Mietspiegels.

Schreiben als Mieter

Eine fehlerhafte Nebenkostenabrechnung, Widerspruch gegen eine Mieterhöhung, Mängelanzeige oder Kündigung der Wohnung sind nur einige der Gründe, die es erfordern, einen Brief an den Vermieter zu schreiben. Dabei sollte man sich bei Unsicherheiten unbedingt vorab gründlich über die Rechtslage informieren bzw. sich kompetent beraten lassen, um auf der sicheren Seite zu sein.

Hilfe bei Mietangelegenheiten bieten beispielsweise Mietervereine wie der „Deutsche Mieterbund" oder der „Mieterschutzbund e.V.".

Viele Probleme lassen sich schnell mit einem kurzen Schreiben aus der Welt schaffen. Schließlich ist auch der Vermieter interessiert daran, dass die Mietsache in gutem Zustand bleibt, der Mieter zufrieden ist und gerne in seiner Wohnung lebt. Und dennoch kommt es immer wieder zu langandauernden, zähen Streitigkeiten zwischen Mieter und Vermieter, die an den Nerven aller Beteiligten zerren. Nur allzu oft landen diese schließlich vor Gericht – mit nicht unerheblichen Kosten für die unterliegende Partei. Um diese Situation zu vermeiden bzw. im Falle eines Falles gut vorbereitet zu sein, empfiehlt es sich, in der Kommunikation mit dem Vermieter besonders sorgfältig zu sein. Ver-

Ein Vermieter kann die Miete nicht einseitig erhöhen, sondern muss zunächst schriftlich das Einverständnis des Mieters einholen (siehe S. 185).

Widerspruch gegen eine Mieterhöhung

Sehr geehrte Frau Peltzer,

mit Ihrem Schreiben vom (Datum) kündigen Sie eine Mieterhöhung von (Summe) an und bitten um meine Zustimmung.

Ich möchte Ihnen mitteilen, dass ich die Mieterhöhung nicht akzeptieren kann, da ich erst seit neun Monaten in der Wohnung wohne. Laut Gesetzgeber darf jedoch die Miete frühestens 15 Monate nach Einzug erhöht werden.

Ich bitte daher um Verständnis, dass ich Ihrer Forderung nicht nachkommen kann.

Mit freundlichen Grüßen

Richard Willmann

Mängelanzeige

MUSTER

Sehr geehrter Herr Mühl,

hiermit teile ich Ihnen mit, dass in meiner Wohnung (Adresse) folgende Mängel vorliegen:

– In der Küche hat sich in der Fensternische Schimmel gebildet.
– Das Dach hat eine undichte Stelle, sodass es bei Regen ins Schlafzimmer im Dachgeschoss tropft.

Laut § 535 BGB sind Sie als Vermieter verpflichtet, die Mietsache dem Mieter in einem zum vertragsgemäßen Gebrauch geeigneten Zustand zu überlassen und sie während der Mietzeit in diesem Zustand zu erhalten. Ich möchte Sie deshalb darum bitten, die oben genannten Mängel spätestens bis zum (Datum) zu beseitigen.

Gemäß § 536 BGB besteht bei nicht unerheblichen Mängeln ein Anspruch auf Herabsetzung der Miete. Ich behalte mir vor, bis zur Beseitigung der Mängel die Miete monatlich um (Betrag in Euro, prozentualer Anteil der Miete) zu mindern und diesen Betrag einzubehalten.

Mit freundlichen Grüßen

Marie-Luise Winter

Bevor Sie die Miete kürzen, lassen Sie sich unbedingt hinsichtlich der angemessenen Summe beraten. Alternativ können Sie auch schreiben, dass Sie die Miete bis zur Beseitigung der angezeigten Mängel nur unter Vorbehalt zahlen.

Schäden in der Mietwohnung wie z. B. Schimmel müssen Sie nicht hinnehmen. Informieren Sie umgehend Ihren Vermieter.

senden Sie Ihre Post stets per Einschreiben, und heben Sie Kopien Ihrer Briefe auf. Diese können nicht nur als Beweismittel im Prozessfall dienen, sondern sind in bestimmten Fällen auch Voraussetzung für die Geltendmachung von Ansprüchen. Wenn es um Mängel in Ihrer Wohnung geht, sollten Sie diese zudem auf Fotos festhalten. Diese können Sie der Mängelanzeige auch als Anlage beifügen, sodass Ihr Vermieter sich ein besseres Bild vom aufgetretenen Schaden machen kann.

Schreiben als Kunde

Egal, ob als Inhaber eines Geschäfts oder als Privatkunde – manchmal muss man Briefe an einen Handwerker, eine Firma, eine Versicherung oder ein Geschäft richten. Häufig handelt es sich dabei um neutrale Schreiben, etwa frei formulierte Kündigungen von Verträgen, Widerrufe oder um Schadensmeldungen an Versicherungen.

Von diesen Briefen abgesehen, schreiben Kunden fast immer nur dann Briefe an Händler, Dienstleister oder Hersteller, wenn sie mit einer Ware oder einer Dienstleistung unzufrieden sind und ihren Unmut kundtun möchten. Für alles andere – Bestellungen, Bitten um ein Angebot etc. – gibt es heutzutage zumindest bei größeren Firmen Vordrucke, die Sie bequem und einfach von Hand oder am PC ausfüllen können. Wichtig ist: Bei ausnahmslos allen Briefen an Unternehmen sollte man gewisse Formalien und natürlich Höflichkeitsformen einhalten.

Kündigungen

Sehr häufig muss man, auch als Privatkunde, für laufende Verträge Kündigungen aussprechen. Dies sollte man stets schriftlich tun. Die Kündigungsfrist können Sie Ihrem jeweiligen Vertrag entnehmen. Meistens beträgt sie drei Monate, jeweils zum Ablauf des Vertragsjahres. Kündigen Sie unbedingt rechtzeitig, sonst kann es passieren, dass Sie ein weiteres Jahr Beiträge für eine Leistung bezahlen müssen, die Sie gar nicht mehr benötigen. Entscheidend ist dabei der Eingang des Kündigungsschreibens. Beachten Sie bei Ihrer Kündigung aber auch eine etwaige Mindestvertragslaufzeit.

Heutzutage können Sie die meisten Verträge per Mail kündigen. Ansonsten kann es aus Beweisgründen sinnvoll sein, die Kündigung per Einschreiben mit Rückschein zu schicken, gerade dann, wenn es um kostspieligere Leistungen oder die Einhaltung von Fristen geht. Bitten Sie in Ihrer Kündigung in jedem Fall um ein Bestätigungsschreiben. Sie können auch, falls Sie eine Einzugsermächtigung erteilt haben, diese widerrufen. Falls Sie von dem Unternehmen nicht mehr kontaktiert werden wollen – manche Firmen können hier bei der Kundenrückgewinnung durchaus hartnäckig sein –, ist es sinnvoll, weiteren Kontaktversuchen von vornherein zu widersprechen. Die Firma muss sich aus Datenschutzgründen daran halten.

Kündigung eines Mobilfunkvertrags

MUSTER

Kündigung des Vertrags (Vertragsnummer)

Sehr geehrte Damen und Herren,

hiermit kündige ich den mit Ihnen geschlossenen Mobilfunkvertrag (Vertragsnummer) über die Rufnummer (Telefonnummer) fristgerecht zum (Datum) (alternativ: zum nächstmöglichen Zeitpunkt).

Die von mir erteilte Einzugsermächtigung ziehe ich mit sofortiger Wirkung (alternativ: zum Ende der Vertragslaufzeit) zurück.

Bitte senden Sie mir bis zum (Datum, 14-tägige Fristsetzung) eine Kündigungsbestätigung zu. Von weiteren Kontaktaufnahmen Ihrerseits bitte ich abzusehen. Vielen Dank!

Mit freundlichen Grüßen

(Unterschrift)

Eine fehlerhafte Lieferung sollten Sie schnellstmöglich beim Händler reklamieren.

▼

Sie müssen eine Kündigung nicht begründen. Falls Sie mit den Leistungen unzufrieden waren, so können Sie dies natürlich darlegen – bleiben Sie dabei aber stets höflich und sachlich.

Reklamationen

Ab und zu kommt es vor, dass man bei einem Kauf fehlerhafte Ware erwischt hat. Manchmal bemerkt man den Mangel sofort zu Hause nach dem Auspacken, manchmal erst nach ein paar Tagen oder sogar Wochen. In diesem Fall sollten Sie sich sofort mit dem Verkäufer in Verbindung setzen. Für die soge-

Reklamation wegen Falschlieferung

Reklamation der Bestellung (Bestellnummer), Computer-Tastatur (genaue Typenbezeichnung)

Sehr geehrte Damen und Herren,

ich habe am (Bestelldatum) bei Ihnen eine Computer-Tastatur (genaue Produkt-bezeichnung) bestellt, die mir am (Lieferdatum) ausgeliefert wurde. Leider wurde mir das falsche Modell zugeschickt. Statt einer Tastatur mit deutschem Tasta-turlayout habe ich eine mit englischer Tastenbeschriftung erhalten. Diese ist für mich nicht brauchbar, daher bitte ich um Übersendung einer Tastatur mit deut-schem Layout. Anbei erhalten Sie eine Kopie meiner Bestellung sowie die falsch gelieferte Tastatur. Sollte eine Nachlieferung bis zum (Datum) für Sie nicht möglich sein, trete ich vom Kaufvertrag zurück und erwarte die Erstattung des Kaufpreises auf mein Konto.

Mit freundlichen Grüßen

(Unterschrift)

Anlage: Kaufbeleg

Wichtige Punkte einer Reklamation

✓ Genaue Produktbezeichnung inkl. Seriennummer bzw. genaue Bezeichnung der Dienstleistung

✓ Rechnungsnummer, Kauf- oder Auftragsdatum, evtl. Kunden-nummer

✓ Art des Mangels

✓ Ihre Forderung (Reparatur, Umtausch, Preisnachlass)

✓ Fristsetzung

nannte Gewährleistung ist nämlich in jedem Fall der Händler zustän-dig, nicht der Hersteller – auch wenn man hin und wieder anderes hört. Wenn Sie die Ware in einem Geschäft gekauft haben, sollten Sie vor Ort einen Verkäufer ansprechen und möglichst die fehlerhafte Ware zeigen. In allen anderen Fällen ist es wegen der Beweiskraft ratsam, ein Schreiben aufzusetzen. Dies gilt auch dann, wenn Sie sich mit dem Händler bei einem persönlichen Ge-spräch nicht einigen können.

Falls Sie die Ware im Internet gekauft haben, wird auf der Website der Firma eventuell die Telefonnummer einer Hotline genannt. Nutzen Sie diese nur, wenn es keine andere Möglichkeit – etwa eine E-Mail-Adresse – gibt, um schriftlich Kontakt aufzunehmen. Notieren Sie sich bei einem Telefonat den Namen des Sachbearbeiters, und machen Sie sich weitere Gesprächsnotizen.

Wenn Sie die Ware verschicken müssen, wählen Sie eine Versandart, bei der es eine Sendungsverfolgung gibt. Bei kleineren Stücken kann dies ein Versand per Einschreiben sein, bei größeren per Paket. Die Kosten trägt bei Reklamation (anders als beim Widerruf) der Verkäufer. Falls möglich, fertigen Sie von den Mängeln vorher Fotos an.

Reklamation – wie ist die Rechtslage?

Im Fall einer Reklamation bezieht man sich für gewöhnlich auf die sogenannte Gewährleistung. Diese besagt, dass die Ware beim Kauf frei von Fehlern sein muss. Bei Mängeln können Sie entweder eine Reparatur fordern oder einen Umtausch – die Wahl liegt bei Ihnen. Bei kleineren Mängeln, z. B. Farbabweichungen, ist auch ein Preisnachlass möglich.

Die Gewährleistung ist vor allem geregelt in den Paragrafen 437 bis 439 des Bürgerlichen Gesetzbuchs. Auch preisreduzierte und vom Umtausch ausgeschlossene Ware fällt unter die Gewährleistungspflicht des Händlers. Die Frist beträgt in Deutschland – zumindest bei gewerblichen Händlern – zwei Jahre. Doch Vorsicht: Nach Ablauf eines halben Jahres müssen Sie nachweisen, dass nicht Sie den Schaden verursacht haben. Auch bei Baumängeln gibt es übrigens eine Gewährleistungspflicht – die Fristen unterscheiden sich hier aber von denen des Kaufrechts.

Garantie und Gewährleistung – was ist der Unterschied?

Während die Gewährleistung rechtlich geregelt ist und Sie sich im Fall einer Reklamation an den Händler wenden müssen, ist die Garantieleistung eine freiwillige Leistung des Herstellers oder Händlers. Manche Hersteller bieten sehr weitreichende Garantieleistungen an, hier ist es manchmal sinnvoller, sich im Falle einer mangelhaften Ware direkt an den Hersteller zu wenden. In allen anderen Fällen sollte man sich eher auf die Gewährleistung berufen. Die Wahl liegt hier ausschließlich bei Ihnen – auch wenn Ihnen im Einzelfall Händler oder Hersteller etwas anderes erzählen.

Fristsetzung

In jedem Fall sollten Sie bei einer Reklamation immer eine Frist setzen. Diese sollte mindestens eine Woche, längstens aber zwei Wochen betragen. Sollten Sie in dieser Frist keine Neuware erhalten haben oder keine Reparatur erfolgt sein,

Bei einer Reklamation ist im Gewährleistungsfall der Händler, für Garantieansprüche meist der Hersteller verantwortlich.

Falls Sie bei der Durchsetzung Ihrer Kundenrechte Probleme haben oder eine Beratung benötigen, ist die Verbraucherzentrale immer eine gute Adresse. Man findet ein Büro in jeder größeren Stadt. Doch auch die Informationen auf der Website www.verbraucherzentrale.de können Ihnen in vielen Fällen weiterhelfen. Auch ist es möglich, die Verbraucherzentrale online oder telefonisch zu kontaktieren und Beratungsgespräche zu vereinbaren.

Wenn sich der angebliche Traumstrand aus dem Prospekt in Wirklichkeit so darstellt, dann fertigen Sie möglichst aussagekräftige Beweisfotos für Ihre Reklamation an. ▶

können Sie, zumindest bei größeren Mängeln, vom Vertrag zurücktreten und Ihr Geld zurückverlangen.

Formulierung eines Anschreibens

Eine Reklamation sollte, bei aller verständlichen Enttäuschung, immer sachlich, höflich und knapp formuliert sein. Schreiben Sie in die Betreffzeile den Grund Ihres Schreibens, bei Geräten auch die Seriennummer und die genaue Bezeichnung. Ebenfalls wichtig sind der Tag des Kaufs bzw. der Lieferung. Geben Sie möglichst eine E-Mail-Adresse und/oder eine Telefonnummer für eventuelle Rückfragen an. Falls ein Gerät bei Ihnen abgeholt werden soll – auch das ist möglich und gehört zu den Rechten im Fall einer Gewährleistung –, bitten Sie um Anruf für die Vereinbarung eines Termins. Schildern Sie im Schreiben kurz und prägnant, was

für ein Mangel genau vorliegt und ob Sie eine Reparatur, die Ersetzung der Ware oder einen Preisnachlass wünschen. Im letzten Abschnitt Ihres Schreibens setzen Sie dem Empfänger eine angemessene Frist.

Reklamationen bei Pauschalreisen

Besonders ärgerlich ist es, wenn die schönste Zeit des Jahres, der Urlaub, durch eine Pauschalreise verdorben wurde, die nicht den vertraglichen Ansprüchen genügte. Wenn Sie beispielsweise beim Reiseveranstalter ein Zimmer mit Meerblick in ruhiger Lage gebucht, aber stattdessen ein Zimmer zur Straße erhalten haben, können Sie diesen Mangel nachträglich geltend machen. Die Voraussetzung ist aber, dass Sie Mängel bereits vor Ort, etwa bei einem Reiseleiter, angezeigt haben. Dies sollten Sie möglichst schriftlich tun. Machen Sie entsprechende Fotos als Beweis, und setzen Sie für die Behebung des Mangels eine angemessene Frist. Falls der Veranstalter Beschwerdeformulare zur Verfügung stellt, benutzen Sie diese. Ansonsten sprechen Sie bei der Rezeption vor. Erst, wenn der Reiseveranstalter den Mangel nicht behebt, können Sie härteres Geschütz auffahren und nachträg-lich einen Teil des Reisepreises zurückfordern. Hierzu finden Sie im Internet Vergleichstabellen – etwa die Frankfurter Liste für Reisemängel –, aus denen hervorgeht, welche Reisepreisminderungen angemessen sind. Vor allem bei teuren Pauschalreisen lassen Sie sich im Zweifel von einem auf Reiserecht spezialisierten Anwalt beraten.

Reklamation aufgrund von Reisemängeln

Sehr geehrte Damen und Herren,

ich habe am (Buchungsdatum) die Pauschalreise vom (Anreisedatum) bis zum (Abreisedatum) für (Reisepreis) nach (Land, Ort), (Buchungsnummer) mit Unterbringung im (Name des Hotels) gebucht.

Leider muss ich Ihnen folgende Mängel mitteilen, die ich direkt vor Ort bei der Reiseleitung anzeigte – ohne dass Abhilfe geschaffen wurde:

– Der zum Hotel gehörende Strand war abgesperrt und nicht nutzbar.
– Eine Kinderbetreuung gab es nicht. Diese war jedoch Voraussetzung unserer Buchung gewesen.
– Das Hotelzimmer war nicht mit Meerblick, sondern lag, anders als vertraglich vereinbart, an einer vielbefahrenen Straße. Unsere Nachtruhe wurde daher jede Nacht empfindlich gestört.

Aus diesem Grund verlangen wir nachträglich eine Minderung des Reisepreises. Eine Minderung in Höhe von (Summe) Prozent des Reisepreises halten wir für angemessen. Dies entspricht einem Betrag in Höhe von (Summe) Euro.

Bitte überweisen Sie den Betrag bis zum (zweiwöchige Frist) auf unser unten genanntes Konto.

Mit freundlichen Grüßen

(Unterschrift)

Anlagen: Fotos, Kopie der Mängelanzeige vor Ort

Beschwerdebriefe

Anders als bei einer Reklamation geht es bei einer Beschwerde nicht um eine Entschädigung – zumindest nicht in erster Linie. Natürlich ist es möglich, dass Sie im Rahmen eines solchen Briefs auch einen Preisnachlass vorschlagen oder dass das Unternehmen Sie nachträglich entschädigt, etwa aus **Kulanzgründen**.

Doch generell zielt die Beschwerde in eine andere Richtung: Sie sind unzufrieden und enttäuscht und möchten Ihren Unmut kundtun. Vielleicht wollen Sie, dass ein Unternehmen seine Entscheidungen und Firmenpolitik überdenkt. Vielleicht haben Sie sich über die Kundenunfreundlichkeit einer Firma, über die Unhöflichkeit von Servicemitarbeitern am Telefon oder über schlampig verpackte Ware geärgert. Und natürlich möchten Sie eine angemessene Reaktion Ihres Gegenübers, zumindest eine Entschuldigung, wenn nicht eine Entschädigung. Machen Sie sich in jedem Fall über das konkrete Ziel Ihres Schreibens Gedanken. Reicht Ihnen eine Entschuldigung? Wollen Sie eine Entschädigung, etwa in Form eines Gutscheins oder Preisnachlasses? Möchten Sie die Zusammenarbeit mit einer Firma beenden?

In vielen Firmen können Sie sich auch telefonisch beschweren – manchmal gibt es sogar spezielle Hotlines hierfür. Es ist nur verständlich, dass viele Menschen im ersten Ärger dort anrufen und ein wenig Dampf ablassen. Doch gibt es gute Gründe, eine Beschwerde lieber schriftlich zu formulieren: Häufig genug nehmen Ihren Anruf Sachbearbeiter/-innen entgegen, die Sie mit freundlichen Worten abspeisen und einen Ärger über sich ergehen lassen, den sie nicht verursacht haben. Die Verantwortlichen erreichen Sie in der Regel nicht, und ob Ihr Anliegen weitergeleitet wird, bleibt fraglich.

Wie aber formuliert man ein wirkungsvolles Beschwerdeschreiben?

- Das Wichtigste zuerst: Bleiben Sie höflich und sachlich – selbst, wenn Ihr Ärger noch so groß und berechtigt ist.
- Wenden Sie sich an den Verantwortlichen – recherchieren Sie, wenn nötig, den entsprechenden Ansprechpartner im Internet.
- Genauso wie beim Reklamationsschreiben sollten sämtliche Eckdaten aufgeführt und nachvollziehbar sein: also Kunden- und Bestellnummern, Kaufdatum, Telefonnummern etc.
- Bei der Schilderung des Missstandes sollten Sie epische Breite vermeiden. Schildern Sie knapp und sachlich die Umstände.
- Verleihen Sie Ihrer Enttäuschung in klaren Worten Ausdruck. Vermeiden Sie Übertreibungen und ironische oder gar sarkastische Bemerkungen. Je sachlicher Sie sind, umso eher wird man Ihr Anliegen ernstnehmen.

☞ **Kulanz**
Unter „Kulanz" versteht man das freiwillige Entgegenkommen eines Geschäftspartners. Man hat also keinen Rechtsanspruch auf eine Kulanzleistung.

Größere Firmen haben meist Hotlines, an die man sich telefonisch mit Beschwerden wenden kann. Sinnvoller ist es aber, Beschwerden schriftlich zu formulieren.

Beschwerdebrief an ein Catering-Unternehmen

Catering anlässlich unserer Hochzeitsfeier am (Datum)

Sehr geehrte Frau Heiden,

anlässlich unserer Hochzeitsfeier hatten wir Ihr Unternehmen aus guten Gründen für das Catering ausgewählt. Schließlich sind mein Mann und ich seit Jahren zufriedene Kunden in Ihrem Restaurant, und auch für die eine oder andere Gartenparty haben wir Ihren Service, Ihr gutes Essen und Ihre Weine in Anspruch genommen.

Umso enttäuschter waren wir, dass Ihr Service diesmal in keinster Weise der gewohnten Qualität entsprach. Das Buffet sollte, wie mit Ihnen am (Datum) vereinbart, ab 12 Uhr aufgebaut werden. Als um 12.15 Uhr noch keiner Ihrer Mitarbeiter vor Ort war, hat mein Mann in Ihrem Restaurant angerufen. Eine – mir bis dato unbekannte – Frau Meyer fertigte ihn mit den Worten ab, dass es an dem Tag auch noch andere Aufträge zu erledigen gäbe und wir uns zu gedulden hätten. Auch wenn diese Mitarbeiterin sicherlich gerade im Stress war, fanden wir dieses Verhalten doch recht unangemessen.

Glücklicherweise trafen zwanzig Minuten später Ihre Mitarbeiter ein, sodass wir, fast eine Stunde später als geplant, mit der Mahlzeit beginnen konnten. Doch auch die Speisen entsprachen nicht der gewohnten Qualität. Zwar waren die warmen Speisen sehr gut zubereitet, doch die Salate waren nicht mehr frisch. Vor allem die Qualität der Blattsalate ließ stark zu wünschen übrig. Der eigentlich hervorragende Weißwein war außerdem zu warm.

Sie verstehen sicher, dass dieses Erlebnis ein herber Wermutstropfen für uns war – vor allem an diesem für uns besonders wichtigen Tag. Wir sind darüber hinaus auch sehr enttäuscht, da wir als langjährige Stammkunden Ihres Restaurants doch ein besonderes Vertrauensverhältnis zu Ihnen aufgebaut hatten.

Wir fänden es angebracht, wenn Sie uns wegen dieses Erlebnisses mit einem Preisnachlass entgegenkommen würden.

Mit freundlichen Grüßen

(Unterschrift)

Rücksendung von Ware

Sehr geehrte Damen und Herren,

am (Datum) habe ich bei Ihnen eine Lederhandtasche gekauft. Leider entspricht die Ware nicht ganz meinen Vorstellungen, weshalb ich hiermit vom Kaufvertrag zurücktrete. Die Tasche liegt bei. Bitte überweisen Sie mir den Kaufpreis von (Euro) auf mein Konto (Bankverbindung). Vielen Dank.

Mit freundlichen Grüßen

(Unterschrift)

- Vermeiden Sie in jedem Fall persönliche Angriffe oder gar Beleidigungen. Wenn Sie sehr wütend sind, lassen Sie Ihr Schreiben lieber noch einmal eine Nacht liegen und überarbeiten Sie es ggf., bevor Sie es abschicken. Bedenken Sie auch: Fühlt sich der Adressat angegriffen, wird er sich nicht wohlwollend mit Ihrem Anliegen auseinandersetzen.
- Seien Sie konstruktiv. Falls Sie Verbesserungsvorschläge haben, teilen Sie sie mit. Falls Sie mit dem Unternehmen in der Vergangenheit zufrieden waren, schreiben Sie auch dies.
- Beenden Sie Ihr Schreiben mit der üblichen Grußformel (Mit freundlichen Grüßen) und Ihrer Unterschrift.

Wenn Sie diese Punkte beherzigen, werden Sie mit Ihrem Beschwerdeschreiben mit hoher Wahrscheinlichkeit Erfolg haben.

Widerruf

Bei den meisten Verträgen kann man mit 14-tägiger Frist vom Vertrag zurücktreten. Das gilt beispielsweise für den Abschluss von Versicherungen und für Fernhandelsgeschäfte. Im Zweifel sollte man in den AGBs oder im Vertrag nachschauen. Normalerweise reicht hier ein sehr schlichter Brief, in dem die Vertragsnummer, das Datum des Vertragsabschlusses und evtl. die Kundennummer genannt werden. Eine Begründung ist nicht nötig. Falls Sie die Bestellung von Ware widerrufen möchten, müssen Sie sie natürlich mit zurückschicken. Auch ist es wichtig, ein Widerspruchsschreiben beizulegen und die Ware nicht kommentarlos zurückzuschicken. Anders als bei einer Reklamation müssen Portokosten von Ihnen getragen werden – es sei denn, Ihr Vertragspartner übernimmt sie aus Kulanzgründen. Möglich ist es auch, einen Kaufvertrag zu stornieren, bevor die Ware abgeschickt wurde. Dies können Sie meist problemlos per E-Mail tun.

Auch Reisen und Hotelaufenthalte etc. können vor Reiseantritt storniert werden. Hier fallen allerdings oft Stornogebühren an, die Sie Ihrem Vertrag oder den AGBs des Veranstalters entnehmen können. Bei Pauschalreisen müssen Sie die Stornierung an den Reiseveranstalter richten, bei Flugreisen an die Fluggesellschaft.

Schreiben an Versicherungen

Recht häufig ist die Korrespondenz mit diversen Versicherungen. Mal muss man nur eine Adressänderung durchgeben, mal eine Vertragsänderung, mal eine Schadensmeldung. Meistens genügt ein Schreiben per E-Mail. Viele Versicherungen haben auf ihrer Website auch Formulare für Änderungsmitteilungen und Schadensmeldungen, die Sie nutzen können.

Bei Schadensmeldungen müssen Sie im Normalfall sämtliche Belege – Rechnungen, Atteste, Fahrkarten etc. – einreichen. Damit Ihr Schreiben Ihrer Person auch zweifelsfrei zugeordnet und zügig be-

arbeitet werden kann, sollten Sie in der Betreffzeile die Versicherungsnummer und Art der Versicherung nennen. Wenn Sie den Namen des Sachbearbeiters oder der Sachbearbeiterin kennen, sollten Sie diesen in Ihrem Brief verwenden.

Wenn Sie der Versicherung einen Schaden melden, sollten Sie das kurz und sachlich tun. Verzichten Sie auf überflüssige Informationen, lassen Sie aber auch nichts Wichtiges weg. Bei Haftpflichtschäden können Sie entsprechende Fotos beifügen, die den Schaden belegen. Sollten Sie bereits eine Schadensnummer kennen – weil Sie vielleicht den Schaden schon vorab telefonisch gemeldet haben – sollten Sie diese Nummer auch angeben.

Die Einhaltung von Fristen kann bei Schadensmeldungen äußerst wichtig sein. Haftpflichtschäden sollten beispielsweise möglichst umgehend der Versicherung gemeldet werden. Falls Sie den Schaden nicht per E-Mail, sondern lieber per Brief melden wollen, ist es sinnvoll, ihn per Einschreiben zu verschicken.

Schadensmeldung Schutzbriefversicherung

Sehr geehrte Frau Brunn,

am Sonntag, den (Datum) bin ich um (Uhrzeit) mit meiner Frau auf der A1 zwischen (genaue Ortsangabe) mit einem Motorschaden liegengeblieben. Der Abschleppwagen kam zügig, doch konnte der Schaden nicht am selben Tag behoben werden. Wir mussten eine Nacht in (Ort) übernachten und für die Fahrt zur Werkstatt zweimal ein Taxi in Anspruch nehmen. Die Rechnungen für die Hotelübernachtung sowie die Taxirechnungen belaufen sich auf insgesamt (Summe) Euro. Wir bitten um Regulierung des Schadens und um Überweisung auf unser Konto (Bankverbindung).

Mit freundlichen Grüßen

(Unterschrift)

Anlagen: Taxirechnung, Hotelrechnung

Bewerbungen schreiben

Egal, ob Sie nach dem Schulabschluss einen Ausbildungsplatz suchen oder sich nach Jahren der Berufstätigkeit verändern möchten: Mit einer guten Bewerbung können Sie punkten und den Empfänger davon überzeugen, dass Sie genau der richtige Kandidat für die angestrebte Stelle sind. Daher sollten Sie ihr Zeit und größtmögliche Sorgfalt widmen – ist sie doch der erste Eindruck, den der potenzielle neue Arbeitgeber von Ihnen gewinnt.

Mehr zu den Besonderheiten einer Online-Bewerbung finden Sie ab S. 310.

Viele Unternehmen erwarten auch heute noch eine klassische Bewerbungsmappe.

▼

Die Bewerbungsmappe

Zwar bevorzugen immer mehr Firmen die Online-Bewerbung per E-Mail oder Webformular, doch auch die klassische Bewerbungsmappe wird häufig noch gefordert. In der Stellenanzeige erfahren Sie in aller Regel bereits, in welcher Form Ihre Bewerbung erwartet wird, ansonsten hilft eine kurze telefonische Nachfrage.

Wird eine Bewerbung auf Papier verlangt, so sollten Sie zunächst eine geeignete Bewerbungsmappe besorgen. Diese gibt es in vielen verschiedenen Ausführungen im Schreibwarenladen. Überlegen Sie, welcher Aufbau und welche Optik am besten zu Ihrer Bewerbung passen, und investieren Sie in hochwertige Mappen und Papier. Versenden Sie Ihre Unterlagen keinesfalls in einem alten Schnellhefter, einzelnen Klarsichthüllen oder gar als Loseblattsammlung. Stellen Sie sicher, dass alle Unterlagen frei von Knicken oder verschmierter Tinte sind. Wenn Sie keinen guten Drucker besitzen, lassen Sie Ihre Unterlagen lieber in einem Copyshop ausdrucken. Für den ersten Eindruck bekommen Sie keine zweite Chance, und Bewerbungen werden durchaus aufgrund von schlampig zusammengestellten und schlecht präsentierten Unterlagen aussortiert – ohne dass der Bewerber überhaupt die Gelegenheit bekommt, mit dem Inhalt zu überzeugen.

Jede Bewerbung besteht aus mindestens drei Säulen:

- Bewerbungsschreiben
- Lebenslauf
- Anlagen (Zeugnisse, Zertifikate, Bescheinigungen …)

Optional sind ein Deckblatt und die sogenannte „dritte Seite", z. B. ein Kurzprofil oder ein Motivationsschreiben nach dem Lebenslauf.

Das Bewerbungsschreiben

Das Bewerbungsschreiben oder auch Anschreiben ist der Einstieg in Ihre Bewerbung und sollte das Interesse des Personalverantwortlichen wecken. Stellen Sie daher sicher, dass Sie diese Gelegenheit so gut wie möglich ausschöpfen. Dies beginnt schon mit dem äußeren Erscheinungsbild: Richten Sie sich beim Verfassen des Schreibens nach den Richtlinien der DIN 5008, prüfen Sie es äußerst sorgfältig auf Tipp- und Rechtschreibfehler, und lassen Sie es mindestens durch eine zweite, in Sachen Rechtschreibung versierte Person gegenlesen.

Während im Lebenslauf und in Zeugnissen allein die Fakten sprechen, können und sollten Sie in das Bewerbungsschreiben auch Ihre individuelle Persönlichkeit einfließen lassen. Bringen Sie Motivation und Begeisterung zum Ausdruck, erklären Sie, warum gerade Sie für diese Stelle geeignet sind und warum Sie diese ganz besonders interessiert.

Das AIDA-Modell

Das sogenannte AIDA-Modell bietet Orientierung für Ihr Bewerbungsschreiben, dabei steht **AIDA** für:

Attention: Ihr Schreiben sollte **Aufmerksamkeit** erzeugen.

Interest: Durch Darstellung Ihrer Persönlichkeit und Ihrer Kompetenzen sollte das **Interesse** des Empfängers geweckt werden.

Desire: Der Leser sollte den **Wunsch** verspüren, mehr über Sie zu erfahren.

Action: Ihre Bewerbung sollte eine **Handlung,** in diesem Fall eine Einladung zu einem Vorstellungsgespräch, auslösen.

Stellen Sie sich beim Schreiben zur Orientierung die folgenden Fragen:

- Wer sind Sie?
- Was können Sie?
- Weshalb bewerben Sie sich ausgerechnet auf diese Stelle?
- Warum sind gerade Sie besonders gut für die ausgeschriebene Position geeignet?

Das ursprünglich aus dem Marketingbereich stammende AIDA-Modell (siehe Kasten oben) bietet dabei einen guten Leitfaden für Ihr Anschreiben. Achten Sie zudem auf Folgendes:

- Ihr Bewerbungsschreiben sollte möglichst nicht länger als eine DIN-A4-Seite werden.

Idealerweise führt eine Bewerbung zu einem persönlichen Vorstellungsgespräch.

☞ **Bezugszeile**
Die Bezugszeile ist eine Ergänzung zur Betreffzeile, die in kleinerer Schrift direkt unter diese gesetzt wird.

- Wählen Sie den richtigen Ansprechpartner, und stellen Sie sicher, dass Anschrift und Kontaktperson übereinstimmen.
- Formulieren Sie einen konkreten Betreff: Nennen Sie die genaue Bezeichnung der Position, auf die Sie sich bewerben. Sind Kennziffern oder Referenznummern in der Stellenanzeige angegeben, so gehören auch diese in die Betreff- oder die **Bezugszeile**, z. B.: Betreffzeile „Bewerbung als Frisörin", Bezugszeile „Ihre Stellenanzeige im Rheinischen Kurier, Referenznummer 67032". Bei einer Initiativbewerbung fehlen Ihnen solche Angaben, hier könnte ein Betreff beispielsweise lauten: „Initiativbewerbung als Mediengestalterin" oder „Bewerbung um einen Ausbildungsplatz als Bürokauffrau".

- Achten Sie auf eine übersichtliche Struktur. Vermeiden Sie lange, verschachtelte Sätze, und unterteilen Sie Ihr Schreiben in sinnvolle, nicht zu lange Absätze.
- Greifen Sie Begriffe aus der Stellenanzeige auf.
- Verwenden Sie keine Konjunktive wie „könnte" und „würde".
- Gehen Sie auf fachliche und persönliche Qualifikationen ein, die Sie zum geeigneten Kandidaten für die Stelle machen. Haben Sie einen besonderen Bezug zum Unternehmen, so sollten Sie dies ebenfalls erwähnen.
- Schreiben Sie, wie Sie auf das Stellenangebot aufmerksam wurden, z. B. durch eine Annonce in der Zeitung oder eine persönliche Empfehlung.
- Erwähnen Sie vorhandene Referenzen wie beispielsweise Ihren

Bewerbung auf eine Stellenanzeige

Sehr geehrter Herr Kaiser,

mit großem Interesse habe ich Ihre Stellenanzeige im Münchner Tagesanzeiger gelesen. Da ich mich in Ihrem Anforderungsprofil deutlich wiederfinde, möchte ich zukünftig gerne das Herz-Jesu-Seniorenheim in der Altenpflege unterstützen.

Wie Sie meinem Lebenslauf entnehmen können, habe ich vor fünf Jahren erfolgreich meine Berufsausbildung im St.-Hedwig-Stift in Würzburg abgeschlossen und bin seither dort als Altenpfleger beschäftigt. Da ich aus familiären Gründen im August nach München umziehen werde, möchte ich gerne vor Ort arbeiten. Ihr Haus spricht mich durch das Konzept kleiner Wohngruppen und den Fokus auf bestmögliche Bewahrung der Selbstständigkeit der Senioren besonders an.

Den Beruf des Altenpflegers übe ich aus tiefster Überzeugung aus. Dabei ist mir die persönliche und von Herzen kommende Betreuung der Bewohner äußerst wichtig. Einfühlungsvermögen, Zuverlässigkeit, Organisationstalent sowie physische und psychische Belastbarkeit sind für mich selbstverständliche Aspekte meiner Arbeit – dies auch unter hohem Zeitdruck.

Zu meinen bisherigen Aufgaben gehören das Verabreichen von Medikamenten nach ärztlicher Anordnung, die Planung und Durchführung der ganzheitlichen Pflege, deren Dokumentation sowie die Durchführung unterschiedlicher prophylaktischer und rehabilitativer Maßnahmen. Die Fachkenntnisse hierfür konnte ich zudem in verschiedenen Lehrgängen und Seminaren vertiefen. Im Rahmen einer dreiwöchigen Weiterbildung konnte ich darüber hinaus besondere Kenntnisse im Bereich der Sterbebegleitung erlangen. Sie gewinnen in mir einen engagierten Mitarbeiter, der gerne im Team arbeitet, aber auch Eigenverantwortung übernehmen kann.

Ich freue mich, Sie in einem Vorstellungsgespräch persönlich überzeugen zu können, dass ich mit meiner Arbeit fachlich wie menschlich Ihr Haus und das Leben seiner Bewohner bereichern kann.

Mit freundlichen Grüßen

Thomas Weirich

Anlagen

Wenn Ihre Bewerbung eine Vielzahl von Anlagen enthält, kann es sinnvoll sein, der Mappe ein separates Blatt als Anlagenverzeichnis beizulegen.

- aktuellen oder früheren Arbeitgeber.
- Beenden Sie Ihr Schreiben mit der Bitte um ein persönliches Vorstellungsgespräch.
- Vergessen Sie am Ende des Schreibens nicht, auf die Anlagen hinzuweisen.

- Auf einen möglichen Eintrittstermin sowie Gehaltsvorstellungen sollten Sie nur eingehen, wenn dies explizit in der Ausschreibung gefordert wurde, ansonsten sind diese Fragen im persönlichen Vorstellungsgespräch besser aufgehoben.

Mit einer Initiativbewerbung richten Sie sich an ein Unternehmen, das aktuell nicht die von Ihnen angestrebte Stelle ausgeschrieben hat. Da Ihnen dabei die Informationen einer Stellenanzeige fehlen, sollten Sie sich vor der Bewerbung ausführlich über den Betrieb informieren, sodass Sie Ihr Schreiben individuell darauf ausrichten können. Ideal ist es, das Unternehmen vorab telefonisch zu kontaktieren – so können Sie zudem den korrekten Ansprechpartner in Erfahrung bringen.

Initiativbewerbung für eine Ausbildung

Sehr geehrte Frau Weinand,

haben Sie vielen Dank für das freundliche Telefonat gestern. Sie haben mir darin mitgeteilt, dass Sie Ihr Team stetig ausbauen und immer auf der Suche nach neuen Mitarbeitern und Auszubildenden sind. Daher bewerbe ich mich um einen Ausbildungsplatz zur Hotelfachfrau in Ihrem „Hotel Luna".

Schon seit einigen Jahren interessiere ich mich sehr für den abwechslungsreichen Beruf der Hotelfachfrau. Dabei spricht mich an Ihrem Haus besonders die Mischung aus langjähriger Tradition und moderner internationaler Ausrichtung an. Derzeit besuche ich die 12. Klasse des Thomas-Morus-Gymnasiums in Bad Godesberg, das ich in wenigen Monaten voraussichtlich erfolgreich mit dem Abitur verlassen werde. Mein aktueller Notendurchschnitt liegt bei 2, und meine besten Fächer sind Englisch, Französisch und Mathematik.

Ein freundliches und sicheres Auftreten gegenüber Gästen ist für mich selbstverständlich. In den letzten zwei Jahren habe ich während der Sommerferien in einem Café als Bedienung gearbeitet und konnte so den Umgang mit Gästen – auch in Stresssituationen – kennenlernen.

Gerne stelle ich mich Ihnen persönlich vor und freue mich auf eine Einladung zum Vorstellungsgespräch.

Mit freundlichen Grüßen

Emilie Berger

Anlagen

Der Lebenslauf

Die zweite Säule der Bewerbungsmappe ist das sogenannte Curriculum Vitae, der Lebenslauf, in dem der Bewerber seinen bisherigen Werdegang präsentiert. Dies geschieht meist stichpunktartig in tabellarischer Form, nur selten wird noch ein ausführlicher oder gar ein handschriftlicher Lebenslauf verlangt. Sollte die Stellenausschreibung also nicht explizit etwas anderes fordern, sollten Sie Ihren Lebenslauf immer tabellarisch erstellen. Er sollte dabei in der Länge ein bis zwei DIN-A4-Seiten nicht überschreiten. Achten Sie zudem darauf, dass er optisch mit dem Anschreiben zusammenpasst, verwenden Sie z. B. die gleiche Schrift in der gleichen Schriftgröße, und stellen Sie sicher, dass auch der Lebenslauf sinnvoll und übersichtlich strukturiert ist.

Auch wenn der Lebenslauf in der Mappe an zweiter Stelle liegt, gibt es viele Personaler, die darauf zuerst ein Auge werfen und aufgrund dessen entscheiden, ob sie das Anschreiben überhaupt lesen. Daher sollten Sie bei seiner Gestaltung sowohl optisch als auch inhaltlich größte Sorgfalt an den Tag legen. Stellen Sie sicher, dass alle für das spezifische Stellenangebot relevanten Qualifikationen und Fähigkeiten zur Geltung kommen, und setzen Sie entsprechende Akzente. Natürlich können Sie nicht Ihre

Biografie umschreiben, dennoch können Sie durchaus Punkte, die für die ausgeschriebene Position von Belang sind, besonders hervorheben, z. B. spezielle Fortbildungen oder relevante Hobbys.

▲ *Der tabellarische Lebenslauf ist ein wichtiger Bestandteil der Bewerbungsmappe.*

Aufbau und Inhalt

Verzichten Sie im Lebenslauf auf optische Spielereien und Experimente. Ihre Aufgabe ist es, dem Personaler einen schnellen und klaren Eindruck von Ihrer Person und Ihren Fähigkeiten zu verschaffen – überflüssige Ablenkungen sind dabei zeitintensiv und irritierend. Doch auch hier gilt: keine Regel ohne Ausnahme. Wenn Sie sich für einen besonders kreativen Beruf oder initiativ bewerben, dürfen Sie bei der Gestaltung ruhig etwas mutiger sein, um die Aufmerksamkeit des Empfängers zu erlangen.

In einen Lebenslauf gehören weder Anrede noch Grußformel

oder erläuternde Kommentare. Präsentieren Sie nur die Fakten. Beginnen Sie mit Ihren Personalien (siehe Checkliste rechts unten), und gehen Sie dann zu Ihrer Schul- und Ausbildung sowie Ihren bisherigen beruflichen Stationen über. Bei Personalern besonders beliebt ist der Lebenslauf in amerikanischer Form, d. h., Sie beginnen mit Ihrer aktuellen oder letzten Position und arbeiten sich dann chronologisch zurück in die Vergangenheit. Dabei reichen Monatsangaben aus, z. B. „Juli 2012 – Juli 2015: Ausbildung zur Heilerziehungspflegerin in den Caritas Werkstätten Mayen". Unterschlagen Sie auch nicht einen möglicherweise geleisteten Wehr- oder Zivildienst oder ein Freiwilliges Soziales Jahr.

Listen Sie dann relevante Weiterbildungen und Qualifikationen auf: Welche Zertifikate haben Sie? Verfügen Sie über EDV- und PC-Kenntnisse? Welche Systeme und Programme beherrschen Sie? Welche Sprachen sprechen Sie? Bringen Sie all diese Informationen in eine sinnvolle Struktur. Führen Sie zum Schluss des Lebenslaufes auch Hobbys, Mitgliedschaften und besondere Interessen auf, die für die ausgeschriebene Stelle relevant sind. Aktivitäten, die zeigen, dass Sie ein zuverlässiger und verantwortungsbewusster Mensch sind, z. B. langjähriges ehrenamtliches Engagement, sollten Sie keinesfalls unter den Tisch fallen lassen. Hob-

bys wie Computerspielen, Kino oder Fernsehen hingegen sollten lieber privat bleiben – es sein denn, Sie bewerben sich als Spieleentwickler oder Filmkritiker. Auch risikoreiche Freizeitbeschäftigungen wie Fallschirmspringen, Freeclimbing oder Motorradrennen kommen bei Personalverantwortlichen meist nicht gut an.

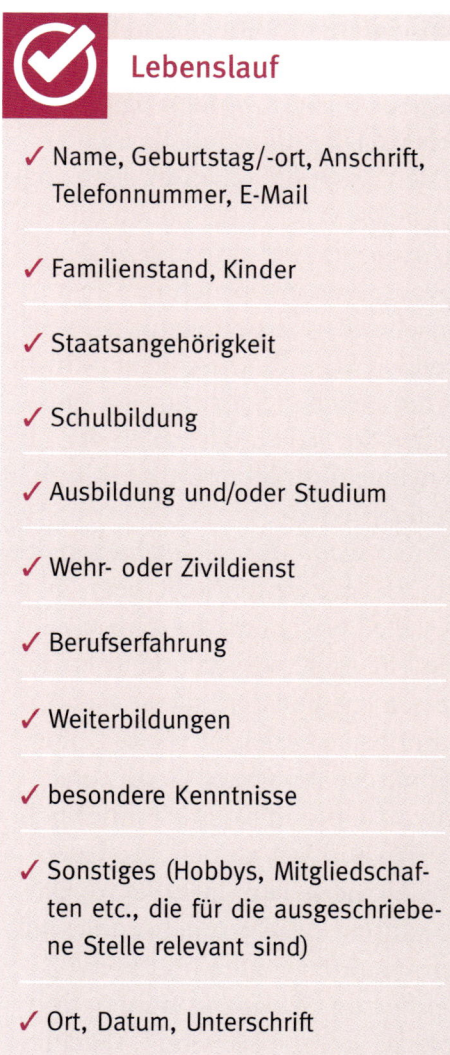

Lebenslauf

✓ Name, Geburtstag/-ort, Anschrift, Telefonnummer, E-Mail

✓ Familienstand, Kinder

✓ Staatsangehörigkeit

✓ Schulbildung

✓ Ausbildung und/oder Studium

✓ Wehr- oder Zivildienst

✓ Berufserfahrung

✓ Weiterbildungen

✓ besondere Kenntnisse

✓ Sonstiges (Hobbys, Mitgliedschaften etc., die für die ausgeschriebene Stelle relevant sind)

✓ Ort, Datum, Unterschrift

Tabellarischer Lebenslauf

PERSÖNLICHE DATEN

Name	Thomas Fuchs
Geburtsdatum/-ort	07.06.1990 in München
Adresse	Hohenzollernring 23
	80331 München
Telefonnummern	089/9420953, 0176/4396895
E-Mail	thomas.fuchs@domain.de
Familienstand	ledig
Staatsangehörigkeit	deutsch

AUSBILDUNG

09/2015–09/2019	Hochschule München
	BWL-Studium
	Schwerpunkte Marketing und Vertrieb
08/2012–07/2015	Schreiber Versandhandels GmbH
	Ausbildung zum Bürokaufmann
2012	Wittelsbacher-Gymnasium in München
	Abitur

KENNTNISSE UND INTERESSEN

Fremdsprachen	Deutsch (Muttersprache)
	Englisch (fließend)
	Französisch (Grundkenntnisse)
IT- und EDV-Kenntnisse	Microsoft Office (Expertenkenntnisse)
	Programmiersprachen C und C++ (Grundkenntnisse)
Hobbys	Trainer einer Jugendfußballmannschaft
	Marathonläufe
	Fotografieren

Achten Sie auf eine seriöse E-Mail-Adresse. Adressen wie party-schreck@web.de oder mausi68@yahoo.com haben in einer Bewerbung nichts verloren.

Die Angaben des Familienstandes und der Staatsangehörigkeit sind nicht verpflichtend. Dennoch kann es hilfreich sein, diese im Lebenslauf zu berücksichtigen.

Achten Sie darauf, ebenso wie das Anschreiben auch den Lebenslauf mit Ort, Datum und Ihrer handschriftlichen Signatur abzuschließen.

Mut zur Lücke!

Sie haben eine oder mehrere Lücken im Lebenslauf und wissen nicht, wie Sie damit umgehen sollen? Damit sind Sie nicht alleine, viele Bewerber haben bei Vorstellungsgesprächen Angst vor unangenehmen Nachfragen bezüglich leerer Zeitfenster in ihrer Biografie. Damit es gar nicht erst zu dieser Situation kommt, sollten Sie bereits im Lebenslauf bewusst auf vorhandene Lücken eingehen und diese möglichst transparent und sinnvoll erklären. Zu Ihrer Beruhigung: Viele Arbeitgeber begrüßen es sogar, wenn ein Bewerber kei-

Auch durch die Pflege eines Elternteils kann eine Lücke im Lebenslauf entstehen.
▼

nen herkömmlichen, geradlinigen Weg verfolgt, sondern vielfältige Erfahrungen gesammelt hat, z. B. durch Auslandsaufenthalte oder ein längeres soziales Engagement.

Erklärungen für Lücken im Lebenslauf können u. a. sein:

- Familiengründung (Elternzeit, Kindererziehung)
- eigene Krankheit oder Krankheit und Pflege eines Angehörigen (wobei es nicht nötig ist, die Krankheit zu benennen)
- soziales Engagement
- Umschulung
- Fort- oder Weiterbildung
- längerer Auslandsaufenthalt
- Bewerbungsphase
- Planung einer Selbstständigkeit

Doch auch wenn keiner dieser Punkte auf Sie zutreffen sollte: Füllen Sie Lücken im Lebenslauf nicht um jeden Preis – und keinesfalls mit Lügen. Wenn Sie eine Weile arbeitssuchend waren, so geben Sie auch dies offen und ehrlich an. Idealerweise haben Sie die Phase der Arbeitslosigkeit genutzt, um sich fortzubilden und Erfahrungen zu sammeln, die Ihnen nun für die angestrebte Stelle von Nutzen sein können.

Von einer Lücke spricht man übrigens erst ab einem Zeitrahmen von drei Monaten. Sollten Sie also zwei Monate arbeitslos gewesen sein oder eine sechswöchige Weltreise gemacht haben, so müssen Sie diese Zeit nicht gesondert im Lebenslauf erwähnen.

Tabus

Aus Umfragen weiß man, dass Personaler sich für die erste Durchsicht einer Bewerbung im Schnitt nicht mehr als zwei bis drei Minuten Zeit lassen. Daher sollten Sie grundsätzlich darauf achten, Ihren Lebenslauf frei von jeglichen Informationen zu halten, die für die Stelle irrelevant sind.

Nicht in den Lebenslauf gehören Angaben zu Ihren Eltern oder anderen Angehörigen, Gehaltsvorstellungen und erläuternde Kommentare zu einzelnen Stichpunkten. Auch religiöse oder politische Ansichten und Zugehörigkeiten sollten Ihre Privatsache bleiben, es sei denn, sie haben einen direkten Bezug zu Ihrer Bewerbung und unterstreichen Ihre Eignung für die Stelle. Ein absolutes Tabu sind vorsätzlich falsche Angaben im Lebenslauf. Diese können, wenn der Schwindel auffliegt, zur fristlosen Kündigung führen – auch nach der Probezeit.

Anlagen

Anlagen gehören in praktisch jede Bewerbungsmappe. Doch welche Anlagen sollten Sie beifügen und in welcher Anzahl? Diese Frage ist nicht pauschal zu beantworten, doch generell sollten Sie den Umfang Ihrer Bewerbungsmappe nicht mit zahllosen Anlagen aufblähen, deren Durchsicht den Personaler schließlich zusätzliche Zeit kostet.

Das Bewerbungsfoto

Ein gutes und überzeugendes Bewerbungsfoto öffnet Türen und kann ein entscheidender Faktor für Ihre Erfolgschancen sein. Es sollte daher unbedingt in einem professionellen Fotostudio erstellt werden. „Selfies" oder Automatenfotos sind für eine Bewerbung keinesfalls geeignet.

Das Bewerbungsfoto wird entweder digital oder als Abzug eingefügt – dies kommt u. a. darauf an, an welcher Stelle Ihrer Bewerbung Sie es platzieren. In Ihrem Lebenslauf gehört das Foto auf die erste Seite – und zwar oberhalb der ersten Zeile. Ob rechts oder links, hängt davon ab, in welcher Position Ihr Porträt aufgenommen wurde. Dabei gilt: Stets in die Seite hineinschauen, nie aus ihr heraus. Verwenden Sie Abzüge, so sollten Sie diese aufkleben, anstatt eine Büroklammer zu benutzen. Das Foto kann ansonsten verloren gehen, zudem hinterlässt eine Büroklammer unschöne Spuren auf Foto und Papier.

Arbeiten Sie mit einem Deckblatt oder einer dritten Seite (siehe S. 208), so wird das Foto üblicherweise dort eingefügt, besonders auf dem Deckblatt darf das Foto durchaus größer und auffälliger platziert werden, zur besseren Seitengestaltung meist in digitaler Form. Wenn Sie in diesem Fall auf dem Lebenslauf zusätzlich ein Foto einfügen möchten, so sollten Sie dafür ein anderes Bild verwenden – eine Dopplung ist überflüssig.

Orientieren Sie sich bei der Auswahl an folgenden Anhaltspunkten:

- Nur der Nachweis des höchsten Bildungsabschlusses ist von Interesse. Wer z. B. bereits ein Hochschulzeugnis vorweisen kann, der braucht sein Abiturzeugnis nicht mehr beizufügen.
- Mehr als drei qualifizierende Arbeitszeugnisse sind nicht nö-

Versenden Sie Ihre Zeugnisse und andere wichtige Unterlagen niemals im Original, sondern immer als Kopie. Verloren gegangene Originale sind ärgerlich und meist unersetzlich.

Wenn Sie eine mehrseitige, aufklappbare Bewerbungsmappe verwenden, sollten Sie auf ein Deckblatt verzichten, da es hier nicht seiner Funktion entsprechend präsentiert werden kann.

Mögliche Anlagen

- Schulabschlusszeugnis
- Ausbildungszeugnisse
- Praktikumsnachweise
- Arbeitszeugnisse
- bei fremdsprachigen Dokumenten: beglaubigte Übersetzungen
- Nachweise über jobrelevante Fortbildungen
- falls ausdrücklich verlangt: Kopie des Führungszeugnisses
- Empfehlungsschreiben/Referenzen
- dritte Seite (Kurzprofil/Qualifikationsprofil/Motivationsschreiben

tig, wählen Sie dabei die jeweils aktuellsten Zeugnisse aus.

- Wenn Sie Referenzen angeben, beschränken Sie deren Anzahl auf zwei bis drei.
- Entscheiden Sie sich für solche Anlagen, die belegen, dass Sie die in Anschreiben und Lebenslauf erwähnten Qualifikationen tatsächlich mitbringen.
- Nachweise branchenfremder Weiterbildungen oder Praktika sollten Sie nicht beifügen. Wenn Sie sich z. B. als Altenpfleger bewerben, interessieren den Personalverantwortlichen nicht Ihre Erfolge im Chinesisch-Abendkurs – es sein denn, Sie bewerben sich auf eine Stelle in China.

Das Deckblatt

Es ist kein Muss, doch ein optisch ansprechendes Deckblatt kann Ihre Bewerbungsmappe aufwerten und bei Personalentscheidern zusätzlich Punkte sammeln. In jedem Fall auf ein Deckblatt gehören:

- eine eindeutige Überschrift, z. B. „Bewerbung als Industriekauffrau"
- Ihre Kontaktdaten (Name, Adresse, Telefonnummer, E-Mail-Adresse)
- ein Bewerbungsfoto

Die Möglichkeiten, das Deckblatt zu gestalten, sind nahezu unbegrenzt, achten Sie jedoch unbedingt darauf, dass es zum Stil der anderen Unterlagen passt. Es sollte zudem keinesfalls überladen wirken. Wenn Sie sich bei der Gestaltung unsicher sind, kann es auch helfen, noch einmal die Außendarstellung des Unternehmens, bei dem Sie sich bewerben, in Augenschein zu nehmen, z. B. anhand des Internetauftritts. Orientieren Sie sich an diesem Stil, ohne ihn eins zu eins zu kopieren.

Das Deckblatt hat seinen Platz hinter dem Bewerbungsschreiben und ist damit die erste Seite der Bewerbungsmappe, da das Anschreiben in der Regel lose auf die Bewerbungsmappe aufgelegt wird. Im Falle einer Ablehnung bleibt dieses im Unternehmen, während die Mappe mit den restlichen Unterlagen an Sie zurückgeschickt wird.

Die „dritte Seite"

Die sogenannte dritte Seite hat ihren Ursprung in den USA und ist nicht ganz unumstritten. Wie der Name bereits sagt, steht sie an dritter Stelle in der Bewerbung, also nach Anschreiben und Lebenslauf und vor Zeugnissen und anderen Nachweisen. Sie ist eine frei gestaltete Seite, die noch einmal knapp und übersichtlich das Profil und die Qualifikationen des Bewerbers zusammenfasst, beispielsweise in Form eines stichpunktartigen Kurzprofils.

Die dritte Seite kann darüber hinaus dazu verwendet werden, besondere Punkte des Lebenslaufs noch einmal ausführlicher darzustellen, wenn diese dort nur unbefriedigend erklärt werden konnten. Geht beispielsweise aus Ihrem Lebenslauf hervor, dass Ihr Studium ungewöhnlich lange gedauert hat, ohne dass die Gründe dafür klar ersichtlich sind, so kann die dritte Seite zu näheren Erläuterungen herangezogen werden.

Doch Vorsicht: Personalverantwortliche stehen der dritten Seite oftmals kritisch gegenüber, da ihrer Ansicht nach alle wichtigen Informationen über den Bewerber bereits in Anschreiben und Lebenslauf stehen sollten und eine dritte Seite für den Personaler zusätzlichen Zeitaufwand bei geringer oder gar nicht vorhandener Zusatzinformation bedeutet. Überlegen Sie daher gut, ob Ihre Bewerbung tatsächlich von einer zusätzlichen Seite profitiert oder ob Sie darin nur wiederholen, was in Ihrem Anschreiben oder Lebenslauf bereits aufgeführt wurde oder dort jedenfalls besser aufgehoben wäre.

Motivationsschreiben

Mitunter wird die dritte Seite auch für ein zusätzliches Motivationsschreiben genutzt. Hierbei können noch einmal wichtige Aspekte aus dem Lebenslauf herausgestellt und Argumente aufgeführt werden, die Sie zum idealen Kandidaten für die Stelle machen.

Formale Vorgaben gibt es für das Motivationsschreiben nicht, es kann frei formuliert und gestaltet sein. Doch auch hierbei gilt: Ein Motivationsschreiben sollte einen klaren Mehrwert bieten, und im Regelfall sollte Ihre Motivation bereits eindeutig aus dem Anschreiben hervorgehen.

Wenn Sie das Gefühl haben, dass Ihre Bewerbung vollständig ist und Sie sich auf einer dritten Seite lediglich wiederholen würden, so verzichten Sie lieber darauf.

In einem Motivationsschreiben können Sie ergänzend zum Bewerbungsschreiben persönliche Informationen und fachliche Qualifikationen hervorheben. Zudem ist es dazu geeignet, noch einmal zu erläutern, warum Sie sich gezielt für diese Stelle interessieren und eignen.

Die richtige Reihenfolge

In einer klassischen Bewerbungsmappe werden die Unterlagen folgendermaßen geordnet:

- Anschreiben
- ggf. Deckblatt
- Lebenslauf
- ggf. dritte Seite: „Über-Mich"-Seite, Kurzprofil ...
- Anlagen: Zeugnisse, Zertifikate, Bescheinigungen ...

Schreiben als Arbeitgeber

Erhält ein Arbeitnehmer einen Brief von seinem Vorgesetzten, so schwant ihm in der Regel nichts Gutes. Denn viele Arbeitgeber wenden sich nur dann schriftlich an ihre Mitarbeiter, wenn es schlechte Nachrichten zu verkünden gibt, beispielsweise eine Kündigung oder eine Abmahnung. Doch ein „Brief vom Chef" kann durchaus auch Grund zur Freude sein, denn er kann Lob, eine Gratulation zum Jubiläum oder die Ankündigung einer Gehaltserhöhung beinhalten.

Lob- und Dankesschreiben

Leider gibt es Vorgesetzte, die glauben, das Gehalt eines Mitarbeiters sei Anerkennung und Motivation genug. Dabei unterschätzen sie jedoch die Wirkung eines aufrichtigen Lobs oder Danks. Es ist erwiesen, dass Mitarbeiter, denen regelmäßig Respekt und Wertschätzung entgegengebracht wird, besser arbeiten, dass ihre Arbeitszufriedenheit höher ist und auch die Identifikation mit dem Betrieb gestärkt wird.

Das bedeutet jedoch nicht, dass Sie als Arbeitgeber nun täglich mit übertriebenem oder gar gespieltem Lob um sich werfen sollten. Mitarbeiter fühlen sich nämlich nur dann

Ehrlich gemeinte Wertschätzung sorgt für ein erfülltes Arbeitsleben.

Dankesschreiben an die Mitarbeiter

Liebe Mitarbeiterinnen und Mitarbeiter,

die Weihnachtszeit mit ihren Feiertagen liegt nun vor uns, und ich möchte jetzt, zum Ende des Jahres, die Gelegenheit nutzen, mich für Ihr besonderes Engagement im letzten Jahr zu bedanken. Ohne Ihren Einsatz hätten wir als Firma unser gestecktes Ziel niemals erreichen können. Dafür von Herzen danke! Trotz einiger Steine, die uns in den Weg gelegt wurden, haben wir unser Jahresziel sogar übertroffen, und an diesem Erfolg war jeder Einzelne von Ihnen beteiligt. Ich hoffe, Sie sind ebenso stolz auf sich, wie ich es auf Sie bin!

Ich wünsche Ihnen einige verdiente erholsame Tage im Kreise Ihrer Lieben, einen guten Start ins neue Jahr, und freue mich schon auf die weitere erfolgreiche Zusammenarbeit.

Herzlichst, Ihr

Matthias Brückner

geschätzt, wenn sie spüren, dass das Lob wirklich aufrichtig gemeint ist und in einem konkreten Kontext steht. Spezifizieren Sie daher, wofür Sie Ihrem Mitarbeiter aktuell besonders dankbar sind oder mit welcher Leistung er Sie gerade beeindruckt hat.

Situationen, in denen eine Danksagung oder ein Lob angebracht ist, können u. a. sein:

- Weihnachtszeit oder Neujahr: Danken Sie Ihren Mitarbeitern für die erbrachte Leistung im zurückliegenden Jahr, drücken Sie Ihren Stolz über gemeinsam erreichte Erfolge und Ziele aus.
- Ein Mitarbeiter hat besonderen Einsatz und Initiative gezeigt, vielleicht viele Überstunden gemacht, sogar freiwillig am Wochenende gearbeitet oder Arbeit mit nach Hause genommen? Lassen Sie ihn wissen, dass Sie diesen Einsatz zutiefst schätzen.
- Ein Mitarbeiter hat Arbeiten erledigt, die über seine eigentlichen Pflichten hinausgehen? Auch dies sollten Sie nicht als selbstverständlich hinnehmen.
- Ihr Betrieb hat schwierige Zeiten hinter sich? Dann ist dies ein besonders guter Zeitpunkt, um sich bei Ihren Mitarbeitern für ihren Einsatz während der Krise zu bedanken und ihnen Mut zuzusprechen, dass es nun gemeinsam wieder aufwärts geht.

Kündigung und Abmahnung

Eine Kündigung durch den Arbeitgeber ist nicht unkompliziert und wird vom Gekündigten vielfach nicht akzeptiert und rechtlich angefochten. Daher ist es wichtig, dass der Ausspruch der Kündigung sachlich einwandfrei begründet und nachweisbar ist. Lassen Sie Ihr Kündigungsschreiben unbedingt rechtlich prüfen. Generell kann man zwischen drei Arten der Kündigung unterscheiden:

Betriebsbedingte Kündigung

Eine Kündigung aus wirtschaftlichen Gründen bezeichnet man im Arbeitsrecht als betriebsbedingte Kündigung. Diese kann aus den verschiedensten Gründen notwendig werden, so z. B. einem Mangel an Aufträgen, Umsatzeinbußen, Umstrukturierungs- und Rationalisierungsmaßnahmen oder einer Betriebsschließung. An eine betriebliche Kündigung werden vom Gesetzgeber erhebliche Anforderungen gestellt. Je nachdem steht dem Arbeitnehmer zudem eine Abfindung zu.

Personenbedingte Kündigung

Bei personenbedingten Kündigungen liegt der Kündigungsgrund in der gekündigten Person selbst, d. h. der Arbeitnehmer ist nachweislich nicht (mehr) in der Lage, seine Leistung gemäß dem Arbeitsvertrag zu erfüllen und wird dies auch in absehbarer Zukunft nicht sein, bei-

Beachten Sie unbedingt die gesetzlichen bzw. vertraglichen Kündigungsfristen, da sonst die Kündigung unwirksam sein kann.

Betriebsbedingte Kündigung

Kündigung Ihres Arbeitsvertrages

Sehr geehrte Frau Ternes,

hiermit kündigen wir den mit Ihnen am (Datum) geschlossenen Arbeitsvertrag fristgerecht zum (Datum) aus betriebsbedingten Gründen.

Wir bedauern diesen Schritt zutiefst, denn wir schätzen Sie als zuverlässige und kompetente Mitarbeiterin. Leider lässt uns jedoch die immer schwierigere Auftragslage und der damit verbundene Umsatzrückgang im letzten Betriebsjahr zurzeit keine andere Wahl.

Wir wünschen Ihnen für die Zukunft alles Gute und bedanken uns für die vertrauensvolle Zusammenarbeit.

Mit freundlichen Grüßen

Abmahnung

Sehr geehrter Herr Wolters,

hiermit spreche ich Ihnen aufgrund eines Pflichtverstoßes am Arbeitsplatz eine Abmahnung aus. Der Grund hierfür ist Ihr wiederholtes Zuspätkommen am (Datum), (Datum) und am (Datum). Sie sind an allen drei Tagen erst zwischen 10 Uhr und 10.30 Uhr an Ihrem Arbeitsplatz erschienen und kamen damit jeweils 2 bis 2,5 Stunden zu spät. Ihr Arbeitsvertrag verpflichtet Sie jedoch zum pünktlichen Erscheinen.

Sollten Sie in Zukunft erneut zu spät zur Arbeit erscheinen, müssen Sie mit weiteren arbeitsrechtlichen Konsequenzen bis hin zum Ausspruch einer ordentlichen Kündigung rechnen. Bitte beachten Sie daher zukünftig Ihre Arbeitszeiten.

Mit freundlichen Grüßen

---

spielsweise aufgrund häufiger oder langwieriger Erkrankungen.

Verhaltensbedingte Kündigung

Ein Fehlverhalten des Arbeitnehmers liegt der verhaltensbedingten Kündigung zugrunde. Um eine solche Kündigung zu rechtfertigen, muss eine objektive Pflichtverletzung bzw. ein nachweisbar vorsätzliches oder fahrlässiges Fehlverhalten vorliegen. Gründe können u. a. sein:

- strafbare Handlungen zum Schaden der Firma (z. B. Diebstahl von Firmeneigentum)
- Arbeitsverweigerung
- private Internetnutzung
- wiederholtes unentschuldigtes Fehlen
- wiederholtes Zuspätkommen

Üblicherweise geht einer verhaltensbedingten Kündigung mindestens eine Abmahnung voraus.

Abmahnung

Fälschlicherweise wird oft angenommen, dass ein Mitarbeiter mindestens dreimal eine Abmahnung erhalten haben muss, bevor ihm die Kündigung ausgesprochen werden darf. Dies ist jedoch nicht richtig. Ob überhaupt und wie oft ein Arbeitgeber abmahnen muss, hängt vom individuellen Fall ab und richtet sich u. a. nach der Art und Schwere des Verstoßes. So kann in manchen Fällen eine Kündigung ohne eine vorhergehende Abmahnung zulässig sein, in anderen Fällen hingegen können mehrere Abmahnungen vonnöten sein.

Die Verhältnismäßigkeit und die Interessenabwägung spielen bei der personenbedingten und bei der verhaltensbedingten Kündigung eine zentrale Rolle. Nach Möglichkeit muss der Arbeitgeber zunächst ein milderes Mittel wählen, z. B. eine Versetzung oder eine Abmahnung.

Absage auf ein Bewerbungsschreiben

Viele Jobsuchende erhalten auf ihre Bewerbung keine oder nur sehr spät eine Antwort – eine sehr frustrierende Situation für die Betroffenen. Sicher, Sie haben als Arbeitgeber nicht die gesetzliche Pflicht, ein Absageschreiben zu verschicken, und wer ist schon gerne der Überbringer schlechter Nachrichten? Und doch: Ein zeitnah verfasstes Absageschreiben ist nicht nur höflich, sondern darüber hinaus auch für das Image Ihres Betriebes förderlich – Bewerber sind oft gut untereinander vernetzt oder machen ihrem Unmut über den Umgang mit ihnen in sozialen Netzwerken öffentlich Luft –, sodass Sie sich die Zeit für ein konstruktives Absageschreiben durchaus nehmen sollten.

Was gehört in ein Absageschreiben?

Sprechen Sie in Ihrem Schreiben den Bewerber unbedingt mit seinem Namen an, und verzichten Sie auf das unpersönliche „Sehr geehrter Bewerber". Danken Sie für das Interesse an der Stelle in Ihrem Betrieb.

Stellensuchende möchten meist den konkreten Grund für das Scheitern ihrer Bewerbung erfahren, denn dies hilft bei zukünftigen Bewerbungen. Arbeitsrechtler empfehlen jedoch generell, mög-

Bei der Formulierung einer Absage ist Umsicht geboten, wenn es um die Angabe von Gründen geht: Kann ein Bewerber nachweisen, dass er diskriminiert wurde, z. B. aufgrund seiner Herkunft oder des Geschlechts, so kann dem Unternehmen eine Schadensersatzklage drohen.

Absage auf ein Bewerbungsschreiben

Sehr geehrter Herr Naumann,

wir bedanken uns für Ihre Bewerbung als (Stellenbezeichnung) in unserer Firma. Ihre Unterlagen haben wir mit großem Interesse gelesen. Leider müssen wir Ihnen jedoch mitteilen, dass wir uns für einen anderen Kandidaten entschieden haben. Trotz Ihrer vielversprechenden Qualifikationen hat dieser Bewerber noch besser zu unserem aktuellen Anforderungsprofil gepasst.

Es tut uns leid, dass wir Ihnen keine bessere Nachricht geben können. Bei Ihrer weiteren Suche nach einer geeigneten Position wünschen wir Ihnen viel Erfolg und alles Gute. Sollten Sie zu einem späteren Zeitpunkt noch einmal eine freie Stelle in unserem Unternehmen entdecken, die für Sie interessant ist, freuen wir uns über eine weitere Bewerbung.

Mit freundlichen Grüßen

lichst inhaltsleere und unverbindliche Absagen zu schreiben, damit der Bewerber keinen Angriffspunkt für eine eventuelle Klage hat – konkrete Absagegründe zu nennen, kann daher problematisch sein. Mit dem nichtssagenden Klassiker „Wir haben uns leider für einen anderen Kandidaten entschieden" können Sie nichts falsch machen. Wenn Sie sich aber sicher sind, dass Sie bei Ihrer Formulierung an keiner Stelle gegen das AGG (Allgemeines Gleichbehandlungsgesetz, auch Antidiskriminierungsgesetz genannt) verstoßen, können Sie Ihre Absage durchaus mit einigen persönlichen Worten ergänzen.

Doch was, wenn Sie tatsächlich schweren Herzens einem Bewerber absagen müssen, auf den Sie vielleicht gerne zu einem späteren Zeitpunkt zurückgreifen würden? Hier sollten Sie versuchen, als potenzieller Arbeitgeber in positiver Erinnerung zu bleiben. Erwähnen Sie ruhig, wenn eine Bewerbung auf Sie besonderen Eindruck gemacht oder wenn ein Bewerber es in die engere Auswahl geschafft hat. Formulierungen wie „Dürfen wir Sie in unseren Talentpool aufnehmen?" oder „Wir freuen uns auf Ihre Bewerbung zu einem späteren Zeitpunkt" halten zudem die Türen für die Zukunft offen.

Doch auch wenn Sie kein Interesse für die Zukunft bekunden möchten, sollten Sie Ihr Schreiben mit einer motivierenden Formulierung

abschließen, die dem Bewerber Hoffnung und Zuversicht mit auf den Weg gibt, z. B. „Wir sind uns sicher, dass Sie bald einen anderen Arbeitgeber von sich überzeugen werden" oder „Wir wünschen Ihnen das Beste auf dem weiteren Karriereweg".

Lieber nicht ...

Was Sie nicht tun sollten, ist den Bewerber zu rügen, auch wenn es hin und wieder angesichts zahlreicher Rechtschreibfehler oder schlampiger Unterlagen angemessen erscheint. Versuchen Sie zudem, Ihre Absage nicht wie eine automatisch generierte Computernachricht klingen zu lassen. Vergessen Sie nicht, dass hinter jeder Bewerbung eine Person mit ihren Hoffnungen, Erwartungen und Ängsten steht.

Als Arbeitgeber sind Sie leider hin und wieder auch in der unangenehmen Position, Ihren Mitarbeitern oder Stellenbewerbern schlechte Nachrichten mitzuteilen.

Versuchen Sie, Absagen möglichst zeitnah zu verschicken, und formulieren Sie Ihr Schreiben freundlich und wertschätzend.

Zeitungsannoncen

Auch in Zeiten der Digitalisierung und verstärkter Internetnutzung sind Anzeigen in den Printausgaben von Tageszeitungen, Wochen- und Amtsblättern immer noch ein idealer Weg, um auf sich aufmerksam zu machen – egal, ob Sie etwas verkaufen möchten, einen neuen Mitarbeiter oder eine Stelle suchen oder ob Sie im Rahmen einer Zeitungsanzeige beispielsweise Ihre Hochzeit, ein besonderes Jubiläum oder die Geburt eines Kindes bekannt machen möchten.

Gerade wenn sich Ihre Zielgruppe eher im örtlichen Bereich befindet, können Anzeigen in lokalen Zeitungen oder in Wochen- und Amtsblättern der ideale Weg sein, Ihr Zielpublikum zu erreichen. Vor allem die ältere Generation liest diese Publikationen meist sehr regelmäßig, und besonders der private Anzeigenteil stößt dabei auf großes Interesse.

Viele Menschen nutzen den Kleinanzeigenmarkt der Zeitung zur Wohnungs- oder Jobsuche.

▼

Kleinanzeigen und private Anzeigen

Generell unterscheidet man zwischen Kleinanzeigen und gestalteten Anzeigen. Bei einer Kleinanzeige stehen nur wenige Zeilen für den Text zur Verfügung, sodass Sie sich kurz fassen müssen. Daher werden in diesen Anzeigen zumeist zahlreiche Abkürzungen verwendet. Doch Vorsicht: Die exzessive Verwendung von Abkürzungen kann dazu führen, dass Interessenten den Text nicht mehr verstehen und die Anzeige daher ignorieren.

Typische Kleinanzeigenrubriken sind der Wohnungsmarkt, Kontaktanzeigen, Privatverkäufe jeglicher Art oder der Automarkt. Für die Gestaltung von Kleinanzeigen stehen nur sehr eingeschränkte Optionen zur Verfügung, z. B. Fett- und Kursivdruck oder die Hinterlegung einer Farbe. Der Preis für eine solche Anzeige richtet sich in der Regel nach der Anzahl der benötigten Fließtextzeilen.

Für die Veröffentlichung von Kleinanzeigen bieten sich neben Zeitungen auch Online-Portale wie eBay-Kleinanzeigen, quoka.de oder kalaydo.de an, wo sie sogar kostenfrei eingestellt werden können. Der Vorteil dieser Art der Veröffentlichung ist die größere Reichweite und längere Verfügbarkeit der Anzeige. Außerdem steht Ihnen mehr Platz für Text zur Verfügung, und auch Fotos können problemlos hinzugefügt werden. Jedoch besteht sowohl für Käufer als auch für Verkäufer gerade auf Online-Portalen die Gefahr, Opfer von Betrügern zu werden, sodass man besondere Vorsicht walten lassen sollte. Bevor Sie hier aktiv werden, sollten Sie sich daher über sicheres Handeln im Netz informieren. Darüber hinaus finden Sie Informationen zum Umgang mit Ihren persönlichen Daten auf S. 278 in diesem Buch.

Eine gestaltete Anzeige bietet im Gegensatz zur reinen Text-Anzeige unzählige individuelle Möglichkeiten hinsichtlich des Formats, der Schriftart und -größe sowie der Verwendung von Farbe und Bildern. Diese Anzeigen eignen sich somit ideal für sämtliche familiären und sonstigen privaten Bekanntmachungen und Glückwünsche. Der Preis einer gestalteten Anzeige hängt u. a. von der Größe und Farbigkeit der Anzeige, ihrer Platzierung und dem Verbreitungsgebiet, in dem sie erscheinen soll, ab. Fast alle Zeitungen bieten die Möglichkeit an,

Chiffre-Anzeigen

Eine Besonderheit unter den Annoncen stellen Chiffre-Anzeigen dar. Hier möchte der Verfasser nicht namentlich genannt werden und keine persönlichen Kontaktinformationen wie Telefonnummer oder Anschrift hinterlassen. Diese Art der Anzeige wird besonders bei Kontaktanzeigen gerne verwendet, kommt jedoch auch bei Stellenanzeigen zum Einsatz.

Die Zeitung, in der die Chiffre-Anzeige geschaltet wird, stellt dabei dem Verfasser einen Chiffre-Code zur Verfügung – eine Nummer, die für ein anonymes Postfach steht. Diese Nummer wird in der Anzeige in Kombination mit der Anschrift der Zeitung als Kontaktadresse angegeben. Interessenten schicken ihre Nachrichten dann unter Angabe dieses Chiffre-Codes an die Zeitung, die wiederum die Nachricht an den Verfasser der Anzeige weiterleitet. Der Verfasser der Anzeige kann sich dann direkt mit dem Interessenten in Verbindung setzen.

Anzeigen online aufzugeben. Meist stehen Ihnen hierfür Anzeigen-Editoren zur Verfügung, mit denen Sie die Anzeige nach Ihren Wünschen selbst gestalten können. Dort finden Sie meist auch Textbeispiele zu den verschiedensten Anlässen.

In Familienanzeigen werden häufig auch Reime, Aphorismen und Zitate verwendet. Im Kapitel „Verse und Zitate" finden Sie hierzu zahlreiche Anregungen und Beispiele.

Stellenanzeigen

Noch vor einigen Jahren war die Wochenendausgabe der Tageszeitung unverzichtbar bei der Jobsuche. Heute gibt es zwar zahlreiche Jobbörsen im Internet, doch gerade wenn Sie in einem bestimmten Gebiet auf der Suche nach neuen Mitarbeitern oder einer neuen Stelle sind, lohnt es sich nach wie vor, den Stellenmarkt der lokalen Presse oder in Fachmagazinen zu nutzen.

Je konkreter und individueller eine Stellenanzeige verfasst wird, umso höher sind die Chancen, den richtigen Kandidaten zu finden.

Stellenangebot schreiben

Wenn Sie für Ihren Betrieb auf der Suche nach neuem Personal sind, sollten Sie Ihre Stellenanzeige so verfassen, dass sich Kandidaten mit entsprechender Motivation und Qualifikation durch sie angesprochen fühlen. Häufig sind Stellenanzeigen jedoch leider schwammig und unkonkret gehalten, beinhalten austauschbare Formulierungen und nichtssagende Floskeln. Doch je konkreter Sie beschreiben, welche Qualifikationen Ihr neuer Mitarbeiter aufweisen soll, umso eher werden die eingehenden Bewerbungen Ihren Vorstellungen entsprechen. Vergessen Sie auch nicht, dass Sie sich mit Ihrer Stellenanzeige der Öffentlichkeit präsentieren und diese somit über einen gewissen Werbecharakter verfügt. Nutzen Sie diese Kommunikationsmöglichkeit also, um Ihren Betrieb bestmöglich nach außen zu präsentieren. Beim Erstellen Ihrer Anzeige können Sie sich an folgenden Punkten orientieren (siehe auch Kasten links):

Unternehmensprofil

Eine kurze Vorstellung des Unternehmens beinhaltet beispielsweise Branchenzugehörigkeit, Leistungsspektrum, Standort(e) und Mitarbeiterzahlen. Beschränken Sie sich hier nicht auf ein Abhaken trockener Fakten, sondern versuchen Sie, Neugierde und Emotionen bei den Lesern der Anzeige zu wecken. Bleiben Sie dabei klar, und seien Sie vorsichtig mit Superlativen („zählt zu den besten, innovativsten …") – dies kann leicht arrogant und abschreckend wirken.

Aufbau einer Stellenanzeige

Beim Aufbau einer Stellenanzeige ist es hilfreich, sich die folgenden Fragen zu stellen:

- Wer sind Sie? (Unternehmensprofil)

- Wen suchen Sie? (Stellenprofil)

- Welche Erwartungen stellen Sie an den Bewerber? (Anforderungsprofil)

- Was können Sie dem Bewerber bieten, warum sollte er sich gezielt für Ihr Unternehmen entscheiden? (Leistungen des Unternehmens)

- Auf welche Weise kann sich der Kandidat bewerben? (Bewerbungsverfahren)

Stellenprofil

Wenn Sie auf die Stellenbeschreibung eingehen, versuchen Sie dabei folgende Fragen zu beantworten:

- Welche Aufgaben und Tätigkeiten gehören zur ausgeschriebenen Position?
- Wenn Ihr Betrieb an mehreren Standorten tätig ist: Wo soll der Mitarbeiter arbeiten?
- Ist für die Position Führungsverantwortung gefragt?
- Bieten Sie eine befristete oder eine unbefristete Stelle an? Teilzeit oder Vollzeit?

▲

Auf der Suche nach einem neuen Job werfen viele Interessenten einen Blick in den Stellenmarkt der Zeitung.

Anforderungsprofil

Wer eine Stelle in seinem Unternehmen besetzen will, sollte sich im Klaren darüber sein, wen er sucht. Überlegen Sie, welche Fähigkeiten und Kompetenzen vonnöten sind, damit der Kandidat die ihm zugeteilten Aufgaben erfolgreich und zu Ihrer Zufriedenheit erledigen kann. Bleiben Sie in Ihren Anforderungen realistisch, und versuchen Sie, so konkret wie möglich zu sein. Nichtssagende Beschreibungen wie „dynamisch", „flexibel" oder „teamfähig" sind wenig hilfreich, wenn es darum geht, ein Bewerberprofil herauszuarbeiten.

Leistungen des Unternehmens

Viele Bewerber sind heute in der komfortablen Position, sich ihren Arbeitgeber unter mehreren Angeboten auswählen zu können. Daher sollten Sie nicht nur Ihre eigenen

Anforderungen beschreiben, sondern auch herausstellen, was Ihr Betrieb dem zukünftigen Mitarbeiter bieten kann. Dazu kann Folgendes gehören:

- überdurchschnittliches Gehalt
- besondere Gratifikationen (z. B. Weihnachts- und Urlaubsgeld)
- flexibles Arbeitszeitmodell
- Angebote zur Gesundheitsvorsorge
- Vereinbarkeit von Familie und Beruf (z. B. Kinderbetreuung)
- Fortbildungsangebote
- Aufstiegsmöglichkeiten

Bewerbungsverfahren

Am Schluss Ihrer Stellenanzeige sollten Sie den Interessenten noch darüber informieren, wie er sich bei Ihnen bewerben kann. Nennen Sie zudem eine Bewerbungsfrist und ggf. einen persönlichen Ansprechpartner für Fragen zur Bewerbung.

Seit Januar 2019 müssen Stellenanzeigen „genderneutral" formuliert sein. Das bedeutet, dass niemand wegen seiner Geschlechtszugehörigkeit benachteiligt werden darf. Seither liest man in Stellenanzeigen häufig die Abkürzung „m/w/d", wobei das „d" für „divers" steht.

Stellengesuch schreiben

Wenn Sie auf der Suche nach einer Arbeitsstelle sind und nicht länger auf das passende Jobangebot warten möchten, können Sie auch selbst aktiv werden, indem Sie ein Stellengesuch aufgeben und potenziellen Arbeitgebern so die Möglichkeit geben, Sie zu finden. Auch hier gibt es jedoch einiges zu beachten, damit Ihre Anzeige auf die gewünschte Resonanz stößt.

Das beginnt bereits mit der Auswahl des richtigen Mediums. Die Frage, ob Sie eine Anzeige lieber gedruckt oder online schalten möchten, ist dabei heute meist irrelevant, da fast alle Zeitungen über eine umfangreiche Online-Präsenz verfügen und Ihre Annonce somit ohnehin parallel gedruckt und im Internet erscheinen wird. Von größerer Bedeutung ist hingegen die Frage, ob Sie Ihre Suche auf eine bestimmte Region beschränken möchten oder ob Sie überregional suchen. Möchten Sie in einer bestimmten Umgebung arbeiten, beispielsweise in der Nähe Ihres Heimatortes, so ist die dortige Lokalpresse ein ideales Medium. Sind Sie hingegen bundesweit auf der Suche oder möchten evtl. sogar im Ausland arbeiten, so sind überregionale Zeitungen und auf Ihre Branche spezialisierte Fachzeitschriften eine gute Wahl, um mit Ihrem Stellengesuch auf sich aufmerksam zu machen.

Um ein möglichst aussagekräftiges Stellengesuch aufzugeben, sollten Sie sich in Ruhe folgende Fragen stellen und diese ehrlich beantworten. Machen Sie sich Notizen.

- Was suche ich? Formulieren Sie möglichst präzise, welche Position Sie anstreben und welche Aufgaben Sie auf Ihrer neuen Stelle erledigen möchten. Sie können natürlich auch ergänzen, was Sie nicht machen möchten (z. B. Nacht- oder Wochenenddienste). Je besser Sie Ihre Vorstellungen zum Ausdruck bringen, umso mehr werden die eingehenden Stellenangebote Ihren Vorstellungen entsprechen, und unerwünschte Zuschriften bleiben Ihnen erspart. Erwähnen Sie unbedingt auch, ob Ihre Suche regional begrenzt ist oder ob Sie örtlich flexibel sind.
- Wer bin ich? Ein interessiertes Unternehmen möchte sich ein grobes Bild von Ihrer Person machen, bevor es Sie kontaktiert. Machen Sie daher Angaben zu Ihrem Geschlecht, Ihrem Alter und Ihrem beruflichen Hintergrund und Werdegang. Erwähnen Sie auch erfolgreiche Abschlüsse oder erworbene Titel, z. B. Handwerksmeister oder „Dipl.-Ing.".
- Was biete ich? Welche besonderen Fähigkeiten und Erfahrungen machen speziell Sie zu einem wertvollen Mitarbeiter? Haben Sie z. B. Zusatzqualifikationen oder Führungskompetenzen?

Viele Zeitungen haben mittwochs und samstags einen Stellenmarkt, wobei dieser zum Wochenende meist deutlich umfangreicher ist.

Hilfreich bei der Jobsuche können auch Profile in Business-Netzwerken wie Xing oder LinkedIn (S. 301–302) sein.

Nach diesem Brainstorming geht es an das Verfassen der Anzeige, die grob in drei Teile gegliedert wird:

Überschrift

Was bei Anschreiben die Betreffzeile ist, ist bei Stellenanzeigen und -gesuchen eine griffige Überschrift. Sie soll das Interesse des Lesers wecken und ihm auf den ersten Blick vermitteln, worum es in der Anzeige geht. Die Überschrift soll dafür sorgen, dass der folgende Text gelesen wird und man im Idealfall anschließend Kontakt zu Ihnen aufnimmt. Sie sollte sich optisch daher deutlich vom Rest abheben (größere Schrift, Fettdruck, Farbigkeit …).

Anzeigentext

Gehen Sie anhand der Gedanken und Notizen, die Sie sich mithilfe der oben genannten Fragen gemacht haben, ins Detail und stellen Sie sich und Ihr Gesuch vor. Achten Sie dabei darauf, dass Sie Ihre Anzeige übersichtlich in sinnvolle Absätze gliedern. Übrigens: Falls Sie sich in ungekündigter Stellung befinden, erwähnen Sie dies ruhig. Sind Sie derzeit arbeitslos, sollten Sie dies in Ihrem Stellengesuch hingegen nicht explizit aufführen, sondern lieber im Bewerbungsgespräch erläutern.

Verzichten Sie auch auf Formulierungen, die eine gewisse Notlage und Bedürftigkeit ausdrücken, wie „dringend gesucht" oder „kann jederzeit anfangen". Diese können

Die 2e2a-Regel

Ihr Stellengesuch sollte stets **ehrlich, einfach (2e)**, **angemessen** und **ansprechend (2a)** formuliert sein. D. h.: Drücken Sie sich in kurzen, klaren Sätzen aus. Verwenden Sie aussagekräftige Reizwörter, die den gewünschten Arbeitgeber ansprechen. Verzichten Sie hingegen auf Allgemeinplätze und als selbstverständlich voraussetzbare Eigenschaften wie „zuverlässig" oder „ehrlich".

Lassen Sie sich von anderen Stellengesuchen inspirieren: Was macht eine Anzeige für Sie ansprechend? Welche Elemente könnten Sie auch für Ihr Gesuch übernehmen?

nicht nur abschreckende Wirkung haben, sondern zudem Betrüger auf den Plan rufen, die die Notlage von Arbeitssuchenden ausnutzen.

Kontaktdaten

Vergessen Sie abschließend nicht, Ihre Kontaktdaten anzugeben – üblicherweise eine Telefonnummer und/oder E-Mail-Adresse. Viele Stellengesuche werden auch als Chiffre-Anzeigen aufgegeben (siehe Kasten S. 217). Dies hat zwar den Vorteil, dass Sie zunächst anonym bleiben – was vor allem dann von Vorteil sein kann, wenn Sie sich aktuell noch in einer Stellung befinden und Ihr Arbeitgeber nichts von Ihren Plänen erfahren soll –, doch kann diese eher umständliche Art der Kontaktaufnahme auf den potenziellen Arbeitgeber auch abschreckend wirken.

Verse und Zitate –
mit Freude reimen

Die Reimkunst als sprachliche Ausdrucksform zieht sich durch die menschliche Kultur und ist nach wie vor äußerst lebendig. Das kreative Spiel mit der Sprache scheint uns in die Wiege gelegt und begleitet uns durchs Leben. So ist es kein Wunder, dass Reime auch zu feierlichen Anlässen einfach mit dazugehören, egal ob in Form des Einladungsschreibens zum Jubiläum, des Gesangsvortrags auf der Geburtstagsparty oder des Eintrags ins Gästebuch bei der Hochzeitsfeier. Besonders beliebt ist dabei Selbstgereimtes, doch scheuen viele den Griff zur Feder. Reimen kann jedoch jeder erlernen. Das folgende Kapitel soll Ihnen Tipps und Kniffe an die Hand geben und Sie ermutigen, es einfach einmal selbst zu versuchen.

Oftmals kann es aber auch hilfreich sein, auf die Worte großer Dichter und Denker zurückzugreifen. Ein passendes Zitat kann eine Rede einleiten oder einen Brief beschließen und den Zuhörer oder Leser in die gewünschte Stimmung bringen. Die richtigen Worte zur richtigen Zeit spenden Trost, machen Mut, regen zum Nachdenken an oder bringen Menschen zum Schmunzeln. Eine kleine Auswahl der schönsten Aphorismen zu jeder Gelegenheit finden Sie daher im zweiten Teil dieses Kapitels.

Reime und Gedichte

Manchmal darf es ruhig etwas mehr sein als ein persönlicher Text oder eine persönliche Rede. Ein Eintrag ins Gästebuch, ein Brief an einen geliebten Menschen, eine Rede zur goldenen Hochzeit – es gibt Gelegenheiten, zu denen nicht nur das unverwechselbare eigene Wort und handverlesene Zitate, sondern auch selbstverfasste Gedichte besonders gut ankommen und Freude bereiten.

Dabei ist es egal, ob das Gedicht zum Schmunzeln einlädt oder zum Nachdenken, ob es zum Lachen bringt oder zu Tränen rührt: Selbstverfasste Verse bleiben im Gedächtnis haften, und die Mühe und der Mehraufwand lohnen sich mit Sicherheit! Zudem: Es kann viel Spaß machen, eigene Verse zu schmieden! Dabei können Sie auch von den großen Dichtern lernen – ohne sich von ihren Werken einschüchtern zu lassen. Das Ziel ist es hier natürlich nicht, zu einem Meister der Dichtkunst zu werden und einem Goethe nachzueifern, sondern solide und gut zu lesende Gebrauchslyrik zu schreiben. Hierfür ist es nicht notwendig, aber doch hilfreich, Gedichte zu lesen, denn es schult das Sprachgefühl.

Was ist ein Gedicht?

Böse Zungen behaupten, ein Gedicht sei nichts anderes als Text mit sehr viel Platz drumherum. Tatsächlich war es vor etwa zweihundert Jahren noch wesentlich leichter, zu bestimmen, was ein Gedicht ist. Es war ein Text in Versform, der häufig einem festen Reim- und Strophenschema sowie Rhythmus folgte. Dazu später mehr. Doch schon damals traf diese Definition oft nicht zu. Heute ist die Bestimmung noch viel schwieriger. Spätestens seit der Moderne muss sich ein Gedicht weder reimen noch einer festen Struktur folgen. Ja, alle traditionellen Vorgaben wurden sogar bewusst gebrochen und verdreht, etwa in manchen Nonsens-Gedichten der Dadaisten.

Was bleibt, ist also: Ein Gedicht ist ein Text, der in **Versen** abgefasst wurde.

Die ersten Gedichte der Menschheit waren vermutlich nichts anderes als Liedtexte. Der Begriff „Lyrik" – mit dem man Gedichte auch bezeichnet – stammt aus dem Griechischen und leitet sich ab von dem Wort „Lyra": Dies ist ein altes Saiteninstrument, eine Leier. Mit der Lyra wurden in der Antike Hymnen und andere dichterische

☞ **Vers**

Unter einem „Vers" versteht man eine Gedichtzeile. Anders als bei einer „gewöhnlichen" Textzeile folgt ein Vers einem Rhythmus.

Werke begleitet. Denn auch das ist ein Kennzeichen von Gedichten: ihre Musikalität, ihr Rhythmus. Wenn Sie die Gedichte von Hölderlin und Kurt Schwitters laut vorlesen, werden Sie merken, dass beide eine rhythmische Sprache verwenden. Es ist auch bei der Abfassung eigener Gedichte immer wichtig und sinnvoll, sie sich laut vorzulesen und sich zu fragen: Klingen sie gut, vielleicht sogar melodisch?

„Hälfte des Lebens"

Das berühmteste Gedicht des deutschen Dichters **Hölderlin** (1770–1843) wurde ohne jeden Reim und ohne feste Strophenform abgefasst – in sogenannten „Freien Rhythmen". Trotzdem gehört es zu den kunstvollsten Texten deutscher Literatur.

Mit gelben Birnen hänget
Und voll mit wilden Rosen
Das Land in den See,
Ihr holden Schwäne,
Und trunken von Küssen
Tunkt ihr das Haupt
Ins heilignüchterne Wasser.

Weh mir, wo nehm ich, wenn
Es Winter ist, die Blumen, und wo
Den Sonnenschein,
Und Schatten der Erde?
Die Mauern stehn
Sprachlos und kalt, im Winde
Klirren die Fahnen.

„Seenot"

Dieses Quatschgedicht des Dadaisten **Kurt Schwitters** (1887–1948) folgt zwar vordergründig einem Reim- und Versschema – um es dann aber bewusst zu durchbrechen. Diesen Trick kann man auch bei eigenen Gedichten anwenden, um einen komischen Effekt zu erzielen.

Wenn die Kraniche bellen
Auf den tanzenden Wellen,
Muss das Schifflein zerschellen.

Und die tausende Raketen,
Die beleuchten das täten,
Würden grausam zertreten.

Wer das jemals erlebet,
An den Zähnen erbebet
Und ins Jenseits entschwehöbet!

Wird ein Rhythmus eingehalten? Sind die Verse etwa gleich lang? Klingt irgendetwas holprig und müsste überarbeitet werden?

Lyrik als Gattung

Die Lyrik ist eine der drei großen literarischen Gattungen. Die Unterteilung in Lyrik, Dramatik und Epik geht, wie so vieles, auf den großen griechischen Philosophen Aristoteles zurück und hat bis heute Gültigkeit. Im Vergleich zur Epik – womit Prosa gemeint ist, also Romane und Erzählungen –

▲

Auf Tontafeln wie dieser wurden im Zweistromland die ersten dichterischen Werke niedergeschrieben.

und zur Dramatik – also Theaterstücke – führt die Lyrik im öffentlichen Leben heute vergleichsweise ein Schattendasein. Doch sie eignet sich gerade wegen ihrer Kürze, anders als die anderen literarischen Gattungen, sehr gut, um Gefühle und eigene Gedanken auf den Punkt zu bringen. Gerade ein selbst verfasstes Gedicht, einer anderen Person zugeeignet, stellt ein sehr persönliches Geschenk dar. Wenn man die drei Gattungen mit der Pflanzenwelt vergleichen möchte, dann stellt die Epik einen Wald dar, in dem man sich verlieren kann, die Dramatik einen angelegten Park, die Lyrik aber einen sorgfältig zusammengestellten Blumenstrauß.

Gedichtetes und Verdichtetes

Eine weitere Besonderheit des Gedichtes ist sein oft verdichteter Inhalt. Was man sonst in vielen, vielen Sätzen ausbreiten müsste,

lässt sich oft in wenigen Versen sagen. Aus diesem Grund ist das Schreiben eines Gedichtes meistens sehr viel zeitaufwendiger als das Verfassen eines Briefes. Gerade die strengeren Formen althergebrachter Lyrik zwingen den Schreibenden dazu, sich pointiert auszudrücken und sich inhaltlich zu beschränken. Hinzu kommt die häufige Nutzung von Metaphern und Bildern, die Gedichte oft etwas rätselhaft und geheimnisvoll machen und ihre Interpretation erschweren können.

Die ersten Gedichte der Menschheit

Die ersten überlieferten dichterischen Werke stammen, wie die Schrift selbst, aus dem Zweistromland. Berühmt – und bis in die heutige Zeit immer wieder nacherzählt – ist der Gilgamesch-Epos, ein Heldengedicht aus Sumer, das auf zwölf Tontafeln niedergeschrieben wurde. Die ältesten Tafeln sind mehr als 4000 Jahre alt. Auch aus Ägypten sind viele antike Gedichte überliefert – Trink- und Liebesgedichte, Götterlieder und Spottverse. Zu den berühmtesten erhaltenen Versen gehört auch der Sonnengesang des Pharaos Echnaton, der um 1300 v. Chr. als Inschrift niedergeschrieben wurde.

Die ersten gereimten Gedichte kommen aus dem arabischen Raum, die ältesten stammen aus dem 8. Jh. v. Chr. Doch können wir davon ausgehen, dass es mündlich tradierte Reime schon viel, viel eher gab: als Zaubersprüche, Spottverse, Lieder. Auch heute ist die Bandbreite gerade gereimter Verse groß. Mit Sicherheit machte es Menschen schon damals Vergnügen, mit Sprache zu spielen, Sprachmuster aufzuspüren und zu brechen und Lustiges, Trauriges, Nachdenkliches und Heiteres in Versform zu gießen. Daran hat sich bis heute nichts geändert.

Reim dich, oder ich fress dich!

Unter einem **Reim** versteht man einen Gleichklang von Wörtern. Reime helfen, Sätze in Verse zu gliedern, und geben dem Gedicht Struktur. Doch was Menschen im Laufe der Geschichte als Reim empfunden haben, war und ist je nach Sprache und Kultur erstaunlich unterschiedlich.

Heutzutage benutzen wir für gereimte Gedichte und Lieder vor allem den Endreim, also sich reimende Wörter am Ende eines Verses. Doch dies ist beileibe nicht die einzige Reimart. Die gesamte altgermanische Dichtung – etwa die Edda des isländischen Dichters Snorri Sturluson (1179–1241) – wurde in Stabreimen verfasst. Während man heute Wörter als Reime empfindet, deren Endsilben ähnlich oder gleich klingen, reimen sich Stabreime am Anfang eines

Wortes. Auch in Texten wie dem deutschen Hildebrandslied oder den berühmten Merseburger Zaubersprüchen wurde mit Stabreimen gearbeitet. In der Dichtung wird dieses Stilmittel immer noch als sogenannte Alliteration bzw. Anlaut verwendet (vgl. S. 49). Noch heute haben sich Stabreime in Sprichwörtern und althergebrachten Wendungen enthalten.

 **Beispiele für Reimarten**

Endreim
Es gibt zwei Sorten **Ratten:**
Die hungrigen und **satten.**
Die satten bleiben vergnügt zu **Haus,**
Die hungrigen aber wandern **aus.**
(AUS: HEINRICH HEINE, DIE WANDERRATTEN)

Stabreim
Kind und **K**egel
Haus und **H**of

Anfangsreim
Kann ich dich lieben?
Dann wecke ich dich.

Binnenreim
Eine **starke**, schwarze **Barke**
Segelt trauervoll dahin.
(AUS: HEINRICH HEINE, CHILDE HAROLD)

Schlagreim
Es ist, als ob es tausend **Stäbe gäbe**
(AUS: RAINER MARIA RILKE, DER PANTHER)

☞ **Reim**
Das Wort „Reim" leitet sich ab von dem französischen Verb „rimer", das nicht nur „reimen" bedeutet, sondern auch „in einer Reihe anordnen". Ein Reim bringt tatsächlich Ordnung in den Vers – und in die Gedanken, die man niederschreiben möchte.

Erst durch den Einfluss des Lateinischen im Zuge der Christianisierung setzte sich im 10. Jh. n. Chr. in der deutschen Literatur der Endreim durch.

Um Wohlklang zu erzeugen, waren und sind Menschen sehr erfinderisch. Auch heute sind Endreime nicht die einzigen Reime, die wir kennen. Manchmal sind auch Reime am Anfang eines Verses zu finden: Dies sind sogenannte Anfangsreime. Gereimte Wörter im Versinneren nennt man Binnenreime, diese sind ein recht häufiges Stilmittel bei Gedichten, und sie unterstützen den Rhythmus und die Struktur der Sprache. Eher selten kommt eine Sonderform des Binnenreims, der Schlagreim, vor: Hier folgen die Reime direkt aufeinander, ein Stilmittel, das der Sprache etwas Gehetztes gibt.

Bei all diesen Reimarten gibt es kein Entweder-Oder. Es ist ohne Weiteres möglich, sie in einem Gedicht zu kombinieren.

Eine Sonderform ist der sogenannte Schüttelreim. Diese Reimart bietet sich vor allem für humorvolle Gedichte an, sie ist aber mit recht viel Tüftelei verbunden. Dabei werden in aller Regel die Anfangskonsonanten eines Reimpaars jeweils vertauscht. Die Wirkung ist fast immer überraschend und witzig.

Männliche und weibliche Reime

Auch bei Reimen gibt es Männlein und Weiblein. Unter einem männlichen – auch spitzen – Reim wird ein Reim mit betonter Endsilbe verstanden, unter einem weiblichen – auch stumpfen – Reim ein Reim mit unbetonter Endsilbe. Männliche Reime eignen sich besonders gut für Verse mit Appellcharakter, wofür das Bundeslied von Georg Herwegh ein besonders prägnantes und bekanntes Beispiel ist.

Besonders in den romanischen Sprachen zeichneten sich früher Gedichte häufig durch einen regelmäßigen Wechsel von männlichen und weiblichen Reimen aus. Es kann durchaus auch heute noch reizvoll sein, damit zu arbeiten, denn die Verse wirken besonders harmonisch und abwechslungsreich.

Über ein- und zweisilbige Reime hinaus gibt es, wenn auch selten, Reime mit jeweils drei oder mehr Silben. Erstere werden reiche Reime genannt, Letztere erweiterte Reime. Dabei folgen bei reichen Reimen auf eine betonte immer zwei unbetonte Silben. Diese Reimform wirkt besonders feierlich und findet

Schüttelreim

Als wir noch in der **Wiege lagen**
dacht' niemand an den **Liegewagen**.
Nun können wir im **Wagen liegen**
und uns in allen **Lagen wiegen**.
(JOACHIM RINGELNATZ)

Männliche und weibliche Reime

Männlicher Reim
Mann der Arbeit, aufge**wacht!**
Und erkenne deine **Macht!**
Alle Räder stehen **still,**
Wenn dein starker Arm es **will.**
(AUS: GEORG HERWEGH, BUNDESLIED)

Trüb verglomm der schwüle
   Sommer**tag,**
Dumpf und traurig tönt mein
   Ruder**schlag** –
Sterne, Sterne – Abend ist es **ja** –
Sterne, warum seid ihr noch nicht **da?**
(AUS: CONRAD FERDINAND MEYER, SCHWÜLE)

Weiblicher Reim
Der Mond ist aufge**gangen**
die goldnen Sternlein **prangen**
(AUS: MATTHIAS CLAUDIUS, ABENDLIED)

**Wechsel von weiblichen und
männlichen Reimen**
Die Luft ging durch die **Felder,**
Die Ähren wogten **sacht,**
Es rauschten leis die **Wälder,**
So sternklar war die **Nacht.**
(AUS: JOSEPH VON EICHENDORFF, MONDNACHT)

deshalb auch in manchen sakralen Texten Verwendung. Es braucht allerdings einiges an Übung und Kunstfertigkeit, um damit gelungene Verse zu schaffen. Aber vielleicht wollen Sie sich ja an diese Herausforderung heranwagen?

Reiche Reime

Wunderschön **Prächtige,**
Hohe und **Mächtige,**
Liebreichholdselige, himmlische Frau,
Der ich mich **ewiglich**
Weihe **herzinniglich,**
Leib dir und Seele zu eigen vertrau
(AUS: JOHANNES VON GEISSEL, MARIENLIED)

Reim und Laut

Eine sehr seltene, zum Schmunzeln anregende Reimart ist der sogenannte Augenreim. Was ist das Besondere daran? Während sich ein normaler Reim nach dem Gehör richtet, also nach dem Wortlaut, richtet sich der Augenreim nach dem geschriebenen Wort. Diese Reime sehen aus wie Reime, sind aber keine, da sie nicht wie welche klingen, z. B. Tage und Blamage.

Oft werden solche Reime mit Fremdwörtern aus dem Englischen oder Französischen gebildet, und vor allem im Vortrag lässt sich auf diese Weise ein komischer Effekt erzielen. Für ausnahmslos alle anderen Reime gilt: Das gesprochene

Wort ist der Dreh- und Angelpunkt des Reims.

Reine Reime

Im Deutschen gibt es klare Vorgaben, was die Reinheit eines Reims betrifft: Die betonten Vokale und die nachfolgenden Laute sollen gleich klingen. Dies betrifft auch die Länge der Vokale: Demnach bilden die Worte „Saal" und „Wal" reine Reime, „Saal" und „Wall" aber unreine. Was ebenso zu beachten ist: die Betonung der Wörter. So reimt sich das Wort „Wohnung" trotz gleicher Endsilbe nicht auf das Wort „jung" – da die Betonung auf der ersten Silbe liegt. „Heute" reimt sich demnach auf „Beute" – aber nicht auf „Ausbeute", denn bei letzterem Wort liegt die Betonung auf der ersten Silbe „Aus". Dies klingt, wenn man es vorliest, holprig. Während die Aussprache der Wörter also fundamental wichtig ist, ist die Orthografie hingegen weitgehend egal.

Unreine Reime

Nicht immer findet sich zu einem Wort ein sinnvoller reiner Reim. Das macht aber nichts. In vielen Gedichten haben auch große Dichter mit den sogenannten unreinen Reimen gearbeitet – also Wörtern, die sich nur so ungefähr reimen. Diese Reime klingen für unsere Ohren zwar nicht ganz sauber, aber oft durchaus harmonisch – und manchmal lässt sich durch einen

Reimlexika

Möchte man regelmäßig eigene Verse schreiben, ist die Anschaffung eines Reimlexikons sehr zu empfehlen. Ein solches Lexikon kann Ihnen enorm viel Arbeit abnehmen. Auch im Internet finden Sie hilfreiche Seiten, die Sie bei der Suche nach Reimwörtern unterstützen können.

 **Reine Reime**

Reiner Reim (männlich)
Saal
Wal
Mahl
Schal

Reiner Reim (weiblich)
heute
Leute
Bräute
streute

 **Unreine Reime**

Ach, was muss man oft von **bösen**
Kindern hören oder **lesen**
(AUS: WILHELM BUSCH, MAX UND MORITZ)

Leise zieht durch mein Ge**müt**
Liebliches Ge**läute**.
Klinge, kleines Frühlings**lied**.
Kling hinaus ins **Weite**.
(AUS: HEINRICH HEINE, LEISE ZIEHT DURCH MEIN GEMÜT)

Es war, als hätt' der **Himmel**
Die Erde still geküsst,
Dass sie im Blüten**schimmer**
Von ihm nun träumen müsst'.
(AUS: JOSEPH VON EICHENDORFF, MONDNACHT)

unreinen Reim sogar eine dichterische Aussage perfekt unterstützen. So kann man mit unreinen Reimen mitunter einen komischen Effekt erzielen, deshalb hat z. B. Wilhelm Busch gerne damit gearbeitet. Ein unreiner Reim liegt beispielsweise vor, wenn zwar bei zwei Wörtern die Vokale gleich klingen, die Konsonanten aber leicht voneinander abweichen – dieses Stilmittel nennt man in der Fachsprache „Assonanz", und es wird recht häufig verwendet. Üblich ist es vor allem in der Lyrik romanischer Sprachen. Bei anderen unreinen Reimen weichen die Vokale voneinander ab, oder die Länge der Vokale ist unterschiedlich.

Machen Sie sich einen Reim draus: Reimschemata

Reime lassen sich in unterschiedlichen Mustern anordnen, wodurch sich oftmals die Bildung von bestimmten Strophenformen fast von allein ergibt.

Man unterschiedet verschiedene Reimschemata, einige sind sehr simpel, andere hochkompliziert. Ein paar sollen im Folgenden vorgestellt werden. Die einfachsten Reimschemata sind sicherlich der Paarreim und der Haufenreim. Beim Paarreim folgen zwei gereimte Verse jeweils unmittelbar aufeinander, beim Haufenreim kommen Reime gehäuft vor. Dies können

Reimschemata

Paarreim

Die Bäume hören auf zu blühn,	(a)
Mein Schatz will in die Fremde ziehn;	(a)
Mein Schatz, der sprach ein bittres Wort:	(b)
Du bleibst nun hier, aber ich muss fort.	(b)

(AUS: WILHELM BUSCH, ABSCHIED)

Haufenreim

Augen, meine lieben Fensterlein,	(a)
Gebt mir schon so lange holden Schein,	(a)
Lasset freundlich Bild um Bild herein:	(a)
Einmal werdet ihr verdunkelt sein!	(a)

(AUS: GOTTFRIED KELLER, ABENDLIED)

Kreuzreim

Schläft ein Lied in allen Dingen,	(a)
Die da träumen fort und fort,	(b)
Und die Welt hebt an zu singen,	(a)
Triffst du nur das Zauberwort.	(b)

(JOSEPH VON EICHENDORFF, WÜNSCHELRUTE)

mal drei, mal vier oder sogar noch mehr gereimte Verse sein, meistens innerhalb einer Strophe. Recht simpel ist auch der Kreuzreim nach dem Muster a – b – a – b, der sehr häufig Verwendung findet.

Möchte man es sich beim Dichten noch ein wenig leichter machen, kann man den halben Kreuzreim verwenden. Hierbei reimt sich immer nur jeder zweite Vers. Heinrich Heine hat oft damit gearbeitet, weil es den Gedichten etwas Volkstümliches verleiht. Viele Volkslieder sind

☞ Strophe

Unter einer Strophe versteht man einen festen Abschnitt eines Gedichts, der aus mehreren Versen besteht. Das Wort stammt aus dem Griechischen und bezeichnete ursprünglich eine Wendung im Tanz.

ebenfalls in diesem Reimschema gehalten.

Ein häufiger verwendetes Reimschema ist auch der umarmende Reim. In einer Strophe mit vier Versen reimen sich jeweils die beiden mittleren Verse sowie der erste und der letzte Vers. Diese Reimart wirkt etwas artifizieller und raffinierter als die zuvor genannten.

Ein etwas komplizierteres Reimschema ist der sogenannte Schweif-reim. Hier werden zwei Paarreime verwendet, außerdem reimen sich der dritte und der letzte Vers. Auf diese Weile erhält man eine Strophe mit sechs Versen.

Ein sehr häufiges Reimschema, das wir auch alle aus der Musik kennen, ist der Kehrreim – in Liedern auch Refrain genannt. Mit ihm lassen sich Gedichte und natürlich Lieder hervorragend gliedern und rhythmisieren. Es gibt viele Arten von Kehrreimen: Mal wird immer derselbe verwendet, mal wird er leicht abgewandelt. Gerade bei längeren Gedichten sorgt ein Kehrreim für Abwechslung und Wiedererkennungswert, vor allem dann, wenn man sie vorträgt.

All diese Reimschemata können miteinander kombiniert werden – es ist nicht nötig, sich auf eines zu beschränken. In dem Gedicht „Augen in der Großstadt" von Kurt Tucholsky wurde beispielsweise in den ersten vier Versen der Kreuz-reim und in den nächsten vier Versen der Paarreim verwendet. Der Kehrreim ist wiederum im Kreuz-reim gehalten.

Verse nach Maß

Gedichte müssen in erster Linie gut klingen. Deshalb sollte man sich auch beim Schreiben seine Gedicht-entwürfe immer wieder vorlesen. Dies ist nicht nur für das korrekte Reimen notwendig. Ein Reim funk-

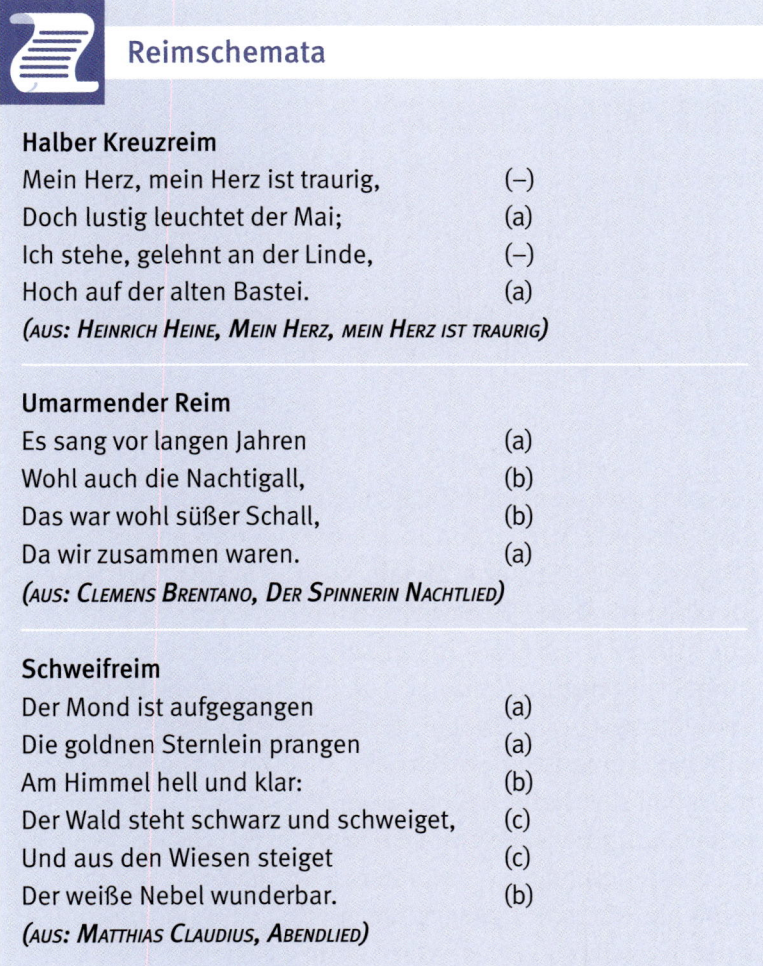

Reimschemata

Halber Kreuzreim

Mein Herz, mein Herz ist traurig,	(–)
Doch lustig leuchtet der Mai;	(a)
Ich stehe, gelehnt an der Linde,	(–)
Hoch auf der alten Bastei.	(a)

(AUS: HEINRICH HEINE, MEIN HERZ, MEIN HERZ IST TRAURIG)

Umarmender Reim

Es sang vor langen Jahren	(a)
Wohl auch die Nachtigall,	(b)
Das war wohl süßer Schall,	(b)
Da wir zusammen waren.	(a)

(AUS: CLEMENS BRENTANO, DER SPINNERIN NACHTLIED)

Schweifreim

Der Mond ist aufgegangen	(a)
Die goldnen Sternlein prangen	(a)
Am Himmel hell und klar:	(b)
Der Wald steht schwarz und schweiget,	(c)
Und aus den Wiesen steiget	(c)
Der weiße Nebel wunderbar.	(b)

(AUS: MATTHIAS CLAUDIUS, ABENDLIED)

Kehrreim

Wenn du zur Arbeit gehst
am frühen Morgen,
wenn du am Bahnhof stehst
mit deinen Sorgen:
dann zeigt die Stadt
dir asphaltglatt
im Menschentrichter
Millionen Gesichter:
**Zwei fremde Augen, ein kurzer Blick,
die Braue, Pupillen, die Lider –
Was war das? Vielleicht dein Lebens-
   glück ...
vorbei, verweht, nie wieder.**
Du gehst dein Leben lang
auf tausend Straßen;
du siehst auf deinem Gang,
die dich vergaßen.
Ein Auge winkt,
die Seele klingt;
du hast's gefunden,
nur für Sekunden ...
**Zwei fremde Augen, ein kurzer Blick,
die Braue, Pupillen, die Lider –
Was war das? Kein Mensch dreht die
   Zeit zurück ...
vorbei, verweht, nie wieder.**
(AUS: KURT TUCHOLSKY, AUGEN IN DER
GROSSSTADT)

▲
*Bei der Arbeit an einem
Gedicht sollte man die-
ses immer wieder auch
einmal laut lesen, um
ein Gefühl für seinen
Klang zu bekommen.*

die Betonung auf der ersten Silbe liegt.

Doch die Unterschiede von betonten und unbetonten Silben – oder, wie es in der Fachsprache heißt, von Hebungen und Senkungen – sind auch für den Rhythmus des Gedichtes und einen guten Klang wichtig. Beim Sprechen achten wir normalerweise nicht darauf, welche Silben bei Wörtern betont werden. Es wirkt deshalb anfangs etwas bemüht, wenn man beim Dichten verstärkt auf die Hebungen und Senkungen achtet. Doch gewinnt man mit zunehmender Praxis mehr Übung darin.

Die Anzahl und Reihenfolge der Hebungen und Senkungen, also betonten und unbetonten Silben, werden durch das sogenannte Versmaß eines Gedichtes bestimmt. Durch diesen sprachlichen Rhythmus lässt sich auch wunderbar die Aussage

☞ **Versmaß**
Unter einem Versmaß
versteht man den
regelmäßigen Wechsel
von Hebungen und
Senkungen in einem
Gedicht nach einem
bestimmten Schema.

tioniert nur, wenn auch die Betonung der Wörter zueinander passt. In diesem Sinne reimt sich zwar, wie schon erläutert, „schießen" auf „schließen", aber nicht auf „zuschließen" – da bei letzterem Wort

eines Gedichts und seine Stimmung unterstützen.

Heutzutage werden in der Lyrik häufig die sogenannten „freien Rhythmen" verwendet, Verse ohne ein festes Versmaß. Es ist völlig legitim, dies ebenso zu halten – doch sollten Sie auch hierbei auf den Rhythmus der Verse, die Hebungen und Senkungen, achten. Verse, die sich in ihrer Länge und in ihrem Rhythmus stark unterscheiden, klingen oft nicht gefällig, manchmal sogar regelrecht holprig.

Traditionell werden in der deutschen Lyrik meist Versmaße verwendet, die auf vier sogenannten Versfüßen beruhen. Die häufigsten sind der Jambus und der Trochäus. Der Versfuß Jambus zeichnet sich durch den Wechsel von je einer Hebung und Senkung aus und startet mit einer Senkung. Im Beispielgedicht von Eichendorff wird als Versmaß ein sogenannter dreihebiger Jambus verwendet – die Verse weisen also drei betonte Silben auf. Der Trochäus ist ganz ähnlich aufgebaut, nur startet er jeweils mit einer betonten Silbe. In den Beispieltexten werden die Hebungen durch ein x, die Senkungen durch ein - markiert.

Die Wirkung der Versmaße unterscheidet sich leicht, insofern kann es durchaus sinnvoll sein, sich beim Schreiben eigener Gedichte schon vor dem Schreiben auf ein Versmaß festzulegen. Der Jambus wirkt etwas weicher, der Trochäus drängen-

der und bestimmter. Häufig wird es Ihnen beim Dichten passieren, dass die Versfüße nicht so recht passen wollen. In diesem Fall können Sie durch die gelegentliche Verwendung von Füllwörtern oder die Umstellung von Wendungen das richtige Versmaß einhalten.

Sehr viel seltener und auch schwieriger zu schreiben sind Gedichte in den Versfüßen Daktylus und Anapäst. Bei beiden Versfüßen folgen auf eine betonte Silbe

Jambus und Trochäus

Jambus

- x - x - x -
Es war, als hätt' der Himmel
- x - x - x
Die Erde still geküsst,
- x - x - x -
Dass sie im Blütenschimmer
- x - x - x
Von ihm nun träumen müsst'.
(AUS: JOSEPH VON EICHENDORFF, MONDNACHT)

Trochäus

x - x - x - x
Frühling lässt sein blaues Band
x - x - x - x -
Wieder flattern durch die Lüfte;
x - x - x - x -
Süße, wohlbekannte Düfte
x - x - x - x
Streifen ahnungsvoll das Land.
(AUS: EDUARD MÖRIKE, ER IST'S)

☞ **Versfuß**
Unter einem Versfuß versteht man die kleinste Einheit eines Versmaßes. Er ergibt sich aus der jeweiligen Betonung von zwei oder drei aufeinanderfolgenden Silben in einem Vers. Die Anzahl der Versfüße ergibt dann das Versmaß.

Das Gedicht von Mörike rechts hat als Versmaß einen vierhebigen Trochäus.

zwei unbetonte. Der Daktylus beginnt mit einer Hebung, der Anapäst mit zwei Senkungen. Beide Versfüße haben eine etwas feierlichere Wirkung als Jambus und Trochäus. Doch verwenden auch die berühmten Limericks, aus England stammende Nonsensgedichte, den Anapäst (vgl. S. 254).

Ebenso wie die Reimschemata, können auch Versmaße durchaus in einem Gedicht kombiniert werden. So können Sie beispielsweise für einen Kehrreim den Daktylus verwenden, das übrige Gedicht aber in Jamben schreiben.

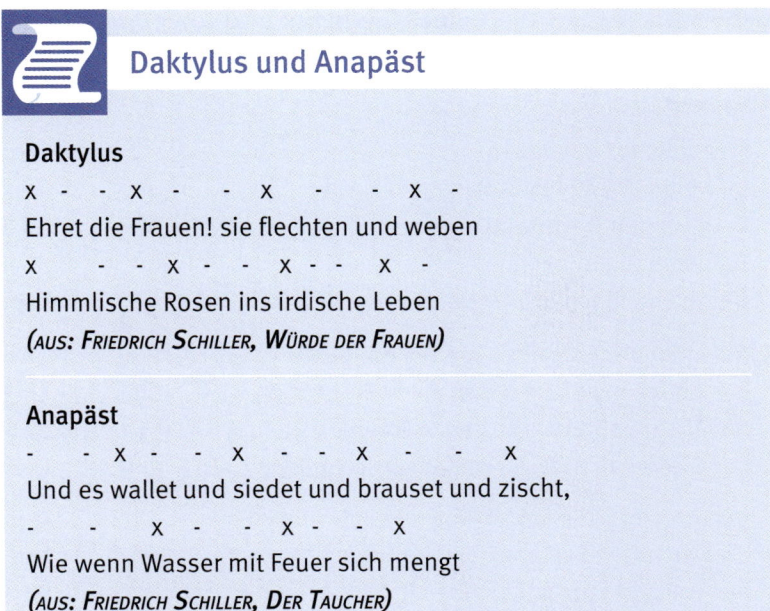

Daktylus und Anapäst

Daktylus

x - - x - - x - - x -
Ehret die Frauen! sie flechten und weben
x - - x - - x - - x -
Himmlische Rosen ins irdische Leben
(AUS: FRIEDRICH SCHILLER, WÜRDE DER FRAUEN)

Anapäst

- - x - - x - - x - - x
Und es wallet und siedet und brauset und zischt,
- - x - - x - - x
Wie wenn Wasser mit Feuer sich mengt
(AUS: FRIEDRICH SCHILLER, DER TAUCHER)

Von Versen und Strophen

Wie Sie gesehen haben, gibt das Reimschema oftmals bereits die Form der Strophe vor. Heinrich Heine schrieb seine Gedichte, meist im Kreuzreim gehalten, fast durchgehend mit Strophen zu vier Versen. Auf diese Weise schrieb er das gesamte Versepos „Deutschland – ein Wintermärchen" – insgesamt 500 Strophen! Sein Gedicht „Die Wanderratten" ist in schlichten Paarreimen geschrieben (vgl. S. 227), und umfasst 14 Strophen zu vier Versen. Strophenformen, die vom Reimschema auf diese Weise ein Stückweit vorgegeben sind, können aber selbstverständlich bewusst durchbrochen werden. Auch können Gedichte, je nach Inhalt, natürlich beliebig lang sein, auch

die Länge der einzelnen Strophen darf durchaus variieren.

Strophen können beliebig viele Verse umfassen. Die eher seltene Gedichtform „Terzine" beispielsweise besteht nur aus Dreizeilern, die meist durch sogenannte Kettenreime nach dem Muster a – b – a, b – c – b etc. miteinander verbunden sind.

Es gibt einige feste Gedichtformen, die etwas komplexer sind – und dadurch auch besonders reizvoll. Die Mühe, die Sie auf ein solches Gedicht verwenden, kann sich auf jeden Fall lohnen. Eine dieser Strophenformen ist das Sonett.

Sonette

Das Sonett ist eine Gedichtform mit langer, ehrwürdiger Tradition.

Sonette – zwei Beispiele aus der Literatur

Freundliches Begegnen

Im weiten Mantel bis ans Kinn verhüllet,	(a)
Ging ich den Felsenweg, den schroffen, grauen,	(b)
Hernieder dann zu winterhaften Auen,	(b)
Unruh'gen Sinns, zur nahen Flucht gewillet.	(a)
Auf einmal schien der neue Tag enthüllet:	(a)
Ein Mädchen kam, ein Himmel anzuschauen,	(b)
So musterhaft wie jene lieben Frauen	(b)
Der Dichterwelt. Mein Sehnen war gestillet.	(a)
Doch wandt ich mich hinweg und ließ sie gehen	(c)
Und wickelte mich enger in die Falten,	(d)
Als wollt ich trutzend in mir selbst erwarmen,	(e)
Und folgt ihr doch! Sie stand. Da wars geschehen!	(c)
In meiner Hülle konnt ich mich nicht halten,	(d)
Die warf ich weg: sie lag in meinen Armen!	(e)
(JOHANN WOLFGANG VON GOETHE)	

Die Beiden

Sie trug den Becher in der Hand –	(a)
Ihr Kinn und Mund glich seinem Rand –,	(a)
So leicht und sicher war ihr Gang,	(b)
Kein Tropfen aus dem Becher sprang.	(b)
So leicht und fest war seine Hand:	(a)
Er ritt auf einem jungen Pferde,	(c)
Und mit nachlässiger Gebärde	(c)
Erzwang er, dass es zitternd stand.	(a)
Jedoch, wenn er aus ihrer Hand	(a)
Den leichten Becher nehmen sollte,	(d)
So war es beiden allzu schwer:	(e)
Denn beide bebten sie so sehr,	(e)
Dass keine Hand die andre fand	(a)
Und dunkler Wein am Boden rollte.	(d)
(HUGO VON HOFMANNSTHAL)	

Das Wort „Sonett" leitet sich ab vom italienischen „sonare", das bedeutet: klingen, tönen. Im Barock wurde diese kurze, aber abwechslungsreiche Gedichtform auch „Klanggedicht" genannt.

Es stammt ursprünglich aus Italien und breitete sich in der Barockzeit in ganz Europa aus. In England wurde es auch von William Shakespeare verwendet, der, angelehnt an den italienischen Dichter Francesco Petrarca, einen ganzen Zyklus von Liebesgedichten in Sonettform schrieb. In Deutschland nahm sich vor allem der Barockdichter Andreas Gryphius dieser Gedichtform an, aber auch Dichter wie Johann Wolfgang von Goethe, Heinrich Heine und Hugo von Hofmannsthal schrieben Sonette. Ja, selbst in moderner Lyrik wird die Sonettform immer wieder aufgegriffen.

Ein Sonett besteht aus vier Strophen, die ersten beiden umfassen je vier Verse, die letzten beiden je drei. Die Reimstruktur weicht bei den unterschiedlichen Gedichten durchaus voneinander ab und wird nicht einheitlich gehandhabt. Traditionell wird im Sonett der fünfhebige Jambus (vgl. S. 234) benutzt, aber auch hiervon gibt es Abweichungen – sodass Sie, wenn Sie sich an diese Gedichtform heranwagen möchten, ruhig ein wenig improvisieren und experimentieren können. Die beiden Gedichtbeispiele auf dieser Seite können Ihnen hierbei als Anregung dienen.

Ungereimte Gedichtformen

Sicher – bei Reden zu festlichen Anlässen und privaten Feiern kommen
gereimte Verse besonders gut an.
Auch in Gästebucheintragungen
können Sie damit glänzen. Aber
vielleicht haben Sie zwar Lust, mit
Sprache zu spielen, aber finden es
zu mühsam, Reimwörter zu finden?
In diesem Fall gibt es durchaus eine
Lösung, denn es gibt wunderbare
und schlichte Gedichtformen, die
ohne Reime auskommen.

Für Reden sind diese zwar weniger geeignet, aber für schriftliche
Botschaften – wie Einladungen,
Gratulationen, kleine Grüße auf
Postkarten oder Einträge ins Gästebuch – können sie gut verwendet
werden.

Haiku

Eine sehr schlichte, sehr kurze
Form für vielerlei Anlässe ist das
Haiku. Das Haiku ist ein kleiner,
eleganter Dreiteiler und stammt ursprünglich aus Japan, hat sich aber
in den letzten Jahrzehnten weltweit
verbreitet. Diese Lyrikform gilt
als die kürzeste Gedichtform der
Welt.

Japanische Haikus bestehen aus
drei Versen. In der ersten stehen
fünf, in der zweiten sieben und in
der dritten wieder fünf Lauteinhei-
ten, sogenannte Moren. Die japanische Sprache unterscheidet sich
fundamental von der deutschen,
deshalb lässt sich diese Vorgabe
in unserer Sprache nur ungefähr
einhalten. Ein deutsches Haiku
besteht ebenfalls aus drei Versen,

*Mönche hinterließen
dieses Haiku auf einem
Granitfels der japani-
schen Insel Yakushima.*

Haiku

Gartenterrasse
alte und neue Freunde
vertieft ins Gespräch

Das Haiku ist eine sehr alte lyrische Form. Erste Haikus wurden in Japan bereits im 13. Jh. geschrieben.

mit maximal 17 Silben. Die Anzahl der Wörter ist variabel. Früher hat man die japanische Vorgabe recht sklavisch eingehalten und die erste Zeile mit fünf Silben, die zweite mit sieben Silben und die letzte wieder mit fünf Silben gefüllt. Diese Vorgabe gilt in der Strenge aber nicht mehr.

Traditionellerweise werden in Haikus Naturbeobachtungen und direkte Sinneseindrücke niedergeschrieben, die oft in das Verhältnis zum menschlichen Leben gesetzt werden. Durch den Zen-Buddhismus beeinflusst, sind traditionelle japanische Haikus oft meditativ und haben eine spirituelle Bedeutung.

Die meisten deutschen Haiku-Dichter verwenden diese Gedichtform heute aber inhaltlich etwas freier, und das können Sie auch tun. Dennoch gibt es einige Vorgaben, die Sie beim Schreiben von Haikus beachten sollten, damit sie wirklich gelingen:

- Schreiben Sie in der Gegenwartsform.
- Schreiben Sie unmittelbar von Ihrer Umgebung.
- Geben Sie unmittelbare Eindrücke wieder.
- Bleiben Sie konkret. Abstraktionen gehören in diese Gedichtform nicht hinein.

Ein Haiku muss nicht ernst und gesetzt sein. Selbst die japanischen Meister schrieben ausgesprochen heitere Verse. Gerade im letzten Vers können Sie es ihnen gleichtun und eine witzige, überraschende Wendung unterbringen. Ursprünglich waren Haikus sogar eher Spottgedichte.

Natürlich war diese Gedichtform traditionell weder für Glückwünsche noch für Gästebucheinträge gedacht, kann aber ohne Weiteres dazu genutzt werden, wenn man sich an die allgemeinen Vorgaben hält. Sehr gut eignet sich ein Haiku auch für Bildbeschreibungen. Haben Sie beispielsweise eine Hochzeitsdanksagung mit Bild oder die Einladung zu einer Taufe mit einem Foto des neuen Erdenbürgers erhalten, können Sie den Adressaten mit einem kleinen Haiku zu den Bildern eine sehr große Freude bereiten.

Elfchen

Eine sehr schlichte Form, die sich besonders für schnelle lyrische Skizzen eignet, ist das sogenannte Elfchen. Es heißt so, weil es aus genau elf Wörtern besteht, die in einer simplen Reihenfolge angeordnet werden. Die Anzahl der Wortsilben ist gleichgültig, doch gelingen auch Elfchen besser, wenn man auf den Rhythmus der Silben achtet. Das Elfchen ist eine sehr moderne dichterische Form, die vor allem in Schreibwerkstätten häufig verwendet wird und auch gute Dienste leistet, um bereits Kinder an kreatives Schreiben heranzuführen. Dadurch, dass in der ersten und der letzten Zeile jeweils nur ein Wort steht, eignet es sich besonders gut dazu, die eigenen Gedanken zu bündeln, ein Fazit zu ziehen und auf den Punkt zu kommen.

Die Wörter in einem Elfchen sind folgendermaßen angeordnet:

- Zeile 1: 1 Wort
- Zeile 2: 2 Wörter
- Zeile 3: 3 Wörter
- Zeile 4: 4 Wörter
- Zeile 5: 1 Wort

Das Schreiben von Elfchen ist auch eine hervorragende Methode, sich an das Schreiben von Gedichten heranzutasten und ein Gefühl für die Möglichkeiten von Sprache zu bekommen. Wenn Sie ein wenig Übung im Schreiben dieser kurzen

Form haben, werden Ihnen Elfchen nur so aus der Hand fließen. Außerdem können Sie sich auch viel leichter an kompliziertere Formen heranwagen. Sie können auch bei Elfchen mit Reimen experimentieren – denn ein Elfchen muss sich zwar nicht reimen, aber es kann durch einen Reim durchaus an sprachlicher Schönheit gewinnen.

Elfchen eignen sich für Glückwunschkarten, Weihnachtsgrüße und Ähnliches. Auch für Eintragungen in Gästebücher können Elfchen gut verwendet werden. Man kann Elfchen, wegen der „Baumstruktur", dabei auch optisch ansprechend gestalten.

Um Ihrer Kreativität auf die Sprünge zu helfen, können Sie Elfchen in einer bestimmten Zeitspanne herunterschreiben. Zehn Minuten sind hierfür optimal.

Das Elfchen gibt es erst seit den 1980er-Jahren. Ursprünglich stammt es aus den Niederlanden, verbreitete sich aber schnell weltweit. Es wird nicht nur zum Dichten verwendet, sondern stellt auch eine sehr effektive Brainstorming-Methode dar. Probieren Sie es einfach mal aus!

Elfchen eignen sich auch bestens für kreative Weihnachtsgrüße.
▼

Elfchen

Weihnachtselfchen
Weihnacht
die Kerzen
leuchten am Baum
Schneeflocken tanzen vorm Fenster
Frieden

In der Verseschmiede

Sie wollen also ein kleines Gedicht für jemanden schreiben, der Ihnen am Herzen liegt. Vielleicht als Geburtstagsgeschenk oder kleine Aufmerksamkeit. Vielleicht aber auch im Rahmen einer Rede zu einer Jubiläumsfeier, einer Hochzeit oder Taufe. Dabei soll es sich natürlich nicht um große Lyrik handeln, sondern schlicht um sprachlich ausgefeilte, vielleicht witzige, vielleicht nachdenkliche Verse. Eventuell haben Sie sich schon ein Reimlexikon besorgt oder entsprechende Seiten im Internet durchstöbert. Bleibt nur die Frage: Wie anfangen?

Gerade das Internet bietet Ihnen Hunderte Seiten von Reimen für alle möglichen Anlässe. Sicher, man kann sie als Anregung nutzen. Doch wirken die meisten sehr unpersönlich und nichtssagend. Hinzu kommt: Es werden immer wieder Standardreime bemüht, die man schon tausendmal gehört hat. „Wir wünschen dir das Allerbeste – zu deinem Wiegenfeste" – das reimt sich zwar, aber es klingt langweilig und bemüht. Auch handwerklich lässt dieser Reim zu wünschen übrig, denn durch die unterschiedlich langen Verse und das fehlende Versmaß klingt er holprig. Auch das haben viele Beispielreime aus dem Netz gemeinsam: Sie taugen eher als schlechtes Beispiel. Lassen Sie sich deshalb lieber von guten Gedichten inspirieren. Wilhelm Busch, Joachim Ringelnatz oder Ludwig Erhard, um nur einige zu nennen, haben Hunderte von witzigen und tiefsinnigen Reimen geschrieben, die einem Hobbydichter als lose Richtschnur dienen können.

Vom Umgang mit Metaphern

Viele Gedichte von Hobbydichtern klingen etwas stereotyp. Da wird „Herz" auf „Schmerz" gereimt, und wenn das inhaltlich nicht passt, wird es dem Reim zuliebe passend gemacht. Hinzu kommt, dass traditionell in Gedichten gerne mit Metaphern, also Sinnbildern gearbeitet wird. Also werden bevorzugt abgedroschene Metaphern aufgegriffen, ohne dass das Gedicht deshalb an Wert oder Schönheit gewinnt. Im Gegenteil – es klingt im Zweifelsfall banal und im schlimmsten Fall sogar ein wenig peinlich.

Metaphern erfüllen – zumindest in guten Gedichten – keinen Selbstzweck. Sie sollten ausschließlich dafür verwendet werden, eine Sache klarer zu machen und zu verdeutlichen. Sie sollen die Vorstellungskraft des Lesers oder Hörers anregen und das Gedicht farbiger und bildhafter machen. Man sollte sie aber nicht dazu verwenden, ohnehin klare Zusammenhänge zu verrätseln. In witzigen Gedichten kann man meistens ohnehin gut auf Metaphern verzichten.

Ähnliches gilt für Fremdwörter, vor allem für eher ungebräuchliche, die aus dem bildungsbürgerlichen Sprachgebrauch stammen. Wir alle haben schon Darbietungen von verhinderten Poeten kennengelernt, die versucht haben, mit übertrieben gehobenem Vokabular ihre Bildung herauszustreichen. Das ist aber nicht Sinn eines Gedichtes – und macht es im Zweifel eher schlechter als besser. Auch Anglizismen sind fast immer verzichtbar.

Die Muse einladen

Möglicherweise haben Sie schon einen bestimmten Reim im Kopf, wenn Sie sich an den Schreibtisch setzen. Schreiben Sie ihn auf – denn es wäre schade, wenn Sie ihn vergessen. Lernen Sie, solchen kleinen Impulsen zu folgen. Schlimmstenfalls taugt der Reim nichts und Sie verwerfen ihn später, aber Sie

▲
Wenn Sie beim Dichten nicht weiterkommen, lassen Sie einmal in der Natur Ihre Gedanken schweifen.

haben auf diese Weise schon einen Anfang geschaffen – und der ist ja bekanntlich das Schwerste. Außerdem wird Ihre Kreativität Ihnen eine solche Vorgehensweise danken. Denn die Muse küsst im Allgemeinen eher Menschen, die sie auch zu sich einlädt. Wenn Sie häufiger Reime oder andere Gedichte entwerfen möchten, können Sie auch ein kleines Notizbuch mit sich führen, in dem Sie Ihre Einfälle aufschreiben, oder Sie können jeweils eine Sprachnotiz mit Ihrem Handy machen. Probieren Sie aus, was Ihnen beim Schreiben auf die Sprünge hilft. Vielleicht kommen Ihnen die besten Ideen bei langen Spaziergängen, wenn Sie Ihre Gedanken schweifen lassen können. Oder bei der Hausarbeit. Vom großen Dichter Friedrich Schiller ist bekannt, dass er in seiner Schreibtischschublade überreife Äpfel aufbewahrte, da ihn der Geruch zum Schreiben anregte. Schrullig? Sicher, aber was immer der Kreativität förderlich ist, sollte ruhig unternommen werden. Seien Sie also erfinderisch.

Dennoch – manchmal wartet man lange vergeblich auf den ersten Impuls, und je länger man wartet, umso schwieriger wird es, einen Anfang zu finden. Ein Geburtstag steht vor der Tür, man möchte einen kleinen Vortrag halten und ein kleines, selbst geschriebenes Gedicht präsentieren. Doch Ihnen fällt partout nichts ein, und je mehr Zeit verstreicht und je größer der Druck wird, ein schönes Gedicht zu vollenden, umso unlösbarer erscheint die Aufgabe.

Bei vielen Menschen sitzt auch die Angst vor dem berühmten leeren Blatt tief. Deshalb sollten Sie unbedingt frühzeitig mit dem Schreiben beginnen. Was in dem Fall bedeutet: Schreiben Sie all Ihre Ideen auf, und zwar ohne sie zu werten und erst recht ohne jede künstlerische Absicht. Gehen Sie ruhig assoziativ vor. Am besten machen Sie sich Stichpunkte. Vor allem, wenn Sie ein Gedicht schreiben, um eine andere Person zu würdigen – etwa im Rahmen einer Geburtstags- oder Hochzeitsfeier –, können Sie sich von den Fragen zur Ideensammlung leiten lassen.

Gerade bei Gedichten, die in einem größeren Rahmen vorge-

> Um nicht in Zeitnot zu geraten, sollten Sie unbedingt frühzeitig mit dem Schreiben beginnen.

Ideensammlung

✓ Was ist der genaue Anlass für das Gedicht?

✓ Was für ein Mensch ist der Adressat? Welche Wünsche hat er? Welche Vorlieben? Welche Charaktereigenschaften? Welche Hobbys?

✓ Gibt es eine Geschichte zu erzählen, die mit dem Anlass in Beziehung steht? Was könnte besonders herausgestellt werden?

✓ Soll der Text lustig sein oder zum Nachdenken anregen? Soll er eine Pointe haben?

✓ Wie lang soll das Gedicht werden? Soll es vorgelesen werden, evtl. auch vor größerem Publikum?

tragen werden sollen, müssen Sie natürlich auch die Vorlieben der übrigen Gäste berücksichtigen. Möglicherweise teilt der Gastgeber, den Sie mit einem Gedicht beehren wollen, mit Ihnen einen Sinn für schwarzen, skurrilen Humor – wenn aber die Gäste eher gesetzte Menschen aus seiner Verwandtschaft sind, würde sich ein solchermaßen humorvolles Gedicht nicht zum Vortrag eignen.

Außerdem sollten Sie den Adressaten Ihres Gedichts gut kennen.

Wenn Sie ein witziges Gedicht auf einer Geburtstagsfeier vortragen möchten, müssen Sie den Humor des Geburtstagskindes abschätzen können. Beispielsweise kommen Witze über das fortgeschrittene Alter nicht bei jeder Person gut an. Auch Sentimentalität über die verflossenen guten Jahre könnte schlimmstenfalls mit einem Stirnrunzeln quittiert werden. Da Ihr Gedicht ja dem Adressaten Freude bereiten soll, werden Sie also seine Wünsche und Vorlieben besonders berücksichtigen.

Weniger Vorarbeit benötigen Reime für Einladungen oder kleine Grußbotschaften, und zwar nicht nur wegen ihrer Kürze, sondern auch, weil Sie beim Schreiben ganz von Ihren eigenen Vorstellungen ausgehen können.

Das Kreativitäts-Paradoxon

Im ersten Moment hört sich dies wie ein Widerspruch an: Kreative Arbeit gelingt sehr schwer unter Stress und wirklichem Zeitdruck. Dennoch kann ein künstlicher Zeitdruck – also ein selbstgewähltes, kurzes Zeitfenster – optimal für kreative Ideenfindung sein. Wenn Sie sich täglich ein- oder zweimal für nur zehn Minuten an Ihren Text setzen, werden Sie optimale Ergebnisse erzielen, zumindest dann, wenn Sie in dieser Zeit wirklich konzentriert arbeiten. Auf diese Weise tricksen Sie nämlich jede Form der Selbstsabotage aus. Übertriebene Selbstkritik beispielsweise erschwert kreative Arbeit ganz enorm.

Sehr förderlich ist es für die Qualität Ihrer Reime auch, wenn Sie, anstatt stundenlang über den Entwürfen zu brüten, einfach noch einmal zwei oder drei Nächte darüber schlafen. Oft haben Sie am nächsten Morgen ganz neue, frische Ideen.

Für Überarbeitungen ist dann im nächsten Arbeitsschritt eher ein analytischer Sachverstand vonnöten, sodass Sie in dieser Arbeitsphase, wenn Sie möchten, auch andere, längere Zeiträume am Stück einplanen können, um an Ihrem Text zu feilen.

Reimen leicht gemacht

Sie haben nun Ihre Ideen beisammen – wie aber kommen Sie jetzt zum fertigen Reim? Grenzen Sie zunächst die Ideen weiter ein. Was möchten Sie wirklich schreiben – und was ist nur zweite Wahl? Wenn Ihnen zu diesem Zeitpunkt schon Reim-Ideen kommen, notieren Sie sie. Doch: Lassen Sie sich nicht von möglichen Reimwörtern in eine thematische Richtung nötigen. Ihr Gedicht droht nämlich sonst, stereotyp und langweilig zu werden. Sicher, es ist mühsamer, Ihren geplanten Inhalt in gereimte Verse zu gießen. Doch ist dieses Verfahren sehr viel lohnender. Versuchen Sie also, zu den Stichwörtern, die Sie sich notiert haben, passende Reimwörter zu finden. Nutzen Sie hierbei am besten ein Reimlexikon oder entsprechende Seiten im Internet.

Manchmal lässt sich partout kein passender Reim finden. In diesem Fall gibt es zwei Möglichkeiten: Man stellt den Satz so um, dass ein anderes Wort am Ende des Verses steht, welches sich besser zum Reimen eignet. Oder man sucht in einem Thesaurus (vgl. S. 143) nach Synonymen. Manchmal kann man sich auch mit einer sogenannten „Waise" behelfen – das ist ein Vers in einem gereimten Gedicht, der sich nicht reimt. Dieses Vorgehen ist allemal besser, als völlig unpassende Reime nach dem Motto „Reim dich – oder ich fress dich" zu verwenden – und viele berühmte Dichter haben gelegentlich so gearbeitet.

Aus der Werkstatt geplaudert

Angenommen, Sie möchten gerne ein Gedicht zum 70. Geburtstag eines guten Freundes vortragen – eines technikbegeisterten, liebenswürdigen Mannes. So sehen Ihre ersten, noch unfertigen Reime aus:

Als du geboren wurdest, mein
*   Guter,*
da herrschten noch andere Zeiten.
Es gab noch kein Smartphone und
keinen Computer
und andere Annehmlichkeiten.

Doch stattdessen hat man erhalten
Charakterstärke und Liebe,
und sind auch viele Jahre vergangen,
du bist dir treu geblieben.

Manche Verse reimen sich noch nicht, sie klingen recht holprig, und auch inhaltlich muss noch nachgearbeitet werden. Ein festes Versmaß ist nicht ersichtlich. Inhaltlich und reimtechnisch stört vor allem der erste Vers der zweiten Strophe. Er wird abgewandelt in:

Doch stattdessen hast du empfangen

Auf diese Weise erhält man einen reinen Reim, auch inhaltlich erscheint der Vers passender. „Liebe" und „geblieben" im zweiten und vierten Vers bilden einen unreinen Reim, was aufgrund des Kreuzreims aber vertretbar erscheint. Zwar sollten Anglizismen im Allgemeinen vermieden werden, hier aber werden sie absichtlich und scherzhaft aufgegriffen. Geglättet sehen die Verse nun so aus:

Bei deiner Geburt, mein Guter,
da herrschten andre Zeiten.
Es fehlten Smartphone und
*   Computer*
und andre Annehmlichkeiten.

Stattdessen hast du empfangen
Charakterstärke und Liebe,
und ist auch sehr viel Zeit ver-
*   gangen,*
du bist dir treu geblieben.

Fast alle Verse sind nun im Jambus gehalten, auch die Längen wurden aneinander angeglichen. Das Wort „andere" wurde, des Versfußes wegen, zu „andre" verschliffen, ein legitimer und häufig verwendeter Kunstgriff. Während man die erste und fünfte Zeile noch weiter bearbeiten könnte, um auch hier einen Jambus zu erzielen – hier folgen anfangs zwei Senkungen aufeinander –, müsste man den vierten Vers ganz umformulieren oder auf ein anderes Versmaß ausweichen, da im Wort „Annehmlichkeiten" zwei Senkungen hintereinander vorkommen. Für einen launigen Vortrag auf einer Geburtstagsfeier aber genügt dieser Gedichtanfang vollkommen.

Welches Reimschema?

Überlegen Sie sich frühzeitig, welches Reimschema Sie verwenden möchten. Am einfachsten, gerade für Anfänger, ist natürlich der Paarreim. Aber er hat auch einige Tücken. Wenn Ihnen auf manche Wörter nur ein unreiner Reim einfällt, kann dies bei zwei direkt aufeinanderfolgenden Versen dem Publikum unangenehm auffallen. Beim Kreuzreim lassen sich unreine Reime, wie oben gezeigt, viel eher unauffällig verwenden. Dafür ist aber das Dichten an sich schwieriger, denn man ist manches Mal gezwungen, beim Schreiben um die Ecke zu denken. Natürlich können Sie, gerade bei längeren Gedichten,

gelegentlich auch das Reimschema ändern, doch sollten Sie das nicht wahllos tun.

Geschichten erzählen

Bei manchen Gelegenheiten bietet es sich auch an, ein längeres Gedicht zu schreiben und die Episoden einer fortlaufenden Geschichte in Reime zu gießen. Bei einer Hochzeitsfeier könnte man z. B. über die einzelnen Stationen des Hochzeitspaars sprechen, vom Kennenlernen über das Zusammenziehen bis zum Ja-Wort. Manchmal ist es aber sinnvoller, nur einzelne Anekdoten herauszugreifen.

◄ *Anlässlich einer Hochzeitsfeier können Sie die gemeinsame Geschichte des Brautpaars in Gedichtform nacherzählen.*

▲

*Ein kurzer Gesangs-
vortrag hebt auf Feiern
die Stimmung und regt
die anderen Gäste zum
Mitsingen an.*

Beim Umdichten von
Liedtexten sind sowohl
das Reimschema als
auch das Versmaß
bereits vorgegeben –
ein Vorteil und eine
Herausforderung zu-
gleich.

Beispielsweise können bei einem
Gedicht zu Ehren eines Goldhoch-
zeitspaars humorvolle Szenen einer
Ehe aneinandergereiht werden.

Liedtexte umdichten

Wie Sie ja wissen, sind Liedtexte
und Gedichte enge Verwandte.
Warum also nicht auf eine Melodie
reimen und einen fertigen Liedtext
als Muster verwenden und kreativ
abwandeln? Gerade auf Geburts-
tagspartys, Hochzeitsfeiern und anderen fröhlichen Festen sind auch
musikalische Darbietungen immer
wieder gern gehört und gesehen.

Natürlich sollten diese nachge-
dichteten Lieder auch vor Publikum vorgetragen werden. Sollten
Sie nicht gerade zu den begeisterten
Solo-Sängern gehören, werden Sie
also möglichst mit Freunden oder
Verwandten einen kleinen Chor auf

die Beine stellen. Noch viel schöner
ist es, wenn Sie nicht nur zu mehreren singen, sondern auch dichten. Sie werden sehen: Gemeinsam
werden Ihnen viel mehr lustige Einfälle kommen. Im Handumdrehen
haben Sie dann mehr Strophen beisammen, als Sie für Ihren Auftritt
benötigen. Mehr als zehn Strophen
nämlich sollten Sie lieber nicht
vorsingen. Bei den ersten wird das
Publikum herzlich lachen, doch je
länger das Lied wird, umso mehr
kann sich Ungeduld breitmachen.

Vielleicht möchten Sie auf diese
Weise eines der Lieblingslieder des
oder der Beschenkten umgestalten?
Andere Lieder, die gerne umgedichtet werden, sind z. B. die Volkslieder „Alle Vögel sind schon da"
oder „Das Wandern ist des Müllers
Lust". Letzteres Lied könnte für
eine reiselustige Person beispielsweise in: „Das Reisen ist der Annie
Lust" umgedichtet werden. Besonders passend ist es dann, wenn die
Person auch von den Sängern ein
entsprechendes Geschenk erhält –
in diesem Fall vielleicht den Gutschein für eine Reise. Auch andere
Hobbys und Interessen können auf
diese Weise auf humorvolle Art
aufgegriffen werden.

Bei Liedern mit einem gleich-
bleibenden Refrain können Sie
auch die anderen Gäste zum Mitsingen auffordern. Die anfängliche
Zurückhaltung verfliegt meistens
schnell, und Sie haben für Stimmung auf der Feier gesorgt.

Und nun: an die Praxis!

Jetzt sind Sie dran. Spitzen Sie den Bleistift oder setzen Sie sich an den Rechner, und denken Sie sich ein paar Verse aus. Das können erste zaghafte Gehversuche sein oder kühne Entwürfe – Hauptsache, Sie machen den berühmten Anfang. Setzen Sie sich immer mal wieder für kurze Zeit – oder solange Sie mögen – an Ihre Entwürfe. Reimen und dichten soll Spaß machen und keineswegs in Quälerei ausarten. Und Sie werden sehen: Je mehr Übung Sie haben, umso besser gelingen Ihre Gedichte.

Auf den folgenden Seiten finden Sie Anregungen zum Schreiben Ihrer eigenen Reime. Diese sollen vor allem Ihrer Inspiration dienen. Denn gereimt werden kann zu allen möglichen Gelegenheiten: Wie wäre es mit einer gereimten Einladung, einem Neujahrsgruß oder einem kleinen Weihnachtsgedicht für die Familienfeier?

Kleine Reime zum Geburtstag

Sie können jemandem wohl kaum ein persönlicheres Geburtstagsgeschenk machen als durch ein selbst geschriebenes Gedicht. Egal, ob Sie es dann öffentlich vortragen oder ob Sie es auf eine Glückwunschkarte schreiben oder dem Geschenk beilegen: Ihr Gedicht wird mit Sicherheit zu den schönsten Geschenken gehören, die das Geburtstagskind erhalten hat.

Bevor Sie sich an ein längeres Gedicht heranwagen, können Sie sich erst einmal an kleinen Vierzeilern üben. Eine schöne Möglichkeit für originelle Geburtstagsreime ist es, die Monatsnamen als Reimwörter in einem Gedicht zu verwenden. Alternativ können die Jahreszeiten als Aufhänger oder Reime verwendet werden. Versuchen Sie es einmal, es geht ganz leicht.

Bei längeren Gedichten müssen Sie auch inhaltlich schon etwas weiter ausgreifen. Vor allem sollten Sie das Geburtstagskind gut genug kennen, um die Verse mit Inhalt füllen zu können. Denn nur ein solchermaßen individuelles Gedicht bereitet dem Beschenkten auch eine besondere Freude und sorgt bei einem Vortrag für das eine oder andere Schmunzeln. Doch Vorsicht: Plaudern Sie bei einer größeren Gästeschar nicht zu sehr aus dem Nähkästchen. Vor allem bei runden Geburtstagen können Arbeitskol-

Verse, die auf eine Geburtstagsfeier anspielen, lassen sich auch gut für einen originellen Eintrag im Gästebuch verwenden.

legen, entfernte Verwandte und weitere nur lose bekannte Personen anwesend sein. Manche Marotten

Geburtstag

Im eiseskalten Januar,
Da wurdest du geboren,
Am Baume hing noch Engelshaar,
Und alle Leute froren.
Das ist bis heute so geblieben:
Wenn du feierst, ist es kalt.
Doch davor, dass dich alle lieben,
macht auch der Januar nicht Halt.

Manchmal ist er kurz,
Manchmal ist er lang –
Uns ist das heute schnurz,
Uns ist heut nicht bang:
An diesem Tag im Februar
Wirst du nämlich ___ Jahr!

Der Monat Mai ist sehr charmant
Mit seinen Frühlingsgaben.
Von Maienkindern ist bekannt,
Dass sie viel Gleiches haben:
Drum, Maienkind, an diesem Tage
ein Hoch auf dich! Wir stoßen an!
Und wünschen dir, gar keine Frage,
was man an Glück nur wünschen kann.

Der Sommer kennt so manche Wonne:
Es lacht von früh bis spät die Sonne.
Es grünt und blüht – und außerdem
Wie wundervoll, wie angenehm:
Nicht nur gibt's Party, schöner noch –
Geburtstag hast du, lebe hoch!

und Anekdoten, die Sie vielleicht liebenswert finden, können vor einem größeren Publikum eher peinlich und unpassend wirken.

Auch scherzhafte Andeutungen auf graue Haare, morsche Knochen und ähnliche nicht ganz so erfreuliche Begleiterscheinungen des Alters sollte man sich verkneifen. Bestenfalls werden sie als Klischees aufgefasst, schlimmstenfalls ärgert sich das Geburtstagskind. Sie sollten ohnehin möglichst alle Klischees

„Geburtstagsgruß"

Ach wie schön, dass du geboren bist!
Gratuliere uns, dass wir dich haben,
Dass wir deines Herzens gute Gaben
Oft genießen dürfen ohne List.

Deine Mängel, deine Fehler sind
Gegen das gewogen harmlos klein.
Heut nach vierzig Jahren wirst du sein:
Immer noch ein Geburtstagskind.

Möchtest du: nie lange traurig oder
* krank*
Sein. Und: wenig Hässliches erfahren. –
Deinen Eltern sagen wir unseren
* fröhlichen Dank*
Dafür, dass sie dich gebaren.

Gott bewinke dir
Alle deine Schritte;
Ja, das wünschen wir,
Deine Freunde und darunter (bitte)
Dein _____
(JOACHIM RINGELNATZ)

beiseitelassen. Das gilt auch für positive Auswirkungen, die man dem Alter zuschreibt – etwa Gelassenheit und Weisheit. Es sei denn, Sie bewundern den Jubilar für diese Eigenschaften. Seien Sie wertschätzend und positiv, und stellen Sie das Geburtstagskind ins Zentrum Ihrer Überlegungen, wie es etwa Joachim Ringelnatz in seinem Geburtstagsgedicht macht.

Reime für das Gästebuch

Ein Gästebuch ist eine zwiespältige Angelegenheit. Darin herumzublättern, in Erinnerungen zu schwelgen und in den vielen Eintragungen zu schmökern kann ein herrlicher Spaß sein. Doch wird man selbst aufgefordert, bitte etwas ins Gästebuch zu schreiben, möchte man am liebsten die Flucht ergreifen. Selbst wenn man sonst kein schreibfauler Mensch ist – das Gästebuch ist dennoch eine besondere Herausforderung.

Bei manchen Gastgebern weiß man bei einem Besuch schon im Voraus, dass man um einen Eintrag ins Gästebuch nicht herumkommt. Es ist also sinnvoll, sich bereits vorher ein paar Gedanken darüber zu machen, was man schreiben will. Und warum nicht einen kleinen Reim verwenden?

Wenn Sie schon etwas Übung im Reimen haben, können Sie natürlich auch direkt auf der Feier ein

Gästebuch

Feste feiern, wie sie fallen,
Sind stets der größte Spaß von allen.
Mit dir zu feiern aber war
(Oder: Das Fest bei Ihnen aber war)
heut ganz besonders wunderbar.
Von Herzen Dank und au revoir!

paar Verse schreiben. Schön ist es beispielsweise, etwas von der guten Stimmung der Feier oder des Treffens zu schreiben, von den Menschen, die man getroffen hat, der Freundschaft, die einen mit dem Gastgeber oder den Gastgebern verbindet. Ein solcher Eintrag hat einen besonders hohen Erinnerungswert.

Häufig kommt es auch vor, dass Gästebücher zu besonderen Gele-

Der Eintrag ins Gästebuch kann eine echte Herausforderung sein – gut, wenn man bereits zuvor einige Ideen gesammelt hat.

Reimwörter für Gästebücher

Es gibt ein paar Reimwörter, die man sich speziell für Gästebücher merken kann. Dann hat man immer ein paar Reime auf Lager, die jeweils neu kombiniert und angepasst werden können.

Gäste – beste – Feste

zu Gast – fast – ohne Hast – Rast

Haus – Applaus – Gaumenschmaus – ein und aus

Spaß – Glas – aß – saß

vielen Dank – Speis und Trank

An Silvester ist es ein schöner Brauch, gute Wünsche für die Zukunft auszudrücken – warum nicht einmal in gereimter Form?
▼

genheiten ausgelegt werden – etwa bei einer Hochzeit, einem runden Geburtstag oder einem Polterabend. Dies ist eigentlich ein schöner Brauch, da die Einträge eine besondere Erinnerung an das Ereignis darstellen. Doch ist der Druck auf die Gäste umso höher, etwas besonders Kluges, Witziges und Originelles schreiben zu müs-

sen. Am besten formulieren Sie in Reimform einfach ein paar gute Wünsche für den Gastgeber – je nach Anlass kann das ein Geburtstagsgruß, ein Segensspruch zur Hochzeit oder Ähnliches sein.

Reime zum neuen Jahr

Eine schöne Gelegenheit zum Reimen sind auch jahreszeitliche Feste aller Art, allen voran Silvester. Sie können kleine, selbst verfasste Gedichte auf Postkarten schreiben und sie an Verwandte und Freunde schicken. Oder formulieren Sie doch einen Reim für eine Einladung zu einer Silvesterparty. Und falls Sie selbst zu einer Silvesterfeier oder einem Neujahrsumtrunk eingeladen werden, eignet sich ein

Neujahr

*Altes Jahr ist fast vorüber,
neues Jahr steht vor der Tür.
Wieder dreh'n sich Nächte, Tage,
Fettes, Mageres, Freude, Klage,
Sonne, Regen – Antwort, Frage,
Wieder steh'n wir hier.*

*Dieses Jahr wird vieles bringen,
uns und euch und dir und mir.
Lassen wir uns ein aufs Neue
voller Zuversicht und Treue,
voller Mut und ohne Reue
und das Glück stets im Visier!*

„Zu Neujahr"

*Will das Glück nach seinem Sinn
Dir was Gutes schenken,
Sage Dank und nimm es hin
Ohne viel Bedenken.*

*Jede Gabe sei begrüßt,
Doch vor allen Dingen:
Das, worum du dich bemühst,
Möge dir gelingen.*

(WILHELM BUSCH)

kleiner passender Reim auch hervorragend für einen Eintrag in das Gästebuch oder für ein Kärtchen an einem Gastgeschenk.

Es versteht sich von selbst, dass in einem Gedicht zu Silvester oder Neujahr nur gute Wünsche für die Zukunft geäußert werden sollen. Bedenken und Sorgen haben in solchen Reimen keinen Platz. Das gilt besonders, wenn der Empfänger eines Gedichts eine schwierige Zeit hinter sich hat. Silvester und Neujahr sind, trotz aller Feierlichkeit, fröhliche Feste, maximal darf in den Versen etwas Sentimentalität und Nachdenklichkeit mitschwingen.

Reime zur Hochzeit

Hochzeiten gehören zu den schönsten Gelegenheiten, ein selbst gereimtes Gedicht zu präsentieren. Als Brautpaar können Sie mit einem selbstverfassten Reim Ihre Einladung oder Ihre Danksagungen schmücken. Als Braut oder Bräutigam können Sie am schönsten Tag Ihres Lebens dem anderen eine ganz besondere Freude machen. Und als Gast können Sie auf diese Weise das Brautpaar ehren: entweder öffentlich, im Rahmen einer kleinen Rede oder eines Toasts, oder auf einem Kärtchen, das Sie dem Hochzeitsgeschenk beilegen. Häufig werden gerade zur Vermählung Geldgeschenke gemacht, diese eher unpersönlichen Präsente werden durch ein persönliches Gedicht aufgewertet. Passen können hierbei nicht nur Reime über Ehe und Hochzeit, sondern auch romantische Liebesgedichte.

Wenn Sie, beispielsweise mit Freunden, zu einem größeren Geschenk zusammenlegen, ist es besonders nett, wenn Sie zusammen ein passendes Gedicht schreiben. Jeder kann dann einen Vers oder

Hochzeit

*Zwei Seelen wollen sich vermählen,
zwei Herzen schlagen im Takt.
Viel teurer noch als Kronjuwelen
ist eurer Liebe Pakt.*

*Ihr beide hattet euch gefunden,
und endlich seid ihr auch vermählt.
In Liebe habt ihr euch gebunden,
für immer einander gewählt.*

„O glücklich, wer ...“

O glücklich, wer ein Herz gefunden,
Das nur in Liebe denkt und sinnt
Und mit der Liebe treu verbunden
Sein schönres Leben erst beginnt!

Wo liebend sich zwei Herzen einen,
Nur eins zu sein in Freud und Leid,
Da muss des Himmels Sonne
  scheinen
Und heiter lächeln jede Zeit.

Die Liebe, nur die Lieb ist Leben:
Kannst du dein Herz der Liebe weihn,
So hat dir Gott genug gegeben,
Heil dir! Die ganze Welt ist dein!
(HOFFMANN VON FALLERSLEBEN)

eine Strophe beisteuern – gerade bei heiteren Versen macht so das Schreiben viel Spaß. Besonders schön ist es, wenn Sie das Gedicht, das dann natürlich auch ein wenig länger ausfallen sollte, bei der Hochzeitsfeier vortragen. Auch längere – aber nicht zu lange – romantische Gedichte kommen auf Hochzeiten sehr gut an.

Reime zur Gold- und Silberhochzeit

Auch zu den Hochzeitsjubiläen lassen sich schöne Reime finden – je höher das Jubiläum, desto festlicher können sie ausfallen. Für

Vorträge eignen sich besonders gut Gedichte, in denen strophenweise auf Stationen der Ehe eingegangen wird: Kennenlernen, Verlobung, Hochzeit, erstes Kind usw. Auch auf die Berufstätigkeit der Eheleute und ihre Wohnorte etc. kann Bezug genommen werden – mal ernst, mal heiter. Selbst schwierige Phasen, wie etwa eine ernsthafte Erkrankung, können so aufgegriffen werden.

Ehejubiläum

Vor 50 Jahren standet ihr
vor dem Traualtar.
Deshalb sind wir alle hier,
verkünden, wie es war.

„Wer ist das Mädchen“, fragte er,
als er die Ilse sah,
das erste Mal, lang ist es her,
wir wissen, wie es war.

Das Schicksal führte sie zusammen
im Caféhaus an der Rhön.
Sie standen auch sogleich in
  Flammen,
wollten sich bald wiedersehn.

(...)

Jahr um Jahr habt ihr als Paar
viel erlebt, sei's Leid, sei's Freude,
wart euch treu mit Haut und Haar.
Zu eurem Ehrentage heute
prosten wir euch zu: Chapeau!
Wünschen euch als Freundesleute:
Bleibt so glücklich, bleibt so froh.

Möglich ist es auch, einen kleinen humorvollen Toast in Reimform zu Ehren des Jubelpaares anzubringen.

Reime zur Geburt

Auch wenn ein neuer Erdenbürger auf der Welt ist, können Sie die Gelegenheit für ein kleines Gedicht ergreifen. Vielleicht möchten Sie den frischgebackenen Eltern eine Glückwunschkarte schreiben oder ein kleines Geschenk für das Neugeborene mit einem besonderen Segenswunsch verbinden. Hierfür eignen sich sehr gut kleine, liebevolle Reime. Natürlich können Sie auch als Elternpaar die Karten an Freunde und Verwandte mit einem Gedicht versehen.

Gedichte zur Geburt können sowohl heiter als auch nachdenklich und ein bisschen philosophisch sein. Denn gibt es ein größeres Wunder, als einen neuen Erdenbürger auf der Welt willkommen zu heißen?

 **Geburt**

Nachwuchs hat sich eingestellt.
Die kleine Lotta kam zur Welt.
Das habt ihr wirklich gut gemacht!
Ein allerliebster Augenstern,
mag sie auch schreien jede Nacht,
wir alle haben sie gern.

 **„Zur Geburt"**

Wir wünschen euch und eurem Kinde
an Glück, so viel das Herz nur fasst.
Und ein Willkommensangebinde
sei Gruß dem neuen Erdengast.

Er soll ein braver Junge werden
und euch zur Freude gut gedeih'n.
Ihm leuchte im Gestrüpp auf Erden
des Lebens schönster Sonnenschein.

Euch Eltern aber sei beschieden,
was ihr nur wünscht für euch und ihn.
Im kleinen Heim soll Lust und Frieden
bestehen als des Daseins Sinn!
(FRIEDRICH HEBBEL)

Reime für Jubiläen und andere Gelegenheiten

Es gibt kaum eine festliche Gelegenheit, zu der sich nicht ein passender Reim finden ließe. Auch auf Jubiläen aller Art können Sie mit kleinen Reimen in Vortragsform besondere Akzente setzen. Hierbei sind Sie inhaltlich natürlich völlig frei. Sie können mal lustige, mal feierliche Verse schmieden. Natürlich müssen Sie hierbei den Rahmen der Veranstaltung sowie den Geschmack des Jubilars und der Gäste berücksichtigen. Bei eher privaten Veranstaltungen werden Sie andere Worte wählen als auf Firmenfeiern. Gerade bei dem Jubiläum eines Mitarbeiters oder

Arbeitsjubiläum

Heute hast du hier geschafft
schon fünfundzwanzig Jahr'
mit Disziplin und Führungskraft,
ein Hoch dem Jubilar!

Du bist stets freundlich und loyal
und hast ein Herz aus Gold
und, wie man weiß, Nerven aus Stahl,
drum man Respekt dir zollt.

Bitte mache nur so weiter,
bist unser bester Mann,
und alle unsre Mitarbeiter
stoßen auf dich an.

Chefs ist ein kleiner gereimter Toast immer angebracht.

Limericks

Doch geht es auch ganz anders, gerade bei privateren Gelegenheiten. Das nebenstehende Musterbeispiel wurde anlässlich der Feier eines Jagdverbands zu Ehren eines langjährigen Mitglieds vorgetragen. Der Hobbydichter griff eine lustige Episode aus dem Leben des Mitglieds heraus, übertrieb sie ein wenig und verarbeitete sie in einem sogenannten Limerick. Diese Versform eignet sich für besonders spaßige, skurrile Inhalte.

Der Limerick stammt ursprünglich aus England. Besonders der englische Nonsense-Dichter Edward Lear (1812–1888) machte ihn populär. In Deutschland wurde diese Reimform durch das Duo Schobert & Black in den 1970er-Jahren bekannt.

Das Reimschema ist a – a – b – b – a. Im ersten Vers wird meist eine Ortsbezeichnung genannt, im letzten kommt eine überraschende Pointe. Auch Rhythmus und die Länge der Verse sind – zumindest grob – festgelegt: Vers 3 und 4 sind kürzer als die anderen, zwischen zwei Betonungen in einer Zeile sollten zwei unbetonte Silben liegen. Jeder Vers beginnt mit einer oder zwei unbetonten Silben. Limericks zu schreiben kann sehr viel Spaß machen – vielleicht versuchen Sie es selbst einmal!

Limerick

Es war mal ein Jäger in Hessen,
der hat seine Flinte vergessen.
Die Keiler im Walde,
die kamen schon balde,
um ihm aus den Händen zu fressen.

Wie Sie sehen, können Sie auf vielerlei Weise mit Sprache spielen und Verse bei einer Vielzahl von Gelegenheiten zum Besten geben. Ihrer Fantasie ist hierbei keine Grenze gesetzt. Wenn Sie erst einmal ein wenig Übung im Reimen haben, werden Ihnen Verse fast wie von selbst einfallen.

Aphorismen und Zitate

Im Folgenden möchten wir Ihnen eine kleine Auswahl der schönsten Sinnsprüche und Zitate zu den verschiedensten Gelegenheiten an die Hand geben. Lassen Sie sich von diesen Gedanken für Ihre eigenen Worte inspirieren oder verwenden Sie sie als Bestandteil Ihrer Briefe oder Reden.

Briefe schreiben

Nichts ist leichter, als so zu schreiben, dass kein Mensch es versteht; wie hingegen nichts schwerer, als bedeutende Gedanken so auszudrücken, dass jeder sie verstehen muss.
Arthur Schopenhauer

Schreiben ist leicht. Man muss nur die falschen Wörter weglassen.
Mark Twain

Wer beim Schreiben viele Ausrufezeichen verwendet, spricht auch sehr laut.
Heimito von Doderer

Um gut zu schreiben, muss ein Autor erst Verstand und Sinn, um gut zu denken, haben.
Horaz

Ist denn nicht das Schreiben selbst eine Unterredung mit dem Freunde? Mir wenigstens ist es fast ebenso süß, an ferne Liebe zu schreiben, als von ihnen Briefe zu empfangen.
Adalbert Stifter

Um einen guten Liebesbrief zu schreiben, musst du anfangen, ohne zu wissen, was du sagen willst, und endigen, ohne zu wissen, was du gesagt hast.
Jean-Jacques Rousseau

Ein Brief ist eine Seele. Er ist ein so getreues Abbild der geliebten Stimme, die spricht, dass empfindsame Gemüter ihn zu den köstlichsten Schätzen der Liebe zählen.
Honoré de Balzac

Briefe sind Stimmungskinder.
Christian Morgenstern

Die Worte großer Dichter und Denker können beim Schreiben inspirieren.

Schreibe nur, wie du reden würdest, und so wirst du einen guten Brief schreiben.
Johann Wolfgang von Goethe

Wenn jemand einen lieben Brief erhält, wie oft fährt seine Hand in die Tasche und liest ihn von Neuem?
Jeremias Gotthelf

Reden halten

Man gebrauche gewöhnliche Worte und sage ungewöhnliche Dinge.
Arthur Schopenhauer

Was sich überhaupt sagen lässt, lässt sich klar sagen, und wovon man nicht reden kann, darüber muss man schweigen.
Ludwig Wittgenstein

Wer auf andre Leute wirken will, der muss erst einmal in ihrer Sprache mit ihnen reden.
Kurt Tucholsky

Allein der Vortrag macht des Redners Glück.
Johann Wolfgang von Goethe

Wer gut reden will, muss erst gut nachdenken.
Italienisches Sprichwort

Wie alle Menschen, die ein Thema zu erschöpfen versuchen, erschöpfte er seine Zuhörer.
Oscar Wilde

Die Sprache der Wahrheit ist einfach.
Euripides

Den Anfang ihrer Rede hatten sie wieder vergessen und das Letzte verstanden sie nicht.
Herodot

Sag nicht alles, was du weißt, aber wisse immer, was du sagst.
Matthias Claudius

Für gewöhnlich stehen nicht die Worte in der Gewalt der Menschen, sondern die Menschen in der Gewalt der Worte.
Hugo von Hofmannsthal

Freundschaft

Es gibt Menschen, deren einmalige Berührung mit uns für immer den Stachel in uns zurücklässt, ihrer Achtung und Freundschaft wert zu bleiben.
Christian Morgenstern

Großzügigkeit ist das Wesen der Freundschaft.
Oscar Wilde

Freundschaft, das ist eine Seele in zwei Körpern.
Aristoteles

Im Grunde sind es immer die Verbindungen mit Menschen, die dem Leben seinen Wert geben.
Wilhelm von Humboldt

Solange ich bei klarem Verstand bin, soll mir nichts über einen liebenswürdigen Freund gehen.
Horaz

Von all den Dingen, die die Weisheit zu einem glücklichen Leben beiträgt, ist nichts wichtiger, ergiebiger und freudiger als die Freundschaft.
Epikur von Samos

Alte Freunde sind wie alter Wein, er wird immer besser, und je älter man wird, desto mehr lernt man dieses unendliche Gut schätzen.
Adalbert Stifter

Man lebt, wenn man das Glück hat, mehre Freunde zu besitzen, mit jedem Freunde ein eignes, abgesondertes Leben.
Ludwig Tieck

Ohne Freundschaft möchte niemand leben, hätte er auch alle anderen Güter.
Aristoteles

Die eigentliche Aufgabe eines Freundes ist es, auf deiner Seite zu sein, wenn du im Unrecht bist. Jedermann ist auf deiner Seite, wenn du im Recht bist.
Mark Twain

Was kann süßer sein als einen Freund haben, mit dem du alles, was in deinem Herzen ist, besprechen kannst wie mit dir selbst?
Meister Eckart

Liebe, Hochzeit und Ehe

Der beste Freund wird wahrscheinlich die beste Gattin bekommen, weil die gute Ehe auf dem Talent zur Freundschaft beruht.
Friedrich Nietzsche

Die Ehe ist und bleibt die wichtigste Entdeckungsreise, die der Mensch unternehmen kann.
Sören Kierkegaard

Es ist mit der Liebe auch wie mit anderen Pflanzen: Wer Liebe ernten will, muss Liebe pflanzen.
Jeremias Gotthelf

Wo die Liebe ist, gibt es kein Ich. Für den Geliebten ist alles nur das Du.
Rumi

Wenn ich mit Menschen- und mit Engelzungen redete, und hätte der Liebe nicht, so wäre ich ein tönend Erz oder eine klingende Schelle.
1. Korinther 13,1

Wenn auf Erden die Liebe herrschte, wären alle Gesetze entbehrlich.
Aristoteles

Liebe ist das Einzige, was wächst, indem wir es verschwenden.
Ricarda Huch

Echte Liebesgeschichten gehen nie zu Ende.
Marie von Ebner-Eschenbach

Auf der Suche nach geeigneten Zitaten zu den verschiedensten Lebensbereichen werden Sie auch im Internet fündig. Allerdings sind die Quellen nicht immer zuverlässig, und oftmals werden Zitate einem Autor fälschlicherweise zugeschrieben.

Um den vollen Wert des Glücks zu erfahren, brauchen wir jemanden, mit dem wir es teilen können.
Mark Twain

Soweit die Erde Himmel sein kann, soweit ist sie es in einer glücklichen Ehe.
Marie von Ebner-Eschenbach

Geburt

Allein man nimmt sich nicht in acht – und schlupp! ist man zur Welt gebracht.
Wilhelm Busch

Wenn Kinder klein sind, gib ihnen Wurzeln. Sind sie groß, schenk ihnen Flügel.
Indisches Sprichwort

Kinder sind das lieblichste Pfand der Ehe; sie binden und erhalten das Band der Liebe.
Martin Luther

Ein sorgfältig ausgewähltes Zitat vervollständigt die Glückwunschkarte zur Geburt eines Kindes.
▼

Wo Kinder sind, da ist ein goldenes Zeitalter.
Novalis

Ein Kind ist eine sichtbar gewordene Liebe.
Novalis

Was eine Kinderseele
aus jedem Blick verspricht,
so reich ist doch an Hoffnung
ein ganzer Frühling nicht!
Hoffmann von Fallersleben

Mir scheint, ich sehe etwas Tieferes, Unendlicheres, Ewigeres als den Ozean im Ausdruck eines kleinen Kindes, wenn es am Morgen erwacht oder kräht oder lacht, weil es die Sonne auf seine Wiege scheinen sieht.
Vincent van Gogh

Geburtstage und Feste

Kummer, sei lahm! Sorge, sei blind!
Es lebe das Geburtstagskind!
Theodor Fontane

Tages Arbeit, abends Gäste!
Saure Wochen, frohe Feste
sei dein künftig Zauberwort.
Johann Wolfgang von Goethe

Man bleibt jung, solange man noch lernen, neue Gewohnheiten annehmen und Widerspruch ertragen kann.
Marie von Ebner-Eschenbach

Ein Leben ohne Feste ist wie ein
langer Weg ohne Einkehr.
Demokrit

Unser ganzes Leben ist ein nie
wiederkehrender Geburtstag der
Ewigkeit, den wir darum heiliger
und freudiger begehen sollen.
Jean Paul

Trauer und Trost

Nicht der hat am meisten gelebt,
der die meisten Jahre zählt,
sondern der, der das Leben
am meisten empfunden hat.
Jean-Jacques Rousseau

Alle weltlichen Dinge sind nur ein
Traum im Frühling. Betrachte den
Tod als Heimkehr.
Konfuzius

Kein Wesen kann in nichts zerfallen,
das Ewige regt sich in allen.
Johann Wolfgang von Goethe

So ist es auf Erden: Jede Seele wird
geprüft und auch getröstet.
Fjodor Dostojewski

Wir werden leben, nur die Zeit
stirbt.
Erich Maria Remarque

Das einzig Wichtige im Leben sind
die Spuren von Liebe, die wir hinterlassen, wenn wir weggehen.
Albert Schweitzer

Ich bin nicht tot,
ich tausche nur die Räume,
ich bin in euch und geh'
durch eure Träume.
Michelangelo Buonarotti

Fasst frischen Mut! So lang ist
keine Nacht, dass endlich nicht
der helle Morgen lacht.
William Shakespeare

Tod, wo ist dein Stachel?
Hölle, wo ist dein Sieg?
1. Korinther 15,55

Nichts verbleibt in derselben
Gestalt, und Veränderung liebend
erschafft die Natur stets neu aus
anderen andere Formen, und in
der Weite der Welt geht nichts
verloren.
Ovid

Alles, was Wissenschaft mich lehrte
und noch lehrt, stärkt meinen
Glauben an ein Fortdauern unserer
geistigen Existenz über den Tod
hinaus.
Wernher von Braun

Und meine Seele spannte
Weit ihre Flügel aus,
Flog durch die stillen Lande,
Als flöge sie nach Haus.
Joseph von Eichendorff

Auferstehung ist unser Glaube,
Wiedersehen unsere Hoffnung,
Gedenken unsere Liebe.
Augustinus

Internet, E-Mail & Co. – elektronische Kommunikation

Das Internet ist ein recht neues Medium, und es entwickelt sich laufend weiter. Selten hat eine neue Technik das Alltagsleben so vieler Menschen in so kurzer Zeit verändert. Wir können inzwischen in Sekundenschnelle mit Personen Textnachrichten austauschen, die auf der anderen Seite des Planeten leben, wir können Video-Chats führen mit Dutzenden Teilnehmern, wir können im Internet Freundschaften knüpfen und mit wildfremden Menschen über unsere Hobbys diskutieren. All dies war noch vor wenigen Jahrzehnten völlig undenkbar. Auch auf unser Berufsleben hat das Internet Einfluss genommen: Menschen können ihre Arbeit von zu Hause aus, im Home Office, verrichten. Wichtige Nachrichten, die früher selbstverständlich mit der Post geschickt wurden, erreichen ihren Empfäger heute meist per E-Mail. Die Nutzung des Internets ist so zu einer wichtigen Kulturtechnik geworden.

Im nächsten Kapitel erfahren Sie vieles Wissenswerte zum rasanten Siegeszug des Internets und des Smartphones. Sie lernen Grundlegendes und Interessantes über die sozialen Medien und ihre Entwicklung – wobei auch die durchaus vorhandenen Schattenseiten nicht ausgespart werden sollen, etwa der heikle Umgang mit dem Datenschutz. Dabei wird nicht nur der private, sondern auch der berufliche Umgang mit dem Internet thematisiert.

Das Internet – eine Erfolgsgeschichte

Das Internet ist aus dem Alltag der meisten Menschen nicht mehr wegzudenken. Selten hat eine neue Technologie das Leben so rasant verändert. Während es einige Jahrzehnte dauerte, bis sich das Telefon in den meisten Wohnzimmern durchsetzte, ging der Siegeszug des Internets in wenigen Jahren weltweit vonstatten.

Das Internet verbindet heute Milliarden Menschen weltweit. Eine Whatsapp-Nachricht, in New York gesendet, erreicht ihren Empfänger in München binnen Sekunden. Auf sozialen Netzwerken, in Kommentarspalten und internationalen Foren diskutieren Menschen aus der ganzen Welt miteinander. Umso erstaunlicher, dass diese Technologie, die so viele Menschen zusammenführt, eigentlich für militärische Zwecke erfunden wurde.

Das Internet haben wir vor allem dem Kalten Krieg zu verdanken. Als 1957 die Sowjetunion den allerersten Satelliten überhaupt, Sputnik 1, ins All feuerte, kam in den USA die Sorge auf, technisch ins Hintertreffen zu geraten. Deswegen gründete das US-Verteidigungsministerium die Forschungsbehörde ARPA, eine Abkürzung von Advanced Research Projects Agency, zu Deutsch: Behörde für fortschrittliche Forschungsprojekte. Diese Behörde kooperierte mit weiteren Forschungseinrichtungen der USA.

Da man zudem befürchtete, die Sowjets könnten im Falle eines kriegerischen Angriffs das militärische Nachrichtensystem der USA zerstören, entwickelte die ARPA ein alternatives Kommunikationssystem. Eine zentrale Kontrollstelle wäre für einen Angriff besonders gefährdet gewesen, daher bevorzugte man dezentrale Netze, die einzelne Militärbasen miteinander verbanden – mit Computern als Knotenpunkten, die damals noch so groß wie Kühlschränke waren.

Ein Netzwerk, das den gesamten Globus umspannt: das Internet.

1969 gelang es das erste Mal, Computer über eine Telefonleitung miteinander zu verbinden.

Selbst im Falle eines Atomschlages hätte man diese Netze nicht komplett ausschalten können. Der Austausch von Informationen geschah – genau wie heute noch – durch die Versendung von Datenpaketen, die von Knotenpunkt zu Knotenpunkt – Rechner zu Rechner – geschickt wurden. Damit diese Datenpakete an ihrem Bestimmungsort ankamen, wurden für die Knotenpunkte Netzwerkgeräte, sogenannte Router, eingesetzt. Router sind auch heute noch ein zentraler Bestandteil des Internets. Da dieses Netz von der ARPA entwickelt wurde, nannte man diese Keimzelle des Internets ARPAnet.

Die ersten als Knotenpunkte fungierenden Computer wurden in Universitäten errichtet, vor allem zu Forschungszwecken. Dennoch – bis Ende der 60er-Jahre dümpelte die Entwicklung des Internets eher dahin. Das änderte sich mit den 1970er-Jahren. Das Netzwerk wurde weiter ausgebaut, öffentliche Netzwerke und Firmennetzwerke kamen hinzu. 1972 wurde die E-Mail erfunden, von Ray Tomlinson, einem Mitarbeiter der Firma BBN, die ein System der Datenübertragung für das US-Militär entwickeln sollte. „Sagt es keinem – daran sollten wir eigentlich gar nicht arbeiten", soll er zu seinen Mitarbeitern gesagt haben. Nur sechs Stunden hatte Tomlinson an der E-Mail getüftelt, und schon damals wurde sie von einem Server abgerufen und konnte in der eigenen Mailbox geöffnet werden. Ihm ist es zu verdanken, dass E-Mail-Adressen heute über das charakteristische @-Zeichen verfügen.

Die E-Mail ist bis heute ein Erfolgsmodell, gerade in der beruflichen und der Firmenkorrespondenz. Auch weitere Dienste, die heutzutage noch genutzt werden, wurden bereits damals entwickelt – etwa die Newsgroups, ein Austauschmedium per Mail.

1973 waren bereits 2000 Rechner miteinander verbunden. Es kamen weitere Netze hinzu, etwa Telenet, BITNET oder CSNET, die später zum Internet verknüpft wurden. Das Wort „Internet" ist übrigens eine Abkürzung der Wendung „Interconnected Networks" – auf Deutsch: „verbundene Netzwerke".

Das Usenet wurde erfunden, das bis heute noch neben dem viel bekannteren Word Wide Web existiert und vor allem für Forschungszwecke genutzt wird. Die in den 70er-Jahren entwickelten sogenannten TCP/IP-Protokolle werden heute noch verwendet. Ende der 70er-Jahre stand auch die Computer-Industrie im kalifornischen Silicon Valley in den Startlöchern: Bill Gates gründete Microsoft, Steve Wozniak und Steve Jobs gründeten Apple.

Die ersten Computer waren riesige Rechenmaschinen, die ganze Räume umfassten. Die ersten funktionstüchtigen digitalen Computer wurden 1941 und 1946 in den USA gebaut. Sie waren nur zur Eingabe und Weiterverarbeitung von Zahlen gedacht – und noch heute wandeln unsere modernen Computer selbst Töne und Filme in Zahlen um, genau genommen in Abfolgen von Nullen und Einsen.

Anfang der 80er-Jahre verbanden sich die Netze weiter, unter den Ozeanen wurden hierfür sogar Tiefseekabel verlegt.

Die allererste E-Mail in Deutschland

1984 wurde die allererste Mail in der Bundesrepublik Deutschland empfangen – von einem wissenschaftlichen Mitarbeiter der Universität Karlsruhe. Auch in der Bundesrepublik wurden Internetverbindungen nun zügig ausgebaut. Zunehmend wurde das Internet auch für Privatpersonen interessanter. Nach dem Mauerfall 1989 und dem Zusammenbruch des Ostblocks entwickelte sich die E-Mail für alle. Unentgeltliche E-Mail-Programme wurden angeboten, aber zunächst nur von einer Minderheit genutzt.

Die ersten Webseiten im HTML-Code

Doch hatte das Internet bis dahin mit dem heutigen wenig Gemeinsamkeiten – es war ein Medium nur für Experten. Das änderte sich durch die Erfindung der Computersprache HTML, mit der es möglich war, komplexe Webseiten aufzubauen. HTML-Seiten sind heute noch die Grundlage des World Wide Web – dessen Abkürzung „www" in vielen Internetadressen vorkommt. HTML wurde 1989 vom Physiker und Informatiker Tim Berners-Lee entwickelt, der kurz darauf auch das Internetprotokoll HTTP erfand, mit dem sich – bis heute – Links ansteuern lassen. Dieser wissenschaftliche Tausendsassa entwickelte zudem 1993 den ersten Webbrowser, den ersten Webserver und die URL, also die Internetadresse. Er schrieb das Programm „World Wide Web", das es ermöglichte, auf einfache Weise im Netz Seiten zu veröffentlichen und zu finden – vorher ließen sich hierüber nur Nachrichten verschicken. Das Internet, so wie wir es heute kennen, war geboren. Ab 1993 konnte es auch jeder nutzen – zuvor war es vor allem für Universitätsangehörige nutzbar.

Natürlich war es noch recht langsam und schwerfällig, und viele Webseiten waren enorm textlastig. Die Seiten bauten sich nur langsam auf; Suchmaschinen wie AltaVista oder Yahoo konnten noch nicht auf Zigtausende Ergebnisse zugreifen. Server waren häufig überlastet, die Rechenkraft der Computer war begrenzt, und man musste sich über ein Modem einwählen – das konnte dauern. Dennoch – das Internet wurde auch für den freien Handel und für Privatleute immer attraktiver. 1997 gab es schon sechs Millionen über das Internet verbundene Rechner, im selben Jahr startete die Suchmaschine Google ihren bis heute unaufhaltsamen Siegeslauf.

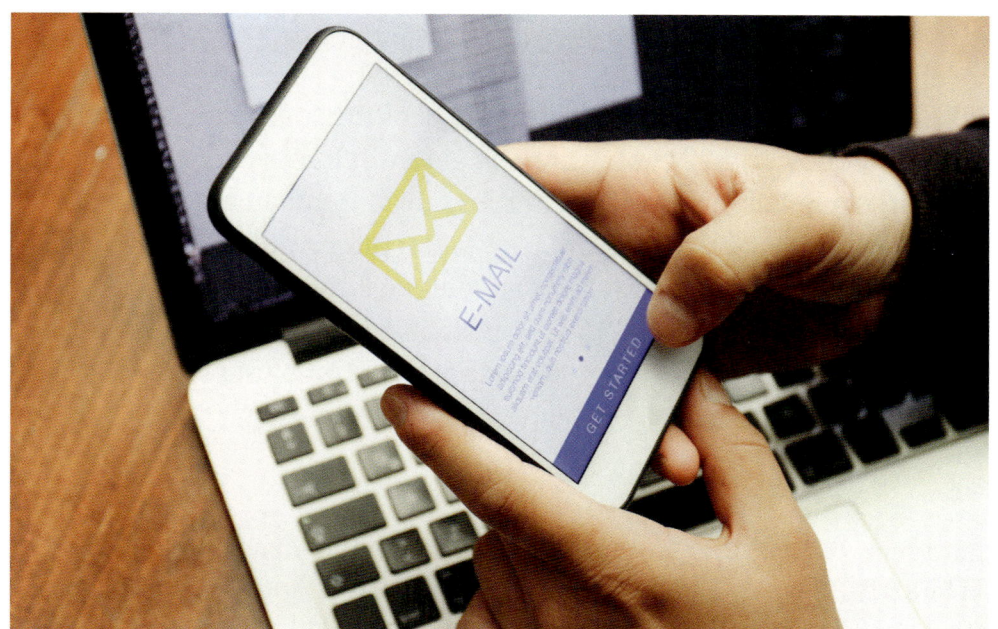

Ob zum Telefonieren, dem Versenden von Textnachrichten und E-Mails oder als Kamera: Smartphones sind Allrounder und aus dem Alltagsleben nicht mehr wegzudenken.

Web 2.0

Das Internet war von Anfang an auf Kommunikation angelegt – ja, man könnte sagen, Kommunikation war der ursprüngliche Daseinszweck. Mit dem 2003 geprägten Begriff Web 2.0 werden eine ganze Reihe von Entwicklungen bezeichnet, die diese Tendenz weiter unterstützten und das Netz in ein Internet zum Mitmachen verwandelten. Hierunter fallen etwa die vielen privaten Blogs mit Möglichkeiten des Abonnements, der Kommentierung und Vernetzung (sog. Blogosphäre), die Erstellung des riesigen Lexikons Wikipedia nur durch Internetnutzer und die neuen sozialen Netzwerke. 2004 erblickte Facebook das Licht der Welt – dieses von Mark Zuckerberg gegründete Netzwerk hat inzwischen mehr als eine Milliarde Nutzer. Weitere Plattformen folgten, etwa das Business-Netzwerk Xing oder der Microblogging-Dienst Twitter.

Das Internet wird mobil

Im Jahr 2000 wurde das Internet mobil – erst mit internettauglichen Handys, später mit dem heute aus dem Alltagsleben nicht mehr wegzudenkenden Smartphone. Heute nutzt weit mehr als die Hälfte der Weltbevölkerung das Internet – mit steigender Tendenz. Während 2018 in den Industrieländern über 80 Prozent der Menschen das Internet nutzten, waren es in den Entwicklungsländern immerhin bereits über 40 Prozent.

Die Schattenseiten des Internets

Man spricht im Zuge der rasanten Ausbreitung des Internets schon von einer „digitalen Revolution", die eigentlich nur vergleichbar ist mit den Umbrüchen, die die Erfindung des Buchdrucks nach sich zog. So begrüßenswert viele dieser Änderungen sind – sie bringen auch Gefahren mit sich. Das Internet ist zu einem Eldorado für Cyberkriminelle geworden. Um sich sicher im Netz bewegen zu können, sollte man daher die Gefahren kennen und sich entsprechend schützen.

Im Netz unterwegs – Schutz vor Viren und Datenklau

Leider hat mit der Entwicklung des Internets auch die Entwicklung von Bedrohungen aus dem Netz Schritt gehalten. Hierzu zählen Viren und die sogenannten Trojaner. Wenn man sich mit einem Computer ins Internet einloggt, ist darum die erste Devise die Installation eines guten Virenschutzprogramms. Viele sehr gute Antivirenprogramme sind im Internet kostenlos verfügbar. Doch Vorsicht: Laden Sie Programme nur von seriösen Seitenbetreibern herunter, damit Sie sich nicht aus Versehen das einfangen, wovor Sie sich eigentlich schützen wollten. Eine gute Anlaufstelle, um sich im Netz über seriöse Anbieter von Antivirenprogrammen zu informieren, ist die Website www.bsi-fuer-buerger.de des Bundesamts für Sicherheit in der Informationstechnik. Auch die Seite www.chip.de der Computerfachzeitschrift Chip bietet Links und zuverlässige Informationen.

Doch auch der beste Virenscanner kann nutzlos sein, wenn Sie sich zu sorglos im Netz bewegen. Ein gefährliches Einfallstor sind E-Mail-Anhänge. Öffnen Sie besonders Doc- und Excel-Dateien nur von Absendern, denen Sie vertrauen können. Auch beim Surfen im Internet sollte man lieber zweimal nachdenken, bevor man einen fragwürdigen Link öffnet. Ein unbedachter Klick kann sehr ärgerliche Folgen haben und unter Umständen Ihren ganzen Rechner lahmlegen oder persönliche Passwörter an Kriminelle weiterleiten.

Eine weitere Sicherheitslücke können veraltete Programme darstellen. Sorgen Sie daher dafür, dass die von Ihnen verwendeten Programme regelmäßige Updates erfahren und auf dem neuesten Stand sind.

Hilfe gegen Viren oder Trojaner

Leider kann es trotz aller Vorsichtsmaßnahmen passieren, dass man sich einen Virus oder ein anderes Schadprogramm einfängt. Dann heißt es, einen kühlen Kopf zu bewahren. Trennen Sie den Computer vom Internet, starten Sie ihn im abgesicherten Modus, und lassen Sie einen aktualisierten Virenscanner über das Programm laufen. Informieren Sie sich hierüber im Netz – natürlich nicht über den infizierten Computer. Ändern Sie unbedingt zeitnah sämtliche Passwörter, und zwar von einem anderen Rechner aus. Geben Sie über den infizierten Rechner auf keinen Fall Passwörter ein.

Eine informative und ungemein hilfreiche Seite stellt in diesem Zusammenhang die schon genannte Website www.bsi-fuer-buerger.de dar. Hier wird Ihnen auch Schritt für Schritt erklärt, wie Sie bei der Infizierung Ihres Rechners vorgehen sollten. Auch finden Sie Warnungen vor gerade grassierenden Computerviren.

Phishing-Mails können Sie auch der Verbraucherzentrale melden. Näheres finden Sie auf der Website der Verbraucherzentrale www.verbraucherzentrale.de.

Mit der weltweiten Zunahme von Online Banking haben in den letzten Jahren auch Bedrohungen durch gefälschte Mails zugenommen – das sogenannte „Phishing". Diese betrügerischen Mails ahmen, oft täuschend echt, Bank- und andere Mitteilungen nach und bitten um das Eingeben Ihrer Daten. Bedenken Sie, dass Banken und andere seriöse Anbieter niemals derartige Mails verschicken. Ein Blick in den genauen Absender der Mail zeigt in aller Regel auch, dass die Mail aus dem Ausland verschickt wurde und nichts mit der eigentlichen Organisation zu tun hat. Sollten Sie eine solche Mail erhalten, geben Sie niemals Daten über den Button ein. Diese werden von Kriminellen missbraucht, die so in den Besitz Ihrer Bankdaten kommen.

Kinder im Netz unterwegs

Kinder und Jugendliche sind mit dem Internet und Computern großgeworden und kennen sich oft weit besser damit aus als ihre

Beim Online Banking ist besondere Vorsicht geboten.

Eltern und Großeltern. Dies kann zu schwierigen Situationen führen, denn Kinder können die Gefahren im Netz oftmals nicht richtig einschätzen. Sie geben unbefangen private Daten an Personen heraus, die ihnen im Internet freundlich begegnen, sind arglos und unerfahren. Die große Sachkenntnis der jungen Generation steht damit in direktem Gegensatz zu ihrer mangelnden Lebenserfahrung. Es ist gerade Kindern sehr schwer begreiflich zu machen, dass beispielsweise hinter dem Profilbild eines jungen Mädchens mit Zöpfen ein älterer Herr stehen könnte, der dem Kind eben nicht wohlgesonnen ist. Doch es gibt auch weniger große Ge-

fahren, wie etwa die berühmt-berüchtigten Abofallen: Jugendliche können sich heillos verschulden, weil sie versehentlich viel zu teure Abonnements im Internet abgeschlossen haben.

Es ist daher von größter Wichtigkeit, Kinder im Internet zu begleiten. Natürlich darf ein Kind Geheimnisse vor seinen Eltern haben – aber keineswegs, was das Internet betrifft. Schärfen Sie den Ihnen anvertrauten Kindern ein, dass das Netz kein gefahrloser Raum ist. Es ist hierbei keine Lösung, Kindern den Umgang mit dem Netz zu verbieten. Richtiger ist es, Vertrauen aufzubauen und aufmerksam zu sein. Hierbei können im

Sehr gute Informationen und Hilfestellungen zum Thema „Kinder und Medien" bietet die Website www.schau-hin.info.

Kinder unter zwölf Jahren sollten nicht alleine im Internet unterwegs sein und lediglich auf altersgerechte Inhalte Zugriff haben.

Übrigen alle nur gewinnen: Kinder und Jugendliche profitieren von Ihrer Lebenserfahrung und Sie von ihrem Internetwissen. Als wichtige Faustregel gilt aber: Kinder unter zwölf Jahren sollten auf keinen Fall alleine im Internet surfen.

Cybermobbing

Vor allem Kinder und Jugendliche sind Opfer des sogenannten Cybermobbings – Mobbing im Internet. Dies kann vom Hochladen beschämender Fotos ins Internet bis hin zu massiven Bedrohungen reichen. Nun ist schon „normales" Mobbing schlimm, Cybermobbing allerdings kann noch gravierendere Folgen haben, da es viel weitere Kreise zieht. Ein Foto oder Video wurde unter Umständen schon Hunderte Male geteilt, bis das Opfer überhaupt bemerkt, dass es im Netz steht. Schärfen Sie daher schon Ihren Kindern ein, dass

- persönliche Informationen online nur an vertrauenswürdige Menschen weitergegeben werden sollten,
- sehr persönliche oder gar freizügige Fotos keineswegs in soziale Medien oder private Chat-Nachrichten gehören,
- persönliche Daten nicht im Internet geteilt werden sollten.

Sollten Sie, Ihr Kind oder Enkel Opfer von Cybermobbing geworden sein, wahren Sie einen kühlen

Kopf. Melden Sie die entsprechenden Postings den Verantwortlichen der Plattform, auf der sie veröffentlicht wurden. Dies ist meist mit wenigen Klicks möglich. Die Postings werden dann in aller Regel zeitnah entfernt.

Auch wichtig: Gehen Sie nicht auf Provokationen ein. Das verschlimmert meist die Situation und stachelt die Mobber an, weiterzumachen. Sollte das Cybermobbing nicht aufhören oder sich gar verschlimmern, sollten Sie Screenshots machen und Links als Beweismaterial sichern. Denn Cybermobbing ist je nach Schwere strafbar. Scheuen Sie sich daher nicht, sich im Falle von Cybermobbing an die Kriminalpolizei zu wenden. Wenn Schüler betroffen sind, kann auch ein ernstes Gespräch mit dem Klassenlehrer oder dem Direktor manchmal Wunder wirken.

Cybermobbing kann jeden treffen. Besonders Kinder und Jugendliche sind betroffen.

Mit dem Smartphone unterwegs

Es ist noch nicht so lange her, dass Handys unseren Alltag eroberten. Wer wäre – sagen wir im Jahr 1985 – schon auf die Idee gekommen, dass Menschen während ihrer Einkäufe, Spaziergänge und selbst im Bus telefonieren würden? Heutzutage gelten die Handys der ersten Generationen schon wieder als veraltet – die meisten Menschen nutzen ein Smartphone.

Smartphones gibt es zwar schon seit Mitte der 1990er-Jahre, doch erst seit 2007, mit der Marktreife des ersten iPhone, begann ihr Siegeszug. Diese Multifunktionsgeräte taugen als Kameras, spielen Musik ab, bieten einen Internetzugang, und über Apps lassen sich viele weitere Funktionen integrieren – ein Kompass, ein Navigationsgerät, Pläne für Bus und Bahn. Textnachrichten verschicken und telefonieren kann man damit selbstverständlich auch – und hierfür werden Smartphones auch immer noch vor allen Dingen genutzt.

Normalerweise sind auf modernen Smartphones schon alle wichtigen Programme installiert. Die grundlegenden Funktionen sind sowieso vorhanden: Telefon, Adressbuch, SMS, Kamera, Uhr etc. Um ein Smartphone auch wirklich überall nutzen zu können, muss zudem die SIM-Karte eines Mobilfunkanbieters als Datenanschluss installiert werden. Unentgeltlich ist die Nutzung über WLAN (bzw. Wi-Fi), ein kabelloses Netzwerk, das die meisten Menschen in Deutschland inzwischen zu Hause nutzen. Um ein solches Netzwerk zu installieren, benötigen Sie einen Router. Computer mit Internetzugang sind ebenfalls über ein solches Gerät mit dem Netz verbunden.

Apps

Es gibt unzählige Apps – Erweiterungen für Ihr Smartphone, die Sie sich auf Ihr Gerät laden können. Wenn Sie ein iPhone nutzen, laden Sie Apps über den Apple App Store herunter, haben Sie ein Android-Smartphone, nutzen Sie hierfür Google Play. Diese Anwendung ist kinderleicht, für Google Play benötigen Sie allerdings eine Google-E-Mail-Adresse. Diese können Sie jedoch in wenigen Schritten und natürlich kostenlos anlegen. Sie sollten Apps auch möglichst nur von diesen Plattformen herunterladen, da sonst die Gefahr zu groß ist, sich über die App eines unseriösen Anbieters Viren einzufangen.

Es ist verführerisch, sich eine Unzahl von Apps auf das Handy zu laden – schließlich haben moderne Smartphones viel Speicherplatz. Doch können Apps das Gerät auch träge und langsam machen, und die häufigen Updates verbrauchen recht viel Energie, sodass der Akku schneller leer wird. Auch laufen viele Apps im Hintergrund, selbst wenn sie gar nicht verwendet werden. Deshalb sollten Sie regelmäßig kontrollieren, ob Sie die heruntergeladenen Apps auch wirklich brauchen und wie viel Speicherplatz und Akku sie benötigen. Dies können Sie in den Einstellungen Ihres Handys nachsehen. Selten genutzte Apps oder Stromfresser sollten Sie vom Smartphone löschen. Nützlich sind natürlich Apps von Zeitungen, die Sie regelmäßig lesen, oder eine App Ihres E-Mail-Anbieters.

Immer erreichbar sein

In der schönen neuen Internetwelt liegen Fluch und Segen oft nahe beieinander. So können Sie unterwegs lästige Wartezeit nutzen, per Smartphone eine E-Mail oder Textnachricht beantworten oder einen wichtigen Anruf tätigen. Doch die Kehrseite der Medaille: Man ist immer erreichbar. Möchte man das? Gerade im Umgang mit dem Smartphone ist es wichtig, eine gute Balance zu finden. Nur weil Kommunikation jetzt per Textnachricht in

Sekundenschnelle vonstattengehen kann, bedeutet das nicht, dass man jede Nachricht auch sofort beantworten muss. Sie können sich für Ihre Reaktion durchaus auch Zeit lassen.

Smartphones und gutes Benehmen

Leider haben sich mit der schnellen Verbreitung des Handys bzw. Smartphones auch einige Unsitten etabliert. Wer musste nicht schon den privaten Ausführungen eines fremden Sitznachbarn im Bus lauschen, der dort hemmungslos mit seiner Frau telefonierte? Wen hat es noch nicht geärgert, bei einem Gespräch mit einem Freund oder einer

Gerade bei einem Spaziergang in der Natur, am Wochenende und im Urlaub sollte man das Handy auch einmal zur Seite legen oder zu Hause lassen.

Bei einem Abendessen zu zweit sollte man das Smartphone lieber ausschalten.

▼

Freundin ständig unterbrochen zu werden, weil die Person alle paar Minuten auf ihr Smartphone schaute? Höchste Zeit also, solchen Taktlosigkeiten zu begegnen. Aus diesem Grund finden Sie hier, ohne Anspruch auf Vollständigkeit, ein paar kleine Benimmregeln für Smartphone-Nutzer.

Da gesellige Treffen oder gemeinsame Mahlzeiten immer häufiger durch den Gebrauch des Handys gestört werden, hat sich beispielsweise folgendes kleine Spiel etabliert: Alle legen ihre Smartphones in die Mitte, wer seines zuerst aufnimmt, hat verloren und muss die folgende Runde bezahlen.

Der Smartphone-Knigge

- Eine Begegnung in der realen Welt geht grundsätzlich vor. Egal, ob man mit jemandem zum Essen verabredet ist oder nur einen kleinen Smalltalk auf der Straße führt: Der prüfende Blick auf das Handy sollte erst dann wieder erfolgen, wenn man sich von der Person verabschiedet hat. Es gibt wenige Ausnahmen: Eltern, die ihr kleines Kind gerade in die Obhut eines Babysitters gegeben haben, oder Menschen, die auf eine wirklich wichtige Nachricht warten. In so einem Fall erklären Sie Ihrem Gesprächspartner kurz die Situation.

- Verwenden Sie einen möglichst unaufdringlichen Klingelton und stellen Sie ihn nicht lauter als nötig.

- Falls man bei einem Meeting oder einem gemeinsamen Restaurantbesuch mit Freunden oder Kollegen auf einen wichtigen Anruf wartet, sollte man das Handy auf Vibrationsalarm stellen. Es ist höflich, zum Telefonieren den Raum zu verlassen und das Telefonat auf wenige Minuten zu begrenzen. Dabei versteht es sich von selbst, dass es sich hierbei um eine Ausnahme handeln sollte.

- Bei Besuchen im Theater, im Kino und auf klassischen Konzerten sollte man das Smartphone ausstellen oder ganz zu Hause lassen. Nichts ist peinlicher, als wenn in einer leisen Streicherpartie plötzlich das Handy klingelt. Selbst ein Vibrationsalarm kann störend sein und für Unruhe sorgen.

- Halten Sie bei Telefonaten möglichst einen gewissen Mindestabstand zu Ihren Mitmenschen. Falls Sie in öffentlichen Verkehrsmitteln telefonieren müssen – etwa um mitzuteilen, dass Ihr Zug Verspätung hat – fassen Sie sich kurz.

- Persönliche Details oder Firmeninterna gehen außer dem Gesprächspartner am anderen Ende der Leitung niemanden etwas an, und im Zweifel stört man mit unpassenden Telefonaten ein ganzes Zugabteil.

Textnachrichten

Seit etwa 1990 gibt es in Deutschland SMS (Short Message Service, Kurznachrichtendienst). Dieser Dienst war so beliebt, dass er eine eigene Wortschöpfung hervorbrachte: simsen. In letzter Zeit werden SMS mehr und mehr von Diensten wie z. B. Whatsapp verdrängt.

Selbst im Berufsleben haben sich SMS und verwandte Dienste wie Whatsapp inzwischen eingebürgert. Im Vergleich zu der Kommunikation per Brief – und meist auch per Mail – geht es hierbei deutlich legerer zu. Selbst in dienstlichen Belangen wird meist nur bei der ersten SMS eine Gruß- und Abschiedsformel verwendet, während alle weiteren ohne auskommen. Auch die Grußformeln sind meist weniger förmlich als im Briefverkehr. „Hallo Frau Steiner" ist weitaus üblicher als „Sehr geehrte Frau Steiner"; „Viele Grüße" wird als Abschiedsformel häufiger verwendet als „Mit freundlichen Grüßen". Auch hat es sich bei SMS bis zu einem gewissen Grad eingebürgert, Abkürzungen zu verwenden: „LG" für „Liebe Grüße", „GLG" für „Ganz liebe Grüße". Persönlicher und schöner ist es aber natürlich, Grußformeln auszuschreiben.

Viele – aber längst nicht alle – in SMS und Online-Mitteilungen gebräuchlichen Abkürzungen stammen aus dem Englischen. Auf der nächsten Seite finden Sie eine Liste häufiger Wendungen. Natürlich müssen Sie sie nicht benutzen, aber es ist sinnvoll, sie zu kennen. Gerade jüngere Menschen verwenden sie oft.

Rechtschreibung und Autokorrektur

Die kleine Tastatur an Smartphones kann bei größeren Händen sehr gewöhnungsbedürftig sein. Schnell vertippt man sich, und die Textnachrichten sind voller Rechtschreibfehler. Hierfür gibt es eine Lösung – allerdings eine Lösung mit einem riesigen Pferdefuß: die Autokorrektur. Je nach Tastatur und Einstellung können durch diese Funktion leider Eingaben bis zur Unsinnigkeit fehlinterpretiert werden. Das führt zwar manchmal zu durchaus lustigen Ergebnissen, doch sollte diese Funktion lieber ausgeschaltet werden. In einem Android-Smartphone ist dies beispielsweise unter „Einstellungen" – „Sprachen und Eingaben" möglich.

Prüfen Sie vor dem Abschicken die Textnachricht noch einmal auf Rechtschreibfehler – oder, falls Sie die Autokorrektur beibehalten wollen, auf unsinnige Formulierungen. Dies gilt erst recht, wenn Sie mit der Spracheingabe arbeiten. Denn auch das ist möglich. Ihr Handy ist dann quasi ein Diktiergerät, das Ihre Worte sogleich

Abkürzungen in Textnachrichten

Wendung	Englisch	Deutsch
4u	for you	Für dich
asap	as soon as possible	So schnell wie möglich
bb		Bis bald
cu	see you	Wir sehen uns
g	grin	Grinsen
gn8	good night	Gute Nacht
grats	congratulations	Gratulation
hug	hug	Umarmung
hdl		Hab dich lieb
lol	laughing out loud	Laut auflachen
np	no problem	Kein Problem
omg	oh my god	Oh mein Gott
rofl	rolling on the floor laughing	Vor Lachen auf dem Boden rollen
sry	sorry	Entschuldigung
thx	thanks	Danke
xoxo		Küsse und Umarmungen
xxx		Küsse

Eine kleine Zusammen-
stellung von weiteren
im Internet üblichen
Abkürzungen finden
Sie auf S. 282.

Vor allem die jüngere Generation nutzt gerne die Aufnahmefunktion des Smartphones, um kurze Sprachnachrichten zu schicken.

in Text transkribiert. Meist entstehen hierbei allerdings recht viele Fehler, die man ausmerzen sollte.

Sprachnachrichten

In den letzten Jahren hat das Verschicken von sogenannten Sprachnachrichten um sich gegriffen. Dies sind kleine Audioaufnahmen, die beispielsweise per Facebook-Messenger oder Whatsapp verschickt werden können.

Sprachnachrichten stellen eine wunderbare Funktion dar, um kleine liebevolle Grüße an Freunde und Verwandte zu schicken, vor allem dann, wenn man sich länger nicht mehr gesprochen hat. Sie sind aber völlig ungeeignet, um Sachverhalte zu klären oder wichtige Mitteilungen zu machen. Ärgerlich kann es sein, wenn Sprachnachrichten sehr lang sind und die Nachricht nur aus Belanglosigkeiten besteht, am besten noch zwischen Tür und Angel aufgenommen. Sicher, der Sender mag auf diese Weise Zeit einsparen, der Empfänger jedoch muss sich minutenlange Nachrichten anhören, die ihn möglicherweise gar nicht interessieren. Zwar hat sich, gerade in der jüngeren Generation, der Austausch von Sprachnachrichten durchgesetzt. Dennoch ist das gute alte Telefon zum Klären wichtiger Dinge oder zum zwanglosen Plaudern sicher weit geeigneter.

Twitter, Facebook & Co. – soziale Medien

Die Möglichkeiten zur digitalen Vernetzung sind so vielfältig wie die Interessen der Internetnutzer. Zu den sozialen Medien gehören die klassischen sozialen Netzwerke – wie Facebook oder LinkedIn, eine Plattform zur beruflichen Vernetzung –, außerdem Microblogs wie Twitter. Man zählt Foto- und Videoplattformen wie YouTube dazu und sogenannte Wikis. Darunter versteht man Wissensplattformen wie das bekannte Wikipedia. Dieses Lexikon sammelt das Wissen aller Nutzer, die sich daran beteiligen.

Im weiteren Sinn gehören auch Weblogs zu den sozialen Medien: Blogs, die wie in Tagebuchform Einträge listen, oft auch mit einer Kommentarfunktion versehen. Auch Diskussionsforen zählen dazu. Das beliebte Whatsapp ist eigentlich ein Chatdienst, doch wird es als Instrument der Vernetzung und Verbreitung von Information ebenfalls meist zu den sozialen Medien gezählt.

Soziale Medien sind seit etwa Mitte der 2000er-Jahre ein Massenphänomen. Sie dienen der Vernetzung und dem Austausch der Nutzer und können das Leben ungemein bereichern: Man bleibt auch nach Umzügen in eine andere Stadt in Kontakt, kann leichter Gleichgesinnte treffen und niedrigschwellig am Leben seiner Freunde und Bekannten teilhaben. Man kann Leute aus aller Welt kennenlernen und mit ihnen diskutieren. Auch für Gewerbetreibende können diese Plattformen interessant sein, bleibt man doch leicht mit potenziellen Kunden in Kontakt. Gleichzeitig ist aber für die Nutzer die Suchtgefahr nicht gerade niedrig, und mit dem Datenschutz hapert es auch bei vielen Plattformen.

Die Auswahl an sozialen Netzwerken ist mittlerweile groß. Der richtige Umgang mit ihnen will gelernt sein.

Viele Leute meiden deswegen Netzwerke wie Facebook – und sicher gibt es auch gute Gründe dafür. Dennoch – die sozialen Medien stecken auch voller Chancen und guter Möglichkeiten. Ein kritischer und bedachter Umgang mit ihnen ist also gefragt. Einer der wichtigsten Punkte hierbei: Schützen Sie sich vor Passwortklau! Wechseln Sie regelmäßig Passwörter, und machen Sie es Identitätsdieben nicht zu einfach. Diese sind nämlich vor allem auf Facebook ein großes Problem. Verwenden Sie komplizierte Passwörter, und speichern Sie Dateien mit Listen Ihrer Passwörter niemals unverschlüsselt auf Ihrem PC ab.

Auch wichtig: der Umgang mit Fotos und persönlichen Daten. Gerade Fotos, auf denen andere Menschen zu sehen sind – vor allem Minderjährige – sollten mit hoher Sensibilität behandelt und wenn überhaupt, dann nur in kleinem Kreis geteilt werden. Fragen Sie auch abgebildete Menschen stets um Erlaubnis, wenn Sie beispielsweise Fotos von gemeinsamen Feiern auf einem sozialen Netzwerk teilen möchten. Apropos Feiern: Es ist bekannt, dass Arbeitgeber die Profile von Bewerbern auf den sozialen Netzwerken besuchen, um sich von ihnen vor einer möglichen Einstellung ein Bild zu machen. Gerade jüngere Menschen stellen oft Partyfotos und vermeintlich lustige, doch eher peinliche Fotos öffentlich ins Internet und verbauen sich so wichtige Chancen. Es ist daher auch aus diesem Grund wichtig, mit den eigenen Daten und Fotos verantwortlich umzugehen.

Wenn Sie am Rechner arbeiten, können Sie die sozialen Netzwerke dort direkt im Internet aufrufen. Eine Ausnahme stellen hierbei Messaging-Dienste wie Whatsapp oder Telegram dar. Wenn Sie aber auch unterwegs auf soziale Netzwerke wie Facebook und Twitter zugreifen möchten, sollten Sie die entsprechenden Apps herunterladen. Die Installation dauert meist nur wenige Sekunden und ist kostenlos.

Soziale Netzwerke folgen gewissen Moden und Trends. Viele sind inzwischen schon wieder von der Bildfläche verschwunden – etwa das deutsche „wer-kennt-wen". Vor zehn Jahren war Facebook vor allem ein Medium der Jüngeren, heute tummeln sich dort eher Menschen über vierzig – während jüngere Menschen das schickere Instagram bevorzugen. Manche Netzwerke sind auch Menschen mit bestimmten Interessen vorbehalten – Myspace ist beispielsweise eine Plattform vor allem für Musikliebhaber.

Häufig werden Inhalte auch mehrfach geteilt: Ein Instagram-Eintrag wird auf Twitter hochgeladen, ein Twitter-Beitrag auf Facebook. Dies kann die Reichweite von Inhalten enorm erhöhen.

Bei der Installation von Apps verlangen einige fast unbeschränkte Zugriffsrechte auf die Daten und Funktionen Ihres Smartphones. Oft lässt sich dies bereits bei der Installation unterbinden. Es muss beispielsweise nur sehr wenigen Apps gestattet werden, in Ihrem Namen Nachrichten schreiben zu können.

Ein paar Worte zum Datenschutz

Viele Menschen geben in sozialen Netzwerken eine Unzahl persönlicher Daten preis. Das kann von politischen und religiösen Ansichten über Hobbys und Interessen bis hin zu intimen Details aus dem Privatleben gehen. Es ist in den Medien schon viel die Rede gewesen vom „gläsernen Menschen". In den sozialen Medien präsentieren sich Menschen freiwillig und geben dabei oft unbedacht so viel aus ihrem Leben preis, dass zu Recht von einem gläsernen Menschen gesprochen werden kann. Denken Sie bei der Nutzung dieser Plattformen unbedingt an den Schutz Ihrer Daten! Denken Sie vor allen Dingen auch an die Persönlichkeitsrechte anderer Menschen, etwa, wenn Sie Fotos veröffentlichen.

Besonders Facebook stand und steht in der Kritik, was den Datenschutz betrifft. Doch stehen in diesem Punkt die meisten anderen Netzwerke Facebook in nichts nach. Da sich diese Plattformen durch personalisierte Werbung finanzieren, ist das Sammeln persönlicher Nutzerdaten das eigentliche Geschäft von Facebook & Co. Es gibt viele Einstellungen, mit denen Sie den Schutz Ihrer Daten optimieren können, und Sie sollten sie auch unbedingt nutzen. Dennoch – es bleibt immer eine Abwägung von Fall zu Fall, inwieweit private

Daten ins Netz gehören. Es gibt beispielsweise eine Vielzahl von interessanten Gruppen auf Facebook, viele davon Selbsthilfegruppen. Gerade bei gesundheitlichen Problemen, etwa von chronisch Kranken, sind solche Gruppen sehr hilfreich und nützlich. Bei vielen dieser Selbsthilfegruppen sind aber die Mitglieder offen einsehbar – was durchaus zu Problemen führen kann, etwa bei der Jobsuche. Hier muss man genau abwägen, in welchem Verhältnis persönliches Risiko und Nutzen zueinander stehen.

Ähnliches gilt für die Kommentarfunktion unter öffentlich geteilten Postings, etwa zu Zeitungsartikeln. Diese sind so gut wie immer öffentlich einsehbar. Wenn Sie nicht gerade unter einem Pseudonym schreiben – unter einem sogenannten „Nickname" –, sind Ihr Name und damit Ihre Ansichten für jeden ersichtlich und je nachdem sogar über die Suchmaschine Google auffindbar. Doch selbst, wenn Sie wichtige Daten nur mit wenigen Freunden auf sozialen Plattformen teilen, sollte man sich immer bewusst machen, dass es auch Datenlecks geben kann – wie beispielsweise 2018 bei dem Portal GooglePlus, dessen Betrieb eingestellt wurde, nachdem Software-Entwickler Zugriff auf Tausende von privaten Profilen erhielten. Auch wenn solche Pannen selten sind – es bleibt bei aller Vorsicht stets ein Restrisiko.

Da viele Apps Bewegungsprofile erstellen, sollten Sie den Standort an Ihrem Handy immer nur dann einschalten, wenn Sie diese Funktion dringend benötigen – etwa, weil Sie gerade mit Google Maps einen Weg suchen.

Das Urheberrecht

Leider hat es sich auf den sozialen Plattformen eingebürgert, mit dem Urheberrecht etwas nachlässig umzugehen. Dies kann durchaus Probleme rechtlicher Art nach sich ziehen. Deshalb: Wenn Sie Fotos und andere Inhalte teilen, die Sie im Netz gefunden haben, denken Sie bitte immer auch an das Urheberrecht. Der Urheber eines Werks und das Werk selbst sind auch im Internet geschützt. Das gilt auch für Comicstrips und Ähnliches. Selbst, wenn Bilder frei und unentgeltlich teilbar sind, ist es nicht erlaubt, sie auf einer Plattform zu veröffentlichen, ohne den Urheber zu nennen. Solche frei zu teilenden Inhalte sind im Internet an einer sogenannten „Creative Commons Lizenz" und dem Symbol „CC" erkennbar.

Auch die nachträgliche Bearbeitung von fremden Bildern oder Artikeln ist nicht gestattet.

Netiquette – was ist das eigentlich?

Unter der Netiquette – manchmal auch Nettiquette geschrieben – versteht man die Etikette im Internet, also das gute Benehmen im Netz. Auf vielen Seiten im Internet finden sich Ausführungen zu dem Thema; vor allem in vielen Gruppen – etwa auf Facebook – oder in Foren werden die Regeln der Kommunikation oft sehr detailliert dargelegt.

Tatsächlich hat sich in vielen Bereichen der sozialen Medien ein eher ruppiger Umgangston etabliert, der die Diskussion unerfreulich machen kann. Deswegen sind die Ausführungen zur Netiquette leider eine Notwendigkeit, auch wenn sich viele Nutzer nicht daran zu halten scheinen.

Da die Kommunikation im Internet vor allen Dingen schriftlich vonstattengeht – und das in einer oft hohen Geschwindigkeit –, vergisst man inmitten einer hitzigen Diskussion recht schnell, dass sich hinter einem Pseudonym und einem belanglosen Foto ein echter Mensch am anderen Ende der Leitung verbirgt. Es fehlen die nonverbale Kommunikation und auch sonstige Informationen zum Gegenüber. Argumente fliegen schnell hin und her, manchmal sogar persön-

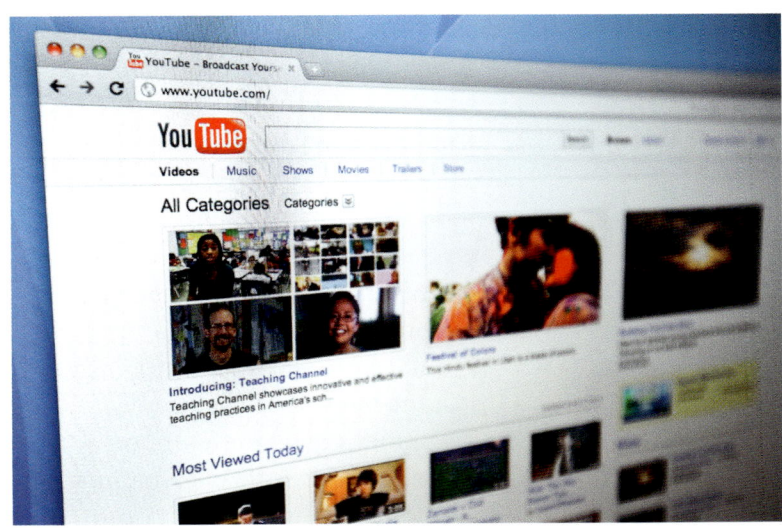

▲ *Auch wer auf der Videoplattform YouTube Inhalte einstellt, sollte strikt auf das Urheberrecht achten – Verstöße können schnell teuer werden.*

liche Angriffe. Gerade in Foren, in denen Nutzer anonym bleiben können, vergessen so einige ihre gute Kinderstube. Die Netiquette soll ein solches Verhalten verhindern.

Zu den üblichen Umgangsregeln im Netz gehören:

- Beim Diskussionsthema bleiben.
- Sachlich diskutieren.
- Zitate und – wenn nötig – Behauptungen belegen.
- Persönliche Daten anderer – wie Name oder Adresse – nicht veröffentlichen.
- Keine persönlichen Angriffe oder Beleidigungen.
- Keine Diskriminierung von Nutzergruppen.

Nutzer, die wiederholt gegen die Netiquette verstoßen, können beispielsweise aus einem Forum oder einer Gruppe ausgeschlossen werden. Dies hat nichts mit Zensur zu tun, sondern mit dem Hausrecht der jeweiligen Seiten.

Doch bezieht sich die Netiquette nicht nur auf Zwischenmenschliches. Sie besagt z. B. auch, dass Postings leicht lesbar sein müssen – etwa, indem in langen Texten Abschnitte eingefügt werden.

Man kann im Internet auch in das eine oder andere Fettnäpfchen treten, indem man unabsichtlich gegen unausgesprochene Regeln verstößt – gerade dann, wenn man sich noch nicht allzu lange in den sozialen Medien bewegt. Es gilt beispielsweise als grob unhöflich, in Großbuchstaben zu schreiben –

Wenn jemand im Internet beleidigend und ausfallend wird, verstößt er unter Umständen nicht nur gegen die Netiquette, sondern auch gegen geltendes Recht. Das Internet ist kein rechtsfreier Raum. Beleidigungen und üble Nachrede können zur Anzeige gebracht werden. Um Beweise zu sichern, sollte man sich Screenshots der entsprechenden Postings machen.

dies wird als Schreien aufgefasst. Auch nicht gern gesehen wird ein Allzuviel an Ausrufe- und Fragezeichen.

Duzen und Siezen im Internet

Das Internet ist ein junges Medium, in dem es eher leger zugeht. Traditionell duzen sich Menschen im Netz. Natürlich sollte man bei dieser Regel seinen gesunden Menschenverstand walten lassen. Sollten Sie im Internet mit einem Menschen kommunizieren, den Sie im realen Leben siezen – wie etwa Ihren Chef oder den Lehrer Ihrer Tochter –, so tun Sie das natürlich auch im Internet. Auch ist es in den letzten Jahren im Netz etwas in Mode gekommen, sich durch bewusstes Siezen von Menschen, die eine andere Meinung vertreten, zu distanzieren. Dennoch – im Internet wird ein lockerer Umgang gepflegt, mit einem „Du" liegen Sie daher selten falsch.

Zeichen und Symbole

Da man im Internet auf nonverbale Kommunikation verzichten muss, behilft man sich mit einer ganzen Reihe von Symbolen – den sogenannten Emojis oder Emoticons. Mit ihnen kann man Missverständnissen vorbeugen, etwa, wenn man eine Aussage spaßig oder ironisch meint. Hier sollte man tunlichst einen Zwinker-Smiley verwenden oder auf andere Weise andeuten, dass man einen Spaß gemacht hat. Inzwischen werden diese kleinen Gesichter von den verschiedenen Programmen automatisch generiert und sind durch ihren Gesichtsausdruck selbsterklärend. Manchmal aber trifft man, etwa in Mails oder in Foren, noch auf Emoticons, die durch einfache Tastenfolgen erzeugt werden. Diese sind nicht immer einfach zu entschlüsseln (vgl. Kasten rechts). Manchmal werden die Bindestriche – die „Nase" der Emoticons – auch der Einfachheit halber weggelassen.

Eine Sonderform sind japanische Emoticons, die man auch noch ab und zu findet. Relativ häufig sind hierbei die Zeichen ^_^ , ^.^ oder ^^. Sie stehen für ein glückliches Gesicht, Lächeln oder Lachen.

Netzjargon

Im Internet hat sich im Laufe der Zeit eine eigene Sprache entwickelt, die häufig auf Abkürzungen englischer Begriffe beruht. Diese Ausdrücke stammen oft noch aus einer Zeit, als das Netz noch nicht von einer breiten Schicht der Bevölkerung genutzt wurde, sondern von den sogenannten „Digital Natives" – eine Selbstbezeichnung, die man mit „digitalen Eingebore-

Emoticon	Bedeutung
:-)	Lächeln
:-(	traurig
:-*	Kuss
:-|	ernst
:-›	sarkastisches Lächeln
:-D	lautes Lachen
:-o	Überraschung
X-)	Grinsen
:-p	Zunge herausstrecken, frech sein
;-)	zuzwinkern, Ironie
:-/	Ärger
:'-(	weinen

nen" übersetzen kann. Noch in den 1990er-Jahren tummelten sich zum einen vor allem Wissenschaftler im Netz, zum anderen sogenannte Nerds – intelligente, aber eher zurückgezogen lebende und ein wenig belächelte Computerfans. Davon einmal abgesehen, dass es sich hierbei natürlich um ein Klischee

Internetchinesisch und was es bedeutet

Wendung	Englisch	Deutsch
AFK	Away from keybord	Bin gerade nicht an der Tastatur
ASAP	As soon as possible	So schnell wie möglich
BTW	By the way	Übrigens
EOD	End of discussion	Ende der Diskussion
EOM	End of message	Ende der Nachricht
FAQ	Frequently asked questions	Meistgestellte Fragen
F2F	Face to face	Persönlich, von Angesicht zu Angesicht
Full ACK	Full acknowledgment	Volle Zustimmung
FYI	For your information	Zu deiner Information
HTH	Hope this helps	Hoffe, das hilft weiter
IDK	I don't know	Ich weiß es nicht
IIRC	If I recall correctly	Wenn ich mich richtig erinnere
IMHO	In my humble opinion	Meiner bescheidenen Meinung nach
kA		Keine Ahnung
mMn		Meiner Meinung nach
OMG	Oh my god!	Oh mein Gott!
SCNR	Sorry, couldn't resist	Entschuldigung, ich konnte nicht widerstehen

Weitere im Internet gebräuchliche Abkürzungen finden Sie auf Seite 274.

handelt – oft waren diese beiden Gruppen deckungsgleich. Es ging im Internet sehr international zu, insofern war Englisch die normale Verkehrssprache. Viele der damals benutzten Ausdrücke sind heute noch gebräuchlich. Auf S. 282 finden Sie eine kleine Auswahl davon.

Von Trollen und Geeks

Geeks nennt man scherzhaft Leute, die wie Nerds Computerfreaks sind, mit einem besonderen Interesse an Popkultur, Medien und Wissenschaft. Falls Sie einmal mit Ihrem Computer Probleme haben oder Schwierigkeiten, sich im Netz einzuloggen, werden Sie in einschlägigen Foren immer Hilfe von diesen Spezialisten bekommen, sofern Sie freundlich darum bitten. Es gibt eine unüberschaubare Menge an Foren, in denen sich Fachkundige der Informatik tummeln. Falls Sie mit Ihrem Rechner oder Ihrem Internetzugang ein Problem haben, werden Sie über Google oder eine andere Suchmaschine normalerweise schnell fündig. Haben Sie keine Scheu, dort Ihre Fragen zu stellen – aber wundern Sie sich nicht, wenn Sie bei der Antwort erst einmal nur Bahnhof verstehen. Normalerweise ist man sehr hilfsbereit, doch erwartet man auch von Fragenden, dass sie Schritt-für-Schritt-Anleitungen folgen und sich nach der erfolgreichen Hilfeleistung

bedanken – was aber nicht nur die Netiquette, sondern auch die Höflichkeit gebietet.

Weniger angenehme Zeitgenossen sind die sogenannten Trolle. Leider trifft man sie allenthalben im Internet. Es handelt sich hierbei um Leute, die, meistens unter Pseudonym, jede Diskussion zerstören und zu provozieren versuchen. Anscheinend gibt es Menschen, die einen Großteil ihrer Freizeit im Internet verbringen, um herumzupöbeln und nach Aufmerksamkeit zu heischen. Das Problem: Jede gesittete und konstruktive Diskussion wird auf diese Weise unmöglich gemacht. Oft haben es Trolle auch auf bestimmte Nutzer abgesehen, was sie dann doppelt unangenehm macht.

Inzwischen gibt es ganze Trollarmeen, die im Internet ihr Unwesen treiben und Diskurse stören oder gar neue setzen. Auf diese Weise

▲

Auch wenn es manchmal schwerfällt: Lassen Sie sich nicht von Trollen provozieren – wenn Sie sich ärgern, hat der Troll sein Ziel erreicht.

verliert das Netz viel von seinem urdemokratischen Charme. Doch von solchen professionellen – oft sogar bezahlten – Störern einmal abgesehen: Je nach Laune und Thema kann jeder Mensch schon einmal zum Troll werden. Das gilt erst recht, wenn die Wellen in einer Diskussion schon hochgeschlagen sind. Dann gilt es: aus der Diskussion auszusteigen, bevor der Wutpegel steigt, sich eine schöne Tasse Tee zu kochen und das Internet Internet sein lassen. Das Internet soll unser Leben bereichern, nicht unsere Zeit und Geduld stehlen.

Um der Trollplage Herr zu werden, sind vor allem die Moderatoren der Kommentarspalten im Internet gefragt. Doch auch die Nutzer können viel dafür tun, Trollerei im Internet einzudämmen. Die oberste Devise, oft im Netz gelesen: „Don't feed the troll" – „Den Troll nicht füttern". Auf Provokationen im Internet sollte man nicht eingehen. Ein Troll will Beachtung – die sollte man ihm gar nicht erst schenken.

Eine sehr empfehlenswerte Seite zur Enttarnung von Falschnachrichten und für mehr Privatsphäre im Internet ist die Rechercheplattform www.mimikama.at.

Der Umgang mit Fake News

Leider hat sich mit der Popularität des Internets außer dem Trollunwesen auch eine andere Unsitte verbreitet: die Streuung von Falschinformationen , den sogenannten „Fake News". Solche Nachrichten werden oft ungeprüft geteilt und erreichen so eine hohe Reichweite. Auf diese Weise wird das Vertrauen in die Politik und Medien gezielt untergraben. Bevor man Artikel in den sozialen Netzwerken teilt, sollte man daher immer die Vertrauenswürdigkeit der Nachrichtenquelle prüfen.

Im Internet kursieren zahlreiche Falschmeldungen. Prüfen Sie daher den Wahrheitsgehalt einer Nachricht, bevor Sie diese weiterverbreiten.

Bots

Ein Bot ist ein Computerprogramm, ein sogenannter Software-Roboter. Leider sind die sozialen Medien inzwischen eine Spielwiese für diese Programme geworden. Sie sind je nach Programmierung in der Lage, eigenständig in Chats und Kommentarspalten zu reagieren und zu kommunizieren oder Twitter-Kommentare auf Facebook zu laden.

Einerseits werden Bots von großen Firmen eingesetzt, um der Kommunikation mit Kunden und Interessenten Herr zu werden. Zum anderen aber, und das ist eine problematische Entwicklung, werden Bots dazu benutzt, um mit gefälschten Profilen Manipulation und gezielte Desinformation zu betreiben. Dies ist umso gefährlicher, als sie nur schwer von echten Nutzern aus Fleisch und Blut zu unterscheiden sind. Auch werden Bots von Internet-Betrügern genutzt, um Menschen gezielt auf Webseiten mit Schadsoftware zu lotsen. Seien Sie deshalb gerade bei Kontaktanfragen in sozialen Netzwerken sehr vorsichtig, und prüfen Sie Profile lieber einmal zu viel als einmal zu wenig.

Dialog und Geschwindigkeit

Der leider 2015 verstorbene Internet-Vordenker Peter Kruse beschäftigte sich u. a. mit dem Einfluss des Internets auf die Gesellschaft. Ihm zufolge kommt es durch das Internet zu Aufschaukelungsprozessen, die sehr schnell eine sehr große Masse an Menschen mobilisieren können. Dies ist eine Chance und eine Gefahr zugleich.

Durch die Geschwindigkeit des Dialogs, durch die Zuspitzung von Diskursen wird die Kommunikation im Internet schnell hochemotional und einseitig. Informationen werden häppchenweise geliefert, eine Beschäftigung mit komplizierteren Inhalten findet eher selten statt. These und Gegenthese, Pro oder Kontra – eine Grauzone dazwischen scheint es kaum noch zu geben. Hinzu kommt ein Dialog, der häufig ironisch ist. Bedächtiges Abwägen und eine zivilisierte Kommunikation drohen so bei wichtigen Diskussionen im Internet zu Randerscheinungen zu werden – und das ist schade. Insofern ist jeder Internetnutzer, der sich von der allgemeinen Aufregung im Netz nicht mitreißen lässt und einen fairen, kultivierten Diskussionsstil pflegt, ein Gewinn für das Netz.

Virale Verbreitung – was bedeutet das?

Oft hört man, dass im Internet eine Information „viral geht". Das bedeutet nichts anderes, als dass sie sich wie eine Virusinfektion im Netz verbreitet. Vor allem Videos finden leicht eine solche massenhaf-

▲
Für Gewerbetreibende eignen sich soziale Medien hervorragend dazu, ihr Angebot in Szene zu setzen und bekannter zu machen.

te Verbreitung, aber auch Memes (siehe S. 287). Meist sind solche viralen Themen Eintagsfliegen – oft aber werden auf diese Weise wichtige Inhalte hochgespült, die gewissermaßen schon virulent waren, für die die Menschen also bereits sehr empfänglich gewesen sind.

Werbung in sozialen Medien

Sie haben eine kleine Firma, einen Laden oder bieten eine Dienstleistung an? Sie möchten Ihre Leistungen auch in sozialen Medien bekannt machen? Dies ist problemlos in den größeren Netzwerken möglich, allen voran in Facebook und Instagram. Hier können Sie eine Firmenseite erstellen und einzelne Artikel, YouTube-Videos oder Postings veröffentlichen oder auf Ihre Website verweisen. Für recht wenig Geld können Sie Ihre

Reichweite erhöhen, indem Ihre Einträge dann potenziellen Kunden gezeigt werden. Denn dies ist der eigentliche Grund für die Datensammelwut der sozialen Medien: das Erstellen von Kundenprofilen und die Möglichkeit personalisierter Werbung. Doch Achtung: Ihre Postings sollten unaufdringlich und informativ und idealerweise originell und witzig sein, sonst erreichen Sie mit Ihrer Firmenwerbung nur das Gegenteil. Die Menschen nutzen diese sozialen Medien in erster Linie zur privaten Vernetzung.

Manche Firmen fielen in der Vergangenheit auch durch fingierte Empfehlungen im Netz auf oder sogar durch gefälschte Einträge auf dem Lexikon-Portal Wikipedia. Auch wenn es sich hier um wenige schwarze Schafe handelt: Generell ist bei solchen Machenschaften immer Vorsicht geboten, etwa auch in Bezug auf das deutsche Wettbewerbsrecht. Gute Produkte und Dienstleistungen kommen ohnehin ohne solche Manipulationen aus und finden meist auch genügend Menschen, die sie gerne und freiwillig in den sozialen Medien weiterempfehlen.

Wer sich vor zu viel Werbung im Internet schützen will, dem sei prinzipiell ein Werbeblocker anzuraten. Hiervon gibt es etliche im Netz, die man unentgeltlich herunterladen kann, etwa uBlock. Werbeblocker sind auch als Apps für das Smartphone erhältlich.

Facebook

Es gibt inzwischen unzählige soziale Netzwerke. In regelmäßigen Abständen kommen neue hinzu und verschwinden alte. Facebook ist das älteste noch existierende soziale Netzwerk – und das größte. Schätzungsweise eine Milliarde Menschen sind dort aus aller Welt angemeldet – und Facebook wächst weiter. Die genaue Anzahl der Facebook-Nutzer lässt sich wegen der vielen Mehrfachanmeldungen und Fakeprofile nicht genau beziffern. Die Plattform finanziert sich ausschließlich durch Werbung. Dies bedeutet aber auch, dass Sie allenthalben auf Facebook auf werbliche Seiten stoßen. Da die Plattform personalisierte Werbung macht, also Werbung, die speziell auf den Nutzer zugeschnitten ist, sind Daten die eigentliche Währung, mit der Facebook handelt – auch Ihre Daten, wenn Sie Facebook-Nutzer sind. Dies führt letztendlich auch zu einem Großteil der Datenschutzprobleme, die der Plattform regelmäßig vorgeworfen werden.

Ein Profil auf Facebook zu erstellen, ist simpel. Sie benötigen hierfür nur eine E-Mail-Adresse. Haben Sie Ihr Profil erstellt, können Sie auch sofort loslegen. Momentan kann man ein Profilfoto und ein Titelfoto hochladen – beide können Sie nach Lust und Laune auswählen. Facebook besteht eigentlich auf die Verwendung sogenannter Klarna-

men – also der wirklichen Namen. Dennoch werden Sie allenthalben auf Pseudonyme und Fantasienamen treffen, und selten wird dies von Facebook geahndet. Der Vorteil von Fantasienamen: Die Privatsphäre und damit die eigene Identität bleiben geschützt. Der Nachteil: Man wird nicht gefunden – womit der Sinn und Zweck eines sozialen Netzwerks ein wenig ausgehebelt wird.

Denn sobald Sie Ihr Profil erstellt haben, können Sie beginnen, Freunde, Bekannte und Familienmitglieder auf der Plattform zu suchen. Sie können Ihnen eine „Freundschaftsanfrage" schicken, die die andere Person dann beantworten kann. Auf diese Weise vergrößert sich die Liste der Menschen, die Sie auf Facebook kennen, und die Plattform wird interessanter. Wenn Menschen Ihnen Freundschaftsanfragen schicken, sollten Sie diese unbedingt prüfen, bevor Sie sie annehmen. Manchmal stehen sogenannte Fakeprofile dahinter, also gefälschte Profile, die Informationen ausspähen. Übrigens: Man kann ein Profil auch jederzeit blocken. Dann können Sie nicht mehr kontaktiert werden und bleiben für die geblockte Person unsichtbar.

Personen teilen auf Facebook Artikel, Fotos, lustige Memes und kleine Erlebnisse. Diese Einträge kann man kommentieren und, je nach Privatsphäre-Einstellungen, auch teilen.

☞ **Memes**
Der Begriff „Meme" leitet sich ab vom englischen „mem", ein Wort, das in den 70er-Jahren geprägt wurde. Ursprünglich bezeichnete es kulturelle Muster, die sich ähnlich wie Gene verbreiten. Heute wird der Begriff meistens für Bilder benutzt, die auf lustige Weise zweckentfremdet und mit Sprüchen versehen werden. Solche „Memes" verbreiten sich oft in Windeseile im Internet.

Es ist ratsam, Ihre Postings prinzipiell nur für Freunde sichtbar zu machen.

Man kann Einträge auch mit dem typischen blauen Facebook-Daumen „liken" – also dem Inhalt zustimmen –, sie mit einem Herzchen versehen oder mit einem wütenden Smiley seinen Unmut ausdrücken. Die Funktionen von Facebook und anderer sozialer Netzwerke werden von Zeit zu Zeit überarbeitet, sodass immer neue Funktionen hinzukommen und andere wegfallen. Zu den sinnvollen Funktionen auf Facebook gehört eine Übersetzungsfunktion, die Mitteilungen in einer anderen Sprache ins Deutsche übersetzt. Allerdings sind die Übersetzungen doch ein wenig mit Vorsicht zu genießen.

Außer Personen lassen sich auch verschiedene Seiten hinzufügen, denen man folgen kann. Auf diese Weise wird man auch auf Veranstaltungen aufmerksam gemacht – eine sehr nützliche Funktion dieser Plattform.

Privatsphäre-Einstellungen auf Facebook

Sie finden bei Facebook auf dem PC rechts oben die Privatsphäre-Einstellungen, auf der Smartphone-App unter „Einstellungen". Hier können Sie einige wichtige Parameter einstellen.

Hierzu gehört beispielsweise, Ihre Freundesliste vor Außenstehenden zu verbergen. Dies ist wichtig, da Identitätsdiebstahl auf Facebook ein ernstzunehmendes Problem geworden ist: Betrüger bauen mit Ihren Fotos und unter Ihrem Namen eine identische Seite auf Facebook und kontaktieren dann Ihre Bekannten mit der Bitte um Geld – oft genug erfolgreich.

Ebenso wichtig ist es, die Reichweite Ihrer Postings – so nennt man die Mitteilungen in sozialen Netzwerken – festzulegen. Sie können Postings für die Öffentlichkeit sichtbar machen, nur für die Freunde auf Ihrer Liste oder nur für bestimmte Personen.

Um Ihre Daten bestmöglich zu schützen, sollten Sie Ihren Wohnort und Ihr Geburtsdatum, wenn überhaupt, nur für Ihre Kontakte sichtbar machen. In den Privatsphäre-Einstellungen können Sie auch verhindern, dass Ihr Facebook-Profil auf Suchmaschinen gefunden wird. Auch die Gesichtserkennung auf Facebook und die Standortermittlung sollten deaktiviert sein. Auf diese Weise haben Sie schon viel dafür getan, Ihre Privatsphäre zu schützen.

Die vielen Spiele-Apps von Facebook sollten Sie möglichst nicht nutzen. Mit diesen können viele Daten ausgespäht werden.

Der Facebook-Messenger

Vielfach genutzt wird auch der praktische Messenger von Facebook, mit dem Sie Nachrichten empfangen und versenden können, auch an mehrere Empfänger. Deswegen ist er auch für Gruppen komfortabel nutzbar. Es gibt zudem eine Telefonfunktion und eine, wenn auch eingeschränkte, Möglichkeit für Video-Chats. Während man den Messenger am Computer in Facebook eingebettet nutzen kann, ist für das Smartphone eine Messenger-App notwendig.

Instagram

Während auf Facebook recht viel diskutiert und gestritten wird und auch persönliche Textbeiträge gepostet werden, geht es auf Instagram deutlich bildlastiger zu. Ursprünglich handelte es sich um eine reine Foto-Video-App. Die Plattform ist, allerdings mit Einschränkungen, auch über den PC nutzbar. Diskussionen sind auf Instagram eher selten, dafür werden vor allem Fotos und Videos geteilt. Diese können auch auf Instagram bearbeitet und von dort aus auf anderen Plattformen geteilt werden. Dabei geht es oft um Themen wie Schönheit, Mode und Wellness – und um die eigene Inszenierung. Hinzu kommen die sogenannten „Storys" – kurze Einträge, gewissermaßen Blitzlichter, die nach 24 Stunden wieder gelöscht werden.

Instagram gibt es seit 2010. Da die Plattform eine vergleichsweise junge Klientel hat, ist das Netzwerk auch die digitale Heimat etlicher sogenannter „Influencer" – wie man neudeutsch Menschen nennt, die durch ihren schieren Einfluss als

Jugendidole Marketing betreiben. Solche Influencer haben oft viele Millionen „Follower" – Personen, die ihre Seite abonniert haben. Der Begriff „Influencer" leitet sich ab vom Englischen „to influence", beeinflussen. Viele Firmen haben das sogenannte „Influencer-Marketing" für sich entdeckt und lassen ihre Produkte von einflussreichen Idolen auf Instagram, Facebook oder YouTube vermarkten. Erfolgreiche Influencer können auf diese Weise viel Geld verdienen.

Instagram wurde vor einigen Jahren von Facebook aufgekauft, sodass die Datenschutzproblematik weitgehend dieselbe ist. Ähnlich wie bei Facebook gibt es auch bei Instagram die Möglichkeit, Privatnachrichten zu versenden.

Kosmetik- und Pflegetipps bringen sogenannten „Beauty-Influencern" zahlreiche Follower.

▼

Das Twitter-Logo mit dem blauen Vogel ist mittlerweile weltweit bekannt – hier am Firmenhauptsitz in San Francisco, USA.

Twitter

Twitter gibt es seit 2006. Seit 2010 ist der Dienst auch für Smartphones nutzbar. Auf dieser Plattform geht es deutlich politischer zu als auf Facebook oder Instagram. Twitter wurde einem breiten Publikum bekannt, da der amerikanische Präsident Donald Trump die Plattform häufig für seine Nachrichten nutzt – die dann regelmäßig in Zeitungen kommentiert werden. Seither ist der blaue Vogel – das Twitter-Symbol – den meisten Menschen geläufig.

Das Besondere an Twitter: Ursprünglich war die Plattform SMS-basiert, daher war jeder Tweet, also jede Nachricht auf Twitter, auf 140 Zeichen begrenzt, die Anzahl der zulässigen Zeichen in einer SMS. Heutzutage darf ein Tweet doppelt so lang sein.

Um sich anzumelden, benötigt der Dienst wenige Angaben: eine E-Mail-Adresse, eine Telefonnummer und einen Nutzernamen. Viele Menschen schreiben unter einem Pseudonym auf Twitter, die Angabe des echten Namens wird nicht erwartet. Standardmäßig sind Twitter-Nachrichten immer öffentlich, können also von jeder Person eingesehen werden. Allerdings ist es auch möglich, ein Twitter-Profil auf „privat" zu stellen – was aber das Streben der Plattform nach öffentlicher Diskussion etwas unterläuft. Denn anders als bei Facebook oder auch Instagram geht es bei Twitter nicht in erster Linie um Pflege von Bekanntschaften oder darum, neue Menschen kennenzulernen, sondern um Diskussion, Meinungsäußerung und Austausch. Allerdings tut man als Neuling bei Twitter gut daran, erst einmal Freunden und Bekannten zu folgen und sich von dort aus, ganz nach Interesse, auf unbekanntes Gebiet „vorzuwagen".

Man kann, wie bei Instagram, bestimmten Accounts bei Twitter „folgen" und sich so einen eigenen Nachrichtenkanal erstellen. Zudem kann man, wie bei Facebook, bestimmte Nachrichten liken oder teilen. Geteilte Tweets werden als „Retweets" mit dem Kürzel „RT" bezeichnet. Eigene Tweets werden auf einer gesonderten Seite aufgelistet und können natürlich auch wieder gelöscht werden.

Einige Besonderheiten von Twitter haben sich auch in der allgemeinen Internet-Kommunikation eingeschlichen. So beginnt beispielsweise jeder Twitter-Account mit einem @-Zeichen – dem klassischen Zeichen in der E-Mail-Adresse. Auf Twitter kann man mit diesem Zeichen und dem folgenden Account auf andere Nutzer verweisen, die dann auf die Nachricht aufmerksam gemacht werden.

Der sogenannte Hashtag kam durch Twitter zu solchen Ehren, dass er häufig mittlerweile sogar in Kennenlernrunden auf Seminaren oder in Werbeanzeigen verwendet wird. Er ist erkenntlich an dem Zeichen #, einem Doppelkreuz, ge-

nannt „Hash", und den sich daran anknüpfenden Schlagworten, den „tags". Mithilfe der Hashtags lassen sich Inhalte in sozialen Medien wiederfinden und zuordnen. Außer auf Twitter werden sie auch auf Instagram und Foto-Plattformen wie Pinterest verwendet, um Fotos und Videos mit Schlagwörtern zu versehen.

Bei Twitter liegen die Vor- und Nachteile des Mediums nahe beieinander. Der Zwang, sich kurz zu fassen, führt zu Zuspitzungen. Die können witzig sein und Themen auf den Punkt bringen. Sie können aber auch dazu führen, unnötig zu polarisieren und unzulässig zu vereinfachen. Entsprechend emotional und häufig sarkastisch werden Diskussionen auf dieser Plattform geführt, es kommt zu Ausgrenzungen und erbitterten Grabenkämpfen.

Tweets, die gegen die Nutzerregeln von Twitter verstoßen, können gemeldet werden und werden inzwischen auch oft gelöscht. Verstößt ein Nutzer mehrfach dagegen, wird er gesperrt. So ist es beispielsweise verboten, Hass gegen Minderheiten zu schüren. Auch gegen Fake News, also gefälschte Nachrichten, geht Twitter inzwischen erfreulich offensiv vor.

Profile, die man selbst nicht als Follower haben möchte, können jederzeit auch geblockt werden. Für private Mitteilungen gibt es auch auf Twitter eine Nachrichtenfunktion.

☞ **Hashtag**

Hashtags wurden ursprünglich in der Kommunikation des Chat-Systems IRC verwendet. Doch einen hohen Bekanntschaftsgrad und entsprechende Verbreitung fanden sie erst durch Twitter. Inzwischen finden sich Hashtags nicht nur in den gesamten sozialen Medien wieder, sondern auch in der schriftlichen Kommunikation im realen Leben.

Whatsapp

Die meisten Menschen, die ein Smartphone besitzen, haben darauf inzwischen auch Whatsapp installiert. Nur noch wenige nutzen die klassische SMS-Funktion, und wenn, dann nur zu speziellen Anlässen. Vor ein paar Jahren fielen bei Whatsapp noch geringe Gebühren an, zwischenzeitlich ist der Dienst auch international komplett kostenlos, und selbst von Werbung wird man (noch) nicht behelligt. Da es zudem eine Ende-zu-Ende-Verschlüsselung der Nachrichten gibt, Telefonate und Chats also nicht von Dritten ausgelesen werden können, könnte die App auch in puncto Datenschutz vorbildlich

Whatsapp hat die klassische SMS fast vollständig ersetzt.
▼

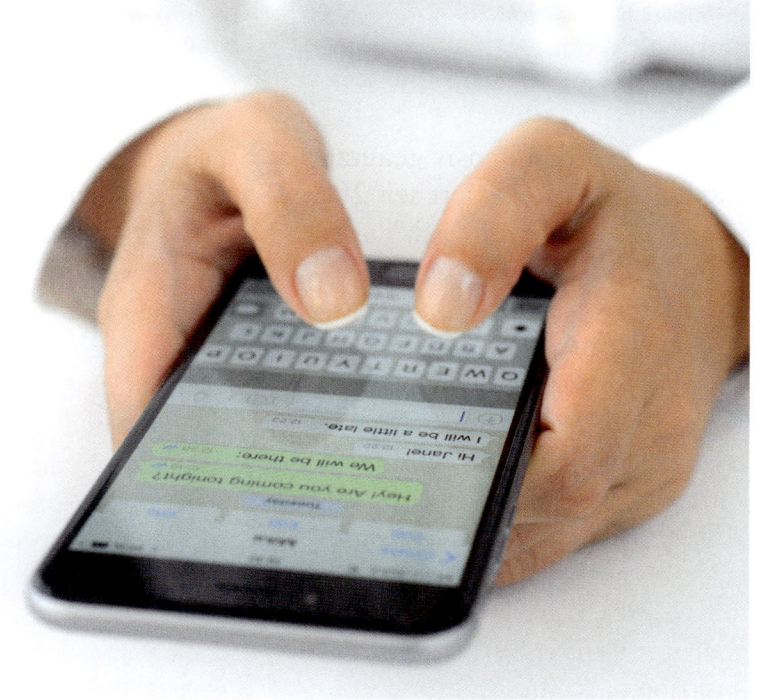

sein – eigentlich. Doch Whatsapp sammelt und speichert in großem Stil Daten, etwa Telefondaten, Standorte, Fotos und Teilnehmer-Infos. Dies ist umso problematischer, als Whatsapp 2016 von Facebook übernommen wurde.

Whatsapp nutzt, anders als SMS, bei der Datenübertragung das Internet. Deswegen lassen sich auch private Videos und Fotos in großer Anzahl verschicken, einer der Gründe für die Beliebtheit der App. Im Jahr 2020 hatte Whatsapp rund zwei Milliarden Nutzer.

Die Einrichtung eines Whatsapp-Accounts ist denkbar einfach. Über eine SMS muss man seine Handynummer verifizieren. Die App hat Zugriff auf die Adressdaten im Smartphone, sodass sie automatisch alle Kontakte auflistet, die ebenfalls Whatsapp nutzen. Diese Kontakte werden regelmäßig aktualisiert, sodass sie stets auf dem neuesten Stand sind. Um einen Chat zu eröffnen, muss man nur auf das Chat-Symbol unten rechts klicken. Hier kann man durch Anklicken eine Person in der Kontaktliste auswählen. Es ist aber auch möglich, eine Gruppe mit mehreren Personen zu gründen.

Unter „Einstellungen" lassen sich ein Profilbild ergänzen und weitere Infos hinzufügen. Die Funktionen von Whatsapp werden, wie bei anderen sozialen Plattformen auch, in regelmäßigen Abständen geändert oder erweitert. Auch die

Alternativen zu Whatsapp

Es gibt etliche Alternativen zu Whatsapp, die datenschutztechnisch besser abschneiden. Aber, der große Nachteil: Sie werden von viel weniger Menschen genutzt und sind daher nur eingeschränkt praktikabel.

Threema: Diese App kostet momentan einmalig vier Euro, bietet ähnliche Funktionen wie Whatsapp und lässt in puncto Datenschutz keine Wünsche offen. Die App ist auch ohne Handynummer nutzbar.

Signal: Die kostenlose App ist, mit Ausnahme der Funktion Video-Chat, mit Whatsapp vergleichbar, sammelt aber keinerlei Nutzerdaten.

Telegram: Die populärste Alternative zu Whatsapp ist Telegram mit derzeit 400 Millionen Nutzern. Die ebenfalls kostenlose App punktet mit dem Versenden riesiger Datenpakete: bis zu 1,5 Gigabyte können verschickt werden – bei Whatsapp sind es „nur" 100 Megabyte. Chatnachrichten werden in der Cloud gespeichert, sodass keine Daten verloren gehen können. Zudem kann man Nachrichten, die man verschickt hat, auch auf dem jeweils anderen Handy wieder löschen. Möchte man anonym chatten, so ist auch das gewährleistet. Aber: Zwar ist es möglich, in „geheimen" Chats Daten verschlüsselt zu übermitteln, doch haben die Betreiber Zugriff auf die Nutzerdaten.

☞ Cloud

Das Wort „Cloud" kommt aus dem Englischen und bedeutet eigentlich „Wolke". Wenn Daten in eine Cloud geladen werden, bedeutet das, dass sie auf einem Server des Cloudanbieters gespeichert werden. Auf diese Weise sparen Sie Speicherplatz, jedoch ist nicht immer die Sicherheit der Daten gewährleistet.

Telefonnummer lässt sich ändern, etwa nach einem Anbieterwechsel. Unter „Datenschutz" können Sie einstellen, wer und ob jemand sehen kann, wann Sie das letzte Mal online waren. Auch können Sie die Funktion deaktivieren, Lesebestätigungen zu bekommen und zu empfangen – dies sind die beiden blauen Doppelhäkchen unter der jeweiligen Nachricht.

Über Whatsapp können inzwischen auch Sprachnachrichten verschickt und Video-Chats mit bis zu fünf Teilnehmern gehalten werden. Auch telefonieren können Sie unter Whatsapp.

YouTube

YouTube ist ein intensiv genutztes Videoportal. Es existiert seit 2005 und wurde zwischenzeitlich von Google aufgekauft. Inzwischen wurde YouTube von einer reinen Videoplattform zum sozialen Netzwerk ausgebaut. Es finanziert sich hauptsächlich durch Werbung – meist kurze Clips, die vor und während der Wiedergabe der eigentlichen Videos abgespielt werden. Sowohl private Nutzer aus aller Welt als auch Unternehmen nutzen die Plattform. Sie dient Firmen, Künstlern, politischen Akteuren

An den bunten Buch-
staben des Google-
Logos kommt man im
Internet nicht vorbei –
auch YouTube gehört zu
diesem US-Giganten.

und Privatleuten als Werbekanal, zur Verbreitung von Nachrichten, Kunst und Kultur und als kreative Spielwiese. Seit 2007 ist es auch möglich, mit Videos auf YouTube Geld zu verdienen – sofern der eigene Videokanal von genügend Menschen abonniert und geschaut wird. „YouTuber" ist seitdem Berufswunsch nicht weniger Jugendlicher, die damit ihren Idolen nacheifern – etwa der deutschen „YouTuberin" Dagi Bee, die vor allem mit Schmink- und Modetipps über drei Millionen Abonnenten gewinnen konnte.

Videos zu schauen ist mit der YouTube-App auf dem Smartphone oder im Internet am PC für jeden möglich, um aber ein eigenes Profil zu eröffnen, benötigt man eine Google-E-Mail-Adresse. Man

kann dann Videos kommentieren, teilen und sogar eigene Videos ins Netz stellen. Aber Vorsicht: Leicht kommt man mit dem Urheberrecht in Konflikt, wenn man fremde Inhalte ins Netz stellt.

Ein generelles Problem von Videoportalen stellt auch hier die Verbreitung von Falschnachrichten im großen Stil dar. Doch betreiben auch seriöse Kultur- und Nachrichtensender, wie arte und die ARD, YouTube-Kanäle.

Wikipedia

Es ist umstritten, ob Wikipedia überhaupt zu den sozialen Medien zu zählen ist. Sicherlich sind Wikis – wie eben Wikipedia – keine klassischen sozialen Netzwerke wie Facebook oder Twitter. Doch wird das Wissen von einer Gemeinschaft an Menschen unentgeltlich zusammengestellt, die auch rege auf Wikipedia über Einzelheiten der Einträge diskutieren. Auf jeder Themenseite gibt es auch eine Seite „Diskussion", die den Stand der Forschung und der einzelnen Positionen transparent wiedergibt.

Die meisten Menschen nutzen Wikipedia nur als Lexikon. Doch prinzipiell kann jede Person an der Plattform mitarbeiten. Hierfür muss man nur ein Benutzerkonto anlegen. Wie Seiten bearbeitet werden, wird auf den Wikipedia-Hilfe-Seiten verständlich erklärt. Auch ist es möglich, sowohl alleine als auch im Team Artikel zu erstellen und zu überarbeiten. Sollten Sie also Experte für ein Wissensgebiet sein oder einen Fehler in einem Artikel entdeckt haben, wird man sich über Ihre Hilfe freuen.

Skype

Das Wort „skypen" ist jedermann bekannt, der Freunde und Familie im Ausland hat oder berufsbedingt häufig ins Ausland telefonieren muss. Skype ist im Besitz von Microsoft und gehört zu den ältesten und wichtigsten Diensten für Instant Messaging, also für den Sofortversand von Nachrichten. Besonders bekannt wurde Skype für die Möglichkeit, rund um den Erdball kostengünstig und komfortabel zu telefonieren. Weiterleiten und Konferenzschaltungen sind möglich – mit bis zu 25 Personen! Videotelefonie und eine Chatfunktion sind ebenfalls integriert.

Skype nutzt für seinen Dienst die Internetverbindung und ist sowohl vom Smartphone über eine App als auch vom Computer aus nutzbar. Nach der Installation muss man einen Account anlegen mit Benutzernamen und Passwort. Am besten benutzen Sie zum Skypen ein Headset, allerdings ist dies keine Voraussetzung. Nach der Einrichtung Ihres Accounts werden vom Programm die optimalen Einstellungen des Lautsprechers bzw. des Kopfhörers und des Mikrofons vorgenommen.

Telefonate und Video-Chats mit anderen Skype-Teilnehmern sind kostenlos. Sie finden Kontakte entweder über den Skype-Namen oder über die E-Mail-Adresse auf Skype. Prinzipiell ist es aber auch möglich, eine Festnetz- oder Handynummer anzurufen. Diese Telefonate sind allerdings kostenpflichtig. Sie können auf Skype auch eine eigene Telefonnummer erwerben, auf der Sie vom Festnetz aus angerufen werden können. Um solche Dienste zu bezahlen, müssen Sie Skype-Guthaben kaufen. Das klingt komplizierter, als es ist, denn tatsächlich ist dies über ein Paypal-Konto, eine Kreditkarte oder per Lastschrift problemlos möglich.

☞ **Paypal**

Paypal ist ein Online-Bezahldienst, mit dem man Geld überweisen und empfangen kann. Das Paypal-Konto ist mit dem Girokonto verknüpft und wird vor allem für den Online-Handel verwendet.

▲
Video-Chats sind persönlicher als ein Telefonat und somit auch für Familien ein idealer Weg der Kommunikation.

Zoom

Mit Beginn der COVID-19-Pandemie Anfang 2020 etablierten sich in kürzester Zeit Plattformen für Video-Chats. Die bekannteste ist Zoom, es gibt aber noch eine ganze Reihe alternativer Apps. Zoom wurde entwickelt, um Online-Konferenzen abzuhalten, entweder per Smartphone, per Tablet oder am Computer. Die App gibt es seit 2011, und sie war ursprünglich vor allem für internationale Unternehmen gedacht, die Meetings online abhalten wollten. Zwischenzeitlich wurde sie auch genutzt, um Mitarbeiter im Home Office zu vernetzen, oder für Video-Chats von Privatpersonen. Es ist so möglich, auch über weite Distanzen in Kontakt zu bleiben und sich zumindest im Netz „persönlich" zu treffen.

Um Zoom nutzen zu können, muss man die App herunterladen und installieren. Hierzu müssen Sie eine E-Mail-Adresse oder einen Link auf Ihren Facebook-Account, falls Sie einen haben, angeben.

Um an einem Meeting teilzunehmen, benötigt man den Link zu der Veranstaltung. Dann kann man sich dort einwählen. Manchmal benötigt man zusätzlich ein Passwort, das der Veranstalter – bei Zoom „Host", also Gastgeber genannt – ebenfalls an Sie weiterleiten muss.

Möchten Sie selbst eine Videokonferenz starten, klicken Sie auf den Button „Neues Meeting". Danach können Sie einfach Einladungen an andere Konferenzteilnehmer verschicken.

In kleinerem Rahmen ist Zoom kostenlos. Dies bedeutet: Es sind „nur" Gruppen mit bis zu hundert Personen erlaubt – was aber normalerweise mehr als ausreichend ist. Und die Länge der Konferenz ist auf vierzig Minuten begrenzt. Allerdings kann man sich nach Ablauf dieser vierzig Minuten erneut einwählen. Möchte man eine größere Teilnehmerzahl einladen oder Video-Chats ohne Zeitlimit abhalten, muss man die kostenpflichtige Variante wählen und ein Abo abschließen. Die Preise sind gestaffelt und auf der Webseite von Zoom einsehbar.

Zoom verfügt zusätzlich noch über eine Chatfunktion für Textnachrichten sowie die Möglichkeit, Links und sonstige Inhalte mit anderen zu teilen.

Websites, Blogs und Foren

Bewegt man sich im Internet, so findet man eine unübersehbare Vielzahl unterschiedlichster Angebote, sowohl kommerzieller als auch rein privater oder informativer Natur. Wegweiser durch diesen Dschungel sind Suchmaschinen wie Google. Dank Google-Übersetzer stehen uns inzwischen selbst Webangebote in anderen Sprachen offen, sodass die Welt auch hier einmal mehr zusammenrückt.

Websites

Websites gehören zu den ersten Einrichtungen des World Wide Web. Sie sind eher statisch, d. h., sie verfügen nur über einige Rubriken: die Homepage als Startseite und einzelne Webseiten als Unterrubriken. Websites zeichnen sich durch Hyperlinks aus, dies sind Querverweise auf andere Seiten. Auch eine Extraseite mit zusätzlichen Links, also Verweisen auf andere Websites, findet sich oft.

Die meisten Firmenseiten im Internet sind Websites, auf denen die Leistungen des Betriebes angeboten werden, eventuell noch mit Angaben zur Firmengeschichte und einem Versandhandel. Auch private Websites gibt es sehr viele im Netz, die zum Teil sogar recht professionell wirken. Die einzigen interaktiven Rubriken – also Rubriken, in denen es um Austausch mit anderen geht – sind oft ein Gästebuch oder, in seltenen Fällen, ein integriertes Forum.

Internetadressen

Die meisten Internetadressen beginnen mit dem Kürzel „www" für „World Wide Web". An der Endung von Internetadressen – und E-Mail-Adressen – lässt sich in aller Regel ablesen, aus welchem Land diese stammen (siehe Kasten nächste Seite).

Zusätzlich gibt es Endungen, die auf die Art der Organisation hinweisen (siehe Kasten unten).

Allgemeine Endungen

.com	Firmen
.edu	Bildungseinrichtungen
.gov	amerikanische Regierungseinrichtungen
.int	internationale Organisationen
.org	Organisationen

	Einige Länderkürzel
.at	Österreich
.au	Australien
.be	Belgien
.br	Brasilien
.ca	Kanada
.ch	Schweiz
.cz	Tschechien
.de	Deutschland
.es	Spanien
.fr	Frankreich
.il	Israel
.nl	Niederlande
.pl	Polen
.pt	Portugal
.ru	Russland
.se	Schweden
.uk	Großbritannien
.us	USA

☞ **Weblog**

Das Wort „Weblog" setzt sich zusammen aus „Web" – für „Netz" und der Abkürzung „Log" für Logbuch. Ein Logbuch ist eine Art Tagebuch in der Seeschifffahrt, in dem wichtige Ereignisse aufgezeichnet werden.

Blogs – Tagebücher im Internet

Im Internet gibt es kommerzielle ebenso wie private Blogs. Oft existieren auch Mischformen. Das Wort „Blog" ist eine Kurzform des ebenfalls gebräuchlichen Begriffs „Weblog".

Blogs sind in diesem Sinne Logbücher im Netz, in denen Beiträge chronologisch aufgezeichnet werden. Fast immer gibt es eine Suchfunktion, auch sind wichtige Themen verschlagwortet und einzelnen Kategorien zugeordnet, sodass man Blogartikel leicht finden kann. Meist ist es möglich, einzelne Artikel zu kommentieren. Diese Kommentare müssen, zur Vermeidung von Spam und Troll-Beiträgen, in aller Regel erst von dem Blogger oder der Bloggerin freigeschaltet werden.

Wenn man auf einem Blog kommentiert, ist man sozusagen Gast dort und sollte sich grundsätzlich an die Netiquette halten. Dennoch gibt es häufig kontroverse und interessante Diskussionen unter einzelnen Blog-Artikeln.

Die Themen von Blogs gehen ins Unendliche, und auch einzelne private Blogs können sich mit einer Vielzahl von Themenbereichen beschäftigen – ganz nach Interessenlage der Blogger. So gibt es beispielsweise Blogs von jungen Müttern, die Rezepte, Nähanleitungen und Tipps für das Leben mit Kleinkindern enthalten, aber ebenso Beobachtungen und Kommentare zu politischen und gesellschaftlichen Themen.

Blogs sind mittlerweile so weit verbreitet, dass kaum eine Institution, Organisation oder Firma auf sie verzichtet. Gerade die tagesaktuelle Präsentation von Themen macht sie besonders interessant. Oft werden auch Websites und Blogs miteinander kombiniert.

Es gibt eine ganze Reihe von Möglichkeiten, sich kostengünstig oder sogar gratis einen eigenen Blog zu erstellen. Früher war dies eine komplizierte Angelegenheit und setzte Kenntnisse der Computersprache HTML voraus, heute ist die Erstellung eines Blogs recht simpel geworden. Haben Sie beispielsweise ein interessantes Hobby, so können Sie auf diese Weise Fotos und kleine Texte veröffentlichen, die für viele andere Menschen ein Gewinn sind. Das können Reisetipps, Gartentipps, Rezeptideen und etliche Dinge mehr sein. Inzwischen gibt es viele Anbieter für kostenlose oder sehr günstige Blogs, etwa die deutsche Plattform Jimdo oder der Blog-Klassiker Wordpress.

Die Blogosphäre

Die Gesamtheit aller Blogs im Netz wird Blogosphäre genannt. Tatsächlich sind Blogs auf vielfache Weise miteinander vernetzt, z. B. durch gegenseitige Verlinkung und

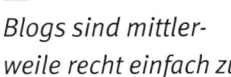

Verweise in den Kommentaren. Durch die sozialen Medien ist die Blogosphäre ein wenig ins Hintertreffen geraten, doch ist sie weiterhin ein wichtiger Bestandteil des Internets.

Blogs sind mittlerweile recht einfach zu erstellen.

Foren

Foren gehören zu den ältesten Plattformen zum Austausch im Internet. Das sogenannte Usenet gab es bereits in den 1980er-Jahren und war vor allem für die wissenschaftliche Diskussion gedacht. Heute sind viele Foren in eine Website integriert. Während es früher recht kniffelig war, ein Internetforum zu erstellen, so gibt es mittlerweile spezielle Forensoftware, mit der sich relativ einfach ein Internetforum einrichten lässt.

Bei einem Blog oder einer Website besteht die Pflicht eines Impressums. In dieser Rubrik steht, wer der Verantwortliche für den Internetauftritt ist.

Internetforen gibt es zu so ziemlich jedem Thema: Politik, Hobbys und Interessen, Hilfe, Gesundheit, IT … Manche Foren richten sich an ein bestimmtes Publikum, manche sind rein themenbezogen, andere völlig offen. Bei fast allen muss man sich, um mitdiskutieren zu können, mit einem sogenannten Nickname, also einem Pseudonym, anmelden. Es gibt die Möglichkeit zur Registrierung und einen Login zum Einloggen. Alle größeren Foren besitzen Unterforen, die sich wiederum thematisch aufgliedern. Es gibt Foren, bei denen sind Diskussionen nur für Mitglieder einsehbar, bei den meisten aber ist die Kommunikation öffentlich sichtbar. Auch Suchfunktionen können gelegentlich für Nicht-Mitglieder gesperrt sein.

Die Diskussion in einem Forum ist nur angenehm, wenn sie gut moderiert wird. Auch sollten Foren über ausreichend viele Mitglieder verfügen, da sonst die Kommunikation arg schleppend vonstattengeht. Wenn Sie mitdiskutieren möchten, können Sie in einem Thread – so nennt man den Diskussionsfaden – auf ein Posting antworten. Wenn Sie sich auf eine bestimmte Aussage beziehen, sollten Sie sie in Ihrer Antwort zitieren. Sie können selbst auch einen Thread eröffnen. Achten Sie dabei aber darauf, ob dieses Thema nicht vor Kurzem bereits angesprochen wurde.

Zu fast jedem Thema und Interessengebiet finden sich im Internet Foren. So können Sie leicht in Kontakt mit Gleichgesinnten treten.

Berufliche Vernetzung in sozialen Medien

Die Jobsuche und berufliche Vernetzung mithilfe sozialer Medien hat sich inzwischen fest etabliert und ist erfolgversprechend – selbst auf Plattformen wie Facebook, dessen Daseinszweck eigentlich eher privater Natur ist. Doch haben sich seit einigen Jahren sehr erfolgreich Plattformen speziell zur beruflichen Kontaktpflege und Vernetzung hervorgetan – allen voran Xing und LinkedIn.

Bei der Jobsuche in sozialen Medien sollten gewisse Regeln eingehalten werden. So gilt es als ausgesprochener Fauxpas, einem Entscheider oder potenziellen Chef Freundschaftsanfragen auf Facebook zu schicken. Auch versteht es sich von selbst, dass auf einem Facebook- oder Twitter-Profil, das auch der beruflichen Vernetzung oder Jobsuche dient, keine Fotos von privaten Feiern öffentlich einsehbar sein sollten.

Solcherlei Fragen stellen sich bei den Portalen Xing und LinkedIn nicht. Beide sind ausschließlich zur Jobsuche, zur Akquise neuer Aufträge für Selbstständige und für die professionelle berufliche Vernetzung da. Beide Plattformen haben ihre Stärken und Schwächen, je nachdem, welche beruflichen Wünsche und Schwerpunkte man hat.

Über diese Netzwerke hinaus gibt es weitere Möglichkeiten der Kontaktaufnahme und Vernetzung, etwa Online-Messen für viele Branchen.

Xing

Xing ist eine Karriereplattform für den deutschsprachigen Raum und entsprechend wenig geeignet, wenn man sich beruflich international vernetzen möchte. Dennoch ist Xing mehrsprachig, neben Deutsch werden beispielsweise Spanisch, Englisch, Türkisch und einige Sprachen mehr bei der Suchfunktion unterstützt. Es ist besonders auch für Freiberufler interessant, die neue Kontakte knüpfen und sich als Experten etablieren wollen, doch es sind auch viele Angestellte auf Xing vertreten. Die Plattform wird von ca. 15 Millionen Menschen genutzt, ist also durchaus breit aufgestellt. Es gibt eine Basis-Mitgliedschaft, die kostenlos ist, mit der sich Xing aber nur sehr eingeschränkt nutzen lässt. Beispielsweise lassen sich Nachrichten nur an eigene Kontakte schicken, die Besucher des eigenen Profils lassen sich nicht einsehen. Erst mit einer kostenpflichtigen Premium-Mitgliedschaft lässt sich die Plattform in vollem Umfang nutzen. Die aktuellen Tarife sind auf der Homepage von Xing einsehbar.

Mithilfe von Xing kann man nicht nur komfortabel nach interessanten Stellen suchen, man kann sich auch selbst als interessanten Mitarbeiter präsentieren. So kann man etwa angeben, dass man arbeitssuchend ist, und seinen Lebenslauf auf die Plattform stellen. Weitere Parameter sind etwa die Wunschposition, die eigenen Erfahrungen und Interessen, die Branche etc. Auf einer eigenen Portfolio-Seite kann man sein Profil noch zusätzlich schärfen. Es ist möglich, Personaler direkt anzuschreiben und sich fachlich zu vernetzen. Auch gibt es regelmäßig regionale Treffen von Xing-Mitgliedern, bei denen man sich auch persönlich kennenlernen kann.

LinkedIn

LinkedIn ist vor allen Dingen interessant für Menschen, die in internationalen Firmen arbeiten wollen. Das Karrierenetzwerk operiert weltweit und hat über 500 Millionen Mitglieder. Auch LinkedIn bietet Ihnen die Möglichkeit zur beruflichen und fachlichen Vernetzung, etwa mit ehemaligen Arbeitskollegen und sonstigen interessanten Menschen im Arbeitskontext. Als LinkedIn-Mitglied

haben Sie Einsicht in Tausende von Jobangeboten, die Sie nach Standort, Branche oder mit geeigneten Stichworten filtern können. Wenn Sie sich ansprechend präsentieren, können Sie zudem auch leicht von Arbeitgebern und Personalern gefunden werden, die auf der Suche nach geeigneten Kandidaten sind. Besonders stark ist LinkedIn in der Startup-Szene sowie in den Bereichen IT, Marketing, Banken und Automobile vertreten, doch ist die Plattform auch für andere Branchen interessant. Zur Anmeldung benötigen Sie nur eine E-Mail-Adresse; viele Funktionen sind kostenlos nutzbar. In einem zweiten Schritt kann man ein aussagefähiges Profil mit Lebenslauf erstellen und ein professionelles Foto hochladen.

Ein Profil auf einer Karriereplattform dient in erster Linie der Selbstvermarktung und der Jobsuche. Der Text darauf sollte also nicht zu schwammig und ungenau formuliert sein und stattdessen zielgerichtet Akzente setzen, damit die richtigen Personaler darauf aufmerksam werden.

LinkedIn verfügt auch über die Möglichkeit, Nachrichten zu verschicken. Im Basis-Tarif kann man nur die Profile der eigenen Bekannten sowie ihrer Kontakte durchsuchen. Möchten Sie Zugriff auf weitere Profile haben, haben Sie die Wahl zwischen mehreren Business-Paketen, deren Preise gestaffelt sind.

Elektronische Post – E-Mails

Seit rund dreißig Jahren begleitet uns die E-Mail als Kommunikationsmittel. Seit der Verbreitung von Textnachrichten via SMS und Whatsapp aber sind Mails im privaten Bereich wieder in den Hintergrund gedrängt worden. Wenn man nicht gerade größere Dateien als Anhang verschicken möchte, greift man doch meistens schnell zum Handy und schickt eine SMS oder eine Nachricht per Whatsapp.

Anders aber sieht es im beruflichen Bereich aus. Hier hat sich die Kommunikation per E-Mail fest etabliert und eher die klassischen Geschäftsbriefe ersetzt.

Inzwischen erhält man reguläre Geschäftspost, etwa jährliche Rechnungen, häufig per E-Mail oder muss, wenn man einen Versand mit der Post wünscht, manchmal sogar einen Aufpreis bezahlen. Um E-Mails empfangen zu können, benötigt man aber erst einmal einen sogenannten E-Mail-Account, also ein Postfach für E-Mails. Diesen einzurichten, ist heutzutage kinderleicht.

Einrichtung eines E-Mail-Postfachs

Es gibt eine unüberschaubare Menge von kostenlosen Möglichkeiten, einen E-Mail-Account einzurichten – der Kunde hat hier eher die Qual der Wahl. Die Anbieter Web.de, t-online oder GMX bieten

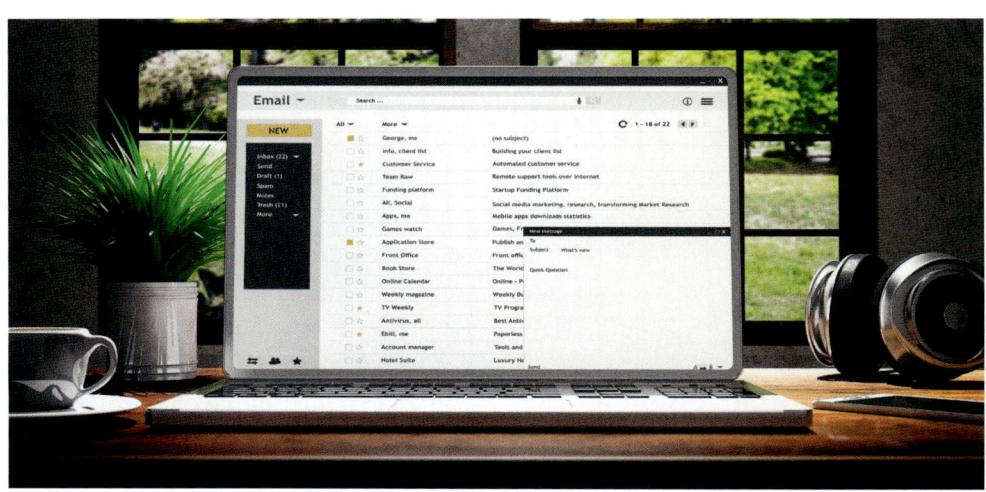

Die Einrichtung eines E-Mail-Accounts ist mittlerweile einfach. Es gibt zahlreiche kostenlose Anbieter.

☞ Hacken

Das Wort „hacken" leitet sich vom Englischen „hack" bzw. „hacker" ab. Unter einem Hacker versteht man auf der einen Seite einen Tüftler und Computerspezialisten, der in fremde Systeme eindringen kann, auf der anderen Seite einen Cyberkriminellen, der fremde Codes knackt.

Sichern Sie Ihr E-Mail-Postfach so gut wie möglich vor Viren und Hackern.

▼

etwa E-Mail-Accounts an. Hier müssen Sie nur die entsprechende Website aufrufen (beispielsweise www.gmx.de) und sich registrieren. Es ist möglich, dass Ihre Wunsch-E-Mail-Adresse bereits vergeben ist, in diesem Fall müssen Sie etwas erfinderisch sein – etwa, indem Sie an Ihren Wunschnamen Zahlen oder Abkürzungen anhängen. Außerdem sollten Sie sich ein Passwort ausdenken, das nicht so leicht zu hacken ist. Wechseln Sie dieses Passwort auch sicherheitshalber häufiger und notieren Sie es sich an sicherer Stelle.

Für mehr Datenschutz empfehlen sich Anbieter wie Posteo. Das E-Mail-Postfach ist hier allerdings nicht umsonst, sondern kostet monatlich eine kleine Summe, Stand 2020 einen Euro pro Monat. Doch dafür ist dieser E-Mail-Dienst auch besonders sicher, Sie können Ihre

Mails verschlüsselt verschicken – und Sie bleiben bei der Nutzung des Accounts von nerviger Werbung verschont.

Es ist heutzutage auch möglich, einfach und komfortabel E-Mails auf dem Smartphone zu empfangen und zu beantworten. Hierfür müssen Sie sich nur die App Ihres E-Mail-Anbieters auf Ihr Smartphone laden.

Falls Sie mehrere E-Mail-Adressen haben, die Sie jeweils abrufen möchten, oder häufiger mit E-Mails arbeiten, empfiehlt sich die Installation eines E-Mail-Programms wie Outlook, mit dem sich Ihre Mails auch archivieren lassen.

Mails verschicken und empfangen

Jede E-Mail-Adresse setzt sich aus drei Teilen zusammen: dem sogenannten lokalen Teil am Anfang – diesen können Sie frei bestimmen –, dem @-Zeichen sowie dem Domänenteil, der sich oft aus dem Namen des E-Mail-Anbieters und, mit einem Punkt getrennt, dem Länderkürzel (vgl. S. 298) zusammensetzt.

Sie haben, wenn Sie eine Mail beantworten möchten, mehrere Optionen: Zum einen können Sie sie direkt beantworten, wobei die E-Mail-Adresse des Empfängers automatisch in der Adresszeile auftaucht. Ging die E-Mail an einen E-Mail-Verteiler, also an mehrere

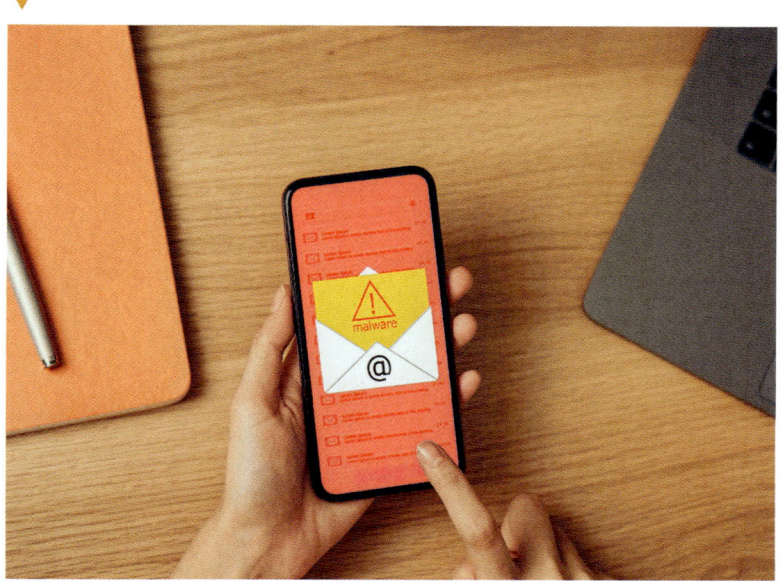

Personen, können Sie auch die Antwortmail mit einem Knopfdruck an alle verschicken, die im Verteiler genannt sind. Sie können die E-Mail – mit allen eventuellen Anhängen – auch an andere weiterleiten. Hier muss natürlich die Privatsphäre des ursprünglichen Absenders beachtet werden. Achten Sie auch auf den Inhalt der Mail: Bei Antwortmails ist automatisch der Text der ursprünglichen E-Mail dabei. Bei längeren Konversationen per E-Mail können so leicht Dutzende Mails zusammenkommen. Diese älteren Mails können beim Verschicken gelöscht werden.

E-Mail-Adresszeilen und ihre Verwendung

Sie können eine Mail an beliebig viele Personen schicken. Dabei gibt es die Möglichkeit, entweder alle in die erste, eigentliche Adresszeile zu schreiben. Eine weitere Zeile finden Sie direkt darunter, die mit der Funktion „CC" gekennzeichnet ist, die englische Abkürzung für „Kopie". In diese Zeile können Sie E-Mail-Adressen von Menschen schreiben, die Sie lediglich über den Inhalt der Mail informieren möchten, die jedoch nicht direkt angesprochen werden.

Eine weitere, selten genutzte Adresszeile ist mit „BCC" gekennzeichnet, eine Abkürzung, die auf Deutsch „Blindkopie" bedeutet. Die dort aufgeführten E-Mail-Adressen sind von dem Empfänger der

Diskretion in der E-Mail-Kommunikation

Ein Zauberwort in der Kommunikation per Mail lautet: Diskretion. Bevor Sie eine Mail beantworten oder gar weiterleiten, schauen Sie noch einmal in die Adresszeilen, und scrollen Sie den gesamten Text hinunter. Ist die Information wirklich für den oder die Empfänger bestimmt? Zu leicht hat man voreilig den „Sende"-Button gedrückt, und ähnlich wie das gesprochene Wort lässt sich eine E-Mail, einmal abgeschickt, nicht mehr einfangen.

Mail nicht einsehbar und können von ihm auch nicht angeschrieben werden. Diese Funktion kann durchaus missbraucht werden und ist daher bei privateren Mitteilungen ein Tabu – jedoch gibt es auch eine sinnvolle Möglichkeit ihrer Verwendung: Sie können mit ihrer Hilfe einen E-Mail-Verteiler aufbauen, ohne den anderen Beteiligten die Daten und E-Mail-Adressen offenzulegen.

Sie können in allen E-Mail-Programmen ein Adressbuch anlegen, was das Schreiben von Mails sehr erleichtert.

Bei wichtigen E-Mails empfiehlt es sich, die Adressleisten erst einmal frei zu lassen und die E-Mail-Adressen des oder der Empfänger erst nachträglich einzufügen. Denn es reicht ein falscher Klick – und schon hat man die E-Mail, anstatt sie zu speichern, versehentlich in halbfertigem Zustand an den Adressaten geschickt.

▲

Wenn das E-Mail-Post-fach „zugespamt" wird, so ist dies äußerst ärgerlich.

Abo abgeschlossen oder bei einem Internet-Versandhandel per E-Mail eingekauft zu haben. Daten sind für viele die Währung im Netz, und Ihre E-Mail-Adresse ist für manche Händler Gold wert. Aus diesem Grund ist es auch sinnvoll, für manche Internet-Geschäfte eine andere E-Mail-Adresse zu verwenden als sonst. Manche Anbieter bieten hier auch die Möglichkeit an, weitere E-Mail-Adressen zu generieren, sodass Ihr eigentliches Postfach von zu viel Spam verschont bleibt.

Ein häufiges Ärgernis: Spam

Jedes E-Mail-Fach verfügt über einen sogenannten Spam-Ordner. Hierhin werden alle Mails geschoben, die unerwünschte Werbung enthalten oder anderweitig unseriös sind. Leider hat das Spam-Un-wesen in den letzten Jahren sehr zugenommen. Es reicht, online ein

Form und Aufteilung einer geschäftlichen E-Mail

Während private E-Mails sich oft der legeren Kommunikation per Textnachricht angleichen, gilt es bei geschäftlichen E-Mails gewisse Regeln zu beachten, die sich im Grunde nur in wenigen Details von denen geschäftlicher Briefe unterscheiden.

Sehen Sie ab und an in Ihrem Spam-Ordner nach, ob sich nicht versehentlich eine wichtige Mail hinein-verirrt hat.

Der Header – was ist das eigentlich?

Bei jeder empfangenen Mail lässt sich der sogenannte Header aufklappen, der im Wesentlichen aus dem Adressfeld besteht. Im Header finden sich darüber hinaus Informationen, die für die meisten Adressaten uninteressant sind – etwa das Versendedatum oder welchen Weg die Mail genommen hat. Es kann sehr nützlich sein, bei fragwürdigen Mails erst einmal einen genauen Blick auf den Header zu werfen. Auf diese Weise lässt sich nämlich sehr schnell ermitteln, ob eine Mail tatsächlich von eBay oder Ihrer Bank stammt, oder in Wahrheit von einem Betrüger mit Fantasie-E-Mail-Adresse aus dem Ausland versendet wurde.

Die Betreffzeile

Die Betreffzeile befindet sich in einer E-Mail direkt unter dem Adressfeld. Füllen Sie diese Zeile unbedingt mit ein paar prägnanten Stichpunkten oder, je nach Kontext, Nummern wie der Kundennummer, Steuernummer etc. aus, damit sich der Empfänger direkt ein Bild von Ihrem Anliegen machen kann. Je präziser, desto besser, denn die Betreffzeile ist, neben der E-Mail-Adresse und dem Namen des Senders, für den Empfänger direkt ersichtlich.

Anrede

Wie bei einem Geschäftsbrief, so wird auch bei einer geschäftlichen E-Mail stets eine Grußformel verwendet. „Sehr geehrte Damen und Herren" geht immer; falls Sie den Namen Ihres Adressaten kennen, verwenden Sie diesen. Wenn Sie auf eine Mail antworten, können Sie auch die Anrede dieser E-Mail verwenden – so ist es in manchen Betrieben heutzutage üblich, die Anrede „Guten Tag" oder „Hallo" zu verwenden. Nach der Grußformel wird eine Leerzeile gesetzt.

Der eigentliche Textkorpus

Anders als bei einem Brief, hat man als Schreiber einer E-Mail erst einmal unbegrenzt Platz zur Verfügung. Manche Leute nutzen dies zu ausschweifenden Ausführungen, in denen der Empfänger erst einmal mühselig die eigentlichen Infor-

mationen zusammensuchen muss. Solche Mails sind anstrengend zu lesen und zu beantworten. Deshalb sollte man sich so kurz wie nötig fassen, Sinnabschnitte mit Leerzeilen kennzeichnen und bei Aufzählungen möglichst Spiegelstriche verwenden.

Das Medium E-Mail verführt leider dazu, geschäftliche Mails vorschnell abzuschicken. Verständlich – meist möchte man Geschäftspost „vom Tisch" haben. Doch ist es immer ratsam, sich E-Mails mit etwas Abstand und kritischem Blick noch einmal durchzulesen, Rechtschreibung und Zeichensetzung zu korrigieren und die Absenderangaben zu kontrollieren.

Die Schlussformel

Wie bei Geschäftsbriefen auch, wird nach einer weiteren Leerzeile

Bevor Sie Ihre E-Mail versenden, sollten Sie sich diese in Ruhe noch einmal durchlesen.

▲
Eine E-Mail sollte ebenso wie ein Brief übersichtlich strukturiert sein.

können völlig Fremde an Ihre Daten kommen.

Anhänge

Manchmal muss man Dokumente mit einer E-Mail verschicken. Dies ist ganz leicht – meist finden Sie in Ihrem E-Mail-Programm einen Button „Anhänge verschicken". Es öffnet sich dann ein Menü, mit dem Sie zu dem Ordner auf Ihrem Computer navigieren können, der die Datei enthält, die Sie verschicken möchten. Achten Sie vor allem bei Fotos unbedingt auf die Dateigröße. Bei größeren Datenmengen senden Sie lieber mehrere E-Mails. Prinzipiell sollten Anhänge nicht größer sein als 5 MB (Megabyte), da sie sonst möglicherweise den Empfänger nicht erreichen oder beim Hochladen sein Postfach blockieren. Wenn Sie grö-

die Schlussformel gesetzt, etwa „Mit freundlichen Grüßen" oder „Mit den besten Grüßen". Statt einer Unterschrift folgt in der Zeile darunter dann Ihr ausgeschriebener Name.

Signatur

Es gibt bei E-Mails die Möglichkeit, eine Signatur zu erzeugen, die dann in allen Ihren E-Mails auftaucht. Diese kann z. B. Ihren Namen, die Adresse und Telefonnummer enthalten. Sie ersparen sich mit der Einrichtung einer Signatur viel Mühe. Bei geschäftlichen E-Mails sollten all diese Angaben auch in der E-Mail stehen. Doch Vorsicht, wenn Sie sich mit dieser E-Mail-Adresse auch an Newsgroups oder E-Mail-Verteilern beteiligen. Leicht

Link einfügen

Wenn Sie in einer E-Mail auf einen Link – etwa einen Zeitungsartikel – hinweisen möchten, können Sie das ganz leicht tun. Klicken Sie einfach auf die Adresszeile bzw. URL-Zeile der Webseite oben, wo die komplette URL steht, also die Adresse der Webseite. Sie können dann die gesamte Zeile mit der rechten Maustaste ausschneiden und in Ihrer Mail einfügen.

ßere Datenpakete verschicken oder teilen möchten, können Sie dies über besondere Dienste tun, etwa die Dropbox (www.dropbox.com), die unentgeltlich nutzbar ist. Dies sollten Sie aber mit dem Empfänger unbedingt vorher absprechen.

Der E-Mail-Knigge

Durch die große Verbreitung von Textnachrichten haben sich bei der Verwendung von E-Mails einige Unsitten eingeschlichen. Diese sollten besonders in geschäftlichen E-Mails vermieden werden – doch auch ein privater Empfänger ist dankbar, wenn die Höflichkeitsregeln in einer E-Mail eingehalten werden.

- Wenn etwas telefonisch zu klären ist, schreiben Sie keine Mail. Dies gilt insbesondere dann, wenn der Empfänger mit vielen Fragen gelöchert wird, sodass er für die Beantwortung der Mail viel Zeit und Mühe aufwenden müsste.
- Verwenden Sie möglichst wenige und nur gebräuchliche Abkürzungen. MfG für „Mit freundlichen Grüßen" oder gar „LG" für „Liebe Grüße" sparen beim Schreiben nur minimal Zeit und sorgen beim Empfänger leicht für Ärger oder Irritation. Schreiben Sie also die Gruß- und Abschiedsformel immer aus.
- Man kann bei E-Mails die Priori-

tät einstellen, der Empfänger erhält dann Ihre E-Mail mit dem Vermerk, dass sie besonders wichtig ist. Verwenden Sie diese Funktion wirklich nur bei äußerster Dringlichkeit.
- Wenn Sie als Mitglied eines E-Mail-Verteilers eine Antwortmail schreiben, überlegen Sie, ob diese wirklich an alle Mitglieder gehen soll. Schreiben Sie nur die Personen an, für die der Inhalt Ihrer Mail auch von Interesse ist.
- Verzichten Sie nur dann auf eine Anrede, wenn Sie mit der betreffenden Person an einem Tag schon mehrere Mails hintereinander ausgetauscht haben. Ansonsten sollte immer eine vollständige Anrede und Schlussformel in Ihrer E-Mail enthalten sein.

Auch bei E-Mails gelten gewisse Höflichkeitsregeln, damit diese beim Empfänger gut ankommen.
▼

Bei Initiativbewerbungen per Mail ist es von großer Wichtigkeit, nicht nur den Namen des richtigen Ansprechpartners zu recherchieren, sondern auch seine E-Mail-Adresse. Alternativ sollte die richtige Abteilung – meist die Personalabteilung – kontaktiert werden.

Online-Bewerbungen sind mittlerweile zur Norm geworden.

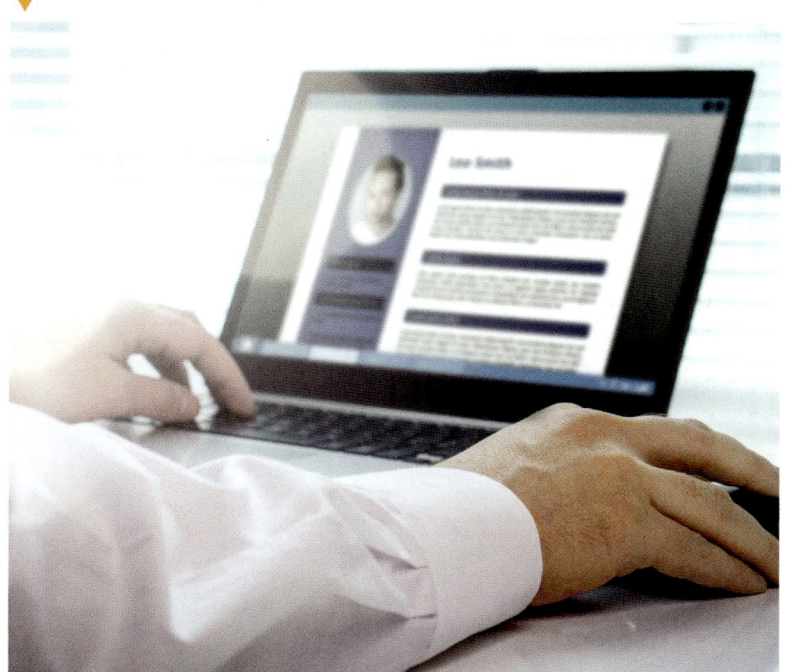

Die E-Mail-Bewerbung

Inzwischen ist die Bewerbung per E-Mail oder auf einer speziellen Bewerbungsplattform die Norm geworden – Bewerbungsmappen mit Papierdokumenten werden nur noch selten gewünscht.

Prinzipiell unterscheiden sich E-Mail-Bewerbungen nicht von ihren älteren Geschwistern, den klassischen Bewerbungsmappen per Post: Es werden ein Anschreiben, ein Lebenslauf mit Lichtbild sowie die aktuellen Zeugnisse benötigt (vgl. S. 198 f.). Doch gibt es bei der E-Mail-Bewerbung einige besondere formale Punkte zu beachten. Die Vorteile der Bewerbung per E-Mail liegen auf der Hand: Sie ist wesentlich kostengünstiger, und einmal erstellte Dateien können, evtl. mit leichten Änderungen, immer wieder verwendet werden. Doch gibt es auch einige gravierende Nachteile: Das Schreiben per E-Mail verführt zur Schludrigkeit. Schnell ist eine Mail abgeschickt mit einem Rechtschreibfehler im Text. Und – dies gilt besonders bei Initiativbewerbungen: Leicht landet die Bewerbungsmail in einem Mailordner, der nicht dafür bestimmt ist, und wird somit nicht weitergeleitet oder gar nicht erst gelesen.

Das Bewerbungsschreiben

Es gibt zwei Möglichkeiten, das eigentliche Bewerbungsschreiben zu verschicken: Einmal in der E-Mail selbst, einmal im Anhang. Wir empfehlen, das Bewerbungsschreiben im Anhang zu versenden und die E-Mail allgemeiner und kürzer zu halten. Wichtig: In der E-Mail-Betreffzeile müssen unbedingt alle wichtigen Daten der Stellenanzeige aufgeführt sein: die Fundstelle der Stellenanzeige (Job-Portal, Zeitung), die Position, auf die man sich bewirbt, sowie evtl. die Referenznummer, die aus der Stellenanzeige hervorgeht. Auch bei einer Initiativbewerbung sollte der Betreff in der Betreffzeile prägnant formuliert sein („Bewerbung als Maurermeister").

Das Bewerbungsschreiben selbst unterscheidet sich in nichts von einem klassischen Bewerbungs-

Bewerbungsmail

Bewerbung als Bürokauffrau/Ihre Anzeige auf StepStone vom 23.06.2020

Sehr geehrte Frau Niemeyer,

mit Interesse habe ich Ihre Anzeige gelesen. Als ausgebildete Bürokauffrau mit langjähriger einschlägiger Berufspraxis und exzellenten Sprachkenntnissen in Englisch und Spanisch kann ich Ihnen in Ihren international ausgerichteten Geschäftsfeldern zur Seite stehen. Meine ausführlichen Bewerbungsunterlagen finden Sie im Anhang.

Auf die Einladung zu einem persönlichen Gespräch freue ich mich.

Mit freundlichen Grüßen

Hanne Fuhrmeister

schreiben, d. h., auch dann, wenn die Bewerbung per Mail verschickt wird, soll im Briefkopf die komplette Adresse der Firma stehen, bei der Sie arbeiten möchten. Auch werden alle wichtigen Daten in der Betreffzeile des eigentlichen Schreibens aufgeführt. Auf eine Unterschrift kann zugunsten des ausgeschriebenen Vor- und Nachnamens verzichtet werden, professioneller wirkt es aber, wenn Sie eine eingescannte Unterschrift für das Bewerbungsschreiben und den Lebenslauf nutzen.

In der eigentlichen Mail sollten Sie so verbindlich wie kurz und knapp auf Ihr Bewerbungsschreiben hinweisen. Auch sollte möglichst der richtige Ansprechpartner genannt werden – nur, wenn dieser partout nicht zu eruieren ist, weichen Sie auf „Sehr geehrte Damen und Herren" aus. Alternativ sprechen Sie den Geschäftsführer an – dieser Name lässt sich eigentlich immer ermitteln. Natürlich können Sie hier einen einfachen Standard-Text verwenden, beispielsweise: „… ich bewerbe mich auf die oben genannte Position. Näheres entnehmen Sie bitte den angehängten Unterlagen." Schöner und sinnvoller ist es aber, bereits in der Mail ein wenig Werbung für Ihre Person zu machen und auf die Anzeige einzugehen – natürlich, ohne den Text des eigentlichen Anschreibens zu wiederholen.

Runden Sie die E-Mail mit Ihrer persönlichen Signatur ab – Telefonnummer nicht vergessen –, und verwenden Sie vor allem eine seriöse E-Mail-Adresse.

Heutzutage verfügen viele Heim-Drucker über einen eingebauten Scanner, über den sich einfach und komfortabel Dokumente scannen und als PDF-Datei speichern lassen. Sollten Sie über keinen Scanner verfügen, können Sie Ihre Dokumente auch in einem Copy-Shop scannen lassen.

Lebenslauf und Lichtbild

Auch der Lebenslauf unterscheidet sich nicht von einem per Post gesendeten Exemplar. Bewerbungsfotos kann man heutzutage auch als Datei erhalten; falls Sie nur ein Papierfoto haben, sollten Sie es scannen (lassen). Fügen Sie die Foto-Datei mit Ihrem Textverarbeitungsprogramm auf der ersten Seite Ihres Lebenslaufs ein. Auf diese Weise haben Sie auch elegant die meist recht hohe Dateigröße von Fotodateien verringert. Fügen Sie außerdem noch das aktuelle Datum ein. Als nächsten Schritt sollten Sie die Datei in ein PDF-Dokument umwandeln, da diese Dokumente nicht veränderbar sind und Formatierungen so nicht verrutschen können. Die Umwandlung geht leicht unter dem Textprogramm Word – unter „Speichern unter" und „PDF". Falls Sie mit einem anderen Programm arbeiten, benötigen Sie hierfür evtl. einen PDF-Konverter. Hier gibt es einige empfehlenswerte und kostenlose im Netz, etwa PDF24 oder FreePDF. Mit einem solchen Programm ist es auch möglich, die Dateigröße zu verringern – mehr als 5 MB sollte sie nicht umfassen. Keinesfalls sollten Bewerbungsunterlagen per ZIP-Datei versendet werden.

Die Bewerbungsmappe per Mail

In einem letzten Schritt stellen Sie die Bewerbungsmappe als eine PDF-Datei zusammen, mit dem Bewerbungsschreiben als erste Seite,

Mithilfe eines PDF-Konverters können Sie viele einzelne Dateien – wie den Lebenslauf und Ihre Zeugniskopien – zu einem einzigen Dokument zusammenfassen. Achten Sie hier auf die richtige Reihenfolge.

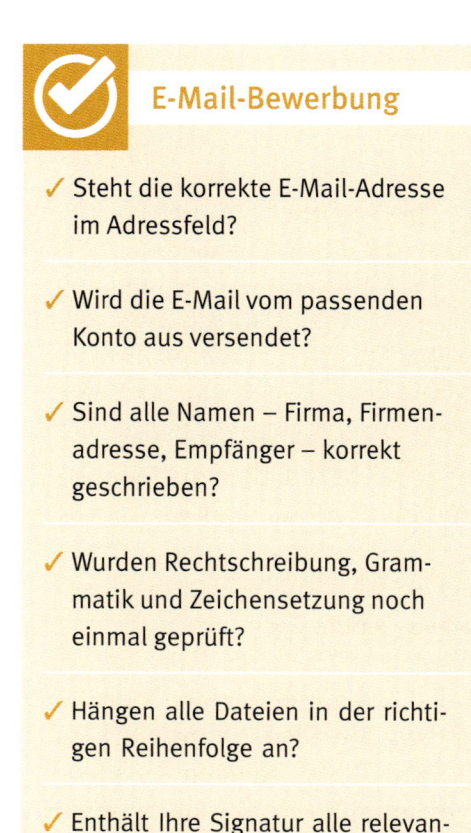

E-Mail-Bewerbung

✓ Steht die korrekte E-Mail-Adresse im Adressfeld?

✓ Wird die E-Mail vom passenden Konto aus versendet?

✓ Sind alle Namen – Firma, Firmenadresse, Empfänger – korrekt geschrieben?

✓ Wurden Rechtschreibung, Grammatik und Zeichensetzung noch einmal geprüft?

✓ Hängen alle Dateien in der richtigen Reihenfolge an?

✓ Enthält Ihre Signatur alle relevanten Angaben?

gefolgt vom Lebenslauf und den Zeugnissen in der richtigen Reihenfolge. Auf diese Weise müssen sich Personalverantwortliche nicht durch viele verschiedene Dateien klicken. Geben Sie der Datei einen aussagekräftigen Namen – etwa Hanne_Fuhrmann_Bankkauffrau – und hängen Sie sie an Ihre Mail an. Sie können sich Ihre Bewerbungsmail zur Sicherheit auch noch einmal als ersten Schritt an Ihre eigene E-Mail-Adresse senden und danach Ihr Schreiben noch einmal auf Herz und Nieren prüfen.

Kündigungen per E-Mail

Seit dem 1. Oktober 2016 sind die meisten Verträge auch per E-Mail kündbar – vorher konnten Vertragspartner auf eine eigenhändige Unterschrift bestehen. Manchmal schließen Firmen die Kündigung per E-Mail in ihren AGBs oder in den Verträgen aus. Obwohl es in letzter Zeit Gerichtsurteile gab, dass in solchen Fällen auch eine Kündigung per E-Mail wirksam ist, sollten Sie doch vorsichtshalber einer Kündigung in Briefform den Vorzug geben.

   Achten Sie bei einer Kündigung per E-Mail auf eine klare Identifizierung Ihrer Person, möglichst in der Betreffzeile. Nennen Sie Vertragsnummer und Kundennummer und die Art des Vertrags. Achten Sie auch auf eine aussagefähige Signatur mit allen relevanten Daten. Ansonsten kann die Kündigung formlos sein – der Text unterscheidet sich also nicht von einer Kündigung in Schriftform (vgl. S. 189). Wichtiger noch als bei einer Kündigung per Einschreiben ist es, auf eine schriftliche Bestätigung der Kündigung innerhalb der nächsten zwei Wochen zu bestehen. Sollte diese nicht bei Ihnen eintreffen, ist es ratsam, noch einmal zeitnah telefonisch nachzuhaken. Sollte die E-Mail nicht bearbeitet worden sein, muss das nicht an böser Absicht liegen: Auch in Betrieben kann es leicht passieren, dass wich-

tige Mails im Spam-Ordner landen. Um Ihre Kündigung nachweisen zu können, sollten Sie sie ausdrucken und die Mail möglichst archivieren. Auch ist es möglich, eine andere Person direkt beim Verschicken der Kündigung in Kopie zu setzen.

▲
Wichtige Kündigungen sollten Sie sicherheitshalber in Briefform statt per E-Mail versenden.

Beweiskraft von E-Mails

E-Mails sind vor Gericht nur eingeschränkt beweiskräftig, weil sich Angaben wie Versender und Sendedatum leicht fälschen lassen. Aus diesem Grund sollten sehr wichtige Geschäftsbriefe – letzte Mahnungen oder Kündigungen von kostenintensiven Verträgen – weiterhin per Einschreiben mit Rückschein versendet werden.

Kündigungen per E-Mail sind für einige wichtige Vertragsarten ungültig. Dies betrifft etwa die Kündigung von Arbeitsverträgen oder Wohnungen sowie notariell beurkundete Verträge. Hier ist weiterhin die Schriftform mit eigenhändiger Unterschrift notwendig.

2e2a-Regel 221
55-38-7-Regel 50

A

Abitur 156
Abkürzung 179, 273, 275, 282, 309
Abmahnung 184, 212 f.
Abofalle 268
Absage 214
Abschiedsformel 141 f., 273, 309
Abschiedsrede 89
Abstimmung 119
Adelstitel 179
Adrenalin 57
AIDA-Modell 35, 199
Allgemeinbildung 65
Alliteration 49, 227
Alphabetisierung 128
Anapäst 234 f.
Anapher 48
Anekdote 32, 37 f., 64, 245
Anfangsreim 227
Anforderungsprofil 219
Anglizismus 47, 241, 244
Anhang 308
Anlagen 181, 207 f.
Anlaut 227
Anrede 141, 177, 179, 307
Anschriftenfeld 178
Anteilnahme 158 f.
Antiklimax 48
Antivirenprogramm 266
Antwortkarte 167
Anzeigentext 221
Aphorismus 27, 255 ff.
  Briefe schreiben 255 f.
  Ehe 257
  Feste 258 f.

Freundschaft 256 f.
Geburt 258
Geburtstag 258 f.
Hochzeit 257
Liebe 257
Reden halten 256
Trauer 259
Trost 259
App 270 ff.
Appell 35, 39, 43 f., 91
Applaus 40
Arbeitgeber 210 ff..
Arbeitsjubiläum 254
Argumente 20, 24, 36, 120
Aristoteles 10, 43
Atemübungen 59
Aufklärung 11
Aufmerksamkeitsspanne 45
Aufzählung 142
Augenreim 229
Autokorrektur 273

B

Beerdigung 78 f.
Beförderung 157
Begrüßung 92
Begrüßungsrede 69, 80
Behörde 172 ff.
Beileid 159
Beschwerdebrief 194 f.
Betreffzeile 179, 307
Betriebsfeier 88 f., 91
Betriebsrat 94
Betriebsversammlung 88 f.
Bewerbung 198 ff.
Bewerbungsfoto 207
Bewerbungsgespräch 110
Bewerbungsmail 311
Bewerbungsmappe 198, 312

Bewerbungsschreiben 198 ff., 310
Beziehungsaspekt 98
Beziehungsebene 98, 102
Bezugszeile 200
Bibelzitate 69
Bibliothek 27 ff.
Binnenreim 227
Blackout 53, 56 f.
Blickkontakt 49 f., 65
Blog 265, 276, 297 ff.
Blogosphäre 265, 299
Bonmot 65
Bot 285
Brainstorming 239
BRAVO-Methode 58
Brief schreiben 255 f.
Briefeschreiber, berühmte 130 ff.
Briefformat 176
Briefgeheimnis 138
Briefkopf 178
Briefkultur 128 ff.
Brieflaufzeit 149
Briefpapier 126, 140
Bücherei 26

C

Chat 289, 292
Chiffre-Anzeige 217
Cicero 11, 14, 34
Cloud 293
Computervirus 267
Curriculum Vitae 203 ff.
Cybermobbing 269

D

Daktylus 234 f.
Dankesrede 80 f.
Dankesschreiben 210 f.

Danksagung 168 f., 211
Datenschutz 278, 287, 292 f., 304
Datumsangabe 178
Debatte 118 ff.
Deckblatt 208
Diagramm 45
Dialog 95 ff., 97
Digital Native 281
DIN-Norm 174
Diskretion 305
Diskussion 118 ff.
Diskussionskultur 118
Diskussionsleiter 119
Doktortitel 177
Dramaturgie 38
Dreiheit 48
Dritte Seite 209
Duden 143
Duzen 280

E

E-Mail 263 ff., 303 ff.
  -Account 303 f.
  -Adresse 205, 304
  -Adresszeile 305
  -Betreffzeile 310, 313
  -Bewerbung 310 ff.
  -Knigge 309
  -Postfach 303 f.
  -Verteiler 304, 308
Ehe 257
Ehejubiläum 253
Ehrenrede 83
Ehrung 90
Einladung 164 ff., 237
Elfchen 239 f.
Emoji 280
Emoticon 280
Emotion 47

Ende-zu-Ende-Verschlüsselung
  292
Endreim 227 f.
Entschuldigungsschreiben 162 f.,
  182
Eröffnungsrede 91
Erröten 58
Ethos 10, 44

F

Facebook 265, 277 ff., 286 ff.
Fachpublikum 47
Fachterminologie 47
Fachvokabular 46 f.
Fake News 26, 284, 291
Fakeprofil 287
Familienanzeige 217
Fazit 39
Feedback 50
Fest 258 f.
Firmenjubiläum 89 ff.
Firmenkultur 89, 93
Firmung 71
Flipchart 45
Floskel 136
Follower 289
Formulierung 45, 142
Forum 297 ff.
Freisprechung 92 f.
Fremdwort 46 f, 241.
Freundschaft 256 f.
Fristsetzung 191
Führerscheinprüfung 156

G

Garantie 191
Gästebuch 237, 249 f.
Geburt 150 f., 168 f., 253, 258

Geburtstag 72 ff., 90, 152, 258 f.
Geburtstagsfeier 165, 243, 245,
  247
Gedichtform 235 ff.
  Haiku 237 f.
  Sonett 235 f.
  Elfchen 239
Geek 283
Gehaltsverhandlung 110, 112 f.
Genesungswunsch 161
Gesangsvortrag 246
Geschäftsbriefbogen 175
Geschäftsbrief 172 ff.
Geschäfteröffnung 90 f.
Geschichten erzählen 29, 37, 245
Gesichtserkennung 288
Gesprächseinstieg 114 f.
Gesprächspause 114
Gesprächstermin 183
Gestik 19, 50 ff., 96
Gewährleistung 191
Glückwunschschreiben 148 ff.
Goldhochzeit 76 f., 252
Google 264, 293 f.
Grabrede 79
Gratulation 237
Grenzen setzen 100, 104 f.
Grußformel 141, 181, 273, 307

H

Hacken 304
Haiku 237 f.
Handout 36
Handschrift 139
Handzeichen 120
Hashtag 291
Haufenreim 231
Header 306
Hebammentechnik 98

Hebung 233 f.
Hierarchiegefälle 99
Hochzeit 74 f., 154 f., 166, 168 f., 245, 251, 257
HTML 264, 299
Humor 66, 152, 243
Hyperbel 49
Hyperlink 297

I

Ich-Botschaft 106, 109
Ideensammlung 242
Improvisation 41, 61 ff.
Influencer 289
Inhaltsaspekt 98
Initiativbewerbung 202, 310
Instagram 286, 289
Instant Messaging 295
Internet 26, 262 ff.
 -adresse 297
 -protokoll 264
 -recherche 26
Ironie 66

J

Jambus 234, 236, 245
Jargon 47
Jens, Walter 12
Jobsuche 301
Jubiläum 253
Jubiläumsfeier 85
Jugendweihe 71

K

Kampf-oder-Flucht-Reaktion 55, 60
Karrierenetzwerk 302
Karriereplattform 301

Karteikarten 33, 52 f., 58, 67
Kausalität 34
Kehrreim 232 f.
Kennedy, John F. 12, 16
King, Martin Luther 12, 44, 62
Kleidung 53
Kleinanzeigen 216
Klimax 48
Kommunikation
 gewaltfreie 104
 nonverbale 50, 95 ff., 279 f.
Kommunikationsabläufe
 komplementäre 99
 symmetrische 99
Kommunikationsproblem 98
Kommunikationsstörung 100
Kommunion 70 f., 166
Kompromiss 34, 105, 107 f., 109, 118, 120
Kondolenzschreiben 158 ff.
kondolieren 159
Konferenzschaltung 295
Konfirmation 70 f.
Konflikt 102
Konfliktgespräch 104, 106 ff.
Konsens 118, 120
Kontaktdaten 221
Körperhaltung 51, 97
Körpersprache 50 ff., 96, 117
Krankheit 158, 161
Kreativitäts-Paradoxon 243
Kreuzreim 231, 245
 halber 232
Krise 92
Kulanz 194
Kunde 188 ff.
Kündigung 188, 212 f., 313
 personenbedingt 212
 verhaltensbedingt 213
Kündigungsfrist 188, 212

L

Lächeln 51, 65
Lampenfieber 52, 55 ff.
Länderkürzel 298
Lebenslauf 203 ff., 302, 312
Lichtbild 312
Liebe 257
Liebesbrief 170 f.
Liedtext 246
Litotes 48
Limerick 235, 254
Link 308
LinkedIn 301 f.
Lob 211
Logos 10, 43
Lyrik 224 ff.

M

Mängelanzeige 187
Manipulation 11
Mehrabian-Regel 50
Meme 287
Messenger 288
Metapher 48 f., 240 f.
Mieter 186 f.
Mieterhöhung 185 f.
Mietrecht 184 ff.
Mikrofon 52 f.
Mimik 19, 50 f., 96
Mindmap 24
Missverständnis 98, 100 ff.
Mitgliederversammlung 84
Mobbing 108 ff.
Moderator 119
Motivationsschreiben 209
Musterbriefe
 geschäftlich
 – Abmahnung 184, 213
 – Absage 214

– Beschwerde 195
– Bewerbung 201 f.
– Bitte um Gesprächstermin 183
– Dank 211
– Entschuldigung 182
– Geschäftsbriefbogen 175
– Kündigung 189, 212
– Lebenslauf 205
– Mängelanzeige 187
– Mieterhöhungsverlangen 185
– Reklamation 190, 193
– Rücksendung 196
– Schadensmeldung 197
– Widerspruch 186
privat
– Danksagung
    Hochzeit 169
    Trauerfall 169
– Einladung
    Geburtstagsfeier 165
    Hochzeit 167
    Kommunion 166
    Taufe 167
– Entschuldigung 163
– Glückwunschschreiben
    Abitur 156
    Beförderung 157
    Führerscheinprüfung 156
    Geburt 151
    Geburtstag 153
    Hochzeit 155
– Kondolenzschreiben 160
– Liebesbrief 171
Musterreden
beruflich
– Abschied 89
– Betriebseröffnung 91
– Freisprechung von Azubis 93
– Geburtstag 90
– Krisenzeit 92

privat
– Dank 81
– Ehrung 83
– Geburtstag 73
– Goldene Hochzeit 77
– Hochzeit 74 f.
– Vereinsjubiläum 84
– Kommunion 70
– Konfirmation 71
– Rechenschaftsbericht 85
– Silberhochzeit 76
– Taufe 68 f.
– Trauerfeier 79

N

Nachbarschaftskonflikt 107
Namedropping 38
Nein sagen 104 f.
Nerd 281
Nervosität 55, 66, 98, 110
Netiquette 279 f.
Neujahr 250 f.
Newsgroup 263, 308
Nickname 278, 300

O

Online-Banking 267
Online-Bewerbung 310 ff.
Online-Bezahldienst 295
Online-Konferenz 296
OPAC-Katalog 28
Overheadprojektor 36, 45

P

Paarreim 231 f., 245
Parallelismus 48
Paraphrasieren 103

Passwort 267, 277, 304
Pathos 10, 43
Pauschalreise 192
Paypal 295
PDF 312
Perfektionismus 58
Personalgespräch 112
Personifikation 48 f.
Persönlichkeitsrechte 278
Phishing-Mail 267
Platon 10
Posteo 304
Postkarte 146 f., 237, 250
Präsentation 87 f.
Privatsphäre 305, 287
Pro und Kontra 34
Prüfung 156 f.
Publikum 21, 30, 39, 41, 43, 47,
    58, 65

R

Rechenschaftsbericht 85
Recherche 26 ff.
Rechtschreibung 143, 273
Rede
    beruflich 86 ff.
    Einleitung 31 ff.
    Gliederung 20, 31, 34
    Hilfsmittel 36
    Länge 30
    Manuskript 45, 49, 58
    Mittelteil 31, 33 ff.
    Pausen 64
    privat 67 ff.
    Schlussteil 31, 39 f.
    Struktur 46, 64
    Vorbereitungszeit 21
    Ziel 23
    Zusammenfassung 39

Redeangst 55, 60
Redekunst 10 ff.
Redethema 32
Redezeit 21, 119
Redner, berühmte 13 ff.
Rednerliste 119
Rednerpult 49, 52
Refrain 232, 246
Reim 227 ff.
   Anfangsreim 227
   Augenreim 229
   Binnenreim 227
   Endreim 227 f.
   erweiterter 228
   Haufenreim 231
   Kehrreim 232 f.
   Kreuzreim 231, 245
   Kreuzreim, halber 232
   männlicher 228 f.
   Paarreim 231 f., 245
   reicher 228 f.
   reiner 230
   Schlagreim 227
   Schüttelreim 228
   Schweifreim 232
   Stabreim 227
   umarmender 232
   unreiner 230 f.
   weiblicher 228 f.
Reimart 227 ff.
Reimlexikon 240
Reimschemata 231 ff., 245 f.
Reisemängel 193
Reklamation 189 ff.
Rhetorik 10 ff.
Rhetorische Fragen 15, 43, 47,
   62, 65
Rhetorische Stilmittel 47
Rhythmus 224 f., 233, 239
   freier 234

Richtfest 80 f.
Rogers, Carl R. 103
Rosenberg, Marshall B. 104
Router 263, 270
Rückantwort 167
Rückfragen 40
Rücksendung 196

S

Sachebene 102, 121
Sarkasmus 66
Satzung 120
Schadensmeldung 197
Schadsoftware 285
Schlagfertigkeit 116 f.
Schlagreim 227
Schlüsselstellen 39
Schlussformel 307
Schreibgerät 140
Schreibstil 142
Schrift 124 ff.
Schriftart 176
Schriftgröße 173, 176
Schüchternheit 97
Schulabschlussfeier 92
Schule 182 f.
Schulz von Thun, Friedemann
   100, 102
Schüttelreim 228
Schweifreim 232
Screenshot 269, 280
Seitenrand 176
Selbstkritik 243
Selbstsabotage 243
Senkung 233 f.
Siezen 281
Signal 293
Signatur 311, 308, 313
Silberhochzeit 76 f., 252

Silvester 250 f.
Skype 295
Slogans 43
Smalltalk 99, 111, 113 ff.
Smartphone 265, 270 ff.
Smartphone-Knigge 272
SMS 273, 292
Sokrates 98
Sonett 235 f.
soziale Medien 276 ff.
soziale Netzwerke 276 ff.
Spam 306
Spannungsbogen 38
Spiegelneuronen 95
Sportverein 83
Sprachgefühl 224
Sprachnachricht 275, 293
Stabreim 227
Statistiken 27, 38, 44, 87, 94
Stegreifrede 61, 63 ff.
Stellenangebot 218 f.
Stellenanzeige 201, 218 ff.
Stellengesuch 220
Stellenprofil 219
Stellungnahme 35
Stilmittel 47 ff.
Stimme 50 ff.
Stimmlage 97
Stimmmodulation 50
Stoffsammlung 23 ff.
Streitgespräch 118
Streitthemen 120
Stresshormone 59, 63
Strophe 231, 235 f.
Strophenform 235 f.
Strophenschema 224
Suchmaschine 27, 264, 278, 283,
   288, 297
Suggestivfragen 48
Sütterlinschrift 129

T

Taufe 68, 166
Telegram 293
Terzine 235
Textnachricht 273 ff.
Thesaurus 45, 143, 244
Thread 300
Threema 293
Toast 40, 68, 253 f.
Tonfall 50
Trauer 158 f., 168 f., 259
Trauerfeier 78 f.
Trias 48
Trochäus 234
Trojaner 266 f.
Troll 283
Trost 259
Tucholsky, Kurt 31, 38
Tweet 290
Twitter 265, 290 f.

U

Überleitung 46
Überraschungsmoment 40
Übertreibung 49
Umweltschutzverein 85
Unternehmensprofil 218
Unterpunkte 46
Unterschrift 181
Urheberrecht 279, 294
URL 264
Usenet 299

V

Verbraucherzentrale 191
Verein 82 ff.
Vereinsfeier 83
Vereinsrede 84

Vereinssatzung 84
Vereinsversammlung 119
Vermieter 184 f.
Vernetzung, berufliche 301
Vers 224
Versfuß 234 f.
    Anapäst 234 f.
    Daktylus 234 f.
    Jambus 234, 236, 245
    Trochäus 234
Versammlung 83, 119
Versicherung 197
Versmaß 233, 244, 246
Videochat 289, 295 f.
Videokamera 50
Videotelefonie 295
Vier-Augen-Gespräch 109
Vier-Seiten-Modell 101
viral 285
Virus 267
Volkslied 231
Vorab-Notizen 137
Vorstellungsgespräch 104, 111

W

Watzlawick, Paul 95, 98 f.
Web 2.0 265 ff.
Weblog 298 f.
Webseite 264 ff.
Website 297 ff.
Weihnachtsfeier 92
Weihnachtsgruß 239
Werbeblocker 286
Werbung 286
Wertung 106
Whatsapp 293 f.
Widerruf 196
Wiederholung 48
Wikipedia 27, 265, 294 f.

WLAN 270
World Wide Web 264, 297
Wörterbuch 45, 143
Wortschatz 116
Wortwiederholung 43
Wortwitz 116

X

Xing 265, 301 f.

Y

YouTube 279, 293 f.

Z

Zeitdruck 243
Zeitungsannonce 216 ff.
    privat 216 f.
    Stellenanzeige 218 f.
    Stellengesuch 220 f.
Zeugnis 208
Zitat 38, 255 ff.
    Bibel 69
    Briefe schreiben 255 f.
    Ehe 257
    Feste 258 f.
    Freundschaft 256 f.
    Geburt 258
    Geburtstag 258 f.
    Hochzeit 257
    Liebe 257
    Reden halten 256
    Trauer 259
    Trost 259
Zoom 296
Zuhören, aktives 103 f., 106
Zuhörerfrage 41
Zwischenruf 119 f.

Text, Redaktion, Grafik und Satz
Melanie Krötz, Elke Rothe
www.agentur-satzzeichen.de

Readers's Digest
Redaktion: Falko Spiller
Grafik und Prepress: Peter Waitschies
Bildredaktion: Sabine Schlumberger

Redaktionsdirektor: Michael Kallinger
Redaktionsleiterin Buch: Almuth Stiefvater
Art Director: Susanne Hauser

Produktion
arvato distribution: Thomas Kurz

Druck und Binden
Mohn Media Mohndruck, Gütersloh

© 2020 Reader's Digest Deutschland, Schweiz, Österreich
Verlag Das Beste GmbH, Stuttgart, Appenzell, Wien

Bildnachweis:
Alle Abbildungen iStock, außer S. 15 picture-alliance/akg-images, S. 16 picture-alliance/AP Images,
S. 17 picture-alliance/ullstein bild, S. 18 picture-alliance/dpa/Sanden, S. 44 picture-alliance/AP Images,
S. 131 picture-alliance/akg-images, S. 134 picture-alliance, S. 135 picture-alliance/Imagno

Hinweis
Dieses Buch wurde nach aktuellem Wissensstand sorgfältig erarbeitet. Dennoch erfolgen alle Angaben ohne Gewähr. Verlag und Autoren haften nicht für eventuelle Nachteile oder Schäden, die aus den im Buch gegebenen Hinweisen und Ratschlägen resultieren.

Printed in Germany

ISBN 978-3-95619-409-2

Besuchen Sie uns im Internet
readersdigest-verlag.de | readersdigest-verlag.ch | readersdigest-verlag.at